第19卷

财税法论丛

FINANCE AND TAX LAW REVIEW VOL. 19

◆刘剑文／名誉主编
◆王桦宇／主　编
◆孙伯龙／副主编

法律出版社
LAW PRESS CHINA

图书在版编目（CIP）数据

财税法论丛. 第十九卷 / 王桦宇主编 ; 孙伯龙副主编. -- 北京 : 法律出版社, 2025. -- ISBN 978-7-5244-0287-9

Ⅰ. D922.204

中国国家版本馆 CIP 数据核字第 20259DQ839 号

财税法论丛(第 19 卷)
CAISHUIFA LUNCONG (DI-19 JUAN)

王桦宇 主　编
孙伯龙 副主编

责任编辑 曲　杰
装帧设计 李　瞻

出版发行 法律出版社
编辑统筹 学术·对外出版分社
责任校对 李慧艳
责任印制 胡晓雅　宋万春
经　　销 新华书店

开本 A5
印张 10.875　　**字数** 304 千
版本 2025 年 3 月第 1 版
印次 2025 年 3 月第 1 次印刷
印刷 北京新生代彩印制版有限公司

地址:北京市丰台区莲花池西里 7 号(100073)
网址:www.lawpress.com.cn
投稿邮箱:info@lawpress.com.cn
举报盗版邮箱:jbwq@lawpress.com.cn

销售电话:010-83938349
客服电话:010-83938350
咨询电话:010-63939796

书号:ISBN 978-7-5244-0287-9
定价:89.00 元
凡购买本社图书,如有印装错误,我社负责退换。电话:010-83938349

本卷导读

在万物复苏、生机勃勃的初春时节,《财税法论丛》(第19卷)如期与读者见面了。2024年7月,党的二十届三中全会上审议通过了《中共中央关于进一步全面深化改革推进中国式现代化的决定》,提出要"深化财税体制改革",这是推动高质量发展的迫切需要,是推进国家治理体系和治理能力现代化的应有之义。本卷结合财税法领域的前沿问题,专门开辟"学习贯彻党的二十届三中全会精神""税务法庭设立与税收司法改革""财税法史"等七个栏目,收录了20篇论文。本卷论丛以质取文,收录的论文全部通过了编辑部的三审终审程序,希望本卷论丛为理论与实务界搭建交流平台,共同推动新时代财税法的理论研究制度建设和学科发展。

"学习贯彻党的二十届三中全会精神"栏目收录了五篇文章。曹明星、李雨珊、李航达《中国式现代化下的财政法治探索与创新》一文梳理百年历史进程中党领导财政及其法治工作的理论和实践,中国式现代化在财政领域的成功展开也必然表现为不同时期的财政制度目标、规范形式和规则内容,从而形成了特色迥异的财政法治的理论与实践。新时代伊始,在国家全面法治建设的框架下,我国不断尝试构建与中国式财政现代化相适应的财政法治理论与制度体系,打造作为现代财政升级版的主体财政,并建立相应的创新性财政法治理论与制度。许多奇、白礼杰《论财税体制改革助推新质生产力发展——以公共财产法为出发点》一文指出新一轮财税体制改革需从预算制度、税制结构和央地财政关系入手,推动制度进一步深化。一是在预算法定的基础上将政府所有收入纳入全面预算管理并创新性地推进零基预算改革,以突破发展新质生产力的财政堵点。二是在税收法定原则的基础上健全直接税体系与个人所得税制度,激励创新研发与支持新业态发展。三是改善央地财政关系,通过拓展税源、扩大税权等方式高质量增强地方财政的自主性,从而为地方政府提供支持新质生产力发展的经济基础。缑长艳《加快发展新质生产力背景下消费税立法的检视与完善建议》一文认为,消费税作为重要的调节性税种,在加快发展新质生产力背景下,对消费税立法目的给予理论和现实考量的基础上,从新产业发展、新产品开发及新技术研发三个维度对现行消费税立法进行检视,进而分析消费税立法存在的问题,为消费税立法建议的提出奠定基础。席晓娟《新型城镇化财力保障的地方税法律体系优化》一文强调新型城镇化建设巨大的财政资金需求与地方政府有限财力的矛盾,最为直接且收效最快的解决途径就是加快我国地方税体系建设,实现财政资源的优化配置。因此,应合理划分中央税与地方税,优化地方税法律体系,满足新型城镇化资金需求。宜将房地产税、环境保护税、资源税、城市维护建设税及车船税等作为地方税的主税种,优化完善相关税收法律制度。刘建初《税法法典化的逻辑前提与体系构造——基于税收法律文本的实证分析》一文基于中国税收法律规范群进行文本实证分析,在形式规范和实质规范中为税法法典化寻求最佳边界范畴。与此同时,需要凝聚学界法典编纂的理论共识并归纳税收法律规范的制度共性,通过实证分析并结合中国税法的理论和实践,选择以《税法总则》的体系构造来理性推动中国税法法典化进程。

“财税法基础理论”栏目收录了三篇文章。汤洁茵《统一法律秩序视角下税收优先权制度的检视与完善》一文指出,国库利益和交易的秩序与安全同为税法所保护的“法益”,以牺牲交易秩序与安全为代价保护国库利益,并不具有当然的正当性。税收优先权的制度设计应在国库利益保护和交易秩序与安全的保障之间寻求适当的平衡,设定该权利行使的条件、程序以及优先行使的权限范围,对现有的税法与民商法规则予以整合,消除规则之间所存在的矛盾和冲突,实现各个规则在规范对象、调整方式、实现程序方面的协调与配合,从而建构完备的税收优先权制度。胡明、汪新宇《含糖饮料课税的理论基础与制度设计》一文指出,为抑制过量摄入含糖饮料行为,矫正税的规范优势明显。含糖饮料课税应遵循量益课税原则、收支相连原则、稽征经济原则的三个维度,由此展开含糖饮料课税的制度设计,征税对象、计税依据、税收优惠、税收支出都应予以妥当安排,充分发挥消费税规范的健康保护与消费调节功能。陈哲《税额确认的法律定位、权义配置及立法建构》一文认为税额确认作为整个税收征管流程的核心程序,应当赋予税额确认行为以具体行政行为效力,并界定为羁束行政行为。在此基础上,税额确认可遵循控权逻辑配置征纳双方的核心权利和义务:一是从诚实推定权出发制约税额确认权。二是基于协力义务改善举证责任配置。三是通过优化司法审查加强对纳税人诉权的保护,以此规范税务机关对税额确认权的行使。

"税务法庭设立与税收司法改革"栏目收录了四篇文章。上海市第三中级人民法院课题组《涉税行政案件集中管辖的困境及完善路径研究——以上海法院设立税务审判庭为视角》一文从上海税务审判庭锚定加快打造国际一流的法治化税务营商环境目标,在聚焦提供高效司法服务、提升审判质效方面取得了一定成效。本课题结合上海税务审判庭运行实际,对当前涉税行政案件集中管辖存在的问题和面临的困境进行梳理分析,并提出了相关完善建议,借以探索新时代税务行政审判的新思维、新方法和新路径。王中义、孙美辰《税务司法专门化改革的实践考察与路径优化——以厦门、上海等多地的先行探索为样本》一文结合世界银行 B-Ready 指标要求及我国税务司法案件概状以及实践探索为考察起点,结合域内外理论研究成果及中国特色的司法制度框架,提出应在地方中级法院设立税务法庭,构建有条件的飞跃双重前置的机制设计,扩大税务刑事案件附带民事诉讼受案范围,建立民、行并案审理,税务行政机关参与执行、破产程序的机制等改革思路,以期促进税收公平和征管和谐。何锦前《法学理论与法律实践的耦合互动——以税务司法论坛为样本的考察》一文指出,法学理论与法律实践之间的相互脱节问题是当前法治建设中的一大难题,在既有相关措施的基础上,税务司法论坛探索了一条独具特色的路径。论坛定位于沟通理论与实践两个维度的平台,并形成了宗旨—议题—主体—沟通的逻辑体系,在运作中产生了持久的沟通向心力,具有稳定的聚合性,推进了共识形成,其不仅辐射到法学教育、法学研究,且对法治实践产生直接影响。易明、闫钥《2023 年中国税务行政诉讼大数据分析报告》一文以 2023 年的公开税务行政诉讼裁定书和判决书为主要研究对象,参考司法部和各级税务机关发布的公开数据,多角度全面分析了中国税务行政诉讼的情况。报告从税务行政诉讼案件的数量变化和文书公开、案件和文书的分区域情况、案件的裁判文书类型、当事人聘请律师情况、案件的一审原告类型、案件的一审被告类型、案件的争议事由、案件中的争议税种、案件结案审理级别、裁判结果等十个方面进行了具体阐述。

“领域法学与交叉研究”栏目收录了两篇文章。于淼《领域法视域下的纳税人权利保障进路研究》一文指出作为领域法的现代财税法向发展型财税法实现跃迁的历程中,纳税人权利保护这一核心范畴面临难得的发展机遇且应当被赋予更新迭代的内涵。以领域法视域下纳税人权利的意蕴为逻辑起点,探寻改革开放四十余年纳税人权利保障理论的历史演变,领域法视域下纳税人权利保障的法律进路应当从立法、行政、司法、法律监督方面进行铺陈。李俊明《下游企业因上游企业虚开犯罪所衍生的三大税法议题》一文强调上游企业构成虚开增值税专用发票之犯罪行为,未必可推导出下游企业也构成增值税专用发票之犯罪行为。若下游企业不构成虚开增值税专用发票罪,因上游企业构成虚开增值税专用发票,导致增值税款无法时及时实现的风险,不应分配给下游企业。尽管增值税与企业所得税在税基的计算上具有一定的牵连性,但两者各自具有独立的征税客体,故虚开增值税专用发票罪所认定的事实及处罚效力,应仅限于增值税,不应也不宜进一步延伸至企业所得税。

“全球热点财税问题”栏目收录了三篇文章。范志勇、陈梦瑶《世界银行新营商环境评估税收指标体系的审视》一文指出,世界银行新的营商环境评估体系对税收指标进行了调整与优化,引入了数字化、环境可持续性和性别平等三大跨领域指标,从税收法规的质量、税务机关的公共服务水平以及税收制度的实际运作效率三个维度考察税收监管的质量。我国应对标世行的评估指标强化智慧税务体系建设,加强税务数据的共享与安全保障,提升税收数据分析与应用能力,优化“智慧税务”系统功能,并以数字赋能完善税收征管机制,以期推动形成公平、透明且高效的税收环境。陈阵香、胡家语《“一带一路”背景下国际税收争议解决机制之困境纾解》一文通过分析“一带一路”合作伙伴现存税收争端解决措施的不足问题,提出可以尝试构建国际税收争端的新路径,从事前预防和事后解决两个角度出发,包括构建税收事前裁定制度和多边协商的争议预防解决机制,畅通国内行政诉讼、行政复议与相互协商程序的衔接,降低纳税人的经济成本,引入类仲裁制度等,为"一带一路"合作伙伴提供合作典范,构建公平、透明、高效的国际税收环境。吴青伦《从欧盟法院滨松案初探转让定价调整与成交价格的联系协同》一文通过欧盟法院滨松案,援引法国国际商会的调研报告,探讨牵涉到进出口关联企业间转让定价中的海关估价问题。为了消除关联关系产生的影响,必须分别应用独立交易原则和充分竞争原则来加以校正相关定价作为税基的公平性。实践中,跨国企业惯用的期末转让定价调整,更需要协同转让定价与海关估价的常见场景,目前美国、英国、法国和澳大利亚等国的实践不一而足,产生不少不确定性。

"财税法史"栏目收录了两篇文章。郝晨仪《唐代两税法改革中的税收公平思想探析》一文指出唐代两税法正是历经"安史之乱"后的唐朝统治者为挽救统治在财税制度上所作的努力。秉持着"以资产为宗"精神的两税法改革于唐德宗时期正式施行,唐前期所确立的租庸调制被其所取代。对两税法改革后所形成的制度进行规范化分析后,可以发现,相较于旧制而言,两税法在制税原则、纳税主体范围、税收特别措施等方面呈现出进步性,体现了税收公平思想中的经济公平与社会公平理念。尚塔尔·斯特宾斯《英国税法学一代宗师约翰·泰利教授(1941—2013)》一文是已故英国学士院院士、税法学教授泰利的学术传略,除了简要叙述泰利的生平之外,主要从税法学学科建设、教学与研究、国内外学术交流和税法史等方面介绍了泰利教授对英国税法学的开拓之功。

"硕士学位论文选登"栏目收录了一篇文章。孟令军《国际法视域下欧盟碳边境调节机制的应对研究》一文指出欧盟一直是绿色转型的积极倡导者和先行者,为了达成减排目标、实现"碳中和",欧盟委员会提出"碳边境调节机制"的法案细则。该文首先从国际法原则的宏观视野探讨碳边境调节机制的法律地位现状,通过国际环境法、国家主权原则、国家责任原则三个向度重新构建碳边境调节机制这一机制的可行性与合法性。其次,从经济实质角度提炼出减排成本、实质课税、国际博弈逻辑层次递进的三重作用,锚定欧美国家实施碳边境调节机制的经济动因。最后,中国应对碳边境调节机制需要结合"一带一路"基础设施建设和"人类命运共同体"理念价值殷鉴。

本卷《财税法论丛》由教育部"长江学者"、特聘教授、北京大学法学院刘剑文教授担任名誉主编和编委会主任,上海交通大学凯原法学院王桦宇副教授担任主编和编辑部副主任,杭州师范大学沈钧儒法学院孙伯龙副教授担任副主编。上海交通大学凯源法学院硕士研究生骆怡帆、桂子涵参与了部分编辑编务工作。感谢法律出版社·学术分社孙东育社长的大力支持和曲杰编辑的辛勤编辑。感谢"凯原·盈科财税法研究基金"资助本卷论丛的出版。尽管编辑部成员对本卷论丛的出版付出了辛劳和努力,但文中难免存在错误和不足之处,恳请各位读者批评指正!

《财税法论丛》编辑部

2025年3月

目　　录

【学习贯彻党的二十届三中全会精神】

中国式现代化下的财政法治探索与创新
……………………………………… 曹明星　李雨珊　李航达(1)

论财税体制改革助推新质生产力发展：以公共财产法为出发点
………………………………………………………… 许多奇　白礼杰(14)

加快发展新质生产力背景下消费税立法的检视与完善建议
………………………………………………………………… 缑长艳(26)

新型城镇化财力保障的地方税法律体系优化 …………… 席晓娟(39)

税法法典化的逻辑前提与体系构造
——基于税收法律文本的实证分析 ………………………… 刘建初(51)

【财税法基础理论】

统一法律秩序视角下税收优先权制度的检视与完善 …… 汤洁茵(71)

含糖饮料课税的理论基础与制度设计 ………… 胡　明　汪新宇(84)

税额确认的法律定位、权义配置及立法建构 …………… 陈　哲(98)

【税务法庭设立与税收司法改革】

涉税行政案件集中管辖的困境及完善路径研究
——以上海法院设立税务审判庭为视角
…………………………… 上海市第三中级人民法院课题组(116)

税务司法专门化改革的实践考察与路径优化
——以厦门、上海等多地的先行探索为样本
…………………………………………………… 王中义　孙美辰(136)

法学理论与法律实践的耦合互动
——以税务司法论坛为样本的考察 …………………… 何锦前(152)
2023年中国税务行政诉讼大数据分析报告 …… 易　明　闫　钥(168)

【领域法学与交叉研究】
领域法视域下的纳税人权利保障进路研究 ……………… 于　森(203)
下游企业因上游企业虚开犯罪所衍生的三大税法议题
…………………………………………………………… 李俊明(220)

【全球热点财税问题】
世界银行新营商环境评估税收指标体系的审视
…………………………………………… 范志勇　陈梦瑶(231)
"一带一路"背景下国际税收争议解决机制之困境纾解
…………………………………………… 陈阵香　胡家语(247)
从欧盟法院滨松案初探转让定价调整与成交价格的联系协同
…………………………………………………………… 吴青伦(266)

【财税法史】
唐代两税法改革中的税收公平思想探析 ………………… 郝晨仪(280)
英国税法学一代宗师约翰·泰利教授(1941—2013年)
…………………………… [英]尚塔尔·斯特宾斯　陈国文　译(302)

【硕士学位论文选登】
国际法视域下欧盟碳边境调节机制的应对研究 ………… 孟令军(320)

学习贯彻党的二十届三中全会精神

中国式现代化下的财政法治探索与创新*

曹明星** 李雨珊*** 李航达****

摘　要：百年来中国共产党领导的财政实践探索和理论创造过程，本身就是现代化重要内容之一。党领导下的财政工作对不同时期的中国革命、建设、改革和发展都发挥了基础和支柱作用。从法治的视角而言，中国式现代化在财政领域的成功展开也必然表现为不同时期的财政制度目标、规范形式和规则内容，从而形成了财政法治的理论与实践。新时代伊始，在全面建设法治国家的框架下，我国不断尝试构建与中国式财政现代化相适应的财政法治理论与制度体系，打造作为现代财政升级版的主体财政，并建立相应的创新性财政法治理论与制度。本文通过概要梳理百年历史进程中党领导财政及其法治工作的理论和实践，可进一步破解中华民族伟大复兴历史进程中的文明密码，对于接续未来的高质量发展将具有重要的现实意义。

关键词：主体财政；财政法治；中国式现代化

现代化是人类进入近代以来社会发展进程中的一个殊为重要的历史阶段。法治现代化是一种历史性的现象，是一个从传统型法制向现代

---

* 本文为国家社科基金后期资助项目“新时代国际税收治理问题研究”（项目号：21FJYB017）的阶段性研究成果。

** 曹明星，中央财经大学财经研究院教授。

*** 李雨珊，中央财经大学财经研究院博士研究生。

**** 李航达，中央财经大学财经研究院博士研究生。

型法治的历史创造性的变革过程。作为人类社会法治文明演进过程中的历史性变革,法治现代化是一个规范与价值相统一的法变革过程,旨在实现法理念、法制度、法实践和法价值从传统向现代的历史性转变,因而是人类法治文明价值体系的巨大创新过程。

中国式法治现代化新道路,是中国式现代化新道路在法治领域中的集中体现,是中国共产党领导人民在伟大社会革命进程中创造出来的植根中华大地、推进法治变革的自主型法治发展道路,蕴含着深厚的历史逻辑、理论逻辑和实践逻辑。① 在世界法治现代化进程中,中国式法治现代化新道路以其深厚的内在逻辑、理性的法治制度和坚实的法治实践,为世界法治文明发展贡献了中国智慧和中国方案。

一、建党百年的中国式财政法治现代化道路

中国共产党建党百年来的现代化光辉历程,是党把马克思主义普遍原理与中国实际相结合,带领中国人民实现从活下来、站起来到富起来再到强起来的伟大飞跃的历史进程。在这一过程中,党领导下的财政工作对不同时期的中国革命、建设、改革、发展都发挥了基础和支柱作用。因此,梳理百年历史进程中党领导财政及其法治工作的理论和实践,破解中华民族伟大复兴历史进程中的文明密码,对于接续未来的高质量发展将具有重要的现实意义。中国式现代化在财政领域的成功展开,从法治的视角而言,也必然表现为不同时期的财政制度目标、规范形式和规则内容,从而形成了特色迥异的财政法治的理论与实践。通过解析中国式现代化对财政法治理论与制度创新的新要求和深刻内涵,有利于推进构建与中国式财政现代化相适应的财政法治理论与制度体系。

(一)新时代以前的财政法治理论与制度的发展逻辑②

中国共产党百年来的财政实践与理论发展,紧密围绕国家现代化的进程,在不同历史阶段形成了"革命财政""建设财政""公共财政"三个重要阶段。革命财政主要服务于革命军事供给,保障民族生存,在新民

① 参见公丕祥:《中国式法治现代化新道路的内在逻辑》,载《法学》2021年第10期。

② 参见刘晔:《中国共产党百年历程中的财政实践探索与思想理论结晶》,载《财政研究》2021年第7期。

主主义革命时期发挥重要作用;建设财政则以重工业建设为核心,支持国家的工业化进程,确保国家"站起来";而公共财政则是在改革开放后,注重市场机制的培育,通过财政权与财产权的再平衡,促进国家经济的富裕与人民的生活改善,确保国家"富起来"。这三者共同构成了中国财政法治发展的重要逻辑。

(二)中国式现代化下财政法治理论与制度的创新逻辑

党的二十大报告指出,中国式现代化是人口规模巨大的现代化,是全体人民共同富裕的现代化,是物质文明和精神文明相协调的现代化,是人与自然和谐共生的现代化,是走和平发展道路的现代化。该论断对中国财政法治理论与制度创新提出了新要求,确定了财政法治理论与制度的核心力量、根本目标和根本立场。③

1. 根本目标:民族复兴

财政的实践运行和制度安排,深深植根于社会主义现代化建设之中,为现代化建设提供财力支持和制度保障,承载着特定的时代使命。在新民主主义革命时期,现代化的发展目标是工业化;在社会主义革命和建设时期,中国共产党从中国实际出发,进一步扩展了现代化目标,1954年首次明确提出要实现"四个现代化"。进入改革开放和社会主义现代化建设新时期,邓小平同志在1979年正式提出"中国式的现代化"概念。党的十八大以来,党中央进一步提出了国家治理体系和治理能力现代化的论述,认为其是中国式现代化的重要组成部分。随着中国式现代化的逐步推进,财政的本质不断被赋予新的时代内涵,财政的职能定位和制度建设也随之发生深刻的变化,支撑财政法治理论发展的方法论也适时进行调整。中国式现代化进入新阶段,继续深化财税体制改革是全面深化改革的重点之一,亟须构建与中国财政改革实践相适应、与中国式现代化建设相适应的中国财政法治理论与制度。因此,中国式现代化为财政法治理论与制度的创新发展提供了价值引领,财政改革实践进一步为财政法治理论与制度的发展提供了契机和动力。与此同时,财政

③ 参见肖鹏、王亚琪:《中国式现代化背景下的财政基础理论创新研究》,载《厦门大学学报(哲学社会科学版)》2023年第6期。

法治理论与制度的创新发展并非被动地适应经济社会变革和财政实践活动,而是通过实践来指导实践,要能够为财政助力中国式现代化提供价值规范和理论指引。

2. 核心力量:党的领导

习近平总书记指出,走自己的路,是党的全部理论和实践立足点。④中国式现代化道路形成于中国特色社会主义实践中,始终坚持独立自主的战略方针,已经被证实是一条适合中国国情、符合中国实际的正确道路,具有鲜明的中国特色,从根本上创造了人类文明新形态。

财政法治理论与制度的“中国特色”首先体现在其政治属性和政治内涵。“财”要为“政”服务,财政资源的统筹、管理、协调、配置,体现着党和国家的意志,服务于党和国家事业大局,保障国家重大战略实施,服务于不同历史条件下的现代化目标。其政治特征具体表现为:一是始终坚持中国共产党的领导,不仅因为中国共产党的领导是中国特色社会主义最本质的特征,更重要的是中国共产党代表中国先进生产力的发展要求。二是以党的创新理论为根本遵循,以马克思主义政治经济学为指导,回答中国式现代化提出的新问题,从政治经济学的角度分析公共资源配置问题和财政运行规律。三是深刻总结中国式现代化建设过程中的成功经验,提炼新观点,并将其上升到财政法治理论层面。中国财政法治理论与制度鲜明的政治性特征直接决定了其发展方向,也是“走自己的路”的基础和前提。

3. 根本立场:以人民为中心

中国式现代化坚守人民立场,是为了人民、依靠人民的现代化,是实现全体人民共同富裕的现代化,核心是实现人的现代化。人的现代化既是中国式现代化建设的主体依托和动力之源,同时也是中国式现代化追求的最终目标和价值依归。现代财政法治理论与制度深入贯彻中国式现代化的根本立场,充分融入人民主权理论、公共财政理论、知情权和参与权理论的“民主”思想,反映出其价值理性。一是人民主权理论,作为民主理论的基础,其核心思想是人民的意志始终是最高意志。二是公共

---

④　参见习近平:《必须坚持自信自立》,载《求是》2024年第14期。

财政理论,其本质是公共性,与民主理念是一致的。三是知情权和参与权理论,在现代民主社会,公民参与治理是民主实现的关键,而公民参与权的实现是以公民知情权的实现为前提。进入新时代,随着公民意识不断增强,国家民主法治建设不断推进,公民能够最大限度地参与到现代财政治理过程中,直接关系到财政民主化程度、政治民主化进程,是国家治理能力现代化的重要推手。财政法治理论与制度始终坚持"以人民为中心"的根本政治立场,凸显财政的价值属性,并且通过一系列的制度安排和政策实践反映出"民享"的价值理念,为保障和改善民生提供理论指引。

二、国家善治的现代财政及其法治实践探索⑤

党的十八大召开以来,我国改革开放和中国特色社会主义建设进入了新时代。这一新时代与建党以来各时期,尤其是改革开放以来的发展既一脉相承,又有很大不同。

(一)新时代现代财政法治的理论思想探索

党的十八大以来,我国经济社会发展站在了一个新的历史起点上,我国仍处于社会主义初级阶段,仍处于进一步完善社会主义市场经济过程中,这决定了我国仍需进一步全面深化市场经济体制改革。2013 年党的十八届三中全会在全面深化改革中首次提出"使市场在资源配置中起决定性作用"⑥,由此进一步明确了市场经济改革的目标和决心。另外,虽然我国作为世界上最大发展中国家的国情没有变,但经过长期努力,我国已经改变了原来贫穷落后的面貌,社会生产力已经显著提高。由此,2017 年党的十九大报告正式提出"中国特色社会主义进入新时代"的历史定位。与此相对应,党的十九大报告提出"我国社会主要矛盾已经转化为人民日益增长的美好生活需要和不平衡不充分的发展之

⑤ 参见刘晔:《中国共产党百年历程中的财政实践探索与思想理论结晶》,载《财政研究》2021 年第 7 期。

⑥ 此前一直使用的是"市场在资源配置中起基础性作用"的表述,《中共中央关于全面深化改革若干重大问题的决定》,2013 年 11 月 12 日。

间的矛盾”[7]。社会主要矛盾的变化意味着在新时代党的中心工作虽然仍是经济建设,但要更注重实现全面协调可持续的现代化发展,确保国家全面“强起来”。

基于新时代主题和新实践要求,党的十八届三中全会首次提出“建立现代财政制度”,由此“现代财政”成为新时代党领导财政工作的理论概括和思想指导。伴随由经济体制改革走向全面深化改革的历史进程,不断地对财税体制及其运行机制进行适应性的变革:以“财政公共化”匹配“经济市场化”,以“财政现代化”匹配“国家治理现代化”;以“公共财政体制”匹配“社会主义市场经济体制”,以“现代财政制度”匹配“现代国家治理体系和治理能力”。这是我们从中可以获得的基本经验。[8]

可见,现代财政制度是与现代市场经济和现代国家治理相适应的财政制度,由此体现了其与公共财政制度间的历史继承性和时代创新性。总体而言,新时代的现代财政思想理论具有以下主要观点:

1. 民生福祉财政观

在党的十八大召开之际,以习近平同志为核心的党中央就明确提出“人民对美好生活的向往就是我们的奋斗目标”[9]。而从社会主要矛盾来看,新时代“人民日益增长的美好生活需要”主要是教育、医疗、社保、养老等公共服务内容,这些民生领域公共服务的短板则与财政资源投入不平衡不充分有关。习近平同志在黑龙江调研时就指出,财政等公共资金配置使用要向民生领域倾斜。[10]

2. 国家治理财政观

党的十八届三中全会在提出“建立现代财政制度”目标时,也同时对财政工作做了划时代的定位,即“财政是国家治理的基础和重要支

[7] 《决胜全面建成小康社会,夺取新时代中国特色社会主义伟大胜利》,人民出版社2017年版,第11页。

[8] 参见高培勇:《中国财税改革40年:基本轨迹、基本经验和基本规律》,载《经济研究》2018年第3期。

[9] 习近平:《习近平谈治国理政》(第1卷),外文出版社2014年版,第4页。

[10] 参见习近平:《习近平谈治国理政》(第2卷),外文出版社2017年版,第363页。

柱”。如果说公共财政是与市场经济相适应的财政,那现代财政则不仅是从经济体制改革角度来定位,而必须从国家治理即包括经济、政治、社会、文化和生态文明的“五位一体”总体布局来定位,从全面深化改革的整体性、系统性和协同性来考虑财政职能。

3. 全面法治财政观

党的十九大报告提出,要“坚持依法治国、依法执政、依法行政共同推进”[⑪]。要全面实现政府法治,将政府权力“关进制度的笼子里”,首先需要从财政法治做起,毕竟政府的行为和权力的运用都离不开财力的支持。因此,新时代对现代财政制度提出了全面法治化的要求,具体则要从税收法治和预算法治入手来实现。

4. 新发展理念财政观

在着力破解新时代社会主要矛盾过程中,党的十八届五中全会首次提出“要坚持创新、协调、绿色、开放、共享”的新发展理念。由此对新时代财政改革实践提出了新的要求,也赋予了现代财政法治理论以新发展内涵,主要包括增强财税政策对创新驱动发展的激励作用、通过财政转移支付和公共服务均等化来促进区域协调发展等。

(二)新时代现代财政法治的政策安排与成功实践

1. 财政支出向民生领域倾斜

积极保障和改善民生是新时代现代财政制度的主基调,由此带来财政民生支出的大幅增长。以教育、医疗、社保和就业、保障性住房、环保节能、城乡社区这六项民生财政支出来看,其总金额由 2012 年的 59, 863 亿元增长到 2019 年的 123, 614 亿元,占一般公共预算总支出的比重则由 2012 年的 47. 4%上升到 2019 年的 51. 8%。尤其是这期间财政全力支持脱贫攻坚战,2013—2020 年中央财政累计安排补助地方财政专项扶贫资金 6569. 73 亿元,且年均增长约 22. 3%。到 2020 年年底,我国消除了绝对贫困,全面建成小康社会。

2. 大规模减税降费促进高质量发展

进入新时代以来,为适应供给侧结构性改革和高质量发展要求,我

⑪　习近平:《习近平谈治国理政》(第 3 卷),外文出版社 2020 年版,第 18 页。

国以新发展理念为指导实施了大规模减税降费。尤其是从2017年开始我国每年均提出明确的减税降费目标,而2017—2020年各年度实际减税降费分别达到1万亿元、1.3万亿元、2.3万亿元和2.6万亿元,均超额完成年度目标[12]。从减税降费具体政策来看,以技术创新、双创企业、小微企业、个体工商户、工薪阶层等方向和主体为减税重点,体现出促进高质量发展和民生保障的特点。

3. 财政全面法治建设服务国家治理

在全面依法治国战略布局下,我国财政法治建设有效加快,在预算法治和税收立法上体现得尤为突出。从预算改革来看,随着2015年我国新预算法的实施,我国预算首次实现了全口径审查和监督。自2017年起开始实施地方人大预算联网监督工作,实现了预算全过程实时在线监督。自2018年起实施全方位、全过程和全覆盖的全面预算绩效管理。这些改革都大大增强了预算的法治性。

4. 深化税制改革,贯彻新发展理念

以创新、协调、绿色、开放、共享的新发展理念为指导,我国进一步深化了新时期税制改革。如"营改增"经试点后逐步扩围,并于2016年5月最终实现全面"营改增",由此实现了行业间税负公平,全面推动行业协调发展;积极创新自由贸易区税收制度,出台海南自由贸易港税收优惠政策,推动"一带一路"合作伙伴税制协调,从而促进新时代的开放发展;2019年起改革个人所得税制,首次实现了综合与分类相结合的税制类型,并新增七项专项附加扣除,由此使税负更加公平,有利于促进共享发展。

三、民族复兴的主体财政及其法治创新

直到今天,党领导人民的中国现代化进程仍处在奋进阶段,接轨一般意义上的市场化和全球化是其主旨;然而也是现在,我们比历史上任何时期都更接近中华民族伟大复兴的目标,比历史上任何时期都更有信心、有能力实现这个目标。接下来的中国式现代化进程,党将领导人民

---

⑫ 数据来自各年度中央和地方预算执行情况与中央和地方预算草案的报告。

发掘制度优势、拓展民族主体自信、重拾民族主体辉煌，因为任何文化要立得住、行得远，要有引领力、凝聚力、塑造力、辐射力，就必须有自己的主体性。[13] 总体而言，从2012年到21世纪中叶，中国都将一直坚持现代财政体制的持续完善及其法治发展的拓展深化，以保障中国式现代化全面完成工业化的历史使命。但是也是从现在开始，就需要谋划作为现代财政第二阶段或者是升级版的主体财政体系；在该体系下，财政发展及其法治的理念是，凭借党领导人民的主体性全面有为，结合新阶段的历史使命与环境条件，全力推进民族复兴而在百年变局后的新世界"优起来"，权益配置围绕实现党的领导与人民民主紧密结合的重点领域和关键环节，规范形式主要是党内法规、国家法律法规和相关规章规范在财政领域的具体结合与创新。

（一）民族复兴主体财政的法治理论创新

中国现代财政法治建设正在取得并将继续取得更大的发展、进步和完善。但是毋庸讳言，现代话语权体系受西方影响。相对于民族复兴的价值要求和目标选择，亟须基于中华优秀传统文化重构法治的价值基础、结合现代化的实践积累推动法治理念跃迁。

1. 基于中华本土文化推进法治理念的价值重建

推进中国法治理念的道德基础重建，[14]这一口号与我党近年来所推动的法治改革方向高度契合。习近平总书记在多个场合反复提出，继续推进马克思主义基本原理同中国具体实际相结合、同中华优秀传统文化相结合。围绕习近平总书记提出的这一方向，在法治领域，各方面也在着力推进马克思主义法治理论的中国化、时代化。中国的法治应该重塑，以道德为基础，进而重建中华法治的价值与道德基础，并在这一基础上"重新定位"法学，使两者相得益彰。

我们引进西方法学的历史阶段较晚，主要集中在改革开放之后。一开始我们集中于探讨自然法学的理论，现如今系统论法学逐渐在法学界占领高位成为时下的主流。值得注意的是，这一段历史，对我国产生的

[13] 参见习近平：《在文化传承发展座谈会上的讲话》，载《求是》2023年第17期。

[14] 参见马毓晨：《中国司法理念的变迁》，中国法制出版社2022年版，第1页。

影响是不同于西方的。西方社会本来是一个理性化的社会,法学从"重塑价值"到"隐藏价值"的演变过程,无非是令西方社会在理性价值的选择上历经了一次转向。进入中国的西方法学,无论是"重塑价值"的自然法学派,还是"隐藏价值"的系统论法学,所真正发挥的作用是接续中华人民共和国成立后特定历史时期的道路。对于中华法治来说,目前有一个根本性的历史任务,那就是:在中华文化的语境下"重新定位"。"法治本身不是一个终极的价值理念,即使在西方,它也不是最终极的,在它的上面还有一些更终极、更根本的东西。""从历史角度看,法治理念应是本民族文化传统的体现。"法治的道德基础重建,清晰地指出了"重新定位"的基本方向。这一使命或许需要历经数十年才能真正完成。但可以相信的是,凭借中国社会各界的共同努力,目标终能实现,也必须实现。

2. 着眼主体全面发展加快财政法治的理念跃迁

仔细研究中华人民共和国成立以来的财税法治建设,我们有以下发现:

第一,在传统部门法分别择取个体权利或社会公益之一作为主要保护法益时,财税法应同时将个体发展权和社会经济发展权作为保障、促进的对象。第二,为达此目的,现代财税法经历由侧重保障型财税法向全面发展型财税法的理念跃迁,其表现形式是规范结构由一元转为多元、制度重心由单核扩为双核、规制任务由规范性易为有效性。第三,主体全面发展型财税法将公共财产权力和纳税人权利作为核心范畴,改变西方法治对二者相对单调的认知,强调从"授权—控权"二元面向把握公共财产权力,在"被动—消极—积极—主动"四个层面上理解纳税人权利。第四,主体全面发展型财税法兼采消极保护与积极促进两种手段,针对个体发展权主要采取消极保护方式,针对社会经济发展权则更青睐积极促进方式。⑮

(二)民族复兴主体财政的法治制度构造

基于民族复兴的法治价值重建与理念跃升,为构建相应的财政法治

---

⑮ 参见刘剑文、侯卓:《发展型财税法的理念跃迁与制度构造》,载《中国社会科学》2023 年第 5 期。

制度体系提出了历史性要求,需要顶层设计、超前谋划。新阶段制度体系的创新,必然有别于前期对法律制度体系的建立和运行进行完善的工作本身,更要求制度建设体现出具有中国特色、助推民族复兴的制度优势优势和先进性,如此才能完成高质量发展的现代化,最终实现党的战略和民族梦想。探索民族复兴而"优起来"的财政法治制度体系创新,至少要包括以下几个方面:彰显主体特色的财政法律法规;创新和健全财政权与财产权体系的制度;联结和拓展公私财产权的制度;等等。如此,才能确立和保障民族复兴主体财政法治的主导性和主动性、整体性和融合性。

1. 强化主导性财政制度,彰显党的德性引领

中国共产党是中国式现代化的灵魂和核心领导力量,办好中国的事情,关键在党的领导。党的十九大报告明确提出,坚持党对一切工作的领导。党政军民学,东西南北中,党是领导一切的。当今社会变化是常态,参与竞争的主体不仅是个体,政府应该更加积极有为,去实现国民的需求。中国模式之所以取得成功的关键在于中国共产党领导的有为政府和市场经济的结合。建立明晰的党导法规体系无疑是改善与加强党的全面领导的有效路径。

2. 探索融合性财政制度,服务人民全面发展

中国式现代化集中体现了中国在新时代新征程中的发展方向与总体要求,财政制度的现代化就是要积极回应其中的重点、难点问题,真切回应各领域对于"中国式现代化"的时代需求。[16] 中国式现代化也对中国现代预算制度、税收制度和央地关系提出了具体的要求:中国现代预算制度提升资金效益和政策效能,通过深化预算绩效管理等举措促进资金规范安全高效使用;中国现代税收制度充分发挥税收调节分配的作用,改善现有税制结构,在缩小收入差距上发挥更大的作用,推动实现共同富裕;在央地关系方面,中国式现代化要求完善财政转移支付制度体系,使政府间转移支付真正发挥均衡财力的作用,缩小地区差距、城乡

---

⑯ 参见马海涛、姚东旻:《现代财税体制的理论渊源、基本共性与中国特质》,载《改革》2023 年第 11 期。

差距。

总体而言,在致力于民族复兴的背景下,需要结合中国式现代化实践和中华优秀传统文化,展开主体财政法治的整体性和融合性制度探索,保障人民全面发展的价值宗旨,提升和引领世界各国的现代财政发展的健康度和可持续性。其中最为重要的是创新和健全财政权与财产权体系的制度、联结和拓展公私财产权的制度,如此才能确立和保障人民全面发展的主体财政法治的整体性和融合性。而仔细检视当前现代化发展的趋势性特征可以发现,"集聚生产"的新生产方式和"数字经济"的新经济形态,给我们提供了主体财政现代化整体性和融合性发展的可能路径与内容。

一种创新研究认为,当代数字经济是一种基于信用价值集聚生产的经济形态。"集聚生产"⑰是一种"分工生产"基础上的高级生产力组织方式,是财富和价值创造的另一个重要来源;"分工生产"的自发价值交换主要形成市场价格和一部分非资本性价值,而无论是基于市场平台还是政府平台自觉组织的"集聚生产"则能够产生更多的低价格高价值和非资本价值,不断扩展人们的财富和效用总量。就数字经济而言,其兴起的基础是20世纪80年代以来的工业经济生产相对过剩,在本质上是一种以"联接性"为特征的聚合式生产方式,特点就表现在,基于政府和数字平台的自觉的主体性、主动性组织和整合,能够更大范围和更深程度地调动生产和生活中的有效需求,从而形成有效消费主导经济发展的新局面,经济发展越来越向全社会普及和渗透。⑱

数字经济建立在完整的工业经济基础之上,以大数据技术集合技术和制度两种重要生产要素,联结了背后广大的市场生产力和消费力,这

⑰　参见蔡定创:《信用价值论》,经济日报出版社2020年版,第596页。与《信用价值论》中提出的"集聚生产"不同,笔者更为支持用"整合生产"比对自由主义、资本主义的"劳动分工",以突出包括政府在内的数字平台的信用价值生产组织的主体性、整体性、主动性;这个概念命名更加能够从政治经济学视角深刻解释当代经济发展特征、逻辑与趋势。——笔者注

⑱　参见曹明星:《数字经济下的数据要素治理与数字税收改革——基于"信用价值集聚生产"创新经济理论的初步探讨》,载《税务研究》2022年第11期。

里包括消费者/使用者群体的信用价值集成和政府信用价值集成以及复杂系统中形成的许多非资本性信用价值,这是数字平台企业拥有远高于其自身价值贡献的市场价值的根源所在,也是数字经济数据要素治理理论研究和政策制定如何不断科学界分相应的财产权利的重点难点课题。在数字经济时代,至少在配置数据要素的所得权时需要注意,消费主导的经济循环结构,为需求方的价值贡献和收益分享提供了正当性基础与公平性机会,正在有力回应马克思主义分配理论,确保有利于根本平衡的经济权利生长与经济可持续发展;同时,社会化大生产过程与框架的重释,也在不断拓展政府/国家积极有为的经济职能与角色认知,正名并证明生产性政府或国家的价值创造与经济贡献,为其宏观经济管理环境价值融入微观交易或者径直参与具化交易行使分配请求权提供合理性和科学化支撑。这些都有赖于深化经济理论创新,并以此为基础进行更加完善的政策设计和规则建构,才能适配和激发数字经济集聚生产活力,拓展价值和福利的创新共享,服务于人民全面发展的民族复兴大业。

论财税体制改革助推新质生产力发展：以公共财产法为出发点*

许多奇**　白礼杰***

摘　要：党的二十届三中全会强调要“健全因地制宜发展新质生产力体制机制”。在发展新质生产力的过程中，财税法作为公共财产法调整公共与私人财产关系，进而促进生产关系适应生产力的需求。为此，新一轮财税体制改革需从预算制度、税制结构和央地财政关系入手，推动制度进一步深化：一是在预算法定的基础上将政府所有收入纳入全面预算管理并创新性地推进零基预算改革，以突破发展新质生产力的财政堵点。二是在税收法定原则的基础上健全直接税体系与个人所得税制度，激励创新研发与支持新业态发展。三是改善央地财政关系，通过拓展税源、扩大税权等方式高质量增强地方财政的自主性，从而为地方政府提供支持新质生产力发展的经济基础。

关键词：新质生产力；公共财产法；财税体制改革；财税法

一、助推新质生产力发展的财税体制改革方向

习近平总书记在二十届中央政治局第十一次集体学习时强调，新质生产力由技术革命性突破、生产要素创新性配置、产业深度转型升级而

---

* 本文系国家社会科学基金重大项目（22&ZD203）的阶段性研究成果。

** 许多奇，复旦大学法学院教授、数字经济法治研究中心主任。

*** 白礼杰，复旦大学 2024 级法学院直博生。

催生,以劳动者、劳动资料、劳动对象及其优化组合的跃升为基本内涵,以全要素生产率大幅提升为核心标志,特点是创新,关键在质优,本质是先进生产力。[①] 新质生产力表现在“新”和“质”:一方面,其“新”体现在新质生产力作为由技术革命性突破催生的先进生产力,彰显出持续加强创新研发力度的必要性;另一方面,其“质”以劳动者、劳动资料、劳动对象及其优化组合的跃升为基本内涵,体现了对配套制度系统性改革以提升质效的需求。

发展新质生产力需要各类体制机制的配合。党的二十届三中全会通过的《中共中央关于进一步全面深化改革　推进中国式现代化的决定》(以下简称《决定》),提出“健全因地制宜发展新质生产力体制机制”。[②] 按照马克思主义的基本观点,生产力决定生产关系、生产关系反作用于生产力。新质生产力属于生产力的范畴;生产关系涵盖生产资料的所有权、劳动过程中的协作方式以及产品分配的机制等相互关系。在财税体制改革助推新质生产力发展的作用机制中,财税法发挥着重要的推动力量。财税法在本质上是公共财产法,[③]它通过财政法和税法的结合调整公共财产与私人财产之间的关系,在法理上确定了政府取得公民私人财产、将其转化为公共财产并最终将公共财产支出用于公共利益的流转过程。[④] 具体而言,预算制度的建立体现了政府如何将公共财产运用于民生、让公共财产重新转换为私人财产,税制结构的设计体现了政府从公民处取得私人财产并转换为公共财产的合法流程,央地财政关系的分配体现了公共财产在政府内部的合理配置方式(见图1)。

---

① 参见习近平:《发展新质生产力是推动高质量发展的内在要求和重要着力点》,载《求是》2024年第11期。

② 《中共中央关于进一步全面深化改革　推进中国式现代化的决定》,载《人民日报》2024年7月22日,第1版。

③ 参见刘剑文:《公共财产法:财税法的本质属性及其法治逻辑》,载《财经法学》2015年第1期。

④ 参见刘剑文:《发挥税法力量助推新质生产力发展》,载《税务研究》2024年第5期。

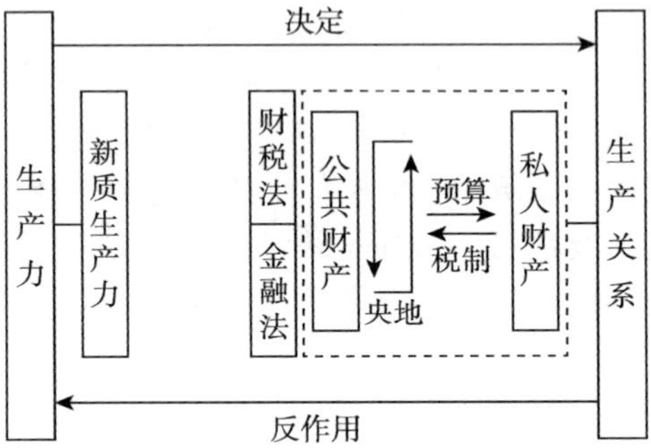

图 1　助推新质生产力发展的财税体制改革方向

生产关系的总和构成经济基础,经济基础决定了以政治法律制度为代表的上层建筑,作为上层建筑的财税法对经济基础也具有反作用。财税法调整公共财产与私人财产之间的关系,而公私关系是生产关系中的重要组成部分,并且能反作用于生产力,因此,在财税体制改革中,通过完善和发展财税法对生产关系进行调整,促进生产关系适应生产力发展,从而为新质生产力提供有力支持,就体现出助推新质生产力发展的财税体制改革方向。

对此,《决定》提出健全相关规则和政策,加快形成同新质生产力更相适应的生产关系,促进各类先进生产要素向发展新质生产力集聚。一方面,从"形成同新质生产力更相适应的生产关系"的角度看,财税法对生产关系的调整体现于税制结构。在将私人财产吸收为公共财产的过程中,财税法实现税收的收入分配功能与资源配置功能。基于此,财税法得以激发创新研发的积极性,从而使生产关系更加适应新质生产力的发展。另一方面,从"促进各类先进生产要素向发展新质生产力集聚"的角度看,财税法通过对财政资金的合理运用,推动新质生产要素在优化配置中实现"质"的突破。⑤ 具体而言,财税法通过调整政府财政在中央与地方之间的流转,实现资金在重点领域、重点地区的运用,并实现生

⑤ 参见许多奇:《新税制改革与创新驱动发展战略》,载《中国社会科学》2018 年第 3 期。

产要素在该领域、该地区更为高效的集聚。另外，财税法通过实施与监督预算制度，排解现有新质生产力发展中的财政堵点，确保生产要素配置在财政机制的优化下得到合理调整。⑥

质言之，《决定》从预算制度、税制结构、央地财政关系三个关键维度为新一轮财税体制改革指明了方向，契合了财税法作为公共财产法的本质。在发展新质生产力、健全体制机制的时代语境下，从这三个维度探讨助推新质生产力发展的财税体制改革方向，具有重要的理论意义和时代价值。

二、新一轮财税改革中预算制度助推新质生产力发展

发展新质生产力需要政府发挥财政支持作用。预算是对稀缺资源的配置，预算制度则是通过法律来拟定预算规则、设定预算程序、界定预算权力与法律责任的决策过程。⑦ 它体现了政府通过法律手段和参与者行为，将公共财产重新转化为促进企业和公民私人财产财富增加的成果。在这一过程中，《预算法》通过规定政府如何通过财政投入促进先进生产要素向新质生产力集聚，形成适应新质生产力发展的制度环境。

（一）拓宽政府预算管理与发展新质生产力

《决定》提出“把依托行政权力、政府信用、国有资源资产获取的收入全部纳入政府预算管理”，代表着将预算管理的收入范围扩展至非税收入、国债以及国有资产收益。此举是为突破目前发展新质生产力过程中所出现的资金利用率不高、资金无法向新质生产力集聚的财政堵点。

造成财政堵点的原因包括国有企业的国有资本未纳入政府预算管理，这会导致国有企业维护“小金库”，甚至为国企经理人提供利用法律漏洞以滥用资金、损害国有资产的机会。在国有企业层面，国有企业资金的使用缺乏透明度和有效监管，企业可能通过隐瞒收入或虚报支出等方式，将部分资金转入非公开账户并形成“小金库”。此外，国有企业也

---

⑥ 参见朱大旗、王震东：《发展新质生产力的财税法促进》，载《齐鲁学刊》2024 年第 5 期。

⑦ 参见朱大旗：《从国家预算的特质论我国〈预算法〉的修订目的和原则》，载《中国法学》2005 年第 1 期。

缺乏争取资金存放收益最大化的激励,使国有资本的管理效能受到影响。各地国企存在银行账户多、资金存放分散、使用效率不高等问题。仅在 2020 年上半年,宁波纪委监委与国资委通过加强对国有企业的资金监管就节省利息支出 3.62 亿元、增加存放收益 1.96 亿元。[⑧] 若将国有资本全面纳入政府预算管理,不仅能集中管理各项资金、增加更多的资金收益,还能将收益投入用于助推新质生产力的发展。在国有企业经理人层面,资金流通缺乏有效监管,经理人利用职权挪用国有资本的犯罪成本因此降低,国有资本管理不透明的顽疾也加剧了贪腐问题的发生。通过将国有资本全面纳入政府预算管理,能防止国有企业产生"小金库"和经理人贪污犯罪,进而确保政府资金的合法合规使用。在此基础上,政府得以更有效地动员和集中资金,促进生产要素向新质生产力集聚,并助推新质生产力的发展。

(二)深化零基预算改革与发展新质生产力

《决定》提倡"深化零基预算改革",即预算编制不以历史数据为基础。这有助于打破支出惯性并提升财政资金的使用效率,使财政资源更精准地支持关键领域的发展。我国零基预算始于 1994 年分税制改革,2021 年印发的《国务院关于进一步深化预算管理制度改革的意见》在全国层面提供政策指引。发展新质生产力需要系统性改革其配套制度,以实现劳动者、劳动资料、劳动对象及其优化组合的跃升。这一"跃升"要求有效突破财政障碍,尽可能提高每一笔财政资金的使用效率,从而确保发展新质生产力所需要的资源配置得到保障。通过打破支出惯性,零基预算使政府能更高效、灵活地运用有限的财力,从而满足发展新质生产力的要求。但是,零基预算的实现还存在一定障碍。比如,零基预算的决策单位较难确定,若由制定发展新质生产力总体策略的中央机构决策,决策机构对各个地区、各个部门的具体开发项目进行权衡和优先级排序的复杂度较高;若由对辖区内新质生产力发展现状了解更清楚的地方机构决策,决策机构从大局上把握国家发展新质生产力总体目标的复

⑧　参见朱建峰、吴燕飞:《微调研丨堵上国资管理的漏洞》,载中央纪委国家监委网站,https://www.ccdi.gov.cn/yaowen/202008/t20200817_223909.html。

杂度较高。为有效执行零基预算,应深化预算制度的法治保障。《国务院关于进一步深化预算管理制度改革的意见》对全面纳入政府预算管理有较为详细的规定,但对零基预算改革仅表述为“积极运用零基预算理念”,未出台明确规定。未来,这些制度的完善将是提升预算管理质量的关键。

三、新一轮财税改革中税制结构助推新质生产力发展

税制结构调整公私财产关系,有助于形成同新质生产力更相适应的生产关系。具体而言,税制结构在收入分配和资源配置上发挥作用,通过合理安排税种税率、适当设置税收优惠等手段,从激励创新研发和支持新业态发展两方面助推新质生产力的发展,并经由税收法定的落实保障私主体财产权益。

(一)税制结构激励创新研发

发展新质生产力需要加大力度激励创新研发,以实现技术的革命性突破。为满足这一要求,应系统性完善税制结构,使税制结构更有效地激励创新研发。《决定》提出要“健全直接税体系,完善综合和分类相结合的个人所得税制度”。由表 1 可见,2020 年至 2023 年,我国货物和劳务税收入占比从 55.68%增至 59.36%;相比之下,所得税收入占比在 30.85%与 35.18%之间波动,而财产税收入占比在 10.23%至 12.76%之间波动。这表明间接税在税制结构中占主导地位。而在经济合作与发展组织(OECD)成员国等发达国家,直接税(如所得税和财产税)占比稳定在 64%至 68%。直接税基于企业盈利和财产保有征收,较高的直接税比重和较低的间接税比重能够帮助企业在发展初期保留更多资金,并激励研究人员的创新活动。此外,也有学者通过实证研究认为直接税比重为 65%时,税制体系对经济的贡献率最大。[9] 因此,为激励创新研发,应“健全直接税体系”,适当提升直接税的比重。

---

⑨ 朱旭阳、马蔡琛:《推动直接税比重提升的税制结构优化研究》,载《税务研究》2023 年第 11 期。

表 1 货物和劳务税、所得税、财产税收入占比变化

类别	年份			
	2020	2021	2022	2023
货物和劳务税收入占比/%	55. 68	56. 46	52. 98	59. 36
所得税收入占比/%	31. 10	32. 44	35. 18	30. 85
财产税收入占比/%	12. 76	12. 04	11. 53	10. 23

“健全直接税体系”包含了对所得税的完善。在企业所得税层面,加计扣除与税率优惠对企业的创新投入与创新成果转化有显著促进作用。[⑩] 目前,我国对高新技术企业的企业所得税优惠政策以《企业所得税法》第 28 条为核心,规定高新技术企业“减按 15%的税率征收企业所得税”。此外,《国务院关于经济特区和上海浦东新区新设立高新技术企业实行过渡性税收优惠的通知》规定高新技术企业在经济特区和上海浦东新区内取得的所得在“第一年至第二年免征企业所得税,第三年至第五年按照 25%的法定税率减半征收企业所得税”。高新技术企业在发展新质生产力中占据重要地位,税制结构通过税收优惠重新调整公共财产与高新技术企业私人财产的关系,使高新技术企业能保留更多资金用于创新研发,为实现技术的革命性突破奠定基础。未来,应结合高新技术企业发展态势,给予相应企业更大幅度的税收优惠,并将税收优惠幅度与企业创新研发成果挂钩,从而达成激励创新研发的目的。

在个人所得税层面,《决定》提出要“完善综合和分类相结合的个人所得税制度”,基于此,我国可以适当扩大个人所得税的规模和调整个人所得税的税制结构。《中国宏观金融分析 2023 年第三季度报告》指出,当前面临的结构性问题首先在于收入分配不均制约了居民消费增长。[⑪] 税收的收入分配职能可以保障劳动者的获得感,进而激励劳动者创新研

---

⑩ 参见张悦、王晨阳、王京:《税收优惠政策促进软件企业创新效果分析》,载《税务研究》2023 年第 6 期。

⑪ 参见樊盛涛:《中国社科院报告:居民收入占比偏低影响经济持续复苏》,载澎湃新闻网 2024 年 10 月 20 日,http://www.thepaper.cn/newsDetail_forward_24998695。

发和提升全要素生产率。个人所得税根据纳税人收入征收,较高的个人所得税收入比重能够有效缩小收入差距,但我国个人所得税的收入比重明显偏低,2023 年个人所得税收入仅占税收总收入的 8.16%。[12] 对比而言,冰岛、美国等国个人所得税收入比重在 35%以上,韩国、日本等国个人所得税收入比重也超过 10%。因此,我国有必要扩大个人所得税规模,并完善综合和分类相结合的个人所得税制度。目前,《个人所得税法》对利息股息红利所得、财产转让所得等资本所得实行 20%的比例税率,总体上低于劳动所得适用的 5%~45%的超额累进税率。发展新质生产力需要每位劳动者积极参与创新研发,以实现技术的革命性突破和生产率的大幅提升。因此,税制结构应起到有效激励劳动者的作用。考虑到实际进行创新研发的一般是以劳动所得为主要收入的普通劳动者,目前的税制结构不仅未能保障以劳动所得为主要收入的劳动者的获得感,也不利于激励劳动者创新研发。为此,我国可以将个人收入划分为劳动所得、资本所得和其他所得,并适当调高非劳动所得的税率。针对劳动所得与资本所得的差异,还可以降低最高边际税率,取消 45%和 35%两档税率,并扩大剩余税率档次的差距,使劳动者个人所得税税率与资本、财产个人所得税税率大体相当。

(二)税制结构支持新业态发展

新质生产力由产业深度转型升级催生,因此,发展新质生产力需要加强新领域、新赛道的制度供给。在此背景下,税制结构应有效支持新业态发展。《决定》指出完善重点税种的税制建设,“研究同新业态相适应的税收制度”。税制结构通过税收优惠等政策减轻特定行业企业的经济负担,进而扶持新业态的发展成熟。相关域外经验值得借鉴,如税式支出是一国实行税收优惠的间接支出,据统计,美国 2022—2031 年针对科技创新的税式支出预计为 2720 亿美元。[13] 在德国,在“工业 4.0”和数字化转型行业的企业研发投入最高可享受 25%的税收补贴,2022 年,德

[12] 参见《2023 年财政收支情况》,载财政部网站,https://gks.mof.gov.cn/tongjishuju/202402/t20240201_3928009.htm。

[13] 参见《2024 年财政年度税式支出报告》,载美国财政部网站 2024 年 10 月 25 日,https://home.treasury.gov/policy-issues/tax-policy/tax-expenditures。

国在研究与开发方面的税式支出为 1214 亿欧元。⑭ 在我国,上海对符合条件的集成电路和工业母机企业,研发费用加计扣除比例提高至 120%;对于符合条件的其他企业,研发费用加计扣除比例提高至 100%。⑮ 上述针对特定业态的税收优惠有利于支持该类型的企业创新研发,进而有助于新业态的发展与整体产业的深度转型升级。

《决定》还提出要“增强宏观政策取向一致性”,强调发展新质生产力与财税、金融之间的紧密联系。科技金融、绿色金融、普惠金融、养老金融和数字金融作为“五篇大文章”为识别促进新质生产力发展的有利新业态提供了决策依据。五大领域内的金融政策通过支持关键技术、鼓励节能减排、助力小微企业和个体工商户的发展,为发展新质生产力创造了良好环境,也值得税制结构予以重点关注并针对性地提供优惠政策。

(三)坚持税收法定原则

《决定》强调要“全面落实税收法定原则”。税收法定原则为创新研发的企业和个人提供稳定的预期,也避免了政府对私人财产的过度限制和侵犯,从而形成更合理的公私关系及同新质生产力更相适应的生产关系,并激发企业和个人创新研发的积极性。为实现以上目标,应在立法层面严格遵守税收法定。在司法层面,司法裁判可以在事后为涉税案件提供救济,保障纳税人的合法私人财产权。鉴于涉税案件的专业性和复杂性,以及纳税人与税务机关间权益的潜在冲突,涉税审判的专门性显得尤为关键。随着上海税务审判庭和厦门市思明区人民法院涉税案件合议庭的成立,我国在税务司法领域的专业性已得到提升。未来,我国要进一步推动专业审判庭和合议庭的建立,为从事创新研发的企业和个人提供更好的私人财产权保障。

---

⑭ 参见《研究与创新报告(2022)》,载德国联邦教育和研究部网 2024 年 10 月 25 日,https://www.bundesbericht-forschung-innovation.de/files/BMBF_BuFI-2022_Short-version.pdf。

⑮ 参见《上海出台 20 项措施为企业减负》,载中国政府网,https://www.gov.cn/lianbo/difang/202403/content_6942526.htm。

四、新一轮财税改革中"中央—地方"财政关系助推新质生产力发展

发展新质生产力需要系统性改革配套制度。通过调整"中央—地方"财政关系,财税体制改革进一步优化资金等生产要素在重点领域和重点地区的有效集聚,从而推动新质生产力的发展。《决定》突出财税体制"事权上收、财力下沉"的改革原则。在事权上,要"适当加强中央事权、提高中央财政支出比例";在财力上,要"增加地方自主财力,拓展地方税源,适当扩大地方税收管理权限"。

(一)调整央地财政关系的现实需求

目前,我国存在事权与财力不匹配的情况,地方在收入上占 50%权重、但在支出上占比高达 85%。[16] 由于财力不足,地方政府会采用扩大非税收入等方式开拓财源。一方面,地方政府会扩大收费范围,根据审计署公开的 2023 年中央预算执行和其他财政收支审计工作报告,有 22 个地区的活动要求国企垫资 16.23 亿元,乱收费、乱摊派的现象时有发生。[17] 另一方面,地方政府通过发行债务增加收入。截至 2024 年 7 月末,我国国债余额 31.8 万亿元,在债券市场占比 19.2%;地方政府债券余额 42.6 万亿元,市场占比 25.8%;政策性金融债余额 25.2 万亿元,市场占比 15.2%;信用债余额为 65.7 万亿元,市场占比 39.7%。从地方政府债务率的数值看,地方债务已越过财政部划定的 100%红线,特别是 2023 年地方政府专项债券计划发行量达 3.8 万亿元,为专项债券项目积累了不小的风险。[18]

地方政府对辖区内的经济发展、新质生产力发展现状掌握了更完备的信息,因而更有能力支持本地区新质生产力的发展。事权与财力不匹

---

[16] 参见王振宇:《财权与事权不匹配,地方财政运行有哪些新情况》,载澎湃新闻网 2018 年 2 月 7 日,https://www.thepaper.cn/newsDetail_forward_1985852。

[17] 参见侯凯:《国务院关于 2023 年度中央预算执行和其他财政收支的审计工作报告》,载中国人大网,http://www.npc.gov.cn/npc/c2/c30834/202406/t20240627_437805.html。

[18] 参见蓝佛安:《国务院关于 2023 年度政府债务管理情况的报告》,载中国人大网,http://www.npc.gov.cn/c2/c30834/202409/t20240913_439617.html。

配的后果是地方政府财政压力较大,难以集中资源支持战略性产业创新和新质生产力的发展。此外,若地方政府过度依赖非规范化的收入来源,财政可持续性不强,亦难以形成健康的经济发展模式为发展新质生产力提供扎实可靠的经济基础。

(二)改善央地财政关系与发展新质生产力

在建立并完善法制体系的基础上,改善"中央—地方"财政关系有拓展地方税源、扩大地方税权和规范非税收入管理三种具体途径。[19]

首先,发展新质生产力需要增强地方财力、深化行政调控作用。为此,可以推进消费税征收环节后移并稳步下划地方。消费税主要对高档奢侈性的消费品征税,体现收入分配功能;此外,消费税也对高污染、高耗能的产品征税,在一定程度抑制此类产品的消费并矫正此类产品的负外部性。《国务院关于印发实施更大规模减税降费后调整中央与地方收入划分改革推进方案的通知》提出"将部分在生产(进口)环节征收的现行消费税品目逐步后移至批发或零售环节征收,拓展地方收入来源",并"先对高档手表、贵重首饰和珠宝玉石等条件成熟的品目实施改革"。一方面,上述政策能扩大地方税源,从而增加地方财力,方便地方利用资金以增强对创新研发的激励力度,推动新质生产力的发展;另一方面,地方通过对高消费、高污染、高耗能的产品征税,也能发挥政府促进社会公平、环境保护的行政调控作用。这不仅保障了参与创新研发的劳动者的获得感,还为创新研发行为提供可持续的社会环境。在未来,我国可以研究更多实施改革的消费税品目,以逐步完成全范围的消费税征收环节后移并稳步下划地方。

其次,考虑地方政府对辖区掌握更完备的信息,发展新质生产力需要赋予地方政府更大的税收收入自主权。为此,按照《决定》精神,下一步我国可"研究把城市维护建设税、教育费附加、地方教育附加合并为地方附加税"。《城市维护建设税法》仅为地方预留自行确定纳税人所在地的权限空间,教育费附加和地方教育附加的使用方向仅限于改善中小学教学设施和办学条件及发展教育事业。这反映出地方政府在上述税

[19] 参见刘剑文:《地方财源制度建设的财税法审思》,载《法学评论》2014年第2期。

收征收方面的自主性仍存在限制。为此,通过将前述税费合并为地方附加税,平移税收要素,赋予地方政府在中央设定的范围内自行确定税率和使用方向的权力,方便地方政府集聚资金、更有效地引导资金至新质生产力领域,从而推动新质生产力的发展。

最后,发展新质生产力需规范非税收入管理,赋予地方政府灵活管理的空间,并提高财政的可持续性。具体而言,需要适当下沉非税收入的管理权限。非税收入包括行政事业性收费收入、政府性基金收入、罚没收入等,多具有明显地域性,适合由地方政府根据区域实际来灵活管理。比如,《全面推广高速公路差异化收费实施方案》(交公路函〔2021〕228号)规定的高速公路的差异化收费就赋予了地方政府灵活收费的权限,诸如此类的规范能增强地方政府总体调配资金的自主权,方便地方政府将资金引导至新质生产力的发展。此外,为提升资金来源的可持续性,还需确保非税收入管理运行在法治的轨道上,防止乱收费、乱摊派及过度依赖地方债务的情况发生。我国已形成以《预算法》及其实施条例为中心、以《财政部关于加强政府非税收入管理的通知》(财综〔2004〕53号)和《政府非税收入管理办法》(财税〔2016〕33号)等规范性文件为辅助的非税收入管理规范体系。但是,后者仅属于部门规范性文件,而作为法律的《预算法》仅笼统规定"对政府全部收入和支出实行国库集中收付管理",未能融入财税体制改革对非税收入的管理性规范要求,故日后可以出台细则的方式予以完善。

加快发展新质生产力背景下消费税立法的检视与完善建议*

缑长艳**

摘　要：新质生产力是创新起主导作用，摆脱传统经济增长方式、生产力发展路径，具有高科技、高效能、高质量特征，符合新发展理念的先进生产力质态。消费税作为重要的调节性税种，在加快发展新质生产力背景下，对消费税立法目的给予理论和现实考量的基础上，从新产业发展、新产品开发及新技术研发三个维度对现行消费税立法进行检视，进而分析消费税立法存在的问题，为消费税立法建议的提出奠定基础。未来我国消费税立法必须适应新质生产力发展的需要，不断完善具有新质生产力内涵产品以及新技术、新产业相关的消费税政策，为加快发展新质生产力提供制度保障。

关键词：新质生产力；消费税立法；检视；完善建议

2023年9月，习近平总书记在主持召开新时代推动东北全面振兴座谈会上强调，要"积极培育新能源、新材料、先进制造、电子信息等战略性

---

* 本文为2023年上海市教委重点课程项目"纳税评估"、上海商学院2023年度一流本科课程建设项目"专业英语(Specialized English of Public Finance and Taxation)"、上海商学院2025年度课程思政示范课程建设项目"涉税服务实务"的阶段性研究成果。

** 缑长艳，上海商学院商务经济学院讲师。

新兴产业,积极培育未来产业,加快形成新质生产力,增强发展新动能”。[①] 2024年1月,习近平总书记在中共中央政治局第十一次集体学习时指出,新质生产力是创新起主导作用,摆脱传统经济增长方式、生产力发展路径,具有高科技、高效能、高质量特征,符合新发展理念的先进生产力质态。[②] 习近平总书记有关新质生产力的重要论述,为我国加快发展新质生产力指明了方向,提供了根本遵循。税收立法推动新质生产力发展主要是通过其引导多元主体推进前沿科技创新和产业化应用发挥作用。[③] 消费税作为特定目的税,具有重要调节职能,在加快发展新质生产力背景下,深入研究消费税立法的目的、逻辑检视、存在问题及完善建议,对经济社会高质量发展具有重要意义。

一、加快发展新质生产力背景下消费税立法目的考量

消费税是在对商品和服务普遍征收增值税基础上对特殊商品加征的一道特别调节税,其征收目的除了增加财政收入之外,更重要的是发挥调节职能。高萍将征收消费税的商品分为四类:影响人类健康及生态环境的产品、奢侈品、不可再生资源产品以及高污染高耗能产品。[④] 朱为群认为,消费税的征收目的体现在限制不健康消费、改善环境质量和促进收入公平分配三个方面。[⑤] 消费税的调节职能,主要体现在对危害人体健康的消费品、损害生态环境的消费品以及高档消费品三大类商品的调节。[⑥] 邓伟通过考察世界范围的消费税功能发展趋势,认为消费税

---

① 《习近平主持召开新时代推动东北全面振兴座谈会强调:牢牢把握东北的重要使命 奋力谱写东北全面振兴新篇章》,载中国政府网,https://www.gov.cn/yaowen/liebiao/202309/content_6903072.htm。

② 参见《习近平在中共中央政治局第十一次集体学习时强调:加快发展新质生产力 扎实推进高质量发展》,载《光明日报》2024年2月2日,第1版。

③ 参见谢芬、杨颖:《推进新质生产力形成的税收政策探析》,载《税务研究》2024年第2期。

④ 参见高萍:《税法》(第2版),中国人民大学出版社2023年版,第94页。

⑤ 参见朱为群:《中国税制》(第3版),高等教育出版社2024年版,第125页。

⑥ 参见耿颖:《新发展理念下消费税征税范围的法治审思》,载《税务研究》2019年第3期。

筹集财政收入的功能日益弱化,而调节功能则得到强化,并指出消费税作为调节性税收可以更好地论证其正当性。[⑦] 从本质上看,对消费税的特定调节职能主要是通过其约束机制来现的。[⑧] 比如,对损害生态环境消费品征收消费税,是将企业生产产品的负外部性内部化,促使企业调整生产经营项目、开发和应用新技术和方法。在高质量发展的语境中,我国现行消费税立法存在一些不适应新质生产力发展的要求,与消费税的职能定位存在一定偏差。加快发展新质生产力背景下,调整和优化消费税立法,减少不必要的制度约束,创造适合新质生产力发展的制度环境,是当前面临的一项非常迫切的任务。

事实上,对消费税立法内容进行适时调整,是适应经济社会发展的要求,也是税收发挥调节作用的重要途径之一。一是随着居民收入水平的提高,部分奢侈品变为普通商品,消费税征收范围进行相应调整。以护肤护发品和化妆品为例,1994 年我国开始征收消费税,将护肤护发品列为消费税征收范围。2006 年 4 月 1 日起,取消护肤护发品税目,将原属于高档护肤类化妆品列入化妆品税目。[⑨] 2016 年 10 月 1 日起,将化妆品税目调整为高档化妆品,取消对普通美容、修饰类化妆品征收消费税,将征收范围进一步调整为高档美容修饰类化妆品、高档护肤类化妆品。[⑩] 二是随着居民健康意识的提高,对有害健康的产品消费税征收范围和税率进行适当调整。以卷烟为例,2001 年 6 月 1 日起,对卷烟消费税从价计征从三档调整为二档,即每条调拨价为 50 元以上的税率为 45%,50 元以下的税率为 30%。[⑪] 2009 年我国对卷烟消费税立法进一步

---

⑦ 参见邓伟:《消费税的立法逻辑及其展开——功能定位、课税原则与课税要素完善》,载《河南财经政法大学学报》2021 年第 5 期。

⑧ 参见佘倩影:《调节性功能视角下的消费税立法检视》,载《税务研究》2021 年第 7 期。

⑨ 参见《财政部 国家税务总局关于调整和完善消费税政策的通知》(财税〔2006〕33 号)。

⑩ 参见《财政部 国家税务总局关于调整化妆品消费税政策的通知》(财税〔2016〕103 号)。

⑪ 参见《财政部 国家税务总局关于调整烟类产品消费税政策的通知》(财税〔2001〕91 号)。

调整，每标准条调拨价格在70元以上的卷烟，税率调整为56%；每标准条调拨价格在70元以下的卷烟，税率调整为36%；另外在批发环节加征一道税率为5%的从价税。[12] 自2015年5月10日起，我国对卷烟消费税再次调整，将卷烟批发环节从价税税率由5%提高至11%。[13] 2022年11月1日起，将电子烟纳入消费税征收范围，卷烟消费税的征收范围进一步扩大。[14] 三是随着绿色环保新发展理念的推行，将有害环境保护的产品纳入消费税征收范围。2015年，将电池、涂料列入消费税征收范围，适用税率均为4%。[15] 这些消费税立法调整的实践，为加快发展新质生产力背景下推动消费税立法调整提供了有益的借鉴。

近年来，学术界对消费税的征收范围、税率以及消费税的效应进行了研究，形成了丰富的成果。在征税范围调整方面，学者们观点并不一致。马蔡琛等认为，需要重新设定部分高档消费品标准，将已走入寻常百姓家的消费品从当前税目中调出，将更多奢侈性消费品及消费行为、高污染高消耗消费品纳入征收范围。[16] 尹磊等认为，消费税的征税范围要逐步扩张，将高能耗、高污染、奢侈品及有害人体健康的产品，都逐步归入消费税的征收范围。在税率调整方面，很多学者也进行了系统研究。[17] 李升认为，对于消费税的税率改革不应该仅仅局限于调增或者调减，要依据实际情况和经济效应，加强其对调控职能之间的适应性。关于消费税的效应，学术界也有不同的观点。[18] 雷淑琴等以成品油消费税为研究对象建立动态面板模型，发现我国成品油消费税通过“成本内部

---

[12] 参见《财政部 国家税务总局关于调整烟产品消费税政策的通知》(财税〔2009〕84号)。

[13] 参见《财政部 国家税务总局关于调整卷烟消费税的通知》(财税〔2015〕60号)。

[14] 参见《财政部 海关总署 税务总局关于对电子烟征收消费税的公告》(财政部 海关总署 税务总局公告2022年第33号)。

[15] 参见《财政部 国家税务总局关于对电池涂料征收消费税的通知》(财税〔2015〕16号)。

[16] 参见马蔡琛、管艳茹、白铂：《促进高质量发展的消费税改革探索》，载《税务研究》2023年第2期。

[17] 参见尹磊、王晓：《我国消费税制度优化探析》，载《税务研究》2023年第2期。

[18] 参见李升：《消费税的经济效应研究》，载《财政科学》2022年第5期。

化”和“倒逼创新机制”能够产生显著节能效应。[19] 许正中等认为,烟草消费税的提高对卷烟消费量的影响呈现明显的负相关。这些研究成果,从不同角度分析了消费税调整的动力机制及方向路径,为加快新质生产力发展背景下消费税立法调整提供了重要借鉴。[20]

二、加快发展新质生产力背景下消费税立法的检视

新质生产力涉及新产业、新产品和新技术等,其形成和发展需要科技创新和制度创新双轮驱动。消费税立法的不断完善,作为制度创新的范畴,为加快发展新质生产力营造良好的制度环境。现实中,我国消费税立法与加快发展新质生产力的要求存在一些不相适应的地方。现行消费税的征收范围,主要是烟、酒、成品油、小汽车、高档化妆品等,多属于对健康有害及高污染、高消费等产品,但其中也包含着一些战略性新兴产业和未来产业的产品。对这些具有新质生产力内涵的产品征收消费税,可能会对加快发展新质生产力构成影响。在加快发展新质生产力背景下,消费税立法调整的基本逻辑和路径,就是要根据经济社会发展的需要,消除现行消费税立法与其他税种的立法不协调的问题,缓解现行消费税立法对具有新质生产力内涵的新产业、新产品、新技术的不利影响,以适应加快发展新质生产力的现实需要。

(一)新产业发展方面消费税立法检视

现行消费税的征税范围,包含着一些战略性新兴产业的产品,如插电式混合动力汽车、煤制油等。对这些具有新质生产力内涵的产品征收消费税,会对新能源汽车产业和新能源产业的发展带来不利影响,因此相关企业也发出了消费税立法改革的合理呼声。部分战略性新兴产业和未来产业的企业在生产经营中面临的成本、市场等压力,也呼吁对现行消费税制度进行调整优化。湖州太平微特电机有限公司施文美认为,税务部门对新型电池征收消费税,导致了新型电池成本高、市场推广艰

---

[19] 参见雷淑琴、马丽君、徐昊:《中国能源税制的节能效应与优化路径——基于系统GMM和欧盟经验的分析》,载《商业研究》2022年第3期。

[20] 参见许正中、闵路路:《提高烟草消费税对我国控烟影响的实证分析》,载《经济研究参考》2022年第8期。

难的现象,制约了行业创新和产业化步伐。[21] 骆驼股份董事长刘长来认为,铅蓄电池消费税给行业、企业带来的负面影响早已凸显,建议优化铅蓄电池消费税立法。[22] 国家能源集团宁夏煤业有限责任公司李伟等认为,现行成品油消费税立法不能完整、准确、全面地对煤制油化工产品消费行为进行规范,不仅影响税收公平与效率,也影响了相关企业高质量发展。[23] 对具有新质生产力内涵的产品实行消费税优惠政策,可以向市场传达政府对相关产业发展前景的认可并予以支持的信号,增强社会资本对相关产业发展前景的信心,增加企业参与投资和加大投资规模的动力。随着新产业的发展,消费税立法也应进一步完善,不断增强税收立法的针对性和有效性,巩固新质生产力加快发展的产业支撑制度基础。

(二)新产品开发方面消费税立法检视

我国现行消费税中,免征消费税立法技术层面是采用列举方法,即在应征消费税的税目中,列出一些特定的免税产品。这种方法存在的问题是,对于新技术突破所创造的新产品,现有消费税免税可能无法及时覆盖,相关新产品无法享受消费税免税,如钠离子电池等。推进消费税立法改革,就是要调整消费税免税产品的确定方式,让具有新质生产力内涵的新产品能够及时享受到消费税免税。推进消费税立法改革,就是要完善现行消费税立法,解除解决消费税立法与其他税种立法不协调问题。如对插电式混合动力汽车,一方面,基于节约石油资源的目的对其征收消费税;另一方面,基于环境保护的需要对其免税车辆购置税。这种截然相反的税收立法,反映了政府在消费税立法方面存在与其他税种立法相协调的问题。

(三)新技术研发方面消费税立法的检视

科技创新日新月异,带来了产品的不断升级,根据现行消费税立法,

---

[21] 参见杨烨:《全国人大代表、湖州太平微特电机有限公司研发中心主任施文美:取消对新型储能电池征收消费税》,载《上海证券报》2024 年 3 月 10 日,第 8 版。

[22] 参见《全国人大代表刘长来:建议优化调整铅蓄电池消费税》,载经济观察网,https://www.eeo.com.cn/2024/0301/640p03.shtml。

[23] 参见李伟、谢小兵:《煤制油化工产品征免消费税的研究分析》,载《中国总会计师》2023 年第 10 期。

本来属于消费税征税范围的产品,可能随着新技术、新工艺的采用,逐渐丧失了征收消费税的初衷和偏离消费税征收目的,如铅蓄电池。对其继续征收消费税,对新质生产力发展是不利的。完善消费税立法,就是要适应科技创新的需要,及时调整消费税免税,对技术升级后不再属于高污染高能耗的产品,能够享受到免征消费税政策,从而调节资本、技术、人才等创新要素的流向,为新质生产力相关领域的科技创新、科技成果转化和应用创造更好的制度环境,增强新质生产力发展的科技动能。目前,我国现行消费税主要是在生产环节征收,通过对具有新质生产力内涵新产品实行消费税免税或低税政策,可以减轻企业税负,使其具有比较优势,带来资本、科技、人才等创新要素的流入,进一步加快新质生产力发展。比如,我国目前对于燃油小汽车根据气缸容量大小征收消费税,而对于不涉及气缸容量的电动小汽车不征收消费税,可以使电动汽车具有比较优势,有助于吸引资本、技术、人才等的创新要素向电动汽车集聚,从而有助于电动汽车技术的创新发展。

三、加快发展新质生产力背景下消费税立法存在的问题

加快发展新质生产力发展,是一项复杂艰巨的系统工程,需要充分发挥企业、科研机构等各方面的积极性,需要政府协调各项制度立法,形成合力统筹推进。现行消费税制度在实施的过程中,在新质生产力发展方面存在一些问题和不足。只有深入分析消费税立法存在的问题,听取相关企业实践中的呼声,才能提出有利于新质生产力发展的消费税立法建议。当前,我国现行消费税立法在新产业发展、新产品开发、新技术研发等方面存在一些问题,不适应当前经济社会发展的需要,与加快发展新质生产力的要求不相适应。

(一)在新产业发展方面存在的消费税立法问题

发展新质生产力,需要优化产业结构,大力发展战略性新兴产业和未来产业。当前,我国现行消费税立法在新产业发展方面存在不足,主要表现为以下两个方面。

第一,不适应插电式混合动力汽车产业发展的需要。抑制高消费和高污染,是消费税的重要职能。与纯电动汽车相比,插电式混合动力汽

车具备发动机，需要消耗一定的燃料油，也会排放一定的污染物，具有征收消费税的内在依据。但是，与传统燃油车相比，插电式混合动力汽车具有低油耗、低排放的特征，对其像传统燃油车一样征收消费税不具有正当性和合理性。插电式混合动力汽车在低速行驶时，主要依赖电力驱动，只有在高速行驶时，发动机才会辅助驱动。这种混合动力模式一方面显著降低了汽车油耗，具有燃油经济性；另一方面也明显减少了污染物排放，具有良好的环保性。因此，对插电式混合动力汽车应当减少征收消费税。从产业性质上看，插电式混合动力汽车又属于战略性新兴产业，具有新质生产力的内涵和特征。[24] 对插电式混合动力汽车消费税征收过高，不利于新能源汽车产业的发展。

第二，不适应煤制油产业发展的需要。目前，我国成品油消费税主要基于石油炼化油品，着重考虑我国“贫油”特点，基于抑制石油过度消费，促进环境治理、节能减排和能源替代等目的制定。对于煤制油品及部分化工品征收消费税，与消费税的职能定位和征收目的都不相符。煤制油是以煤炭为原料，通过煤炭液化生产的油品。我国煤炭资源丰富，对煤制油产品征收消费税，缺乏征收依据，也不符合能源替代的要求。煤液化生产的成品油具有高热值、高热容、高热安定性，还具有低凝点、低硫、低氮、低芳烃等特性，具有较好的环保效益，对其征收消费税，与消费税的职能定位不相符。[25] 同时，煤制油化工属于重要的新能源产业，是战略性新兴产业的重要组成部分。煤制油不仅是优质的汽车用油，而且可以满足航空、舰船等特殊需要[26]。目前对煤制油技术生产的汽油、柴油等产品征收消费税，不利于煤制油产业的发展，也不利于环境保护、绿色发展。

---

[24] 参见《工业战略性新兴产业分类目录（2023）》，载北京市统计局官网，https://tjj.beijing.gov.cn/zwgkai/tjbz_31390/xyhcyfl_31392/cyfl_31677/202312/t20231221_3506928.html。

[25] 参见刘志强：《煤制油，该制动还是加油？》，载《人民日报》2015年11月25日，第16版。

[26] 参见《煤制油的环保效益值得期待》，载搜狐网2024年9月30日，https://www.sohu.com/a/125706105_115423。

(二)在新产品开发方面存在的消费税立法问题

我国消费税制度始于1994年,此后根据经济社会发展的需要和国家产业政策的要求,对税目、税率结构和征收环节等进行了一系列调整。在消费税的税目中,列出了一些特定商品免征消费税。然而,与产品不断迭代升级相比较,这种通过列举法规定免税消费品的方法相对滞后,导致一些技术新突破催生的新产品,被纳入消费税征收范围,不符合加快发展新质生产力的要求。

第一,不适应新型储能产品开发的需要。目前,我国针对节能环保、新型储能等产业的部分产品免征消费税。然而,与高新技术快速发展所带来的新产品快速迭代相比较,我国消费税立法调整相对滞后。以电池为例,现行消费税对电池征收消费税,同时对无汞原电池、金属氢化物镍蓄电池、锂原电池、锂离子蓄电池、太阳能电池、燃料电池和全钒液流电池等七种产品免征消费税[27]。然而,近年来,我国电池材料研究飞速发展,钠离子电池、钠氯化镍电池、锌镍电池、锌溴液流电池等新型储能电池不断出现。这些新出现的新型储能电池,因不在免税范围内而需要缴纳消费税。事实上,新型储能电池是新能源产业重要的储能设备,在节能环保方面发挥着重要作用,对其征收消费税不符合消费税的职能定位。同时,新型储能是未来产业的重要组成部分,新型储能电池新产品是未来产业最具有新质生产力内涵的部分,对其征收消费税,对新质生产力发展也是不利的。

第二,不适应特种油新产品开发的需要。按照现行消费税制度,成品油消费税7个子目范围之外的特种油可以免征消费税,但须取得符合国家或石油化工行业标准的省级以上质量技术监督部门产品质量检验证明。[28] 然而,由于特种油产品升级迭代较快,其行业标准制定或修订与产品开发不同步,导致新产品无法及时取得新标准质量检验证明,相

---

[27] 参见《财政部 国家税务总局关于对电池涂料征收消费税的通知》(财税〔2015〕16号)。

[28] 参见《国家税务总局关于消费税有关政策问题的公告》(国家税务总局公告2012年第47号)、《国家税务总局关于取消两项消费税审批事项后有关管理问题的公告》(国家税务总局公告2015年第39号)。

关企业难以充分享受免征消费税待遇。比如，锂电池隔膜专用白油目前仍未建立质量检验标准，导致相关企业无法享受免征消费税，产品创新发展受到一定影响。与常规油相比，特种油总产量较低，在航天航空、船舶、汽车、机械、电子、建筑等领域应用广泛。近年来，在市场需求升级、环保监管日益严格背景下，我国特种油市场逐渐向品质高端化、生产环保化方向发展，对其征收消费税的必要性日益降低。

（三）在新技术研发方面存在的消费税立法问题

通过科技创新促进战略性新兴产业和未来产业发展，是新质生产力形成和发展的重要途径。从发展新质生产力的角度审视，我国现行消费税立法在高科技产品研发、节能减排技术开发及对新技术的响应等方面均存在不足。

第一，不适应新技术研发的需要。按照现行《消费税暂行条例》，我国成品油消费税实行从量计征，每类成品油只设一档税率。比如，汽油不区分油品和成分，全部按同样的税率征收消费税。事实上，低硫、高辛烷值等成品油的生产需要以研发新技术为前提，对品质更高、污染物排放更少的环保成品油免征消费税，有利于激励企业加大研发新技术。而目前我国对环保成品油与普通成品油征收同等税额，会造成“劣币驱逐良币”现象，不利于推动企业研发新技术、开发环保产品，也与消费税的职能定位不相符。[29]

第二，不适应新技术加速应用的需要。节能减排技术是节能环保产业发展的核心支撑，是具有新质生产力内涵的技术创新，但是我国现行消费税立法不适应节能减排技术推广的需要。以小汽车为例，现行消费税按照小汽车气缸容量大小规定了不同的税率，气缸容量越大，税率越高。然而，随着涡轮增压技术的不断进步，气缸容量越大并不意味着汽车二氧化碳排放越多。[30] 现行按小汽车气缸容量确定消费税税率的规定，忽视了节能减排技术对汽车污染物排放的影响，在一定程度上影响

㉙ 参见李伟、谢小兵：《煤制油化工产品征免消费税的研究分析》，载《中国总会计师》2023 年第 10 期。

㉚ 参见杨诗韵：《“双碳”背景下小汽车消费税改革研究》，载《活力》2023 年第 12 期。

相关企业对新技术应用的积极性。

第三,对新技术快速进步响应不足。现行消费税制度在征收范围的确定上,缺乏动态调整机制,难以适应新技术快速迭代的现实。以铅蓄电池为例,为促进节能环保,自 2016 年 1 月 1 日起,我国对铅蓄电池按 4%税率征收消费税。[31] 然而,随着铅蓄电池生产技术、工艺、设备的显著优化以及监管水平的不断提高,目前铅蓄电池已不属于"高污染、高排放"产品,对其继续征收消费税在一定程度上不利于企业研发创新和市场竞争。[32] 在此背景下,仍将所有铅蓄电池纳入消费税征收范围,对新型储能技术进步响应不足,不利于新质生产力发展。

四、加快发展新质生产力背景下消费税立法完善建议

发展新质生产力需要完善新产业、新产品的立法需求,强化科技创新的驱动能力,推进税制不断完善。在此背景下,完善消费税立法,可以从以下几个方面着手。

(一)优化新产业发展的消费税立法

现行消费税立法在新产业发展方面存在不足,客观上对新质生产力形成和发展带来不利影响。未来一个时期,应根据具有新质生产力内涵新产业的特点,完善相应的消费税立法。

第一,对插电式混合动力汽车减半征收消费税。我国目前对于新能源汽车中的电动汽车免征消费税,而对插电式混合动力汽车征收 4%的消费税。相比传统燃油汽车,插电式混合动力汽车具有油耗低、排放低的特点,因此,对插卡式混合动力汽车征收较低的消费税,符合消费税职能定位的要求。同时,插电式混合动力汽车属于新能源汽车,是战略性新兴产业的一个重要行业,对其征收较低的消费税,有利于新质生产力的发展。然而,相比纯电动汽车,插电式混合动力车无论是在油耗方面还是环保方面,仍存在一定差距。从注重节约和环保的职能看,对插卡

---

[31] 参见《财政部、国家税务总局关于对电池涂料征收消费税的通知》(财税〔2015〕16 号)。

[32] 参见卢奇秀:《铅蓄电池免征消费税时机已到?》,载《中国能源报》2024 年 3 月 25 日,第 14 版。

式混合动力汽车征收一定的消费税仍有必要。鉴于此,建议对插电式混合动力汽车实行减半征收消费税。

第二,对煤制油产业实行免征消费税。我国现行成品油消费税税目,涵盖汽油、柴油、航空煤油、石脑油、溶剂油、润滑油和燃料油七个子目,既包括石油冶炼化工产品,也包括煤制油化工产品。事实上,对煤制油及化工产业征收消费税,并不符合成品油消费税制定的初衷和职能。同时,煤制油产业属于新能源产业,煤制油产品具有清洁能源特性。因此,建议对煤制油产品实行免征消费税,以推动清洁能源和新能源产业发展。

(二)健全新产品开发应用的消费税立法

第一,对全部新型储能电池实行免征消费税。新型储能电池行业新技术发展迅猛,新产品更迭较快,现行消费税通过列举的方法规定免征消费税产品,难以适应新型储能电池技术发展的需要。同时,随着新技术的不断更新,新型储能电池的环保性得到较好保障,对其征收消费税不再具有合理性。建议对全部新型储能电池实行免征消费税。

第二,完善特种油消费税立法。一方面,相关部门应根据特种油产品的发展,及时制定行业标准,使符合条件的产品可以及时享受免征消费税;另一方面,对于暂时无法获得省级以上质量技术监督部门产品质量检验证明的特种油新产品,可以采取先征后退的方式,即企业获得省级以上质量技术监督部门产品质量检验证明之前,先按照规定缴纳消费税,待企业获得省级以上质量技术监督部门产品质量检验证明后,再退还已缴纳消费税。

(三)调整新技术研发创新的消费税立法

第一,调整成品油消费税计税依据。国际上成品油消费税税率设计日益重视环保因素,往往根据不同产品的成分、特点等实行差别税率。[33]比如,德国根据成品油产品中的硫含量的不同设置差别税率,含硫量越高税率越高,从而可以促进成品油环保标准的提升。[34] 建议我国根据成

---

[33] 参见龚辉文:《各国消费税发展的若干特征与启示》,载《财政科学》2023 年第 6 期。

[34] 参见万莹、徐崇波:《成品油消费税税率和税负水平的国际比较研究》,载《当代财经》2016 年第 2 期。

品油含硫量、辛烷值等设定差别税率,以有效发挥成品油消费税的调节作用。

第二,调整小汽车消费税计税依据。现行制度对小汽车只按气缸容量大小征收消费税,一定程度上不利于汽车节能新技术的研发创新。我国小汽车消费税立法应体现“耗能越多,征税越高”的原则,除了以气缸容量为计税依据,还应以废气排放量作为计税依据,即根据气缸容量和废气排放量设置税率,来体现企业对减排技术的研发创新在税法规定上的差异,更有利于消费税职能定位的发挥。

第三,调整铅蓄电池消费税立法。鉴于铅蓄电池全行业不属于高耗能、高污染行业,对铅蓄电池征收消费税的依据已经发生变化,应尽快对铅蓄电池产品消费税立法进行调整。建议对铅蓄电池实行免征或减征消费税,使企业有更多的资金增加研发投入,增强生产企业竞争力,不断强化发展新质生产力的动力支撑。

五、结语

消费税是特定目的税,具有重要的调节功能,已经成为学术界和业界共识。我国消费税立法内容往往随着经济社会的不断变化而作出调整,以适应新的发展需求,更好地发挥其调节作用。加快发展新质生产力是当前我国经济发展面临的重要任务,其特点主要集中在新产业发展、新产品开发及新技术研发三个方面。消费税立法也应围绕加快发展新质生产力的要求,从新产业、新产品和新技术三个维度进行审视现行制度中存在的不足,并分别进行完善,比如出台对插电式混合动力汽车减半征收消费税,对煤制油产业、全部新型储能电池、符合条件的特种油实行免征或减征消费税,调整成品油、小汽车等税目的消费税计税依据等一系列立法调整。通过消费税立法的完善,与其他税种立法形成制度合力,推进税收制度的现代化,为新质生产力形成和发展创造良好的制度环境。

新型城镇化财力保障的地方税法律体系优化*

席晓娟**

摘　要:新型城镇化建设巨大的财政资金需求与地方政府有限财力的矛盾需要地方寻求途径加以解决,最为直接且收效最快的途径就是加快我国地方税体系建设,实现财政资源的优化配置。因此,应合理划分中央税与地方税,优化地方税法律体系,满足新型城镇化资金需求。地方政府税权限于税率、征税对象及减免等方面而无立法权,基于此,优化重在税种的新增与调整。宜将房地产税、环境保护税、资源税、城市维护建设税及车船税等作为地方税的主税种,优化完善相关税收法律制度。

关键词:新型城镇化;财力保障;地方税;法律体系优化

2024年7月28日,国务院发布《深入实施以人为本的新型城镇化战略五年行动计划》提出坚持以人为本、遵循规律、分类施策、集约高效,深入实施以人为本的新型城镇化战略。新型城镇化发展战略的核心是以人为本的农民市民化,目标是消除城乡差距以实现改革发展成果全民共享,公共财政资源的均衡配置是其实质,路径是通过基本公共服务的城乡一体化与均等化实现。因此,财税体制直接影响新型城镇化进程的速度与质量。"以人为本"的新型城镇化决定农业转移人口市民化是消除

---

* 本文为西北政法大学涉外法治研究中心2023年度一般项目"中国数字贸易的发展格局与法治路径"(项目编号:SWFZ2023A10)的阶段性研究成果。

** 席晓娟,法学博士,西北政法大学涉外法治研究中心副教授。

城乡二元结构的基础[①]。农民市民化要求居住地政府提供基本公共服务,因此地方政府财政资金状况成为决定基本公共服务均等化目标实现与否的关键。

一、二元财税体制下城乡间财税利益冲突需要财力解决

(一)二元财税体制造成农村与城市间财税资源配置不公

财税利益配置是通过界定各种财税利益并进行分配和管理,确保社会的整体财税利益与社会成员的个体财税利益达到平衡。作为城乡二元经济结构伴生物的城乡二元财税体制,一方面在利用财政权力转移农业剩余;另一方面削减对农业、农村及农民的财政投入。城市的基本公共服务所需财税资源由全体居民(包括具有城市户籍的居民和进城务工的农民)所缴纳的税费进行配置,而农村的基本公共服务所需财税资源除了一部分由全体农民所缴纳的税费配置外,还需要农民通过额外缴费、集资及出工投入劳动来补充。换言之,就同一种公共物品的提供,在城市中基本上由政府财政支付其成本,市民免费或少量缴费使用,在农村则基本上由农民支付成本,政府只给予少量财政补贴[②]。由此,城市居民获公共产品与服务的成本较低而农村居民获得公共产品与服务的成本较高,导致农村与城市间财税资源配置不公。

(二)农村与城市间财税资源配置不公产生财税利益冲突

城乡间差距拉大的原因之一是在财政收入上的城乡差别,因偏向于工业及从事工业生产的城市人口,故而在税负安排上使劳动产出高而本应承担较重税负的城市居民,实际税负较轻;而农村居民劳动产出低却承担了较重的税负负担。城乡二元财税体制的城乡分治使财税资源分配越来越集中于城市,呈现出逆向配置的趋势,不仅不利于农村居民收入的增长,反而加剧了城乡收入差距。在公共财政资源配置不均的同时,作为低收入群体的农村居民往往成为流转税转嫁的主要对象,导致农民承担加重,产生财税利益冲突。

---

① 农业转移人口市民化的公共成本是农民工市民化过程中流入地政府需要支出的费用,私人成本是农民工自身所须支付的市民化费用。

② 参见卢洪友:《一品两制的经济分析》,载《财经问题研究》2004年第10期。

二、新型城镇化财政资金困局加剧城乡间财税利益冲突

(一)新型城镇化财政资金困局成因

提供基本公共服务是政府公共服务职责所在。城乡基本公共服务差异主要基于户籍制度所造成的地域差异与身份差异,表现为强势群体或城镇原住居民成为被服务者,而把弱势群体或农民工(半城镇化人口)刨除在外,这就会导致公共服务非均等化的发生③。农民工为务工地提供劳务创造财富,作为纳税人理应享受与当地居民同等的基本公共服务,而不应受限于无流入务工地户籍,否则与基本公共服务均等化所要求的政府为全体公民提供大致均等基本公共服务的宗旨所背离。

城镇化的推进带来人口流入地的非户籍人口基本公共服务需求激增,当地政府加强基础设施及基本服务建设,既是城镇化对政府公共职能的要求,也是保障户籍居民公共服务水平至少维持现状,减少社会矛盾的必然选择。分税制体制下地方政府事权与财权不匹配,事权大于财权,造成基本公共服务支出不足成为常态。除个别发达省份外,地方政府基本公共服务支出不足主要靠中央政府对地方政府的转移支付实现。此外,针对迅速扩张的城镇化基础设施建设,财政资金在尚且不能满足基本民生需求的情况下,必然对基础设施建设投资捉襟见肘。

(二)新型城镇化财政资金困局现状

以往城镇化发展以财政资金为主,一旦资金不足,土地出让及地方债发行就成为地方财政收入的主渠道。伴随财税体制改革的持续深化,土地财政不再具有持续性,举债财政受限制,“营改增”等税种改革推进,致使地方政府在地方立法权缺失且地方税体系尚不完备的现状下,财政收入大幅下降,造成城镇化财政资金的严重短缺。

2019 年以来,5000 万农业转移人口进城落户,2023 年年末,我国城镇常住人口达 93, 267 万,比 2022 年增加 1196 万人。常住人口城镇化率

③　参见张明斗:《新型城镇化运行中的基本公共服务均等化研究》,载《宏观经济研究》2016 年第 6 期。

为66.16%,比2022年提高0.94个百分点④,提前3年实现了"十四五"规划提出的"常住人口城镇化率提高到65%"的目标。中国城镇化已进入中后期,虽仍处于快速发展期、但速度逐渐放缓。根据国务院发展研究中心课题组2022年的一项研究,预计到2025年和2030年,我国城市化率将分别达到68%和72%⑤。由此,城市基础设施及公共服务需求的快速增长成为必然,而财政资金不足制约新型城镇化发展。

巨大的财政缺口阻碍城镇化进程,"营改增"的减税效应加剧新型城镇化财政资金缺口。2012年"营改增"试点地区共为企业直接减税426.3亿元,整体减税面超过90%⑥。2022年以来,我国实施了更大力度的留抵退税政策。2023年新增的减税降费大约是1.57万亿元,办理的留抵退税大约是6500亿元⑦。作为支撑地方财政收入主税种的营业税,因营改增减税效应造成地方政府财政收入短期内甚至是较长时间内的减少,必然加剧新型城镇化财政资金困局。因此,需要重塑央地财政关系,通过完善地方财权的方式,破解新型城镇化的财政困局。

三、合理划分中央税与地方税以解决新型城镇化财力不足

2012年党的十八大报告提出"构建地方税体系",2013年党的十八届三中全会提出"完善地方税体系",2017中央经济工作会议上提出"抓紧提出健全地方税体系方案",2019年党的十九大报告明确指出"深化税收制度改革,健全地方税体系"。2024年党的二十届三中全会报告提出增加地方自主财力,拓展地方税源,适当扩大地方税收管理权限。研究把城市维护建设税、教育费附加、地方教育附加合并为地方附加税,授

---

④　参见《我国2019年以来5000万农村转移人口进城落户》,载新华网,http://www.xinhuanet.com/20240527/d3066147b5do47ea905ec851dqf5914c/c.html。

⑤　参见郭锦辉:《进一步释放新型城镇化内需潜力》,载《中国经济时报》2024年1月15日,第11版。

⑥　参见夏鹏飞:《营改增试点地区2012年共为企业直接减税426.3亿元》,载《人民日报》2013年2月18日,第11版。

⑦　参见《财政部:2023年新增的减税降费大约是1.57万亿元　办理的留抵退税大约是6500亿元》,载百家号2024年11月15日,https://baijiahao.baidu.com/s?id=1789665232944313393&wfr=spider&for=pc。

权地方在一定幅度内确定具体适用税率。

新型城镇化建设巨大的资金需求与地方政府有限财力的矛盾需要地方途径加以解决，最为直接且收效最快的途径就是加快完善我国地方税体系，实现财政资源的优化配置，满足新型城镇化建设需要。划分中央税与地方税是分税制的必然要求。合理划分中央税与地方税，逐步减少中央与地方共享税数量是完善分税制，优化税制结构的要求。

（一）合理划分中央税与地方税的现实需求

分税制是通过划分税权，将税收按照税种划分为中央税、地方税、中央和地方共享税进行管理而形成的一种财政管理体制。政府间事权划分是财权划分的前提，财权划分主要体现为税权划分，税权划分以税种划分为主，税种划分决定税收收入在各级政府间的划分。

政府间税种的划分不仅是政府间财政利益的分配，而且也会影响到资源配置的效率、税收调控功能的发挥、税收的行政效率以及地区间的收入分配等重大问题。我国现有税种划分是按照分税制体制要求，根据事权与财权相结合的原则，中央税是实现国家维护权益及实施宏观调控职能的税种；中央与地方共享税是与经济发展直接相关，地方税是适合地方征管的税种，并充实地方税税种，增加地方税收入⑧。该规定偏重原则性的税种划分，基于此，党的十八届三中全会会议公报指出，在结合税制改革、考虑税种属性的基础上，进一步理顺中央和地方收入划分。2014 年 7 月，时任财政部部长楼继伟解读财税体制改革顶层设计时提出，考虑税种属性和功能，将收入波动较大、具有较强再分配作用、税基分布不均衡、税基流动性较大的税种划为中央税，或中央分成比例多一些；将地方掌握信息比较充分、对本地资源配置影响较大、税基相对稳定的税种，划为地方税，或地方分成比例多一些收入划分调整后，地方形成的财力缺口由中央财政通过税收返还方式解决⑨。

“营改增”对地方政府税收收入的冲击引发对中央与地方税权的重新划分，虽然彼时财政部《关于推进中央与地方事权和支出责任划分改

⑧ 参见王玮主编：《地方财政学》，武汉大学出版社 2006 年版，第 76 页。

⑨ 参见崔文苑：《立足全局　着眼长远——财政部部长楼继伟详解财税体制改革思路、任务和要点》，载《经济日报》2014 年 7 月 4 日，第 9 版。

革的指导意见》尚未出台,但《关于2016年深化经济体制改革重点工作的意见》明确提出推进中央与地方事权和支出责任划分改革,适度加强中央事权和支出责任,在条件成熟的领域率先启动。把适合作为地方收入的税种下划给地方,调动中央和地方两个积极性,改革和完善中央对地方转移支付制度[⑩]。由此可见,重新划分税种必将成为理顺央地政府间关系的工作重点。

(二)合理划分中央税与地方税的基本原则

2024年党的二十届三中全会会议公报提出增加地方自主财力,拓展地方税源,适当扩大地方税收管理权限。[⑪] 合理划分中央税与地方税应遵循以下原则:一是税基原则。该原则按税基分布状况决定税种的归属。中央与地方财政支出需求不同,因而税收收入要求不同。税基广泛的税种划归中央,中央税在全国范围内征收,防止因地区征收差异而造成的税收收入减少,进而影响中央对经济宏观的调控。税基狭窄的税种划归地方,地方税在其所在辖区范围内征收,以满足地方经济发展及地方政府对当地居民提供公共服务的财政资金需求。二是税源原则。该原则重在强调税源与中央及地方的密切程度。对于税源广泛、跨区域征收、多环节征收无法确定税收归宿的税种应作为中央税。税源限于本地区,与地方经济社会发展联系密切且影响较大的税种应作为地方税。三是调节原则。该原则以税收调节作用的强弱划分税种。对全国范围起调节作用的税种划归中央,仅调节地方性建设与发展的税种划归地方。

(三)合理划分中央税与地方税税政管理权

税政管理权,是指税种开征与停征、增加或减少税目、调整征税比例、增减税负等方面的权限[⑫]。合理划分中央税与地方税的税政管理权有利于提高征税效率。在中央统一立法和税种开征权的基础上,探索研

---

⑩ 《关于2016年深化经济体制改革重点工作的意见》(国家发改委):五、加快财税体制改革,为结构性改革营造适宜的财税环境(十九)完善事权和支出责任相适应的制度。

⑪ 参见《中共中央关于进一步全面深化改革 推进中国式现代化的决定》,人民出版社2024年版,第19页

⑫ 参见陈国堂、童伟:《完善我国地方税体系研究》,中国发展出版社2015年版,第148~149页。

究在地方税税制要素确定及具体实施上赋予地方更大自主权。在以中央为主的税政管理权模式下，对于全国统一开征但区域性特点比较明显的地方税种，如房地产税、城镇土地使用税、土地增值税、资源税、城市维护建设税、车船税等税种由中央统一立法，授权地方人大制定本地区法规，对具体的税目、税率等税收要素在中央立法的范围内进行确认与调整，以适应本地区经济状况与经济发展。对于税源分散且征税成本高的税种，如契税、烟叶税等由地方人大立法为宜。把城市维护建设税、教育费附加、地方教育附加合并为地方附加税，授权地方在一定幅度内确定具体适用税率。

(四)合理划分中央与地方共享税的分享比例

自2016年“营改增”以来，地方税体系逐步转为以共享税分成收入为主的结构。2022年地方税收占一般公共预算收入比重约七成，其中国内增值税和所得税收入占地方税收比重约60%；而地方专享税收入在税收总额中的比重不足三成，虽有8个税种，但缺乏收入稳定且占绝对优势的税种；另外，具有共享性质的城市维护建设税、资源税、印花税合计收入比重也较低，从全国来看这三个税种总收入的近八成分享给了地方，但在地方税收中仅占13%[13]。

中央税与地方税的分成比例直接影响地方政府的税收收入。营改增导致地方税最主要收入的减少，原本属于地方税的税种因税收收入体量小而无法支撑地方财政支出的资金需求。因此，应当适当提高中央与地方共享税中地方收入的分成比例。稳定增值税分享机制，改造消费税并纳入共享体系[14]。“营改增”全面到位后，为了保持中央与地方财力格局总体不变，增值税分享比例由75∶25调整为50∶50，“营改增”过渡期满后，在地方税体系尚未健全、地方税收收入短缺的情况下，继续维持现有50∶50的分成比例。这个规定在2019年10月国务院发布的《实施更大规模减税降费后调整中央与地方收入划分改革推进方案》中再次

[13] 参见袁海霞：《新一轮财政体制改革重点方向建议》，载《北大金融评论》2024年第19期。

[14] 参见冯俏彬、李贺：《从地方税到地方收入：关于新一轮中央与地方收入划分的研究》，载《财经智库》2019年第3期。

明确,其目的是保证地方政府税收收入的稳定性,为企业发展打造税收营商环境。总体而言,企业所得税和个人所得税6∶4的分享比例较为合理,但考虑地方政府税收收入需求,可将税额分享改为税率分享。

四、确立地方税法律体系以满足新型城镇化财力需求

地方税的主体税种是基础税种,应该具备稳定性的特点,以满足地方政府财政支出需求,有利于提高社会总福利。地方税应该由地方政府自行决定税种存废、自行决定税基税率、享有税收收入归属权。但目前地方政府税权仅限于税率、征税对象及减免等方面而无立法权,在此前提下的地方税体系完善重在税种的调整与优化。地方税主体税种的选择应当考虑几个要点:一是该税种应该具有税基较宽、税源稳定、收入增长潜力较大的特点。二是收入可控,能够起到有效调节地区产业结构的作用。三是具有征缴成本低、征管便利等特征[15]。基于此,建议房地产税、环境保护税、资源税、城市维护建设税、车船税等作为地方税的主税种。

(一)房地产税法

基于房产无法移动的自然属性,房产税具有税基广泛、税源充足、收入稳定的特点,是一个具有收入增长潜势的税种,将房产税作为地方主税种能够弥补地方政府的收入缺口。从2003年开始,财政部税政司和国家税务总局财产和行为税司就着手研究和推进房地产税改革工作。2003—2009年是房产税试点的空转阶段,2010年是试点准备阶段,2011年至今进入试点实施阶段。房产税征收的合法性与正当性问题已不容置疑,2018年9月十三届全国人大常委会已将《房地产税法》列入立法规划,条件成熟时拟在十三届全国人大常委会任期内提请审议。按“立法先行、充分授权、分步推进”的要求,稳步推进房地产税立法工作的加速进行。2021年10月,第十三届全国人民代表大会常务委员会通过《全国人民代表大会常务委员会关于授权国务院在部分地区开展房地产

⑮　参见张瑞峰、辛艺、郑文丽:《新型城镇化与财税改革法律问题研究》,山东大学出版社2016年版,第70页。

税改革试点工作的决定》,试点期限为五年,在授权期限届满的六个月以前,向全国人民代表大会常务委员会报告试点情况,需要继续授权的,可以提出相关意见。条件成熟时,及时制定法律。

现行地方税种多为税源分散、征管难度大、收入规模小的税种。应在整合房产税、城镇土地使用税、土地增值税、耕地占用税的基础上开征房地产税。房地产税有别于房产税,属于新税种而非对原有房产税的修改。房地产税因其税源的广泛性、征税对象的地域固定性及税收收入的可持续性而应成为地方主税种,是在房地产保有环节征收的财产税。新型城镇化对房地产供给需求的增长,通过开征房产税加以理性调控,保证房地产供需市场平衡,使市民化的农民居者有其屋。考虑到房地产税将作为地方主税种,因此,应赋予地方政府征收范围、税率、税收优惠等方面适当的税权。房地产税征税范围的扩大趋势是适时将农村个人住宅纳入其中,从税收公平角度讲并无不妥。

基于土地所有权的二元化,需要解决城镇房产与农村房产的价值评估问题,而这又涉及土地所有制,税法尚无力单独担当此任。因此,对农村个人住宅征收房产税的时限尚无定期。房地产税税率决定房地产税税负的高低,过高易引起民众不满,过低则不易实现征收目的。重庆采用差别比例税率,上海采用统一比例税率。比例税率优点是名义税率与实际税率相同,且计算简便,透明度高,体现横向税负公平。虽然比例税率调节不及累进税率强,但从房地产税征管角度讲,初期宜采用比例税率。房地产税税率宜采取低税率的国际惯例,上海房地产税试点税率为0.6%,重庆房地产税试点最低税率为0.5%,最高税率为1.2%。两地房地产税税负不会过高,仅实现财产税的基本功能而非国家增加财政收入的新途径。

房地产税计税依据采用房地产市场交易价格评估价值,实行从价计征的观点基本统一。可能遇到的问题为,一是如果业主没有“实现”其房地产价值或者房地产“被升值”,而业主又不能或者不想转让其房地产,则在一定时期内业主承受的税负可能更重。二是如果房价下跌且低于购买价格,产权人房地产价值负增长时,如果继续征收房地产税,是否有违房地产税调节贫富差距的作用。房地产税税收优惠应综合考虑。

重庆税收优惠涉及征税范围、适用条件、不可抗力等方面，上海则针对不同情况下的房产变化，涉及房产面积、房产置换、子女成年、人才引进、人员暂住等方面。从试点看，西地房地产税主要针对投资型房产而非自住的消费型房产，因此，保障性住房及中低收入人群不是房产税的规制对象。作为政府按照预定目的，减除或减轻纳税义务人税收负担的税收优惠，其设计既应体现国家一定时期内的经济发展目标，又通过税收优惠引导纳税人的行为。在保障纳税人基本生存权的前提下，实现财产税调节收入分配的首要功能。

(二)资源税法

资源税法，是指国家对在我国境内从事资源开发、利用的单位和个人，就其资源和开发条件的差异而形成的级差收入征收的一种税[16]。2019年8月26日《资源税法》通过并于2020年9月1日起施行。该法落实税收法定原则要求，遵循现行税制框架和税负水平总体不变的原则。资源税税目采取列举方式，中央层面共有30多个，没有列举的税目由省级政府根据本省实际情况确定。资源税的税率包括固定税率与幅度税率，幅度税率由省级政府确定本省的具体税率，报同级人大常委会决定。涉及税收减免的矿种及因意外事故和自然灾害等原因遭受重大损失的，其资源税减免由省级政府规定具体办法。通过对资源税税法要素的分析，可以看出将资源税的部分税目、幅度税率、税收减免等税法要素确定权限下放给地方政府，足以说明中央政府将作为地方税的立法意图。2024年8月，中共中央、国务院印发《关于加快经济社会发展全面绿色转型的意见》提出完善绿色税制，全面推行水资源费改税。2024年10月，财政部、税务总局、水利局印发《水资源税改革试点实施办法》(财税〔2024〕28号)，自2024年12月1日起实施。

(三)环境保护税法

税种划分决定环保税的税权划分与财权分配，进而影响环保税的保护和改善环境，促进社会节能减排，推进生态文明建设等基本功能的发挥。环境保护税是2018年起征收的税种，采用排污费向环境资源税平

[16] 参见刘剑文主编：《财税法学研究述评》，高等教育出版社2004年版，第366页。

移方法。根据地方政府对当地环境质量负责的原则，2017 年 12 月《国务院关于环境保护税收入归属问题的通知》明确规定为促进各地保护和改善环境、增加环境保护投入，国务院决定，环境保护税全部作为地方收入。2024 年 8 月，中共中央、国务院印发《关于加快经济社会发展全面绿色转型的意见》提出完善环境保护税征收体系，研究支持碳减排相关税收政策。

环保税收入全部划给地方是拓展地方税的重要举措，其目的是调动地方政府环保积极性，为本区域提供治污、生态修复的财政资金保障。环境保护是政府必须履行的基本公共职能，但环境污染治理所需资金往往具有投入大于时间长的特点，地方政府的环保税收入可能不足以完成此项任务。中央以专项转移支付方式补足地方政府环保资金缺口，其资金呈递增趋势。因此，应建立规范的财政转移支付制度，以保障中央政府可持续发展治国理念的实现。

（四）城市维护建设税法

城市维护建设税是增值税与消费税的附加税。党的二十届三中全会会议公报提出，研究把城市维护建设税、教育费附加、地方教育附加合并为地方附加税，授权地方在一定幅度内确定具体适用税率。[17] 其理由一是地方附加税是专款专用税，税款用于城市公共事业和公共设施的维护建设以及地方教育，性质上是受益税。二是新型城镇化是人的聚集，大量城市人口需要基础公共设施的支撑，地方教育配套要能够满足新增城镇人口的需求。巨额的资金保障是政府提供基础公共设施服务及基础教育的前提，地方附加税税款用途恰能在很大程度上有针对性地解决该部分资金需求的缺口。因此，可能考虑在遵循收益与负担对等原则的基础上扩大征收范围，除现行增值税与消费税外，将企业所得作为计税依据，在加大税基的基础上增加应纳税额，实现地方附加税对城市维护建设及基础教育的资金筹措功能，增加地方税收收入。

（五）车船税法

车船税以车辆、船舶为特征对象，向车船所有人或者管理人征收。

---

⑰ 《中共中央关于进一步全面深化改革　推进中国式现代化的决定》，人民出版社 2024 年版，第 19 页。

虽然车船税收入占比不高,但将其作为地方税由地方政府征收,与新型城镇化战略目标相一致。车船数量的增长快于城市地区人口的增长,车船的使用增加了地方政府公共基础建设的成本,同时产生了外部成本并且大多数成本没有得到补偿⑱。因此,应将车船税作为地方税征收。2024年8月,中共中央、国务院印发《关于加快经济社会发展全面绿色转型的意见》提出积极构建有利于促进绿色低碳发展和资源高效利用的财税政策体系,落实新能源和清洁能源车船税收优惠。

五、结语

党的二十届三中全会会议公报提出城乡融合发展是中国式现代化的必然要求,要健全推进新型城镇化体制机制。遵循"以人为本,公平共享"原则,完善我国地方税体系,解决新型城镇化建设巨大资金需求与地方政府有限财力间的矛盾。与此同时,通过新增与调整,宜将房地产税、环境保护税、资源税、城市维护建设税及车船税等作为地方税主税种,优化相关税收法律制度,实现财政资源合理配置,满足新型城镇化建设的财力需要,根本上解决二元财税体制下城乡间的财税利益冲突。

⑱ 参见[美]鲍尔、吴卓瑾、乔宝云:《城镇化与中国财政改革》,刘乐峥译,中国财政经济出版社2014年版,第127页。

税法法典化的逻辑前提与体系构造
——基于税收法律文本的实证分析

刘建初[*]

摘　要:《民法典》的颁布拉开了中国法典化的时代序幕。在法典化时代中国税法应当如何实现精准定位,寻找到合适的发展模式至关重要。通过运用实证分析的研究范式并基于中国税收法律规范群进行文本实证分析,考察中国税收法律的文本范畴,在形式规范和实质规范中为税法法典化寻求最佳边界范畴。与此同时,凝聚学界法典编纂的理论共识并归纳税收法律规范的制度共性,为中国税法法典化解决逻辑前提问题。在逻辑前提这一前置性问题解决的基础上,综合衡量税法法典化的体系构造,即选择制定概括性的《税法通则》还是建构统领性的《税法总则》,最终通过实证分析并结合中国税法的理论和实践,选择以《税法总则》的体系构造来理性推动中国税法法典化进程。

关键词:税法;税法法典化;税收立法;税法总则;实证分析

一、问题的提出:法典化时代中国税法的精准定位

伴随我国《民法典》的颁布实施,中国法典化时代的序幕已悄然拉开。税法法典化最早可追溯到20世纪90年代,国家税务总局牵头提议制定《税收基本法》并于1995年正式被列入全国人大立法规划,历经1997年国家税务总局牵头起草的《税收基本法(草案第六稿)》和2006

---

* 刘建初,北京市广盛律师事务所律师。

年财税法学界牵头起草的《税收基本法(专家稿)》。[①] 财税法学界在税法法典化的体系构造或名称确定层面存在分歧:如,使用"基本"一词命名为具有一般性和根本性特点的《税收基本法》[②];使用"通则"一词命名为具有通则性和综合性特点的《税法通则》[③];使用"总则"一词命名为具有总纲性和统领性特点的《税法总则》[④];使用"法典"一词命名为具有全面性和统率性特点的《税法典》。[⑤] 尽管存在上述分歧,但最终殊途同归,达成一致的共识便是推动税法朝着法典化的方向迈进。

税法法典化既不是采取法典汇编的形式将税收单行法进行整理编排形成《税法典》;也不是采取法典立法的形式从无到有地制定全新的《税法典》。中国税法法典化应当是既沿袭法典编纂的形式即对现有的税收法律规范群进行整理、归类、编辑、更新和删除;又吸收立法统合的实质即为了解决税收单行法之间存在的逻辑漏洞和适用冲突问题。因此,中国税法法典化是形式与实质、理论与实践双重结合的发展趋势,既区别于纯粹理论导向的法典建构主义,又区别于纯粹问题导向的法律实用主义。此外,中国税法法典化应当根植于中国现实国情和税收实践的发展现状,不能纯粹地从国外税法法典化寻求法律移植;与此同时,中国税法法典化是立足于税法学科发展背景和部门法演进历程的税收立法,不能完全照搬照抄国内其他部门法法典化的路径模式。中国税法法典化必定是独一无二的发展演进之路,其独特的发展基石便是中国现行体系庞大的税收法律规范群,这一税收法律规范群在数量规模上多达二十余部,为中国税法法典化提供了宝贵的规范矿藏。尽管目前中国的税收单行法律发挥着实质意义上的功能作用,但是在形式上欠缺具有统领整个税收法律规范群的基本性、总纲性、统领性的法律。因此,中国税法应

---

① 参见汤贡亮、刘爽:《税收基本法研究回顾与展望》,载《税务研究》2008 年第 1 期。

② 参见刘隆亨:《论制定税收基本法的若干重大问题》,载《法学家》2004 年第 5 期。

③ 参见汤贡亮:《对制定我国税法通则的思考》,载《中央财经大学学报》2003 年第 3 期。

④ 参见施正文:《税法总则立法的基本问题探讨——兼论〈税法典〉编纂》,载《税务研究》2021 年第 2 期。

⑤ 参见张富强、黄思煦:《论我国税法典体系的构建》,载《法治论坛》2022 年第 1 期。

当朝着兼具实质和形式的方向努力,这便需要对处在法典化时代的中国税法进行精准定位。

二、税法法典化的文本考察:形式规范与实质规范

(一)税法法典化的形式规范:立法机关制定的税收单行法律

税法法典化的形式规范指的是作为立法机关的全国人大及其常委会制定的狭义税收单行法律,这既包括税收实体法,又包括税收程序法。

从税收实体法的角度来看,目前我国现有开征的税种共计 18 个,依据征税对象的不同分为三大类即商品税、所得税和财产税,其中商品税 6 种,所得税 2 种,财产税 10 种。截至 2024 年 12 月,我国已经在 14 个税种领域贯彻落实了税收法定原则,其中商品税法律 5 部,所得税法律 2 部,财产税法律 7 部。在 5 部商品税法律中,共同的特征在于其制定机关均是全国人大常委会,这表明在商品税法制定的过程中,全国人大常委会通常作为主要的立法机关肩负着落实税收法定原则的重担。在 2 部所得税法律中,共同的特征在于其制定机关均是全国人大,这也是现有税收法律中唯二的由全国人大这一立法机关制定的法律。所得税是我国三大税类中唯一一个全部落实税收法定原则的税类,这是因为企业所得税的开征关系到内资企业的正常经营和外资企业的外商投资,个人所得税的开征关系到个人收入分配和社会贫富差距。在 7 部财产税法律中,共同的特征在于其制定机关均是全国人大常委会。从财产税的分类来看,根据其对一定时期内权利是否发生变动的财产进行征收可以分为静态财产税和动态财产税。⑥ 耕地占用税、车船税、船舶吨税、资源税均属于静态财产税。契税是对土地房屋等财产权属的移转变更而订立契约时所产生的税种,属于动态财产税。印花税是对书立应税凭证和证券交易等财产权利的移转变更时所产生的税种,同样属于动态财产税。至于环境保护税为何纳入到财产税的范畴,主要是对财产进行广义的理解,将环境认定为一种公共财产。

从税收程序法的角度来看,狭义上我国税收程序法是指《税收征收

⑥ 参见张守文:《财税法学》,中国人民大学出版社 2018 年版,第 242 页。

管理法》,广义上包括《税收征收管理法》及其《实施细则》,同时包含 1985 年全国人大授权国务院制定的关于税收征收管理方面的行政法规及部门规章。综观各国在税收征收管理层面的立法,大致存在三种立法模式:第一种模式为分税立法即在税收单行法中同时规定实体规则和程序规则。第二种模式为综合性法典即将所有的税收实体法和程序法统一编入一部体系化、结构化的税法典中。第三种模式为前两种模式的折中,即将税收单行法中具有共通性质的程序规定整合成独立的税收程序法,对于税收单行法中的特殊规定予以保留,目前我国便采取这一模式。⑦

(二)税法法典化的实质规范:行政机关制定的税收法规规章

税法法典化的实质规范指由国务院以及财政部、国家税务总局等与税收立法具有密切关联的行政机关制定的税收行政法规与部门规章,既包括税收实体法又包括税收程序法。

从税收实体法的角度来看,具体到两个维度剖析:从税类分布的维度来看,商品税中仍有 2 个税种未实现由行政法规上升为法律。商品税在落实税收法定原则进程中之所以处于落后状态,其原因在于增值税和消费税的税收收入占据我国财政收入的绝大部分,涉及央地分享税制改革及税收收益权的配置,涵盖多方利益主体,需要综合协调各方利益,故这 2 个税种税收立法进展缓慢。财产税中存在 3 个税种对应的税收法律停留在行政法规层面即房产税、城镇土地使用税和土地增值税。财产税作为直接税与纳税主体的切身利益尤为紧密,直接税不易转嫁,尤其涉及房产、土地等关系个体利益和社会稳定的财产税在推进上升为法律的过程中更是遭遇重重阻力,需要慎重考虑研究,故暂未上升为法律。从效力级别的维度来看,税法法典化的实质规范主要以国务院制定的行政法规为主。尽管这些行政法规中存在一定数量的暂行条例,并不符合税收法定原则的要求,但从税收法治的历史视角来看,仍然发挥着关键的作用。税法法典化的实质规范在效力级别上还存在一定数量由国务院下设部委制定的部门规章,这些部门规章以暂行条例实施细则的形式

⑦　参见闫海:《税收征收管理的法理与制度》,法律出版社 2011 年版,第 1 页。

存在,其制定机关主要是财政部和国家税务总局。然而,一旦相应的税种从行政法规上升为法律,那么与之配套的暂行条例实施细则将会从部门规章上升为行政法规。

从税收程序法的角度来看,主要是《税收征收管理法》在行政法规层面的进一步细化,《税收征收管理法实施细则》是一部重要的税收程序法。《税收征收管理法》及其实施细则只适用于由税务机关负责征收的各种税种的征收管理,目前开征的18个税种之中的关税并不适用《税收征收管理法》及其实施细则。关税的征收主要由海关负责,这是基于关税的征税对象和征税环节作出的特殊性制度安排。此外,船舶吨税的征收同样由海关负责征收,但可以参照适用《税收征收管理法》及其实施细则。

(三)税法法典化的文本范畴:形式规范为主,实质规范为辅

中国税法法典化最佳边界范畴应当以形式规范为主,以实质规范为辅。具体原因如下:第一,形式规范即税收单行法律是由立法机关主导制定的,其制定程序更加严谨,论证理由更加充分,规范标准更加统一。税法法典化进程必然是由立法机关负责推动的,行政机关制定的税收行政法规和部门规章虽然发挥了实质作用,但是形式上不符合立法机关税收立法的标准要求,不利于落实税收法定原则。第二,形式规范的章节体系、条款表述和概念定义更加系统、全面和严谨。税法法典化是基于现有规范进行抽象概括和凝练总结,税收单行法律相较于税收行政法规和部门规章更易通过“提取公因式”的立法技术寻找到制度共性,从而节约立法资源,提高立法效率,实现科学立法。第三,形式规范是国家基于全国整体税收征收的现状和利益格局,统筹考量中央和地方分税制格局下税收收益权的合理配置,在条件成熟的情况下制定实施的。税法法典化是为了实现税收法治的宏伟目标,在征税主体和纳税主体之间以及中央和地方税权配置之间实现国家整体税收利益的最大化,而不仅局限于部门利益,这就决定了税法法典化不能以实质规范作为其主要范畴。

三、税法法典化的逻辑前提:理论共识与制度共性

(一)税法法典化的理论共识:凝聚法典编纂的基本理论共识

1.法典化的价值定位:管制法与保障法的平衡

税法法典化的价值定位是在管制法与保障法之间进行妥善平衡,从而在二者之间寻求一种最佳平衡点使税法法典化的价值定位兼顾效率与公平。财税法学界对此存在如下学术观点:税法法典化的价值定位应当是权利保障法而非管制法[⑧];税法法典化的价值取向应既遵循传统管制法对国家和征税人的权威性保障,又体现权利保障法保障纳税人合法权益不受侵犯的本质要求[⑨];我国税法更多地强调纳税人义务的履行而忽略纳税人权利的保障[⑩];现行税法应当是对征纳双方合法权益进行均衡保护的"利益平衡法"[⑪];我国税法法典化应当既重视征税效率并强调征税权力,又完善税收监督机制并保障纳税人权利。[⑫] 上述观点中凝聚的基本理论共识即:第一,税法法典化不能完全沿袭管制法的道路,谨慎防止征税权的无序扩张。第二,税法法典化不能完全偏向保障法的路径,应适当有效地保障纳税人的合法权益。第三,税法法典化应当兼顾管制法和保障法各自的优势,合理规避各自的缺陷,从而平衡征税主体与纳税主体之间的利益。

2.法典化的模式类型:综合与分散模式的选择

税法法典化的模式类型主要是在综合模式与分散模式之间进行合理选择,从税法法典化的国际视角来看,综合模式可以细分为法典模式和通则模式,法典模式是指将全部税收法律规范进行综合整理汇编形成规模庞大的税法典;通则模式是指将各种税收单行法律的一般规则进行

---

⑧　参见王世涛:《论〈税收基本法〉的价值定位》,载《税务研究》2004年第11期。

⑨　参见熊英:《税收基本法的"母法"地位质疑——兼论税收基本法的价值》,载《法学杂志》2005年第1期。

⑩　参见申鹏:《税收基本法立法的困境与选择》,载《国际税收》2013年第4期。

⑪　参见施正文:《关于税法通则的定位》,载《涉外税务》2006年第4期。

⑫　参见高泓跃:《关于建立我国税收基本法的探讨》,载《长春工业大学学报(社会科学版)》2014年第5期。

概括形成一部《税法通则》。分散模式是指所有的税收单行法律各自运行实施，并未有一部统一的法律进行统领协调。[13] 我国目前属于分散模式即虽然存在诸多税收单行法律，却并未有一部统领各税收单行法律的综合法。综合模式中的法典模式主要为美国《国内收入法典》和法国《普通税法典》[14]，而通则模式根据其篇幅规模性、结构复杂性和内容宽泛性共分为三种即“发达式”“较发达式”“发展式”，德国《税法通则》为“发达式”；日本《国税通则法》和韩国《国税基本法》为“较发达式”；俄罗斯《联邦税法体制基础法》为“发展式”。[15] 我国税法法典化的模式类型应当充分考量中央和地方之间的税收利益分配格局，结合税收立法既有的实践经验，将法典模式、通则模式与分散模式的优势进行吸收融合，从而走一条具有中国特色的税法法典化之路。

3. 法典化的立法架构：实体法与程序法的配置

税法法典化需要合理配置实体法与程序法二者在法典化立法架构中的章节内容与结构位置，其实质是在法典化进程中是否需要将税收程序法的内容提炼概括纳入税法法典化之中。税法法典化的立法架构在实体法与程序法的配置上主要存在四种学说：第一，税收实体法独立说。税法法典化不应当涉及税收程序法层面的问题，税收程序法不应纳入税法法典化之中。[16] 第二，税收程序法独立说。税法法典化的主要形式是税收程序法的法典化，这种立法架构主要发生在那些选择税法法典化综合模式的国家。[17] 第三，税收程序法有效吸收说。税法法典化应当认真总结税收程序法实施过程中形成的经验，将税收程序法中行之有效的基

---

⑬ 参见李玉红、郭驰：《税收基本法的国际比较及经验启示》，载《涉外税务》2006 年第 12 期。

⑭ 参见刘国华：《论税收基本法立法的若干问题研究》，载《财贸经济》2006 年第 4 期。

⑮ 参见张松：《关于我国税收基本法立法的几个问题》，载《税务研究》1996 年第 7 期。

⑯ 参见华国庆：《制定我国税收基本法刍议》，载《安徽大学学报（哲学社会科学版）》1998 年第 3 期。

⑰ 参见施正文：《中国税法通则的制定：问题与构想》，载《中央财经大学学报》2004 年第 2 期。

本程序制度进行吸收从而将其上升为法律。[18] 第四,税收实体法与程序法有机结合说。税法法典化应当将税收实体法与税收程序法进行有机结合,从而推动税法法典化朝着兼具实体性与程序性的方向发展。[19] 基于我国税法法典化的模式类型以及税收立法的既有现状,税收实体法与程序法有机结合说更符合我国的实际国情,坚持以税收实体法为主体,税收程序法为辅助。

4. 法典化的运行范畴:税收立法与司法的划定

税法法典化的运行范畴需要在税收立法与税收司法之间进行边界划定,其本质是探讨税法法典化过程中是否需要将税收立法与税收司法的相关制度安排纳入其中。财税法学界关于税法法典化运行范畴的研究存在四种观点:第一,税收立法独占论。税法法典化应当将税收立法作为重要的核心内容予以规定,尤其对于中央和地方的税收立法权进行合理划分。[20] 第二,税收司法独占论。税法法典化应当规定设置独立的司法体系以便更好地处理涉税案件,从而完善税收司法制度。[21] 第三,税收立法与税收司法兼顾论。税法法典化进程中应当将税收立法与税收司法同等纳入制度设计之中,有利于解决税收立法和税收司法问题,从而实现税收正义的价值目标。[22] 第四,税收立法与税收司法排除论。税法法典化进程中应当将税收立法与税收司法的制度安排均予以排除,其原因在于税收立法应当由《宪法》《立法法》等宪法性法律进行制度设计;税收司法应当由司法机关根据有关司法程序规定进行制度设计。[23] 鉴于我国税收实体法和税收程序法中并未对税收立法和税收司法进行

---

⑱ 参见付志宇:《关于我国税收基本法立法问题的思考》,载《甘肃社会科学》2007 年第 5 期。

⑲ 参见王瑞:《国外税收基本法的设立逻辑、特点及启示》,载《涉外税务》2008 年第 8 期。

⑳ 参见李刚:《现代税法学要论》,厦门大学出版社 2014 年版,第 116 页。

㉑ 参见申鹏:《税收基本法立法的困境与选择》,载《国际税收》2013 年第 4 期。

㉒ 参见刘隆亨、周红焰:《我国税收基本法制定的意义、特征和框架》,载《法学杂志》2004 年第 5 期。

㉓ 参见施正文:《中国税法通则立法的问题与构想》,载《法律科学(西北政法学院学报)》2006 年第 5 期。

制度安排,立法者更加倾向于税收立法与税收司法排除论。

(二)税法法典化的制度共性:归纳法律文本的一般制度共性

1. 立法目的条款:归纳税法立法目的制度共性

立法目的条款通常设置在法律文本中的第1条,主要运用"为了+特定动词+特定目的+根据宪法/法律+制定本法/本条例"的逻辑语句结构,旨在表达该部法律的精神宗旨和立法者的主要意图。基于对中国税收法律规范的实证分析,从有无设置立法目的条款、立法目的条款结构类型和立法目的条款依据类型三个视角进行具体分析。

从有无设置立法目的条款视角来看,中国税收法律规范中包括18部税收实体法和1部税收程序法,其中13部税收法律规范未设置立法目的条款,6部税收法律规范设置了立法目的条款,其中包括5部税收实体法和1部税收程序法。税法立法目的缺失其背后原因主要体现在主客观两个层面,即客观上提炼归纳税法立法目的缺乏理论和实践基础,主观上刻意等待今后《税法分则》制定齐备时再借助"提取公因式"的方法提取立法目的条款统一安排到《税法总则》之中。[24] 从立法目的条款结构类型视角来看,在6部税收法律规范设置的立法目的条款中,主要存在五种结构类型即加强型、规范型、保障型、保护型和促进型。加强型侧重加强税收的调节作用;规范型侧重同时规范征税主体的征税行为和纳税主体的纳税行为;保障型侧重保障国家整体的税收利益权;保护型侧重保护纳税人的合法权益;促进型侧重从更宏观的维度来促进整个经济社会的发展。从立法目的条款依据类型视角来看,在19部税收法律规范中,仅1部税收法律规范是宪法依据型即《关税法》立法目的条款中表述"根据宪法,制定本法",18部税收法律规范中并不存在该宪法依据。设置"根据宪法,制定本法"条款,主要考虑该部法律与宪法在内容上是否具有直接关联性,出于遵守宪法的考虑应当在税法法典化中加入该条款依据,从而贯彻税收立法合宪性的要求。因此,税法法典化的立法目的条款可以表述为:"为了规范征税机关的征税行为和纳税人的

[24] 参见单飞跃、余德飞:《一元多层次税法立法目的的体系的建构》,载《山西大学学报(哲学社会科学版)》2022年第1期。

纳税行为,保障国家的税收收入,保护纳税人的合法权益,促进宏观经济的稳定发展和社会分配的公平正义,根据宪法,制定本法。”

2. 适用范围条款:归纳税法适用范围制度共性

适用范围条款是法律付诸运行实施的必要条款,其一般逻辑结构为“境域前缀+客体前缀+征引前缀+主体前缀+应当依照本法/条例+缴纳+税种”。18 部税收实体法律规范中,均设置了适用范围条款。基于对中国税收实体法律规范的实证分析,从境域前缀、客体前缀、征引前缀和主体前缀四个视角进行具体分析。

境域前缀根据其空间地理位置来进行具体细化,中国境内型是绝大多数境域前缀的表述类型,这表明中国税法一般情况下不具有域外适用效力;领域海域型主要针对税种的特殊性作出制度安排,如资源税可能涉及海域资源的开采问题;特定区域型主要基于开征税种特定的区域性而作出制度安排如城镇土地使用税仅针对城镇区域范围内的土地使用进行征税,不涉及农村区域;内外港口型则极具特殊性,针对船舶吨税涉及境内外港口进出的情况作出制度安排;境域空白型是极少数情况,主要原因在于相应的税种不仅局限于境内情况,还涉及境外情形,如关税涉及进出口双向的货物。

客体前缀分为商品客体型、所得客体型和财产客体型。商品客体型针对的是特定货物、劳务、服务等商品的流转;所得客体型针对的是企业和个人取得的收入;财产客体型针对的是对特定财产如房产、土地、车船和资源等所有权的行使即占有、使用、收益和处分。

征引前缀基于引用相应的依据而作出更加具体明确的税法适用。征引空白型表明大部分税种的征收无须更加具体明确的指示说明;附税率表型基于税种的税目细分化情形而实现精准适用;依据规定型针对开征税种与其他法律之间具有紧密的关联性而作出指向性安排如烟叶税的征收与《烟草专卖法》之间就存在极强的关联性。

主体前缀针对符合境域前缀、客体前缀和征引前缀条件的主体进行更加明确化的指定,单位个人型是普遍存在的类型,这种单位和个人的表述更易涵盖各种类型的主体。居民非居民型主体前缀仅适用于所得税领域的税种,这是考虑到企业和个人自身会出现境内外空间维度的流动。特定主体型则是充分考虑到不同税种个性化的特点而对主体进行特殊规定,如环境保护税是针对直接向环境排放应税污染物的生产经营者进行征税。因此,税法法典化的适用范围条款可以表述为:“在境内进行商品流转,取得收入,占有、使用、收益、处分特定财产的自然人、法人和非法人组织等纳税主体,应当依照本法缴纳相应税收。税收单行法律另有规定或特别规定域外适用的,从其规定。”

3. 法律原则条款:归纳税法法律原则制度共性

财税法学界关于税法基本原则的研究已经达成基本共识,即税收法定原则、税收公平原则和税收效率原则。[25] 有学者认为税法原则除了传统的税法基本原则之外,还应当包括税法适用原则,从而将税法解释和税收征收过程中出现的适用问题进行原则性规定。[26] 我国现有的税收实体法规范和税收程序法规范中并未直接设置法律原则条款,但是部分法律条款中能够体现出税法的法律原则,造成这一现象的原因主要在于我国税法法典化的现行模式是分散模式,并未有专门的总纲性和统领性的综合法进行统一规定。

从税法基本原则的维度来看,税收法定原则是税收法治的核心指标,是衡量一个国家税收领域能否实现法治的关键标准。税收法定原则由税收要素法定原则、税收要素明确原则和税收程序合法原则构成。[27] 税收要素法定原则指税收要素必须由立法机关制定狭义上的税收法律进行规定,现有的税收实体法和程序法规范中基本上将各类税收要素涵盖其中,但是唯一不符合要求的便是部分税种仍然以税收行政法规的形式规定税收要素。税收要素明确原则需要解决税收要素中不确定性概念的问题,这一问题在消费税中亟须解决。消费税征收中最难解决的问题是判断应税事实,而消费税税目通常使用经验(叙述)概念来表述,它在性质上属于不确定法律概念的范畴。[28] 因此,需要将这种不确定法律

[25] 参见刘剑文:《财税法——原理、案例与材料》,北京大学出版社 2017 年版,第 182~190 页。

[26] 参见张守文:《财税法学》,中国人民大学出版社 2018 年版,第 125~126 页。

[27] 参见张守文:《论税收法定主义》,载《法学研究》1996 年第 6 期。

[28] 参见叶珊:《消费税法的解释与解释性规则》,载《社会科学辑刊》2019 年第 1 期。

概念予以明确化,从而符合税收要素明确原则。税收程序合法原则体现为征税主体必须严格按照法律规定征收,不得违背法定程序,这在《税收征收管理法》第3条进行了明确化的规定。税收公平原则中最核心的内容便是对税收负担能力的把握,这实际上可以推导为量能课税原则。量能课税原则要求负担的归属及轻重原则上应当以纳税人的负担能力为准,而不能以国家对其提供的保障或服务的成本效益为度。[29] 税收效率原则注重于征税主体在征收过程中实现效率最大化,用最小的成本负担完成税收征收工作。

从税法适用原则的维度来看,实质课税原则是税法解释适用时重要的原则,又被称为"经济观察法",其是量能课税原则在适用过程中推导出来的原则。[30] 诚实信用原则体现为征税主体对纳税主体信赖利益的保护,以及纳税主体履行纳税义务,不偷逃漏税。禁止类推适用原则要求税法解释过程中应当严格遵循文义解释,不允许滥用扩张解释和类推解释。禁止溯及课税原则要求税法的适用在税收实体法层面选择旧法,从而维护纳税主体的信赖利益;在税收程序法层面选择新法,从而提高征税主体的行政效率。因此,税法法典化的法律原则条款可以表述为:"税收关系的调整应遵循税收法定、税收公平和税收效率的基本原则,税法规范的解释和税收征收的实施应遵循实质课税、诚实信用、禁止类推适用和禁止溯及课税的适用原则。"

(三)税法法典化的制度共性:归纳法律文本的特殊共性

1. 法律主体条款:归纳税收征纳主体共性

税收征纳主体制度是整个税法制度体系中不可或缺的一环,是税法得以正常运行的制度前提。就征税主体而言,税务机关是最主要的征税主体,共计16个税种的征税主体为税务机关。海关是辅助性的征税主体,海关单独承担征税任务的税种共计2种即关税和船舶吨税,还同时承担增值税和消费税的代征任务,主要代征进口货物的增值税和进口应税消费品的消费税。就纳税主体而言,共计11个税种的纳税主体为单

[29] 参见黄茂荣:《法学方法与现代税法》,北京大学出版社2011年版,第63~67页。

[30] 参见陈清秀:《税法总论》,法律出版社2019年版,第194~199页。

位个人型,其中单位和个人均可能承担纳税义务的有10个税种,烟叶税的纳税主体只可能由单位构成。居民非居民型主要在所得税中,包括企业所得税和个人所得税,这与所得税纳税主体所处境域有关。特定主体型在关税、房产税、车船税、船舶吨税和环境保护税等5个税种中体现,其原因主要在于充分明确房屋、船舶等征纳客体的物权归属问题。然而现有的纳税主体在表述层面其内涵和外延不明确,容易给税收征纳带来理解层面的混乱。为了统一纳税主体表述,建议采用《民法典》对民事主体制度的表述分类即自然人、法人和非法人组织,从而协调法际冲突,贯彻税收效率原则。就扣缴主体而言,商品税中的增值税和城市维护建设税、所得税中的企业所得税和个人所得税、财产税中的车船税和印花税等均规定了扣缴义务人,这表明扣缴主体应当是税收征纳主体制度中不可或缺的构成部分。

2. 法律客体条款:归纳税收征纳客体共性

法律客体主要是指征税纳客体,亦称为征税对象,基于国际通行的税收惯例,征税对象主要可以划分为三类即商品客体、所得客体和财产客体。从商品客体的视角来看,基于商品流转征收的商品税主要涉及6个税种,其中增值税、消费税和关税的具体客体内容属于典型的商品。城市维护建设税作为附加税是基于增值税和消费税客体基础之上进行税额征收,烟叶税和车辆购置税从税种名称上便能够对相应征纳客体一目了然,即烟叶和车辆。从所得客体的视角来看,针对企业和个人这两个纳税主体取得的收入进行征税,企业所得税的征纳客体是企业以货币形式和非货币形式从各种来源取得的收入;个人所得税的征纳客体是个人从中国境内和境外取得的收入。从财产客体的视角来看,财产税主要基于对特定财产的占有、使用、收益和处分进行征税。如涉及对财产占有的征税如房产税;涉及对财产使用的征税如城镇土地使用税;涉及对财产收益的征税如土地增值税;涉及对财产处分的征税如契税。

3. 法律权义条款:归纳税收征纳权义共性

税收征纳权义制度即征税主体、纳税主体和扣缴主体均享有税法赋予的权利,又承担税法设定的义务。就征税主体的权利和义务而言,征税主体的权利共计7项,税务管理权、税款征收权、税务检查权和税务处罚权以专章的形式规定在《税收征收管理法》第二章、第三章、第四章和第五章,而信息获取权、税收保全权和强制执行权则分散规定在《税收征收管理法》不同章节个别条款之中。征税主体的义务共计 6 项,服务提供义务、保守秘密义务、接受监督义务和利害回避义务均规定在第一章总则中,而依法征税义务和依法检查义务则分布在《税收征收管理法》其他章节条款。就纳税主体的权利和义务而言,纳税主体的权利共计 13 项,既涉及实体层面的权利如税收优惠权,又涉及程序层面的权利如延期申报权,还涉及宪法层面的权利如控告检举权,同时还赋予法律救济权从而保障纳税主体在合法利益受到侵害时予以制度性的救济。纳税主体的义务共计 12 项,整个《税收征收管理法》中对征税主体和纳税主体之间的义务设定上呈现失衡状态,给纳税主体造成了过重的负担,与税收减负的要求相背离。就扣缴主体的权利和义务而言,扣缴主体的权利共计 8 项,与纳税主体的权利基本上具有重合性,但是存在两点不同之处。第一,纳税主体享有的是申报层面的各种程序性权利,而扣缴主体则享有的是报送层面的各种程序性权利。第二,扣缴主体享有费用请求权,其请求的对象是征税主体,征税主体应当按照规定付给扣缴主体代扣、代收手续费,这也是扣缴主体承担扣缴义务而获得的对价,属于扣缴主体独有的权利。扣缴主体的义务共计 11 项,扣缴主体在《税收征收管理法》中的表述为“扣缴义务人”,根据其名称表述便顾名思义其角色定位更多的是义务人,故其承担的义务相较于享有的权利在数量上更多。

4. 法律要素条款:归纳税收征纳要素共性

法律要素又称为法律要件或法律的构成要件,虽然在表述层面存在名称的差异化,但是其实质内容均具有同一性,其核心要素均包含征纳主体、征纳客体、税基、税率等要素。[31] 鉴于本文将税收征纳主体和税收征纳客体两个核心要素进行了独立分析,将其与税收征纳要素进行同等并列,故在税收征纳要素中不再将其纳入分析探讨的范畴。税收征纳要素可以从实体法和程序法的维度进行二分法,并且税收实体法要素主要

---

[31] 参见罗亚苍:《税收构成要件论》,法律出版社 2019 年版,第 6~7 页。

体现为三类即税基、税率和税收优惠措施,税收程序法要素主要体现为两类即纳税时间和纳税地点。

从税收实体法要素来看,税基即计税依据可以根据征纳客体价格和数量的不同划分为从价计征和从量计征两种方式。18 个开征的税种中,从价计征的税种多达 10 种,而从量计征的税种为 5 种,这表明从价计征是最普遍的计税方式。此外,消费税、关税和资源税的税基既采用从价计征又采用从量计征的方式,这与特定税种的独特性有关。税率主要根据其形式不同划分为三种,即比例税率、累进税率和定额税率,采取比例税率征税的税种共计 12 种,累进税率 3 种,定额税率 5 种,这表明比例税率是适用范围最广的税率,这是因为比例税率便于税款的计算和征收,符合税收效率原则。然而,有 2 个税种即消费税和个人所得税同时采取两种税率进行征税,如消费税采取比例税率和定额税率结合的模式,个人所得税采取比例税率和累进税率结合的模式,这是兼顾效率和公平的一种制度设计。税收优惠措施分为免税优惠措施和减税优惠措施。免税优惠措施主要采取列举式或概括式的形式,更有利于贯彻落实课税要素明确原则。减税优惠措施根据条件分为固定性减税和批准性减税,根据原因分为困难性减税和补贴性减税,这是适应不同税种个性的制度性分类安排。

从税收程序法的要素来看,主要分为纳税时间要素和纳税地点要素两种。纳税时间又可以细化为纳税计算期和税款缴库期,纳税计算期针对的是纳税主体多长时间计缴税款,根据不同税种的性质可以采取按次计算和按期计算的方式。税款缴库期则是指纳税主体实际缴纳税款的期限,如果税款缴库期逾期,则表明纳税主体未履行如期缴税义务,应当承担法律责任。纳税地点主要是指纳税主体向征税主体申报纳税的地点,这也体现了征税主体的税收管辖权问题。如所得税的纳税地点主要分布在企业的营业地和机构所在地,个人的住所地等;财产税的纳税地点主要分布在相应财产的所在地;关税的纳税地点为报关地。

5. 法律责任条款:归纳税收法律责任共性

税法的法律责任是指税收征纳主体因为滥用法律权利、违反法律义务而应当根据税收法律规范的规定承担相应法律责任形式的法律后果。

从法律责任主体维度来看,根据征纳主体的不同可以划分为征税主体的法律责任、纳税主体的法律责任和扣缴主体的法律责任。征税主体的法律责任具体表现为税务机关的法律责任和税务人员的法律责任。前者主要针对税务机关,其最终责任承担主体落实到直接负责的主管人员和其他直接责任人员;后者主要针对税务人员,主要对税务人员征税过程中滥用权利的行为进行制裁。纳税主体的法律责任最核心的是纳税主体因未履行纳税义务而承担的责任,根据其不履行纳税义务情节程度的不同设置了不同制裁程度的法律责任。扣缴主体的法律责任主要针对扣缴主体在代扣代缴过程中违反了相应的法律义务如代扣代缴义务而承担相应的法律责任。从法律责任形式维度来看,根据具体承担责任形式的不同可以划分为财产责任、行为责任、资格责任和职务责任。财产责任是对征纳主体的财产进行惩罚,具体可以通过罚款、滞纳金和损失赔偿责任的形式进行。行为责任是征税主体要求纳税主体和扣缴主体为或不为一定行为的法律责任,如针对纳税主体逾期缴纳税款的行为,征税主体可以责令其限期缴纳。资格责任是纳税主体因为违反特定的法律义务而随之承担的法律责任,如纳税主体违反发票管理义务,征税主体便可以针对其行为作出收缴发票和停止发售发票的法律制裁,这实际上是对纳税主体的开票资格进行惩罚。职务责任主要是针对征税主体而言的,税务机关和税务人员滥用权利给国家税收收入造成损害,对税收工作的合法开展造成负面影响而应当承担降级和撤职等行政处分责任。

(四)税法法典化的逻辑整合:理论共识奠基,制度共性主导

基于对财税法学界法典编纂的理论梳理和税收法律规范的制度分析,已经凝聚税法法典化的理论共识并归纳税法法典化的制度共性。理论共识,即价值定位上兼顾管制法的效率优势和保障法的公平优势,平衡征纳主体二者利益;模式类型上立足税收国情,结合实践经验,融合综合模式与分散模式的二者优势;立法架构上坚持实体与程序并重,以实体法为主体,以程序法为辅助,相辅相成;运行范畴上坚持税收立法与税收司法排除论,二者均不宜纳入到税法法典化之中。一般制度共性,即税法立法目的制度、适用范围制度和法律原则制度所归纳形成的立法目

的条款、适用范围条款和法律原则条款应当成为税法法典化第一章基本规定的前三条。特殊制度共性，即税收征纳主体制度、征纳客体制度、征纳权义制度、征纳要素制度和法律责任制度所归纳形成的税收征纳主体、税收征纳客体、税收征纳主体的权利和义务、税收征纳要素和法律责任应当成为税法法典化第二章、第三章、第四章、第五章和第六章的内容。

四、税法法典化的体系构造：通则概括与总则统领

（一）税法法典化的通则概括：制定概括性的《税法通则》

税法法典化的第一种体系构造是制定概括性的《税法通则》。我国立法实践中仅有原《民法通则》这一部法律使用“通则”作为法律名称表述的组成部分，原《民法通则》的立法定位实际上是放弃了编纂《民法典》而选择单行法的模式，这不是民法法典化的应有之义和路径依归，而是特殊时代背景之下的立法产物，不具有普遍指导意义。《税法通则》中的“通”要求这部《税法通则》所调整的范围涉及整个税收法律体系，力求通过短小精悍的《税法通则》实现《税法典》的功能作用。财税法学界对《税法通则》进行立法构想时，在总则章节构想设计了税收立法问题、税收管理体制问题、税法解释问题的相关法律规定，在分则章节构想设计了税收征纳程序问题以及税收行政诉讼、税收国家赔偿等税收司法问题。然而，在现有税收法律体系尚未完善成熟之际，贸然制定这种概括性的《税法通则》会使其与现有的法律体系产生法律冲突，且这种法律冲突一旦形成就面临难以调和的制度性难题，在短期之内难以有效解决，这实际上违背了税法法典化的价值初衷。

通过对中国税收法律规范的制度共性进行归纳，一般制度共性并不适宜放置在《税法通则》之中进行制度化成型。首先，立法目的条款体现整部法律的立法意图，《税法通则》并不能代表整个税法体系，仅针对税法一般性的制度内容进行规定，如果将归纳的立法目的条款内容放入《税法通则》之中，二者之间实际上并不兼容适配。其次，适用范围条款为整部税法设置了效力边界，现有的 18 部税收实体法规范中均设置了适用范围条款，而《税法通则》既有的制度设计无法对 18 部税收实体法

规范进行全方位覆盖。最后,法律原则条款对整个税法体系发挥宏观指导作用,这就要求税收关系的调整需要遵循税法基本原则,税法规范的解释和税收征收的实施遵循税法适用原则,而《税法通则》对于税收关系的规定并不全面系统,无法为整个税法规范的解释起到制度保障作用,故归纳的法律原则制度共性不能与《税法通则》之间进行妥当衔接。

综上所述,笔者不赞同在推进税法法典化的进程中制定一部概括性的《税法通则》,因为这种体系构造是一条完全沿袭民法法典化的编纂路径,这种路径旨在率先制定一部通则类的法律暂时发挥临时性的功能作用,为今后的法典化道路奠基。然而,这条推动税法法典化的编纂路径是一种错误的路径依赖,其原因在于民法法典化和税法法典化二者之间所基于的法律规范背景不同。原《民法通则》的制定是建立在无任何民事单行法的背景之下,原《民法通则》可以在这种无法律适用冲突的自由背景之下从无到有般地诞生,无须解决《税法通则》制定时所面临的与现有税收法律规范相冲突的问题。因此,我们需要理性慎重地看待民法法典化的编纂路径,不应在民法法典化编纂的道路上迷失,丧失税法法典化所独有的制度优势。

(二)税法法典化的总则统领:建构统领性的《税法总则》

经济法法典化的第二种体系构造是建构统领性的《税法总则》。从法律名称表述的角度来看,民法使用"总则"作为法律名称表述的组成部分所制定的原《民法总则》为税法法典化提供了实践支撑。从法律章节设计的角度来看,无论是税收程序法即《税收征收管理法》在第一章使用"总则"来设计统领整部法律的制度规则,还是经济法等其他部门法具体的单行法中同样在第一章使用"总则"来设计法律章节。上述均表明"总则"相较于"通则"更宜作为法律名称的表述方式。就《税法总则》而言,其立法定位在于对中国税收法律形式规范与实质规范(包含税收实体法和税收程序法)中具象化的规则进行抽象化的归纳总结,从而形成统领性的核心规则对税收单行法进行宏观层面的指导,以期为整个税法的实施提供主心骨般的规范指引。《税法总则》的立法定位还体现在为今后《税法典》总则编的编纂提供规范蓝图,从而减少《税法典》编纂的难度,转而将重心转向分则编即不同税种法律章节和法律制度的建构。

通过对中国税收法律规范的制度共性进行归纳,特殊制度共性更适宜放置在《税法总则》之中进行制度化成型。首先,税收征纳主体制度共性、税收征纳客体制度共性和税收征纳要素制度共性与《税法总则》的立法定位契合,《税法总则》在整个税法体系中发挥统领性的作用,而税收征纳主体、客体、要素(税基、税率、税收优惠措施、纳税时间和纳税地点)又是税法体系中不可或缺的税收要素,只有将这些税收要素纳入到《税法总则》中进行制度安排,才能够发挥《税法总则》的规范指引作用。其次,税收征纳权义制度共性主要从《税收征收管理法》之中归纳总结而来,《税收征收管理法》作为典型的税收程序法,通过该部法律规范进行归纳的制度共性与《税法总则》之间的适配度更高。最后,税收法律责任制度共性主要是基于税收征纳主体滥用权利、违反义务而采取的针对性惩罚措施,这些惩罚措施放入《税法总则》之中更能够发挥对税收单行法的统领作用,尤其针对不同税收单行法中税收征纳主体的行为进行统一化规制,为后期《税法分则》的制定实施奠定基础。

此外,为何《税法通则》不能参照原《民法通则》的路径模式而《税法总则》可以参照原《民法总则》的路径模式,这主要在于原《民法总则》是基于数十部生效实施的民事单行法并运用"提取公因式"的立法技术建构而成,而《税法总则》恰恰符合这种条件背景,唯一存在区别的是税收法律规范比民事单行法在数量规模上更大,这就使《税法总则》比《民法总则》的建构要耗费更多的时间和精力,需要考察的文本范畴更加广泛。然而,这并不能表明通过构建《税法总则》推进税法法典化进程是一项错误的选择,毕竟民法的发展时间更加悠久,积累了大量的研究成果并达成了诸多理论共识。财税法无论从税收立法维度还是学科发展维度均起步于改革开放,其作为年轻的部门法正在茁壮成长,应当给予其足够的时间、耐心和包容,静待税法法典化之花的绽放。

(三)税法法典化的体系选择:通则概括不宜,总则统领适宜

立足中国税法的发展现状以及税法法典化的价值初衷,综合衡量选择税法法典化的体系构造即通则概括不宜,总则统领适宜,主要存在三点原因。其一,制定《税法通则》比构建《税法总则》更具难度,需要耗费

更多的立法资源和时间精力,更难凝聚学界共识,构建《税法总则》是一条行之有效的路径。其二,制定《税法通则》比构建《税法总则》更易破坏现有税收法律规范群的稳定性,造成不同税种的税收实体单行法在实施过程中与《税法通则》之间矛盾冲突的加剧,无法通过推进税法法典化发挥税法在国家治理体系和治理能力现代化中的法治保障作用。其三,制定《税法通则》比建构《税法总则》更易打破现有税收法律规范群调整之下所形成的税收利益格局,损害部分税收利益主体的既有利益,可能造成潜在的利益冲突,致使部分税收利益主体守法遵从度的弱化,甚至引发其抵触情绪。

五、结论:立足于中国税法规范群理性推动法典化

基于实证分析的研究范式并考虑到中国立法资源的分配现状和中国税收法律形式规范和实质规范的分布格局,在短期之内编纂《税法典》无疑是感性之举。中国税法法典化应坚持三步走的理性路径:第一,基于中国税收法律形式规范和实质规范划定税法法典化的最佳边界范畴,继续凝聚理论共识进而归纳制度共性。第二,基于理论共识和制度共性构建《税法总则》,在《税法典》未编纂出台之前形成以《税法总则》为核心,以中国税收法律形式规范即立法机关制定的税收单行法律为主导,以中国税收法律实质规范即行政机关制定的税收行政法规和部门规章为辅助的中国税收法律规范群,从而发挥《税法典》的实质功能。第三,基于中国税收法律规范群长期运行的实践经验,不断完善税法运行论存在的不足,在时机成熟之际理性编纂《税法典》。目前我们处在税法法典化第一步迈向第二步的过渡时期,未来我们将长期处在税法法典化的第二步,至于第三步的实现终将是时间问题。

财税法基础理论

统一法律秩序视角下税收优先权制度的检视与完善

汤洁茵*

摘　要:税收债务人通常为参与市场活动的民事主体,不可避免同时承担民事债务。在其财产无法同时清偿民事债务的和履行纳税义务的情况下,《税收征收管理法》第 45 条,《企业破产法》第 109 条、第 113 条,最高人民法院的相关司法解释对税收债权与民事债权的清偿顺序作出了截然不同的规定,部分单行税种法中关于"先税后证"的规定更使征税权的优先受偿得以绝对化。债权清偿顺序同为税法与民商法的规范对象,两者的价值差异决定了其规范内容的冲突在所难免。但税法不仅不能削弱、妨碍民商法实现其特有的价值目标,而应当尽力促成民商法基本价值的实现。尽管征税权具有强烈的公益色彩,如果任由税务机关主张税收债权相对于民事债权的优先性,无异于允许征税权凌驾于民事债权之上,甚至以褫夺纳税人以外的第三人的平等受偿机会为代价,纳税人及其交易相对人将无法完全准确地预测债务能否获得完全的清偿,不仅税收法定主义所欲达成的征税权限制的目标必然就此落空。国库利益和交易的秩序与安全同为税法所保护的"法益"。以牺牲交易秩序与安全为代价保护国库利益,并不具有当然的正当性。税收优先权的制度设计应在国库利益保护和交易秩序与安全的保障之间寻求适当的平衡,设定该权利行使的条件、程序以及优先行使的权限范围,对现有的

* 汤洁茵,中国社会科学院大学法学院教授。

税法与民商法规则予以整合,消除规则之间所存在的矛盾和冲突,实现各个规则在规范对象、调整方式、实现程序方面的协调与配合,从而建构完备的税收优先权制度。

关键词:税收优先权;交易秩序与安全;统一法律秩序

税收债务人通常为参与市场活动的民事主体,不可避免同时承担民事债务。在其财产无法同时清偿民事债务的和履行纳税义务的情况下,其清偿顺序有必要予以厘清。《税收征收管理法》第45条规定,税务机关征收税款,税收优先于无担保债权,法律另有规定的除外;纳税人欠缴的税款发生在纳税人以其财产设定抵押、质押或者纳税人的财产被留置之前的,税收应当先于抵押权、质权、留置权执行。这一规定有利于保障国家征税权的实现,保护国库利益,却与民商法的相关规定发生一定的冲突,引发了诸多的规则适用争议。因此,如何加以协调,有必要给予更多的关注。

一、税收优先权的规则冲突

(一)破产程序中的税收优先之争

根据《税收征收管理法》第45条的规定,税收优先权具有相对性,税收并非绝对优先于所有债权,除优先于无担保的普通债权外,税收债权与担保债权的清偿顺序则采取时间优先原则,如税收债权发生于担保物权设定之前,则应优先受偿,反之则应在担保债权受偿后才以剩余财产清偿。尽管《企业破产法》第113条同样规定税收债权优先于普通破产债权,然而,根据该法第109条的规定,对破产人的特定财产享有担保权的权利人,对该特定财产享有优先受偿的权利,因此,无论担保权发生于税收债权之前抑或之后,税收债权均无权优先于被担保债权获得受偿。《税收征收管理法》和《企业破产法》属于同一位阶,上述冲突的规定在实践中如何予以适用,主要存在两种截然不同的观点,即"破产法优先说"和"征管法优先说"。在中国农业银行股份有限公司绍兴越城支行诉绍兴金宝利纺织有限公司、绍兴市柯桥区国家税务局案中,一审、二审法院就税收是否优先于担保债权受偿即存在观点的分歧。[①] 一审法院认为应适用《税收征收管理法》第45条,由于税收债权发生于设定抵押之前,因此,原告仅能在缴纳税款后主张抵押权。然而,最终二审法院撤销了上述判决,认为设定抵押担保的债权就抵押物而言应当优先于税收债权清偿,税收债权发生与设定抵押的时间先后并不影响受偿顺序。在国家税务总局苏州市吴江区税务局与云飞氨纶(苏州)有限公司、苏州资产管理有限公司破产债权确认纠纷案中,法院同样认为在破产程序中应适用《企业破产法》处理税收债权和抵押担保债权的受偿顺序。

持"破产法优先说"的观点通常认为,对于税收债权而言,《税收征收管理法》调整所有纳税人的税收征管活动,包括正常经营和进入破产清算程序的企业在内的所有企业的税收征管活动均应适用该法,故该法为一般法,而《企业破产法》仅适用于进入破产清算程序的企业,应为特别法。基于特别法优于一般法的法律适用原则,应适用《企业破产法》。因此,在破产清算程序中,无论担保债权发生的时间早于或晚于税收债权,均可以担保物优先受偿。[②]

然而,《税收征收管理法》是否为一般法,依然存在颇多争议。有学者即认为,该法系针对税收这一特定事项所做的规定,相较于《企业破产法》对所有类型的债权适用,应属于特别法。故此主张在两者发生冲突的情况下,应当适用《税收征收管理法》。此外,税收的公益性和国库利益的保护是主张《税收征收管理法》第45条优先适用的最主要理由。[③]

(二)民事执行程序中的税收参与分配的"优先"与否之争

在民事执行程序中,税务机关能否参与分配并主张税收优先权的适用同样存在理论与实践的分歧。《最高人民法院关于人民法院执行工作若干问题的规定(试行)》第55条第2款规定:"多个债权人的债权种类不同的,基于所有权和担保物权而享有的债权,优先于金钱债权受偿。

① 参见浙江省绍兴市柯桥区人民法院民事判决书,(2016)浙0603民初10874号;浙江省绍兴市中级人民法院民事判决书,(2017)浙06民终1119号。

② 参见熊伟:《作为特殊破产债权的欠税请求权》,载《法学评论》2007年第5期。

③ 参见杨亮:《破产程序中税收优先权的捍卫与思考》,载《税务研究》2020年第8期。

有多个担保物权的,按照各担保物权成立的先后顺序清偿。一份生效法律文书确定金钱给付内容的多个债权人对同一被执行人申请执行,执行的财产不足清偿全部债务的,各债权人对执行标的物均无担保物权的,按照各债权比例受偿。”根据该规定,税收债权不仅不能优先于担保债权受偿,也无权优先于未设担保的普通债权。《最高人民法院关于适用〈中华人民共和国民事诉讼法〉的解释》第507条、第508条笼统地规定了债权的参与分配和债权的优先受偿,但是否适用于税收债权却并不明确。④ 而《国家税务总局关于人民法院强制执行被执行人财产有关税收问题的复函》(国税函〔2005〕869号)则再次强调了税收的优先性,要求发生于设定担保之前的税收债权应当得到优先执行,并基于人民法院实际控制纳税人因强制执行活动而被拍卖、变卖财产的收入的事实,根据《税收征收管理法》第5条的规定,要求人民法院协助税务机关依法优先从该收入中征收税款。

在司法实践中,法院对税收在民事执行程序中能否优先受偿的态度不一。不少法院肯定税收在民事执行中的优先受偿权,但其理由并不完全一致。部分法院直接适用《税收征收管理法》第45条,并未特别关注税收优先权的适用范围。⑤ 另有法院则依据《税收征收管理法》第5条关于协助义务的规定,允许甚至协助税务机关优先从强制执行收入中扣划税款。⑥ 还有法院则以法律并未限定优先权的适用范围为由,允许税务机关参与民事执行程序的财产分配。如在邱某应诉上饶市地方税务局稽查局申请执行人执行异议案中,法院认为“法律并没有规定税收应按照执行法院采取执行措施的先后顺序受偿,也没有规定税收只有进入破产程序后才能参与分配”,在债务人处理拍卖标的款外无其他财产可

---

④ 《最高人民法院关于适用〈中华人民共和国民事诉讼法〉的解释》第508条规定:“参与分配执行中,执行所得价款扣除执行费用,并清偿应当优先受偿的债权后,对于普通债权,原则上按照其占全部申请参与分配债权数额的比例受偿。清偿后的剩余债务,被执行人应当继续清偿。债权人发现被执行人有其他财产的,可以随时请求人民法院执行。”

⑤ 参见浙江省苍南县人民法院执行裁定书,(2020)浙0327执异73号。

⑥ 参见广东省高级人民法院执行裁定书,(2019)粤执复242号。

供执行的情况下,"涉案税款依法应优先于无担保的债权受偿"。[7]

与此不同的是,在一些案件中税务机关关于参与民事执行程序的财产分配的主张并未得到法院的支持,但所持理由同样各有不同。有法院以税务机关不具备参与民事执行程序的主体资格为由,不允许税务机关参与民事执行程序的财产分配,更遑论主张税收的优先受偿。如中国华融资产管理股份有限公司山西省分公司诉潞城市亚晋焦化有限公司、陕西华宝焦化集团有限公司案中,法院认为,有关民事执行方面的法律以及司法解释并无关于税收优先权可以在执行程序中参加案款分配并优先实现的规定,税务机关不具备《民事诉讼法》第225条规定的利害关系人主体资格。[8] 此外,另有法院则以税务机关未经正常司法程序取得裁判文书为由,拒绝其参与民事执行程序。《最高人民法院关于适用〈中华人民共和国民事诉讼法〉的解释》第506条规定只有"已经取得执行依据的债权人"才能申请参与分配,税务机关不在此列。《税收征收管理法》第45条适用的前提条件是纳税人已经进入清偿分配程序。如纳税人未进入此程序,税务机关不得主张税收优先权。[9] 纳税人的财产足以清偿税收债务,也是法院拒绝税务机关行使税收优先权的重要理由。如在藤县税务局诉淄博中川制釉有限公司买卖合同纠纷执行审查案中,法院认为,"本院在审理和执行中查明,广西豪宇公司名下资产,仅土地就有四宗,本院仅查封、拍卖其中一宗土地及地上附属物,本院拍卖的涉案资产并非广西豪宇公司的唯一财产,广西豪宇公司并未破产,广西豪宇公司的财产不存在不足以清偿所有债务的情形,因此,藤县税务局在本案拍卖的广西豪宇公司的涉案资产的所得价款中不具有优先权"。[10]

(三)先税后证:税收的相对优先到绝对优先

《税收征收管理法》第45条规定的税收优先权具有相对性,对税收债权发生之前设定抵押的民事债权不得主张优先受偿。然而,《土地增

---

[7] 参见江西省南昌市人民法院民事判决书,(2019)赣01民初674号。

[8] 参见江西省南昌市东湖区人民法院民事判决书,(2018)赣0102民初3842号;山西省高级人民法院执行裁定书,(2020)晋执复107号。

[9] 参见江西省高级人民法院民事裁定书,(2020)赣民终645号。

[10] 参见山东省淄博市淄川区人民法院执行裁定书,(2018)鲁0302执异105号。

值税暂行条例》第12条、《契税法》第11条等均规定纳税人未缴纳相应的税款,登记机关不得办理土地、房屋的权属登记,亦即“先税后证”。如税收债权发生于设定担保之前,担保物拍卖、变卖后的价款应先优先清缴税款,并无疑义。即使税收债权发生在后,担保物拍卖后,为了办理所有权变更登记,拍卖所得的部分价款不得不首先用于清缴税款,既包括担保物拍卖发生的税款,也包括此前欠缴的税款,否则转让交易将因无法办理权属变更登记而无法履行。根据《关于人民法院民事执行中拍卖、变卖财产的规定》第24条的规定,拍卖成交后,买受人应当在拍卖公告确定的期限或者人民法院指定的期限内将价款交付到人民法院或者汇入人民法院指定的账户。人民法院往往以《税收征收管理法》第5条的协助义务或以拍卖的税款为“执行费用”为由在清偿担保物权人的债权前将所得的部分价款用于清缴税款。因此,“先税后证”的规定将导致发生在后的税收债权也获得优先受偿的效力,从而致使税收优先权从相对走向绝对化。

在司法拍卖中极为常见的“包税条款”形式上看是纳税义务由买受人代为履行的合同约定,但实质上同样产生税收优先受偿的后果。[11]“包税条款”指法院在拍卖公告中要求买受人承担被执行人税款的条款,同样既包括拍卖过程中发生的应纳税款,也包括此前纳税人欠缴的税款,无论是否发生于设定担保之前。这意味着,买受人取得拍卖物实际上将发生两个方面的成本,即拍卖价款和被执行人所承担的税款。为了确保拍卖后可以顺利完成过户登记,买受人必须提前预测并预留足以缴纳前述税款的款项,这在一定程度上将减少其本愿意支付的拍卖价款。因此,拍卖实际取得并汇入人民法院指定账户的款项仅为“除税”后剩余的部分,可用于清偿担保物权人债权的金额因此相应减少。由于“包税”条款对所包“税款”的概括性规定,不做任何区分,税务机关的欠税请求权得以优先于担保物权人的债权获得受偿,无论发生在先抑或在后,具有绝对优先的属性。

---

[11] 参见程国琴:《论民事执行程序中税收债权与民事债权的协调》,载《国际税收》2022年第6期。

二、税收优先权设置的价值考量

税收优先权的设置的逻辑起点在于税收债权债务关系说。正是基于税收的债权属性,才将其置于与民事债权同等的地位确定其受偿的顺序。但也因此将同时遭遇税法和民商法律规范的调整。而税法与民商法显属两个不同的法域,其规范对象虽有一定的交叉,但无论规范目的、价值目标、基本原则等均各有不同,其制度设计必然存在或多或少的差异,规范内容的冲突难以避免,税收的优先性因此或被限缩或被进一步强化。立法者建构法律体系的各个部门法各有不同的价值追求,相互之间应当彼此尊重,避免在法律秩序内部发生法律基本价值的矛盾和冲突,即应当维持"法律秩序的统一性"。因此,税法不能忽视其他法律领域的基本价值,在税制设计中不仅不能削弱、妨碍他法实现其特有的价值目标,反而应当尽力促成其他法律领域基本价值的实现。

(一)公法之债过度扩张之防范

尽管税收之债与民事债务具有相同的内容和结构,但无可否认两者的"基本结构上,确实存在某种程度的本质差异"。税务机关与民事主体享受相同权利和义务,看似彻底贯彻了平等原则,实质上却是一种缺乏效率的举措,因为"它将导致公法维护公共利益的落空,并最终损及私益的实现"。[12] 以税收之债为规范对象的制度建构必须体现公法的理念和价值目标。

税收作为筹集财政资金的手段,通常被认为具有很强的公益性,其确定和征收必须公平、确实和迅速。然而,纳税人缴纳税款,是一项无偿的金钱给付,并不取得任何的对价,将直接减少最终可支配的财产范围。纳税人对此不可避免存在程度不同的抗拒心理,因此,如果将财政收入的取得完全建立在纳税人自愿的基础上,国家的财政开支将是无法维系的。为保证征税权的实现,作为征税者的税务机关被视为是公共利益的维护者,而非个人利益的代表人,具有明显的优越性,在法律地位上更居

---

⑫ 熊伟:《税收担保制度》,载徐杰主编:《经济法论丛》(第 1 卷),法律出版社 2000 年版,第 325 页。

于主导地位。国家可以动用公权力强制征收,以保证税收的足额及时征收税款,如对纳税人采取冻结存款、查封财产、加收税收滞纳金等强制执行措施,对不履行这一义务的国民,甚至可以追究不履行者的法律责任。

债的属性使民事债权的实现规则"准用"于税收债权成为可能。通过适用民事债权保护规则,征税权得以通过税法规定以外的其他途径予以实现,征税权也获得双重的保护。然而,民事规则尽管为债权人提供了诸多的实现债权的途径,但仍为债务人以及第三人提供了对抗债权人权利滥用的机制,以实现债权人与债务人以及第三人之间利益的相互制约与平衡。而对纳税人及其第三人而言,却无法主张民事规则下的相对应的债务人的权利对抗机制,对征税权的不当行使提出抗辩,以保护自身的合法权利。于是,引入民事规则保护征税权,将使征税权得以进一步扩张,甚至成为溢出税法之外的权利,与此同时,纳税人却无法获得相对应的机制的保护,税务机关与纳税人之间的法律地位将进一步失衡。一旦允许类推适用民法的规定实现国家征税权,必然导致国家征税权行使的法律依据溢出税法领域之外。纳税人无法单纯根据税法规则判断其所享有的权利和应当承担的义务。相反,纳税人,甚至与纳税人存在利益关系的第三人,必须时时警惕税务机关借由民事债法规则主张其征税权的行使。而该民事债权规则何时适用、如何适用,仅由税务机关基于税收债权与民事债权的相似之处即可"类推"实现,这将加剧征税权实现过程中适用法律的不确定性。由此,税收法定主义所追求的法律规则的确定性和法律后果的可预测性,便将因民事规则的类推适用而丧失殆尽。在此情况下,如果任由税务机关主张税收债权相对于民事债权的优先性,无异于允许征税权凌驾于民事债权之上,甚至以褫夺纳税人以外的第三人的平等受偿机会为代价,纳税人及其交易相对人将无法完全准确地预测债务能否获得完全的清偿,不仅税收法定主义所欲达成的征税权限制的目标必然就此落空。

(二)税权保护与交易秩序和安全的适度平衡

税收及时足额的征收,直接决定了国家可以提供的公共物品的数量和质量,进而影响国民公共需求得到满足和基本权利得到实现的程度。因此,税收的课征关系国民的普遍利益,具有公共目的性和公益性。税收的公益性是多数学者主张税收债权优先实现的最重要依据之一。

然而,征税权的优先行使将妨碍、限制纳税人的民事债权的实现,导致其平等清偿机会的落空,征税权的侵权性由此得以扩展至税收法律关系以外的第三人,成为市场主体参与经济交易时难以预测的风险,将对交易秩序和交易安全造成破坏。税收是法定之债,当纳税人从事的经济活动满足税收构成要件时发生。然而,纳税人承担的纳税义务及其具体金额、税款是否及时足额缴纳等纳税信息通常被认为属于《税收征收管理法》第8条所规定的税务机关应保密的“信息”的范畴,交易相对人等税收法律关系以外的第三人很难完全了解上述信息。这意味着,即使交易相对人有能力可以完全调查纳税人的财产状况、承担的民事债务等事实以确定其债务清偿能力,在交易发生后、行使民事债权时仍可能面临税务机关主张税款优先受偿的权利突袭,致使债权面临无法得到完全实现的风险。市场主体将难以预测并准确评估参与交易所发生的债权获得满足的可能性,交易秩序和交易安全将就此遭到破坏,从事交易所面临的债务无法得到清偿的风险将大为增加。厌恶风险的市场主体即可能选择更趋保守的交易策略甚至彻底退出市场。长此以往,税收优先受偿所保护的国库利益终将因创造税源的经济活动的减少而丧失。

税收来自国民从事生产经营活动的经济成果,市场经济活动创造的价值越多,国家可以参与分配的财富越多,因此,市场经济的尊重和自治是现代税制建立的基本前提,确保市场基于自身运行规律的自由发展,是国家获得稳定财源的根本保证。就此而言,税收的课征要求国家与市场之间的适度区隔。交易秩序和安全表现为确定性、一致性、连续性和具有特殊强制力的市场状态,这要求维持社会关系的稳定性、结构的一致性、行为的规则性、进程的连续性、事件的可预测性和人身财产的安全性。在有序和安全的市场环境下,市场主体可以建立彼此的信赖,并基于对对方行为和市场运行趋势的预判作出相应的经济决策,从而实现预期的经济目标。可以说,交易的秩序与安全是经济发展的重要影响因素之一。税收的课征应当尽可能促成、维持而非妨碍市场基于自身运行规律所形成的交易秩序,确保交易当事人可以预测、实现并最终保有交易的成果,保障交易的安全。

因此,国库利益和交易的秩序与安全同为税法所保护的"法益"。以牺牲交易秩序与安全为代价保护国库利益,并不具有当然的正当性,同样必须满足比例原则的检视,即税收的优先行使所实现的国库保护利益与牺牲交易秩序与安全所造成的损失应当进行比较和权衡。如果两者相较,税收优先行使致使交易秩序与安全的牺牲远非由此实现的税收利益所能弥补,则此项权利即不具有正当合理性。只有当在少数个案中牺牲的交易秩序与安全在可以容忍的轻微程度之内,即因税收的优先行使而债无法获得完全清偿的仅为相当少数的民事债权,且破坏实现的程度不是非常强烈,税权的优先行使才具有正当合理性。⑬ 也就是说,规则的设计应当确保在多数案件中纳税人的民事债权人不会面临税权优先行使的突袭,只有债权依法或约定清偿的合理期待因税权优先行使被破坏的个案在数量上只占极低的比例且由此破坏的市场交易秩序与安全的程度并不严重,在少数个案中允许税权的优先行使才是可容忍的。

三、法统一秩序下税收优先权的限缩与完善

税收优先权的制度设计应在国库利益保护和交易秩序与安全的保障之间寻求适当的平衡,设定该权利行使的条件、程序以及优先行使的权限范围,对现有的税法与民商法规则予以整合,消除规则之间所存在的矛盾和冲突,实现各个规则在规范对象、调整方式、实现程序方面的协调与配合,从而建构完备的税收优先权制度。

(一)税收债权相对无担保债权的优先:条件与行权方式

债权具有平等性,所有的债权人有权得到平等的对待,无论是公法还是私法之债,债权人均应享有平等的受偿机会。因此,税收债权绝对优先于无担保债权并不妥当。为了避免对私法秩序造成过度的妨碍,仅在特定条件下,税收债权才能优先于无担保的民事债权获得清偿。

第一,税务机关依法对纳税人享有税收债权已届清偿期,即纳税义务已经发生且纳税人有义务在规定的期限内清缴税款。税权合法发生,

⑬　参见盛子龙:《租税法上类型化立法与平等原则》,载《中正财经法学》2011年第3期。

是主张优先行使的前提条件。

第二,第三人基于善意与纳税人发生交易而享有民事债权且同样已届清偿期。首先,第三人与纳税人基于双方合意或依法成立民事债权,具有合理商业目的、符合交易惯例或公序良俗。该债权的发生并非以逃避缴纳税款为唯一或主要目的。其次,该项民事债务已经届至,以金钱等财产价值的给付为内容。再次,纳税人未以特定财产作为该债务的履行担保。最后,该项民事债权的实现状况不影响该第三人的人身、生命健康和生存权等基本权利。如该项债权关系该第三人的身体健康恢复、基本生活的维持,税权不得优先行使。

第三,纳税人的全部财产不足以同时清偿民事债权和税收债权。纳税人的全部财产均为其承担的债务的清偿担保。税收债权以金钱给付为内容,而金钱是具有可替代性的种类物,并不要求以特定财产为清偿,既可以其已占有的货币为清偿,也可以其所有的非货币性财产变卖后的货币为清偿。如纳税人的全部财产可以同时清偿民事债务和履行纳税义务,以哪一财产或财产价值满足税收债权,并不影响国库利益。只有当纳税人的全部财产不足以同时满足民事债权和税收债权的情况下,税收债权一旦劣后行使,便存在无法完全实现的风险,为保护国库利益,税收才有优先行使的必要。

(二)税收债权相对于担保债权的优先

《税收征收管理法》规定以发生时间来确定税收债权和担保物权的优先性,其目的在于防止在税收债务发生后,纳税人通过设定担保而逃避税收债务。而《企业破产法》第 31 条中规定,针对企业在人民法院受理破产申请前一年内,涉及对没有财产担保的债务提供财产担保的行为,管理人有权请求人民法院予以撤销。这在一定程度可以避免企业通过设定担保而逃避税收债务和其他合同义务的情形。如果在人民法院受理破产申请前一年内,企业为无担保的债务设定担保,将导致成立的税收债权无法得到清偿,税务机关可以要求管理人行使撤销权,从而保障国家的征税权。因此,可以说,在人民法院受理破产申请前一年内以发生时间来确定税收债权和担保物权的优先性的规定并无实质的意义。对企业在人民法院受理破产申请一年以前设定的财产担保,此前成立的税收债权已经发生超过1年。在此期间,税务机关本可以通过扣押、查封财产并以变卖的价款或冻结扣划存款等方式实现债权,却任由纳税人设定担保,增加税收债权无法实现的风险,如果仍允许税务机关在此情况下行使优先权,无异于放任其长期怠于行使征税权而嗣后与民事债权抢夺清偿的机会,与税收债权固有的迅捷执行的要求相悖。《企业破产法》所确定的财产分配顺序固有其交易安全的保障、社会秩序的维护和债权保护的多重价值追求,不能单纯考虑国家征税权的实现。基于上述考量,一旦企业进入破产程序,税收应当根据《企业破产法》所确定的清偿顺序参与财产的分配。

正常经营的纳税人在纳税义务发生后设定的担保债权是否当然应劣后于税收债权实现,同样值得怀疑。担保物权的设定在于减轻债权人承担的债权无法实现的风险,在纳税人财产有必要优先清偿所欠税款的情况下,担保的制度价值将荡然无存。宪法保护私人财产权,不仅防止平等主体对财产权的侵害,还应防止征税权的过度行使可能造成的侵害。因此,交易相对人基于担保物权而存有担保物将优先用于满足其债权的合理期待应当得到保护。但如交易相对人明知其担保的设定可能危及税收债权的实现仍与纳税人达成担保的合意,有意妨碍税收债权的实现,则其优先受偿的期待不应予以保护。基于上述考量,税收原则上优先于成立在后的担保债权行使的情况下,应将债权人善意取得担保物权作为税收优先权行使的例外情形,即如成立在后的债权的权利人不知道且不应当知道纳税人欠缴税款而与其协商设定担保,债权人可以主张优先以担保物权的变卖价款中优先受偿。满足以下条件,应当认为债权人对担保的设定存在善意:第一,债权人与纳税人基于合理的商业目的发生交易。第二,纳税人未如实告知其欠缴税款的事实,如刻意隐瞒欠税的事实或部分欠缴税款的金额,足以使债权人形成以特定财产特定担保不会影响纳税义务履行的合理确信。第三,债权人对纳税人欠税的事实已尽合理的注意义务。为减少债权人的欠税信息获取等交易成本,只要债权人已通过公开的、法定途径获取纳税人的欠税信息,即可认为已尽合理的注意义务,如债权人已查询欠税公告但因纳税人欠税的事实未届定期公告日期而未能获取相关信息、虽向税务机关请求告知纳税人欠税事实但在合理期限内税务机关未告知或未提供明确的欠税金额等信息等，均应当认为担保的设定存在善意。

(三)先税后证的适用限缩

“先税后证”确保税收的优先实现，固然有利于国库的保护，却严重干扰了不动产权属的转移，在一定程度上否定了物权变动效力，损害了民事交易的可预期性，势必妨碍正常交易秩序的形成。因此，“先税后证”规则有必要予以修正。

“先税后证”的结果是纳税人拍卖前发生的应纳税款和拍卖环节发生的税款被限定以被拍卖财产的所得价款优先受偿，不再及于纳税人的全部财产。这在一定程度上赋予税收债权一定的“物权”属性，请求权的对象因此被特定化，这与其债权的属性显然不符。在纳税人的财产足以清偿所欠全部债务时，就特定财产拍卖价款优先缴纳税款与国库利益的实现无关，只是减少了税务机关行使征税权的若干环节和步骤，在一定程度上有利于征税的效率。但以交易秩序和安全的破坏为代价实现有限的税收征管成本的节约，显然并不妥当。

无论是财产拍卖前发生的纳税义务还是拍卖环节发生的应纳税款，均属于税收债务，是纳税人承担的法定之债，应以其所有的全部财产作为履行的担保，并不指向特定的财产。这一性质不应因纳税人的部分财产被拍卖而发生改变，即使该纳税义务与该项财产权属的转移直接相关。在优先权行使的要件未被满足时，税收债务与民事债权应当享有平等受偿的机会，而不得要求拍卖所得优先用于履行纳税义务。在财产拍卖所得仅满足部分税收债权的情况下，税务机关仍有权要求纳税人以其他财产缴纳税款。

含糖饮料课税的理论基础与制度设计*

胡　明**　汪新宇***

摘　要：为抑制过量摄入含糖饮料行为，除了倡导性规范，还应引入强制性规范，其中矫正税的规范优势明显。具体来说，对含糖饮料课税，既与矫正负外部性的税制原理相一致，也与引导健康消费方式的战略导向密切相关，还与有序实施消费税改革的远景规划遥相呼应。基于上述导向，含糖饮料课税应遵循量益课税原则、收支相连原则、稽征经济原则三个维度，由此展开含糖饮料课税的制度设计，对征税对象、计税依据、税收优惠、税收支出都应予以妥适安排，充分发挥消费税规范的健康保护与消费调节功能，促进消费税立法的完善。

关键词：含糖饮料课税；消费税；税制改革；健康保护；消费调节

一、背景与问题

最新医学研究显示，含糖饮料摄入量与肝癌发病率、死亡率之间呈正相关关系。① 从 1990 年至 2019 年我国居民因摄入含糖饮料而导致的

---

* 本文为中央高校基本科研业务费拔尖青年人才培育重点项目“财产责任的刑行民交叉问题研究”（项目编号：QNZD202302）的阶段性研究成果。

** 胡明，华南理工大学法学院教授、博士生导师。

*** 汪新宇，华南理工大学法学院研究生。

① See Longgang Z, Xinyuan Z, Mace C, et al. , *Sugar - Sweetened and Artificially Sweetened Beverages and Risk of Liver Cancer and Chronic Liver Disease Mortality*, 330 JAMA 537 (2023).

死亡人数几近翻番,引发对我国人群过量摄入含糖饮料而面临死亡威胁显著增加问题之关注。② 近年来,为抑制消费者过量摄入含糖饮料,党中央、国务院作出关于健康中国建设的系列部署。2016年《"健康中国2030"规划纲要》提出"落实预防为主,推行健康生活方式,减少疾病发生"的战略定位,2019年《基本医疗卫生与健康促进法》第6条明确"各级人民政府应当把人民健康放在优先发展的战略地位,将健康理念融入各项政策,坚持预防为主"的工作体系,2021年《国民经济和社会发展第十四个五年规划和2035年远景目标纲要》再次强调"把保障人民健康放在优先发展的战略位置,坚持预防为主的方针",2022年《国务院办公厅关于印发"十四五"国民健康规划的通知》(国办发〔2022〕11号)更是强调"全面实施全民健康生活方式行动",推进减糖专项行动。

基于健康中国政策导向,在地方立法层面,深圳、上海先后颁布推进健康中国的地方性法规,立法者遵循法无禁止即可为理念,制定了倡导性规范积极推进减糖行动、促使改变消费习惯。如《深圳经济特区健康条例》第43条、第44条,《上海市爱国卫生与健康促进条例》第25条、第26条特别规定鼓励全社会参与减糖健康行动,鼓励食品生产者生产低糖食品、食品经营者开设低糖食品专柜、餐饮服务提供商开发和提供低糖健康食品、含糖饮料销售者设置健康标示标识等。倡导性规范重在倡导最佳行为模式,只能对过量摄入含糖饮料行为进行风险提示和指引,其效果自然局限。手段的选择源于目标的确定,倡导性规范仅是多元规范手段之一,时至今日,为实现国家利益、社会公共利益的维护,作为限制私法自治的强制性规范,已成为私法上一项重要规范类型。为贯彻落实健康中国战略,促使公众真正调整饮料消费习惯,可通过合理引入强制性规范,更好地协调公共利益与私法自治的关系。其中需回答的前置性问题是:一是国家干预是否与消费自由相抵触?即国家干预将可能剥夺个人消费决策自由。真正消费自由不是自由放任的经济活动,而是建立在对消费目的和规律认知基础之上的,是一种对自己、他人、社会、自

② See Yingying J, Tingling X, Wenlan D, et al., *Study on the Death and Disease Burden Caused by High Sugar-Sweetened Beverages Intake in China from* 1990 *to* 2019, 232 European journal of public health 773 (2022).

然负责的消费活动。[③] 因此,在法律父爱主义理念下,为增进或满足公民的社会福利而相对限制公民消费自由,必要干预并无构成对自由本质之侵犯。二是干预手段是否与市场规律相违背?即不当干预易造成资源分配效率低下。含糖饮料消费的市场干预行为,首先应遵循市场决定性原则,即应把握干预适度性问题,干预要符合消费实际,兼顾保障公民权利与自由,如美国1917年通过禁酒宪法修正案,但因干预不当导致难以实施,后来不得不宣告终结,即为典型的立法案例。

基于此,在多元法律规范体系之中,既要避免纯粹倡导性规范或任意性规范有失强硬,也要担心禁止性规范或命令性规范过于刚性。对此,税收规范尤其是矫正税规范作为一项重要规制手段,内含"禁止—促进"的规制逻辑,体现出手段与目标相关联,既具强制性规范优势又不失任意性规范变通,非常适合通过针对过量摄入含糖饮料行为之关键节点予以课税方式,起到适度干预作用,即通过含糖饮料课税来实现含糖饮料生产与消费引导或调节,从而实现对居民健康的最佳保护。[④] 考虑到含糖饮料课税改革将涉及定位、定向、定则三个基本维度,[⑤]以下将围绕"三定"予以展开。在定位方面,应说明含糖饮料课税的成因及必要性,明确含糖饮料课税与相关税种的内外关系;在定向方面,应揭示含糖饮料税制的构建导向及其对具体定则的影响;在定则方面,应基于应税性层面,对含糖饮料课税的对象、依据、环节以及特别措施予以妥适安排,以提升制度设计的可行性。

二、含糖饮料课税的主要目的

通过税法来调整过量摄入含糖饮料行为,主张含糖饮料课税应当具有明确目的导向,这是所有课税需要解决的首要和根本问题。含糖饮料

---

③ 参见齐亚红:《论消费自由》,载《学术论坛》2007年第12期。

④ 据世界银行统计,截至2023年2月,已有106多个国家/地区对含糖饮料征税,覆盖全世界人口的52%。参见世界银行官网2023年3月29日,https://blogs.worldbank.org/en/health/are-you-paying-taxes-sugary-drinks-half-worlds-population-does-and-here-why-it-makes-sense。

⑤ 参见张守文:《消费税制度改革的发展导向》,载《税务研究》2022年第3期。

课税所呈现的目的导向,既与消费税税种的内在品格或特殊机理相一致,也与健康中国建设下引导健康消费方式的战略部署密切相关,还与健全地方税体系建设下有序实施消费税改革的远景规划遥相呼应。

(一)矫正负外部性

负外部性源于阿尔弗雷德·马歇尔(Alfred Marshall)提出的"外部经济"概念,如果一个人或一群人的行为使他人或社会造成损害,而行为人却没有为此承担成本或成本由社会分摊或个体付出成本小于社会付出成本,就产生负外部性。对此,阿瑟·塞西尔·庇古(Arthur Cecil Pigou)提出可通过课税或补贴方式实现负外部性行为的内部化,即以庇古税来矫正负外部性。过量摄入含糖饮料行为就具有负外部性,即摄糖过度将提高肥胖及糖尿病、高血压、冠心病等疾病的患病风险,治疗这些疾病将占据大量医疗资源和花费高额医疗费用。我国实施全民医疗保险,高额医疗费用主要由医保基金负担,而医保基金又主要来自全体参保人缴费,意味着含糖饮料消费群体所增加医疗成本将转嫁给全体参保人,也就产生医保负担的负外部性。同时,因过量摄入含糖饮料诱发肥胖及慢性疾病,势必导致劳动力损失,降低社会总体福利。概言之,过量摄入含糖饮料既会产生负内部性(消费者个人健康的长期成本),也会产生负外部性(消费者强加给其他人的成本,包括医保负担成本和生产力损失),这些成本都未反映在含糖饮料价格中,含糖饮料课税可矫正这种不健康消费的负外部性,弥补个人付出成本与社会付出成本之间差距,并纠正市场失灵和改善社会福利。

(二)引导健康消费

坚持以健康为中心导向,对过量摄入含糖饮料行为课税,引导居民合理健康消费习惯,有利于改善居民健康状况,促进健康饮食环境,推进健康中国建设。首先,课税可以有效减少含糖饮料的消费行为。从消费端来看,对含糖饮料课税,税负成本将转嫁给消费者,这在一定程度上将抑制消费,消费者倾向于选择未纳入应税范围的消费品,也导致糖分摄入量的总体减少。南非经验表明,因 2018 年 4 月开始课征含糖饮料税,含糖饮料价格上涨使居民购买量减少。在征税饮料中,糖摄入量显著下降,从税前 28.8 克/(人·天)降至税后 19.8 克/(人·天);在免税饮料中,糖摄入量增加5.3克/(人·天);但从总饮料来看,糖摄入量减少了3.7克/(人·天),即征税导致消费行为改变,导致糖分摄入总量减少。[6]从供给端来看,对含糖饮料课税,因税负转嫁必将影响消费量,据世界卫生组织所公布数据表明,对含糖饮料课税将导致含糖饮料消费按比例减少,特别是课税导致零售价格提高20%或更多。税收政策会促使消费者更加关注饮料的营养成分和健康评分,并鼓励食品生产商和零售商提供低糖饮料。[7] 一方面,生产者为减少这一负面影响,将根据供需变化审时降低生产规模、减少含糖饮料的产量;另一方面,生产者也将激励生产者重新配置资源、减少对含糖饮料的投入,将其转入开发其他更健康产品,这种改变也将有效引导健康消费,实现税收的健康保护与消费调节功能。

其次,含糖饮料税的实施对降低肥胖率、改善糖尿病和代谢综合征风险具有显著效果。[8] 例如,在英国,含糖饮料税实施后两年内,10—11岁女孩的肥胖水平下降了8%。[9] 墨西哥的研究也显示,含糖饮料税有助于减少糖尿病和心血管疾病的发生。[10] 概言之,对含糖饮料课税,提高含糖饮料价格,将对消费决策和消费结构产生积极影响,从而抑制含糖饮料的消费行为,促进健康饮食环境的形成。

(三)完善消费税制

我国自1994年将消费税正式确立为独立税种,后经三轮重大变革,形成现行税制框架,课税范围包括15种特殊消费品,税制职能为“消费

---

⑥ See Essman M, Taillie LS, Frank T, et al., *Taxed and Untaxed Beverage Intake by South African Young Adults after a National Sugar-Sweetened Beverage Tax: A Before-and-After Study*, 18 PLOS Medicine 1 (2021).

⑦ See World Health Organization, *Fiscal Policies for Diet and the Prevention of Noncommunicable Diseases: Technical Meeting Report*, Geneva: World Health Organization, 2015, p. 9.

⑧ See Powell M L, Leider J, *The Impact of Seattle's Sweetened Beverage Tax on Beverage Prices and Volume Sold*, 5 Economics and Human Biology 37 (2022).

⑨ See Peter Breadon, Jessica Geraghty, *Sickly Sweet: It's Time for a Sugary Drinks Tax*, Grattan (May, 30, 2024), http://grattan.edu.au/report/sickly-sweet/.

⑩ See Ruff R R, Zhen C, *Estimating the Effects of a Calorie-Based Sugar-Sweetened Beverage Tax on Weight and Obesity in New York City Adults Using Dynamic Loss Models*, 25 Annals of Epidemiology 350 (2015).

税是调节税种,对生产和消费行为具有重要调节职能”[11]。因此,消费税课税对象选取与其引导健康、合理消费之调控职能直接相关,通过增加应税消费品的交易成本,实现对消费者行为的规制以及产业结构的调控,从而体现“寓禁于征”“寓调于征”意涵。《国民经济和社会发展第十四个五年规划和2035年远景目标纲要》明确要求“调整优化消费税征收范围和税率……健全地方税体系”,这为含糖饮料税的引入提供了重要依据。由前述分析可知,从消费税制职能、原理、目标来看,将含糖饮料纳入消费税课税范围,以此完善消费税制,既有充分的理据,也是迫切的现实需要。同时,对含糖饮料课税也符合推进消费税“稳步下划地方”的改革导向,现行消费税收入全部归于中央政府,地方政府在政绩考核的压力下更关注与做大GDP规模和更易增加财政收入的增值税、所得税,相对忽视消费税,不利于提高地方对消费税改革的配合度。因此,将含糖饮料课税一并纳入消费税稳步下划改革的试点范围,既可助力地方政府积极拓展财源、健全地方税体系,又可调动地方政府在改善消费环境、引导健康消费、优化消费结构方面的积极性。

三、含糖饮料课税的基本原则

为实现含糖饮料课税目的和功能,其税制设计至少应遵循三重基本原则:其一,含糖饮料课税作为矫正性税制,可将其解释为对含糖饮料的消费者所造成外部成本的收费,合乎量益课税原则。其二,基于受益与负担相对应性,含糖饮料课税还需遵循收支相连原则,加强税制设计的收支联动。其三,含糖饮料范围颇广,应选择恰当征收范围与征收方式,以实现税收稽征的经济性。

(一)以量益课税矫正负外部性

税负公平原则是现代税法的基本原则,量能标准与量益标准均是判断基准。量能课税原则主要适用于以筹集财政收入为目的的财政税法,而量益课税原则主要适用于以调控为目的的调控税法。[12] 对于含糖饮

⑪ 参见财政部、国家税务总局公布《关于〈消费税法(征求意见稿)〉的说明》。

⑫ 参见刘水林:《论税负公平原则的普适性表述》,载《法商研究》2021年第2期。

料课税,其税制设计更宜采用量益或称量害原则,才能真正发挥其纠正不良消费偏好和推动生命健康保护的微观调控目的,也能充分凸显作为调控税法之消费税法蕴含的“禁止—促进”规制逻辑。

在理论认知上,量益课税是将课税视为国家提供公共服务之对价,且这种对价给付可归属或归因于某一受益全体,体现一种交换关系。让含糖饮料消费者负担含糖饮料课税的根本原因在于其享受了更多的公共物品,即国家医疗保障基金支出,而并未按其享受多寡而支付相应对价。含糖饮料课税的根本目的不在于筹措财政收入,而是为了调控含糖饮料消费、促进居民健康并取得含糖饮料消费者享受的医保支出,因此量益课税原则更加契合含糖饮料课税的机理,以其作为衡量含糖饮料课税公平性的标准具有合理性和可行性。同时,作为消费税,含糖饮料课税并不直接考虑纳税人的负税能力,且其征收具有累退性。如加拿大收入最低的1/5人口缴纳了最大比例的含糖饮料课税。⑬ 因此,含糖饮料课税还需证立以量益课税作为税负公平的判断标准具有正当性,否则将构成对税收正义之违反。一方面,含糖饮料消费属于公共健康减损型消费,征收含糖饮料课税的根本目的在于维护居民身体健康,通过税收将含糖饮料消费造成的负外部性内部化并缓解医保基金支出的压力,这一矫正行为具有很强的公益性,因此可作为违反量能课税原则的阻却事由;另一方面,考虑低收入群体对高价格健康食品的消费能力较弱,可通过将含糖饮料课税收入用于医疗卫生支出与健康食品供给,减少低收入群体的相对医疗成本与食物支出,从而缓解含糖饮料课税累退性造成的税负不公,避免含糖饮料课税的累退性异化为对低收入者的惩罚。

(二)以收支相连推进效果协同

含糖饮料课税蕴含矫正负外部性、引导健康消费、完善消费税制的三层目的,这三层目的实质上都要求含糖饮料课税的收入与支出应具有较强的相连关系。只有实现征税与用税于一体的系统性考量或整体性

⑬ See Kai-Erh Kao, Amanda C. Jones, Arto Ohinmaa, Mike Paulden, *The Health and Financial Impacts of a Sugary Drink Tax Across Different Income Groups in Canada*, 38 Economics and Human Biology 1 (2020).

认知，推进财政法与税法的治理效果耦合协同[14]，才能使含糖饮料课税的价值理念、规范结构、立法逻辑更为清晰，否则含糖饮料课税目的所蕴含的功能正当性、公众认同性、改革回应性等设想都只能停留于纸面论证。

一是为实现含糖饮料课税功能向制度的转化，特别需要课税收支相连机制作为保障。建立收支相连机制，既是向社会公众直接发出“谁受益谁负担、多受益多负担、不受益不负担”的公共成本矫正信号，也是向含糖饮料课税之纳税人直接传达税款将“取之于健康保护、用之于健康保护”的明确制度预期。二是只有确立课税收支联动关系，才能增强公众对含糖饮料课税的认同性。诚如学者提出，“税制改革应该将税赋与支出更紧密地联系起来，并使每一个公民和纳税人集中注意其税收被用于资助哪些支出。”[15]如果能将含糖饮料课税收入用于纳税人可感知、可看见的特定公共领域，让其真真切切体会到纳税与受益的强烈对应关系，将极大提升含糖饮料课税的公众认可度，也意味着征税合理性的提升。三是遵循消费税制完善方向，特别强调课税的收支相连关系，还能倒逼地方政府提升治理水平。基于推进消费税下划地方、健全地方税体系的改革前瞻性，未来消费税可能成为地方政府稳定的收入来源，建立起含糖饮料课税与其支出的相连机制，可强化地方政府的治理责任和服务意识，即收支相连要求突出含糖饮料课税的受益性质，地方政府须将含糖饮料课税的功能及规模与支出的方向及绩效直接衔接起来[16]，地方居民可从中切身感受到课税获得感，这将成为衡量地方政府治理水平的标尺，从而倒逼地方治理能力的提高。

（三）以稽征经济降低征纳成本

税制设计在尽可能坚守普遍课税基础上，还需跨越可能的税收征管

---

⑭ 参见蒋悟真：《财税法一体化的理论逻辑与实践转向》，载《中国社会科学》2024年第2期。

⑮ ［美］迈克尔·J.博斯金主编：《美国税制改革前沿》，李京文等译，经济科学出版社1997年版，第44页。

⑯ 参见朱为群、许建标：《构建房地产税改革收支相连决策机制的探讨》，载《税务研究》2019年第4期。

困难障碍,权衡好税收公平原则与稽征经济原则之间的关系,实现征税资源有限与课税事务海量之间的平衡,以最大限度降低征纳双方的成本,符合比例原则的内在要求。概言之,含糖饮料课税之稽征经济原则,要求构建高效率、便利化、低成本的税制征管机制。

含糖饮料课税的稽征经济性要从纳税主体、征税客体、征税依据、征税环节、征税方式等多方面予以践行。一是纳税主体,基于摄入含糖饮料者的普遍性,当然不宜以摄入者直接作为纳税主体,而应将课税环节予以前置。二是征税客体,亦基于含糖饮料种类繁多,也不宜将其全部纳入课征范围,应重点择取有害于人体健康的饮料,有益于健康的滋补类、天然类及特殊类饮料则不宜纳入其中。三是征税依据,基于含糖饮料课税的健康保护目的,糖分健康标准、含糖量高低应成为征税依据设计的重点考虑因素。四是征税环节,基于消费税的单一环节课征性质,虽然可选择含糖饮料生产、进口、批发和零售的某一环节征税,但含糖饮料销售无专卖类似条件限制,面对数量庞大零售商,选择零售环节征税可能有违稽征经济原则,在生产或进口环节征税是各国普遍做法。五是征税方式,基于含糖饮料零售店数量庞大以及供给品种繁多,为降低纳税人合规成本,可采取查账征收和核定征收的两种方式:查账征收即为据实课征,也就要求纳税人积极承担协力义务,包括测量糖分、依法建账、提供资料、按时申报等义务;如果纳税人未能善尽协力义务或计税依据明显偏低且无正当理由的,税务机关则可核定征收,此时可以其销售额或销售数量作为主要推计标准。

四、含糖饮料课税的制度设计

含糖饮料课税旨在建立一种消费调控型的健康保护机制:一方面,抑制公民含糖饮料过量消费,实现健康保护;另一方面,矫正过度摄入含糖饮料的负外部性,提升社会福利,获得居民健康和社会福利的双重红利。要获得上述双重红利并非易事,关键就在于课税对象、计税依据、税收优惠、税收支出等方面的妥善设计。

(一)以人工甜味饮料为主要课税对象

课税对象选择是税制建构的首要问题,与含糖饮料课税功能定位紧密关联。各国在征税对象的选择上有所差异,但大体上表现为三种类型:54%的国家仅对含糖饮料课税,39%的国家对含糖饮料和人工甜味饮料课税,7%的国家对所有非酒精饮料课税。[17] 可见,过宽的征税范围并非潮流所在。从含糖饮料课税“禁止—促进”的规制逻辑来看,其课税对象的选择应当以促进健康消费为准。根据《中国居民膳食指南(2022)》,其将含糖饮料定义为“在制作饮料过程中人工添加糖,且含糖量在5%以上的饮料”,而“多数含糖饮料中糖的含量在8%~11%”[18],这意味着含有天然糖的饮料只要不含人工添加糖即使其含糖量超过5%也不应纳入课税范围。[19] 尽管天然糖饮料的过量摄入也会引发健康问题,但相较于人工添加糖或甜味剂饮料,其营养成分更高,健康属性更为明显。促天然糖抑人工糖的征税策略在含糖饮料课税之初既可促进健康消费也可减少征税阻力。因此,含糖饮料的课税对象适宜限定在人工甜味饮料。同时,从稽征经济原则考虑,对于课税范围还有宽窄两种选择。一是选择只对碳酸饮料、出厂瓶(罐)装及其他包装类饮料征税,零售店调制或配制的自制类含糖饮料不列入征税范围。[20] 二是征税范围既包括出厂瓶(罐)装及其他包装类饮料,也包括零售店调制或配制的含糖饮料。

综合来看,后者更优。选择前者更多出于征管成本的考虑,饮料厂商相较于零售店而言,征税信息完整,课征成本较低。但此法不仅有违课征目的,而且违反普遍征税要求。一方面,零售店调制或配制的含糖

---

⑰ 参见张立彦:《含糖饮料税制度的国际比较与借鉴》,载《税务与经济》2022年第3期。

⑱ 中国营养学会:《中国居民膳食指南(2022)》,人民卫生出版社2022年版,第101页。

⑲ 也有学者认为,因含糖饮料征税的目的在于限制糖分摄入,即使是天然糖果汁,如含糖量超过5%,也应纳入应税范围。参见闫海、肖虎:《含糖饮料征税的正当性、全球经验与制度设计》,载《税收经济研究》2021年第5期。

⑳ 参见彭晓洁、耿婷菲、吴春燕等:《对含糖饮料征收消费税:政策考量与具体建议》,载《税务研究》2023年第2期。

饮料广受年轻群体欢迎且含糖量偏高。[21] 如果将零售店调制或配制的含糖饮料排除在征税范围外,不仅难以引导青年群体的健康消费习惯,更有可能反向激励青年群体增加此类饮品的消费以代替含税的碳酸饮料等,消费税规范的“禁止—促进”功能将大打折扣。另一方面,如果将零售店调制或配制的含糖饮料排除在外,此法有悖税收公平。虽然消费税的征税范围具有选择性,但这种选择仍需遵从税收公平原则,税收公平要求课征范围普遍性,如果仅对碳酸饮料、出厂瓶(罐)装及其他包装类饮料征税,必然引起饮料厂商的不满和反对,不利于政策的出台及高效实施。如果贸然采取区别化课税方式,优先选择标示清楚、销量较大的饮料厂商,将会造成含糖饮料课税之合法性、合理性双重贬损问题,势必影响课税效果。

(二)以从量计征确定计税依据

计税依据作为计算应纳税额的基数,亦与含糖饮料课税的目的密切结合。在已开征含糖饮料税的国家中,超过一半的采用从量税,1/3为从价税,少部分为混合计征。[22] 总体上,基于含糖饮料是可规范计量体积的消费品,同时含糖饮料之课税导向决定了更适宜采取从量计征模式来确定计税依据。因过量摄入含糖饮料才会造成负外部性,这种负外部性一般与应税消费品价值不会呈现明显相关关系,即含糖饮料价格高低不会显著增减消费者的含糖饮料摄入量,反而是负外部性与其销售数量、糖分含量更具相关性。因此,可采用从量计征法则,以凸显过量摄入含糖饮料的负外部性与矫正税之间的关系。

具体而言,采用从量计征模式可参照酒类从量定额计税的方法,按照每百克/每毫升××元的方式确定税基,并且其税率形式适宜采用定额

---

[21] 根据我国原卫生部2011年发布的《食品安全国家标准预包装食品营养标签通则》(GB 28050—2011)关于“能量和营养成分含量声称的要求和条件”规定,碳水化合物(糖)含量:≤0.5g/100g(固体)或100mL(液体)即为“无或不含糖”;≤5g/100g(固体)或100mL(液体)即为“低糖”。因此,即使是摄入无糖或低糖饮料,如果过量也可能会对健康造成伤害。

[22] See Libby H, L K M, *Global Coverage and Design of Sugar-Sweetened Beverage Taxes*, 6 JAMA Network Open 1 (2023).

累进税率。采用累进税率形式可鼓励饮料厂商降低饮料含糖量,累进依据为含糖量的高低,含糖量越高则税率越高。全球超过一半的含糖饮料税根据产品特性适用阶梯税率。如智利对含糖饮料建立了分级税率制度。对于含糖量小于6.25g/100ml的饮料,税率为10%,含糖量高于此值的税率则为18%;而对纯牛奶、纯果汁和无味水等不征税。[23] 美国学者也提出"SSB分级税收"估算,根据含糖量大小将税率分为三个等级。[24] 对此,我国含糖饮料课税的税率可参照小汽车的累进税率形式,按照每百克/每百毫升含糖量在5%~10%、10%~15%、15%~20%、20%以上设置不同档次税率。概言之,只有将含糖饮料课税之税率控制在一个最优水平,才能真正矫正社会成本和提升社会福利。

(三)为健康饮料设定税收优惠

税收优惠制度设计应遵循"有功者给予优惠;有过者课以特别负担"的基本准则。[25] 基于此,大多数国家通常对能量饮料、碳酸饮料等征收较高的税率,而对果汁、牛奶饮料、低热量饮料适用较低的税率,一半以上的国家对牛奶饮料免征。如英国、爱尔兰规定对于乳制品和果汁免征;南非规定对果汁、蔬菜汁、乳制品饮料免征。[26] 在一项对16个国家含糖饮料税收政策的研究中,所有国家都对"非酒精饮料"类别的饮料征税,但只有五个国家的税基包括水果或蔬菜汁,三个国家的税基包括牛奶饮料。[27] 对这些产品课征消费税既不符合引导健康消费的课税目的,

---

[23] See M C G, Mishel U, Arantxa M C, *Price Elasticity of the Demand for Soft Drinks, Other Sugar-Sweetened Beverages and Energy Dense Food in Chile*, 217 BMC Public Health 1 (2023).

[24] See M L P, Tatiana A, Zeynep I, *Distribution of Sugar-Sweetened Beverage Sales Volume by Sugar Content in the United States: Implications for Tiered Taxation and Tax Revenue*, 41 Journal of public health policy 125 (2020).

[25] 参见黄茂荣:《税法总论》(第一册),植根法学丛书编辑室2012年版,第187~188页。

[26] 参见周鹏飞、沈洋、孙雨蕾:《含糖饮料税的国际经验借鉴及启示》,载《国际税收》2020年第9期。

[27] See Georgina M, Tara B, Chanel A H, et al., *A Comparative Policy Analysis of the Adoption and Implementation of Sugar-Sweetened Beverage Taxes (2016-2019) in 16 Countries*, 37 Health policy and planning 543 (2022).

也会使此类健康饮品的消费者面临经济上不公平对待。因此,应当以课税目的为导向厘定含糖饮料课税的税收优惠范围。基于课税目的主要包括“禁止—促进”双重向度,即矫正负外部性与引导健康消费,因此不会造成负外部性的消费品以及有利于健康的消费品都不应纳入应税范围,譬如应对内源性糖和游离性糖予以区别对待,内源性糖是维系人体健康的重要养分则不宜纳入课征范围,如纯果蔬汁、牛奶产品、植物饮料等。此外,对于部分体弱者食用的医用饮料,如医用葡萄糖口服液虽属含糖饮料,但应纳入税收优惠范围,因其可为体弱者补充人体必需的成分,有益而无害。

(四)将税收支出用于健康卫生领域

国际经验表明,开征烟、酒、含糖饮料消费税的国家一般都将构建课税的收支相连机制,如匈牙利、法国、英国等指定了此项税款的用途。我国含糖饮料课税收入的制度安排,重点可从收支相连机制、具体支出方式的两方面进行把握。一是收支相连机制方面,《预算法》第6条第1款虽规定税收收入须纳入一般公共预算,但《预算法》第27条第2款、第37条第3款分别提出“一般公共预算支出按照其功能分类”包括“卫生”支出、“各级一般预算支出”须“优先安排国家确定的重点支出”,意味着消费税下划地方政府后,地方政府可将卫生支出作为重点支出领域,相应预算编制即可建立含糖饮料课税收入与公共卫生领域受益之间的直接联系,再通过卫生预算项目的绩效评估来检验含糖饮料课税目的和功能是否实现以及实现程度,这样既满足《预算法》关于一般公共预算的形式合法性要求,又符合含糖饮料课税的实质合法性要求。二是具体支出方式方面,按照现行“财政四本账”划分,含糖饮料课税收入虽纳入一般公共预算管理,但可通过两种方式用于卫生领域:一种支出方式是将一般公共预算中的含糖饮料课税收入专项补贴于社会保险基金预算中的基本医疗保险基金。当下我国基本医疗保险基金面临较大的压力,且含糖饮料消费群体更多地享受了医疗保险而并未支付对价,对其课税并用于补充基本医疗保险既有利于矫正其负外部性又符合量益课税原则,将是行之有效的支出途径,也可一定程度缓解医疗保险基金压力。另一种支出方式是将含糖饮料课税收入专门用于《预算法》第27条第2款规定的卫生领域，具体包括密切相关国民健康的措施、食品健康改善和肥胖疾病研发、补助弱势团体、补助厂商研发、生产健康食品、饮食健康教育等，这样既可强化含糖饮料课税收入和支出的紧密联系，又可缩小征税带来的累退性㉘，还可增强公众对课税改革的认可度。

五、结语

含糖饮料课税改革事关居民健康保护和健康中国的推进，对消费税税制的完善也甚为重要。基于含糖饮料课税的重要作用和独特职能，在既往相关研究基础上，还需加强对其定位、定向、定则问题的研讨，在进一步深化理解和解决"三定"问题基础上，为消费税改革和立法提供指引，才能在延续现行消费税法基本制度框架、保持制度的稳定性的前提下，吸收近年来消费税制度改革的成果。本文深入研究了目的导向下含糖饮料课税应遵循的基本原则，有助于进一步厘清或解决含糖饮料税制定位和定则方面的困惑或认知分歧，也有助于明晰含糖饮料课税规则具体设计。当前我国国民肥胖问题日渐突出但健康意识不断增强，对含糖饮料课征消费税"是财政工具箱里用来与外部性和不道德作斗争的一种工具"㉙。含糖饮料税制可以其"禁止—促进"的规范逻辑有效矫正负外部性，可避免纯粹强制性规范将可能造成更为强烈的负外部性。引导健康消费并有效完善消费税税制也应当意识到，仅凭对含糖饮料课税无法从根本上改善健康消费环境、维护居民身体健康，唯有在日后系统地开征不健康食品税，才能真正地发挥税收的健康保护功能，否则，含糖饮料课税的单兵突进既会使其孤立无援而效果式微，对于饮料行业而言也是一种税收不公，这皆是含糖饮料课税所不能承受之重。

㉘ 相较于含糖饮料，健康产品往往价格较高，不利于低收入群体的消费，如将课税收入专门用于对健康产业的资金帮扶或产品供给的销售补贴，可大大缓解含糖饮料征税带来的累退性。

㉙ ［荷］塞伯仁·科诺森主编：《消费税理论与实践》，利瓦伊萍译，中国税务出版社2010年版，第16页。

税额确认的法律定位、权义配置及立法建构*

陈　哲**

摘　要:税额确认作为整个税收征管流程的核心程序,应当赋予税额确认行为以具体行政行为效力,并界定为羁束行政行为。在此基础上,税额确认可遵循控权逻辑配置征纳双方的核心权利和义务:一是从诚实推定权出发制约税额确认权。二是基于协力义务改善举证责任配置。三是通过优化司法审查加强对纳税人诉权的保护,以此规范税务机关对税额确认权的行使。税额确认制度的建构思路应注重发掘和保存债法思维和公法思维的合理成分,二者共同指引税额确认一般性规则、举证责任规则、衔接规则以及程序性规则的确立。

关键词:税额确认;税收核定;立法建构;税收征管法

目前,现行《税收征收管理法》中的征管程序缺失专门核实、确认税额这一中心环节,仅有部分规则散见于“税款征收”章节,其所呈现的税收征管逻辑链条已难以适应征管实践,相关规则内容亦不甚合理,导致实践中涉税争议频发。对此,2015 年我国《税收征收管理法修订草案(征求意见稿)》(以下简称《修订草案》)设置“税额确认”专章,明确引入税额确认制度。该章设计较为全面,共有 11 个条款,包括税额确认的概念、税收核定、关联交易确认、确认形式、确认期限以及税额确认的举

* 本文系福建省社科基金重点项目“全国首个涉税案件‘三合一’集中管辖机制研究”(批准号:FJ2024A006)的阶段性成果。

** 陈哲,厦门大学法学院博士研究生。

证责任等方面的内容，不仅涉及税额确认的程序建制，还内含征纳双方权利义务的实体分配。可见，税额确认制度的引入并非对既有制度小修小补，而是着眼于现代税收治理对税收征管程序的系统性重构和结构性重塑。[①] 然而，囿于《修订草案》部分法条设计仍较为模糊，税额确认的法律定位并未得到清晰展现，权义配置也没有予以充分阐释，恐难以发挥其应有的制度效用，条款内容有待优化和补充。

自税额确认概念提出至今，学术界和实务界对税额确认制度建构的现实必要性已逐步达成共识，并从多元视角对其建构路径展开研究。有学者基于法治原理与征管实践规律对税额确认制度框架展开分析，认为立法应以一般性税额确认为中心构造规范体系。[②] 有学者从"放管服"改革视角出发，认为税额确认举证责任的分配实质上正是"放""管""服"结合的过程。[③] 对于税额确认的行为定性，学界仍有不同看法。有学者认为税收确定行为应为准法律行为性质，如此有助于破除税收确定行为的二元化困境。[④] 有学者认为税额确认具有确定效力，属于具体行政行为。[⑤] 还有学者认为将税收确定定性应为征纳双方的一项权利，有着比较充分的理由。[⑥]

总体来看，既有研究多着眼于税额确认解决各类实践问题的制度功能，亦有学者基于整体性、系统性视角提出税额确认的建构路径，税额确认的制度轮廓已逐步明晰。在此基础上，仍可从税法理论层面对税额确认的法理基础进一步论证，以全面指引税额确认的整体建制。本文肯定

① 参见王明世：《税额确认制度建构研究——兼议税收征管法修订》，载《税收经济研究》2021年第2期。

② 参见王宗涛：《税额确认程序的法理逻辑与立法建构》，载《税务研究》2022年第5期。

③ 参见胡邵峰、曹映平、王维顺：《税额确认程序中的举证责任——基于"放管服"的视角》，载《税务研究》2020年第3期。

④ 参见李貌：《税收确定行为的法律性质二元化与解决路径》，载《财经法学》2021年第6期。

⑤ 参见陈玉琢：《税额确认制度若干问题研究》，载《税务研究》2018年第1期。

⑥ 参见邓伟：《论税收确定权的理论基础与制度完善》，载《税务与经济》2017年第2期。

税额确认行为具有羁束行政效力,并立足于税额确认的公法属性,展现税额确认制度中的赋权和控权逻辑,进而提出税额确认制度的建构意见,以期对我国税收征收管理法的修订有所启发。

一、税额确认的应然定位及理论基础

(一)税额确认是整个税收征管流程的核心程序

税额确认是税务机关在对课税事实审查的基础上对纳税人的应纳税额作出明确认定。一般认为,课税事实相关材料的获取路径包括纳税人或扣缴义务人的自行申报和税务机关主动收集。由于课税事实多被纳税人所掌握,纳税人基于协力义务主动负担申报义务更符合效率原则,也凸显自主参与税款征收的民主精神。[⑦] 因此,世界各国普遍倾向采取纳税申报模式,构造“纳税申报—税额确认—税款追征—强制执行”的征纳框架。[⑧] 其中,纳税申报所涉及的课税资料是税额确认的基础,并且税额确认的最终结果是税款追征与强制执行的判断和执行依据,主要处理税款入库等事后问题,税额确认环节成为衔接纳税申报程序,完善税收征管程序的最为关键的一环。

我国现行纳税评估制度虽对纳税申报资料进行处理,发现疑点能够衔接税务稽查程序,但无法与申报程序完全对接。一是因为纳税申报资料的审查口径较小。从税款征收角度来看,税务机关对接纳税申报程序,需要对纳税申报资料的真实性、合法性进行认定,以保障税款征收数额。纳税评估制度虽然审查范围涵括纳税申报资料,但其对纳税申报资料的处理仅限于税收风险管理,而不是对纳税申报作出确定性的回应。二是我国纳税评估制度的内部性制约。[⑨] 一方面,我国纳税评估制度主

---

⑦ See Kim S, Chung I H, Eom T H, *Institutional Differences and Local Government Performance: Evidence from Property Tax Assessment Quality*, Public Performance & Management Review, 2020, p. 388.

⑧ See Andrew Okello, *Managing Income Tax Compliance through Self-Assessment*, Social Science Electronic Publishing, 2014, p. 4.

⑨ 参见钱俊文、韦国庆:《纳税评估的法律地位争议及其解决——兼议〈税收征管法〉与〈纳税评估管理办法〉的修订》,载《税务研究》2013年第1期。

要是处理申报材料的非正式程序，缺乏刚性约束，旨在促进纳税人与税务稽查之间进行对接，提高纳税人纳税遵从度，本质上是对纳税人发挥行政指导意义上的作用；另一方面，纳税评估系通过案头审查获取相关涉税信息，以判断纳税申报是否有疑点，但由于自身调查手段的局限性，评估人员无法进行实质性审查，最终还是得依赖于税务稽查的认定。由此，如果要纳税评估部门全面性地处理、审查纳税申报资料，便需要突破其内部性的限制；反之，纳税评估部门若仅需初步审查出纳税申报中的疑点，就不应寄希望其对纳税申报作出决定性的认定结果。实践中，纳税评估制度内外程序混杂，职能定位不清，难以成为替代性制度。因此，建构与纳税申报完全对接的税额确认程序，形成具有确定性回应的税额确认规范体系，既符合我国税收征管的现实情况，也是建构现代税收征管秩序的本质需求。

税额确认程序作为税收征管流程的核心程序，不仅有助于理顺我国税收征管逻辑链条，还能有效回应诸多实践问题。首先，税额确认程序对确认内容、方式、期间等事项的明确可以保护纳税人的合理预期与信赖利益。实践中，纳税人进行纳税申报，且已经据此完成税款缴纳义务后，税务机关并未及时作出确认行为。这对于纳税人而言，取得完税凭证并不意味着征纳双方关系已经确定，税务机关往往事后推翻纳税人的申报结果，并对纳税人进行处罚、加征滞纳金。囿于滞纳金的起算时点尚不明确，税务机关便可能加征超长滞纳金，严重侵犯纳税人的信赖利益和相关权利。[10] 其次，税额确认程序明确税务机关行权的规则，使其不再与税务执法程序混同，税额确认争议也将独立于税务执法程序争议范畴，列入法院的审查范围。此举能够为“司法监督行政”畅通渠道，将涉税争议显性化，切实保护纳税人的救济权利。

---

[10] 例如，在“成都农商银行双流支行诉双流区税务局案”中，税务机关认为欠税指欠缴税款，自税款发生时债权发生，且欠税公告与税收优先权无关，而纳税人则认为应以欠税公告为起算时点。参见四川省成都市中级人民法院民事判决书，(2016)川01民终10537号。又如，在“朔州市朔城区税务局诉李岳山、尹海枝行政强制案”中，税务机关加收滞纳金从纳税义务发生时间起算明显错误。参见山西省朔州市中级人民法院行政判决书，(2020)晋06行终45号。

(二)税额确认具有行政行为效力

依据《修订草案》第47条,税额确认是对纳税申报的真实性与合法性进行核实、确定,实质上承载着抽象纳税义务具体化的使命。这一具体化的过程系从行政法领域继受而来,通常认为,行政机关将一般抽象的法律规范适用于具体案件中特定的人,产生特定的法律效果后,送达行政相对人,此为具体行政行为。观之税法领域,税收债权债务关系于具备法律规定的课税要件时发生,此时纳税义务人、征收对象、税率等抽象要素已明确,但具体的纳税内容还需通过特定程序予以确定,并且原则上税务机关有开启特定程序的义务,税额确认便是这一特定程序。可见,税额确认本质属性系根源于行政法领域中的行政行为,但税额确认行为是否当然属于行政行为并具有相应的效力还需从行政法的基本法理出发,结合税法自身特性进行统筹分析。

一般认为,行政行为的概念由德国行政法之父奥托·梅耶(Otto Mayer)引进,《德国行政法》规定:"行政行为是在具体情况下决定公民的权利和义务"。[11] 这一概念也为我国行政法理论和制度所继受,并将其定义为行政主体依托于公权力,对特定行政相对人的权利义务做出发生行政法上效果的行为,具备确定力、拘束力、执行力。[12] 由此,可按法律效果基准对税额确认行为予以检视。就确定力而言,税额确认可以使得应纳税额、纳税主体等抽象税收要素得以具体确定,纳税人应据此履行纳税义务。虽然税收法律关系自满足法律规定的课税要件时即成立,但是要现实地进行税款征收,税额确认的确定效力不可或缺。就拘束力而言,税额确认的结果对征纳双方事实上均将产生约束效力,一方面,纳税申报被确认后,纳税人不履行税务机关所认定的纳税义务将承担相应的法律责任;另一方面,税务机关作出税额确认后即发生确认效力,不得随意更改确认内容,只有在其本身存在重大过失或者纳税人故意虚假申报等导致税额确认内容偏离实际情形下,才应例外允许税务机关撤回之前的确认内容。就执行力而言,税务机关可通过税款征收程序确保纳税

---

⑪ [德]迈耶:《德国行政法》,刘飞译,商务印书馆2013年版,第99页。

⑫ 参见罗豪才、湛中乐:《行政法学》,北京大学出版社2006年版,第119页。

人准确履行税款缴纳义务,具有执行效力。同时,税务机关亦不可违反其法定职责进行多征或者少收。由此,税额确认行为可以具备行政行为的法律效力。与此同时,依据行政法理论,税额确认应属于行政处分行为中的确认行为,即对依据法律产生的纳税义务进行确认。这亦是对税收法定原则的重申,即纳税义务由税法规定,而非税务机关设立。

税额确认行为不仅在理论上具备行政效力的法理基础,而且实践中同样透露着对其行政效力认定的迫切需求。例如,在前述纳税评估制度中,纳税评估部门通常为查清一般性疑点可能倾向强化实地评估,变相成为“第二稽查局”,在纳税评估环节便采用稽查手段,损害纳税人权利。此举虽有不妥,但也能理解其缺乏实质性调查手段的无奈。又如,根据《纳税评估管理办法(试行)》第22条的规定,纳税评估结论仅为内部资料,不具备对外法律效力。在税额争议发生时,纳税评估结论不能在行政复议中提供辅助证明作用,也不能作为证据在司法审判中提交,大大减损其消解征纳双方税额争议的制度效用。由此可见,无论是在对纳税申报资料的审查阶段,抑或是涉税争议解决阶段,实践中均透露着对行为外部性效力的渴求。《修订草案》摒弃纳税评估所夹杂的内部流程,形成一个具有外部行政效力的行为,确有必要。⑬

(三)税额确认具有羁束行政属性

目前,《修订草案》尚未明示税额确认行为的法律性质,且现行《税收征收管理法》未有明确税务机关何时作出确认、如何作出确认的标准和裁量边界,这就导致实践中出现税额确认与税款征收程序杂糅的现象,纳税人权益难以得到有效保障。为此,能否可以考虑借鉴民法理论,将税额确认行为认定为无效果意思的行政准法律行为,以限缩税收自由裁量空间。这一路径旨在借税收债务理论,将税务机关的确定行为与纳税人自我确定行为的法律性质进行统一,其所呈现的逻辑脉络在于,税务机关作出的税额确认所具备的效力由税法规定,确定行为本身不对纳税人产生直接影响,以此削减税收确定程序中的权力因素,以保护纳税

---

⑬ 参见聂森、熊伟:《重塑税收核定:我国税收行政确定的建构路径》,载《税务研究》2015年第12期。

人利益。[14] 此种做法在税额确认制度的语境下尚需进一步审慎思考。

首先,税额确认的根本目标是将抽象的纳税义务予以具体化,此为实现税款征收目的的必要途径。并且,在具体化的过程中,最终确定性的结论,发挥着稳定征纳双方关系,维护交易安全之效。若将税额确认行为认定为准法律行为,对于限缩行政自由裁量空间确有帮助,但该行为效力在公定力、拘束力、执行力、确定力方面的缺损是否会有本末倒置之嫌,难以保护纳税人的预期利益。其次,税额确认遵循税收构成要件的逻辑三段论法则的运用过程,即以税收法律规定为大前提,具体符合构成要件的应税事实为小前提,再得出纳税人具体应纳税额的结论。此间,税务机关并非仅对事实进行认定,更为重要的是准确适用税法,包括纳税主体、客体及其归属、税基以及税率等方面的判断。准法律行为的定性一定程度上是可以对税务机关罔顾客观事实径直适用税法进行纠偏,但终究绕不开税务机关对税法的适用。最后,从规制裁量权的角度来看,准法律行为的认定模式援引"税收债务关系说"理论,即一旦法律规定的税收要素俱已满足,纳税义务便依法自动成立,税务机关不应有恣意空间,其确认行为不直接产生法律效力,这一主张仍然可能导致税务机关具体化抽象纳税义务的过程延后至征收环节,进而侵蚀纳税人权益。同时,此举还忽略了税收之债的公法属性。因为满足法定要件时成立的义务并非债的本质属性,而是法律尤其是公法上的共性特征,债务理论所具备的限权作用则不可在这些公法领域予以类推。实际上,"依法律规定而自动发生"所强调的毋宁说是相关义务源自"法定"而非意思自治。[15]

基于公法属性,现代公法的控权逻辑对于规范税额确认权亦有用武之地。具体而言,现代公法不仅通过正当程序等原则实现控制公权力、保护私权利的价值取向,还要求实体规则也要遵循控权理念。如法定原则之所以成为各公法部门共享的"帝王原则",正是因为其在控权方面

[14] 参见李貌:《税收确定行为的法律性质二元化与解决路径》,载《财经法学》2021 年第 6 期。

[15] 参见侯卓:《"债务关系说"的批判性反思——兼论〈税收征管法〉修改如何对待债法性规范》,载《法学》2019 年第 9 期。

颇有力度。[16] 税额确认中何时确认、如何确认的问题不能因税收债务理论而归为意思自治的范畴,对税务机关的法定职责立法明确,以保障税额确认程序有序推动,这亦体现其所蕴含的控权理念。基于此,税额确认制度的建构可立足于控权立场,以税收法律关系中的公法属性为前提,在制度设计时有意识地控制税务机关权力而保护纳税人权利。[17] 因此,税额确认行为的法律性质应定性为羁束行政,对于所有的纳税申报,税务机关原则上应必须及时行使确认权,依法承担税额确认职责,并要按照正当程序行使税额确认权。此外,税收债务理论对税额确认的程序设计确有裨益,其主张强化纳税人主体地位,赋予并保障纳税人权利,实质上与"权利制约权力"的内核相通,同样有助于规范税务机关的行政权力。

二、税额确认中权利义务的核心配置

(一)从诚实推定权出发制约税额确认权

基于公法制度构造逻辑,为达致控权目标,"权利制约权力"为重要路径。进言之,行政法等典型公法主要规定行政相对人防御性的权利,防止行政机关恣意行使行政权力,规范权力运作。在税额确认中,明确纳税人诚实推定权对于制约税务机关税额确认权至关重要。从诚实推定权内涵来看,其自身蕴含保护纳税人权益的价值理念。诚实推定权是指纳税人在税务机关没有确切证据证明的条件下应当被推定不存在逃税、漏税等税收违法行为的权利。纳税人诚实推定权的内容是要求征税主体事先默认纳税人的行为是诚实、合法的,除非有足够的相反证据予以证明,权利客体是纳税人的人格尊严和信赖利益,是一种被动性、防御性的权利,不能依靠纳税人主动行使来保障。[18] 如果纳税人的诚实推定

---

⑯ 参见张守文:《财税法疏议》,北京大学出版社 2005 年版,第 47 页。

⑰ 从"法认识论"角度来看,租税法律关系总体上具有权力关系结构的特点。参见[日]北野弘久:《日本税法学原论》,郭美松、陈刚译,中国检察出版社 2008 年版,第 175 页。

⑱ See P. V Suntseva, *International and Russian principles of taxation in connection*, Perm university herald juridical sciences, 2012, p. 232.

权未被肯认,税务机关将预先假设纳税人均有逃避纳税义务的倾向而对其加以防范,使立法者与纳税人意见的产生了偏差,这与征税需取得纳税人同意的意涵相悖。[19]

从诚实推定权的功用来看,其有利于税额确认权的规范行使。第一,诚实推定权是税额确认权的基础。我国采行的纳税人自主申报模式,其理论逻辑就是假设纳税人申报的课税事实资料是真实、准确、完整的,据此缴纳的税款是合法的。否则,保障国家税收收入的目标将难以实现。第二,诚实推定权制约税务机关行权的恣意。除非有相反的证据证明并经正当程序,税务机关必须受诚实推定权的约束,不得任意选择确认方式。第三,诚实推定权并不排斥税务机关对纳税申报进行审查。税务机关可以平等地对申报疑点进行普遍核查,如果有证据证明纳税人不诚实,税务机关还可以做进一步税收检查。举例言之,在微观规则方面,税收核定作为税额确认的特殊方式,[20]在纳税人承担协力义务,依法设置账簿、纳税申报、提供资料的前提下,税务机关只有在确不具备据实课税的条件时,方可采用税收核定方法。诚实推定权于此间则可以确保税务机关需要事先推定纳税人纳税申报是诚实的,税务机关认为其具有违反协力义务或者"计税依据明显偏低"时,自应举证证明,而不该交由纳税人承担,变相扩张税收裁量权的行使。[21]

(二)基于协力义务改善举证责任配置

目前,我国税额争议案件中的举证责任分配一般适用行政法领域的分配规则,而作为税收基本程序法的《税收征收管理法》对于举证责任分配的规定尚付阙如。就适用效果而言,行政法领域的举证责任分配规

---

[19] 朱大旗、李帅:《纳税人诚信推定权的解析、溯源与构建——兼评税收征收管理法修订草案(征求意见稿)》,载《武汉大学学报(哲学社会科学版)》2015年第6期。

[20] 我国类似"税额确认"的税收征管实践运行体系大体分为三个层次:一是基于事实证明的税额确认,二是基于事实推定的税额确认,三是基于事实协定的税额确认,税收核定和纳税调整分别对应后两者,都属于税额确认范畴。参见王佳龙、陈晏、漆亮亮:《我国税额确认权的制度架构与优化方向》,载《税收经济研究》2022年第5期。

[21] 在"姚某春诉车辆购置税征收管理分局征收案"中,税务机关适用明显偏低条款时则将举证责任倒置给纳税人,法院对此予以认可。参见吉林省高级人民法院行政裁定书,(2017)吉行申307号。

则对税额争议案件证据偏在的特点考虑得较少，而且证明程度较高且较为单一，不能根据实际情况进行调整，有导致课税事实证明困难和税负不公平之虞。[22] 从协力义务角度出发，为确定应纳税额，税务机关需要充分掌握课税资料以查明纳税人的课税事实，但课税资料多发于纳税人管领范围之内，此时纳税人应负担协力义务，实现公平课税的目的。由此，税额确认中的举证责任分配规则一方面需要严格区别纳税人的协力义务与举证责任；另一方面要考虑纳税人协力义务的遵守与违反对证明程度的影响，兼顾效率与公平。

在司法阶段，当事人基于诉讼请求承担相应的举证责任，一旦举证不能或者事实真伪不明，法院可以径直判决请求方承担举证不利的后果。在纳税人已经履行协力义务承担初步证明责任的前提下，事实真伪不明只能归因于税务机关举证不力，应承担相应后果，而不是以纳税人未尽举证为由，判决其败诉。法院于此间可以审查税务机关行为意义上的举证责任，包括税务机关作出具体行政行为的合法性，并且法院也未完全跳过税务机关，自行判断核定要件是否成立。在此前提下，纳税人履行协力义务的程度将影响课税事实的查证，进而也会征纳双方的证明程度及举证责任。就此，有学者提出"证明程度动态调整"理论，[23]即如果课税事实难以查证，且原因可归结于纳税人违反协力义务时，则税务机关可以降低证明程度，不利后果由纳税人承担。但需要注意的是，按照此种分配规则，纳税人没有履行或者瑕疵履行协力义务时，举证责任并不当然发生转换，税务机关仍需承担举证责任，但可以减轻证明程度。当纳税人履行协力义务时不符合比例原则、无期待可能性时，亦不能以纳税人违反协力义务为由，在证据证明上作不利于纳税人的评价。[24]

（三）通过优化司法审查加强对纳税人诉权的保护

遵循公法控权思路，"司法监督行政"路径同样重要。在税额确认程序中，纳税人的司法救济权乃其权益保护的"最后一道防线"。为控

[22] 参见敖玉芳、李刚：《我国税务行政救济制度的完善建议》，载《税务与经济》2017年第4期。

[23] Seer, in Tipke/Lang, Steuerrecht, 20. Aufl, 2010, G22 R2 IPO.

[24] 参见李刚：《现代税法学要论》，厦门大学出版社2014年版，第287页。

制税务机关违法确认税额,侵害纳税人权益,税额确认行为这一具体行政行为的合法性审查是其中的关键。目前,我国税务司法权实践中,涉税争议的税务行政诉讼案件数量相对偏低,且纳税人胜诉率颇低,大部分案件中的法官对于税务机关确认行为的审查较为“谨慎”,一是因为涉税争议延后至行政执法阶段,税务机关确认行为成为执法裁量行为。二是因为法官认为税务机关作出的判断具有专业性,往往对其表示尊重,二者导致确认行为的审查“误入”合理性审查的范畴。㉕ 在存在独立的税额确认程序的前提下,税额确认行为不再沦为税务机关行政执法的过程性措施,并且具有明确的羁束行政性质,法官对税额确认行为的审查应属于合法性审查。

现行《行政诉讼法》第 70 条规定的六类情形,可为税额确认行为合法性审查标准提供依据,㉖其中第一类情形“主要证据不足”可依据上述举证责任提炼的要点加以判断,其他五种情形还需进一步的分析。就适用法律、法规有无错误而言,应判断税额确认行为中事实与规范之间的涵摄关系是否成立。㉗ 即先看通过纳税申报以及调查手段所了解的事实是否属于法定应税事实,再进一步审查其是否符合法定构成要件。例如,税收核定这一特殊确认方式中对“计税依据明显偏低且无正当理由”的判断,是否“计税依据明显偏低且无正当理由”是税收核定适用要件之一,如果认定税务机关否认纳税人的正当理由不妥,表明税务机关是在未满足税收核定构成要件的情况下进行核定,可认为税务机关属于“适用法律错误”。㉘ 就是否滥用职权而言,法院判断税务机关是否滥用职权时,理论上应审查有无显失公正的客观结果和主观恶意,其中客观

㉕ 参见虞青松、章剑青、张羽:《改革税务司法 建立税务准司法制度——以税额确认的救济为中心》,载《税务研究》2019 年第 4 期。

㉖ 《行政诉讼法》第 70 条规定:行政行为有下列情形之一的,人民法院判决撤销或者部分撤销,并可以判决被告重新作出行政行为:(一)主要证据不足的;(二)适用法律、法规错误的;(三)违反法定程序的;(四)超越职权的;(五)滥用职权的;(六)明显不当的。

㉗ 参见全国人大常委会法制工作委员会行政法室:《行政诉讼法解读》,中国法制出版社 2014 年版,第 195 页。

㉘ 参见侯卓:《计税依据明显偏低的正当理由及举证责任》,载《政法论丛》2023 年第 3 期。

层面的判断是重点，主观恶意也应仅限于道德意义上的恶性为宜。[29] 例如，税务机关基于效率原则选择性地履行实质审查职责，则不属于滥用职权。就有无明显不当而言，明显不当的税额确认行为则较多可能发生于基于事实推定和事实协定的税额确认裁量场域，并且一般性的不合理只能属于合理性问题而不受司法审查，只有当税额确认行为明显且强烈的不合理已抵触基础性的法律原则而具有不合法性，法院对此审查可认为仍属于合法性审查的范畴。[30] 又如，税务机关对税收核定的适用具有裁量性质，如果税务机关根本不考虑能否查账便直接核定征收，则明显不当。[31]

三、税额确认的制度框架和规范表达

（一）税额确认的制度思路及一般性规则

遵循公法逻辑，存在以行政权为中心和按法律关系为中心的两种建构思路。前者强调行政机关的单方法律行为效力，行政机关牢牢掌握法律关系变动的主动性。后者则将相对人的行为也考虑在内，吸收相对人的参与和互动等因素，积极向实现双方平等地位靠拢。显然，在税法领域，“权力关系说”因其不符合纳税义务由法律创设而非税务机关这一核心理念，受批判较多。但是在税额确认法律关系中，抽象纳税义务具体化的过程即税务机关做出行政确认行为的过程，于此间适用按法律关系为中心的公法思维并不影响纳税义务的产生。同时，债法思维强调征纳双方属于平等的债务关系，很大程度上可以强化税额确认中纳税人的主体地位，能够促使税额确认过程更多地考虑纳税人因素，规范权力行使，二者方向存在一致性，只是出发点不同。[32] 因此，税额确认制度的建构既不能放弃规范税务机关权力行使的公法逻辑，也不能以保护纳税人

---

[29] 参见余凌云：《对行政机关滥用职权的司法审查——从若干判案看法院审理的偏好与问题》，载《中国法学》2008 年第 1 期。

[30] 参见张峰振：《论不当行政行为的司法救济——从我国〈行政诉讼法〉中的“明显不当行政行为”谈起》，载《政治与法律》2016 年第 1 期。

[31] 参见侯卓：《核定征收适用范围的延展及其反思》，载《中国法学》2024 年第 2 期。

[32] 参见熊伟：《体系化视角下税收总则的结构安排与法际协调》，载《交大法学》2023 年第 3 期。

权利的债法思维统摄税额确认制度,需要注重对二者合理成分的发掘和保存。

首先,公法目标兼顾"控权"和"赋权"两个向度,平衡公权和私权。[33]在"控权"维度上,应当在立法上明确税额确认的核心程序定位和羁束行政的法律性质,既要就申报材料是否齐全、计算税额是否准确等内容进行形式确认,又要对是否有不申报、欺诈、虚报等进行真实性和合法性的判断。因此,《修订草案》第 47 条规定应当明确为:"税务机关应当对纳税人提供的纳税申报表、代扣代缴、代收代缴税款报告表或者财务会计报告等申报材料的完整性、准确性、真实性、合法性进行核实、确认。"后文明确的税额确认形式与内容、期间等程序规则亦是程序控权的内容。在"赋权"维度上,税额确认制度本身是个赋权的过程,即为了进一步保障纳税人的权利,赋予税务机关税额确认权,更为准确地界定纳税人的应纳税额,以期化解税额争议,提高征管能力水平。税额确认行为属于羁束行政行为,但不得让税务机关对每一份纳税申报都予以实质性确认,税务机关将难以承受大量的工作负担,严重影响征管效率。由此,我国可以借鉴德国的保留事后检查权的规定,[34]采用临时性确认和一般性确认相结合的模式,即一般情况下,税务机关可以临时进行保留事后调查权的形式确认,也可以直接进行实质性的确认,总体法条内容可参照《税收征收管理法修订草案(专家意见稿)》(以下简称《专家意见稿》)。[35] 此处的形式确认行为仅是出于税收效率原则的做法,不具备前述论证的行政法律效力,而更倾向于事实确认行为,但这并不意味着税额确认的实际效用被架空。一是因为在此种模式下,税额确认的期间限制成为保护纳税人信赖利益的关键,一旦确认期间届满,形式确认将成为最终的确认结果,便具有外部行政效力。同时,纳税人亦可在一定条

---

[33] See Adrian Vermeule, *Law's Abnegation: From Law's Empire to the Administrative State*, Harvard University Press, 2016, p. 209.

[34] See Abgabenordnung1977 In der Fassung der Bekanntmachung vom1. 10. 2002 BGBl. I S. 3866 zuletzt geändert durch Art. 9G v. 19. 07. 2006I1652.

[35] 参见熊伟、李刚主编:《税收征收管理法修订建议稿及立法理由》,法律出版社 2022 年版,第 346 页。

件下向税务机关申请提前确认,以保障征纳关系的稳定。二是税额确认的实质在于控制税务机关权力、保障纳税人诉权等相关权利,设置暂时性的形式确认不会对此造成过度影响,是兼顾效率与公平的体现。

其次,债法思维对于补充、保障纳税人权利具有独特的优势。一般认为,税额确认是征纳双方进行现实的、具体的互动,双方主体的交互则为债法因素的渗入奠定了基础。[36] 例如,为保障纳税人的实质参与,在税额确认程序中,纳税人理应与税务机关有沟通环节,彰显征纳合作精神,建立纳税人修正申报程序尤为必要。[37] 同时,对于税额确认决定的作出,税务机关需要充分听取纳税人意见,具有说明理由义务,并告知其应具有的陈述、申辩等程序性权利,而且整个过程中都应被公平对待,享受礼貌和有效的待遇。[38] 但是,纳税人权利保护也并非可以推至极端。在整体利益的背景下,过度追求纳税人权利可能会对其他纳税人的利益造成损害,侵害共同体的整体利益。譬如,纳税人的修正权次数不应没有任何限制,否则将增加过多的税务行政成本负担,降低征管效率。

(二)税额确认的举证责任规则

前文已述及,诚实推定权的引入能够有效限缩税额确认权,诚实推定权亦可在举证责任分配场域发挥效用。因此,税额确认证明责任的规则设计还应与诚实推定权作一个有效衔接,此处结合讨论。首先,《税收征收管理法》应补充纳税人诚实推定权,将其作为纳税人享有的基本权利。建议在《修订草案》第 11 条规定下增补诚实推定权条款:"纳税人具有被推定诚实的权利。纳税人履行提供涉税信息协力义务的,应推定信息资料为真实、准确。在未有证据的情况下,税务机关不能推定纳税人有税收违法行为。"由此,纳税人依法提供涉税信息已经完成初步的证明责任,税务机关存疑时纳税人应有说明义务,但其主张纳税人具有税收违法行为,应自行承担证明责任。对于证明标准,考虑到学界通说认

---

[36] See Alexsei A Malinovsky, *Diversification of the abuse of the tax payer rights in the comparative legal aspect*, 20 Journal of legal 1(2017).

[37] 参见师璇:《税收征纳合作法律制度研究》,法律出版社 2020 年版,第 148 页。

[38] 参见朱大旗、胡明:《正当程序理念下我国〈税收征收管理法〉的修改》,载《中国人民大学学报》2014 年第 5 期。

为行政证明标准应介于民事证明标准和刑事证明标准之间,即采用优势证据标准即可。[39]

其次,税额确认证明责任应构建"证明责任—协力义务"的课税事实的确认和规范体系,体现诚实推定权核心意涵。其中,对于课税事实的证明具有两个层次的含义。一是税务机关依职权调查原则,对纳税申报资料依职权调查取证,即对申报内容的合法性承负担举证责任。二是纳税人履行协力义务,主动提供课税资料和涉税信息,对其提供的材料初步承担证明责任,符合税收效率原则和税收法定原则的内在要求。[40]其中,协力义务本身就是诚实推定权的具体体现,推定纳税人诚实主要表现就是税务机关尊重纳税人所提供的课税事实的相关信息,纳税人充分履行协力义务的结果即税务机关推定其提供信息是真实、准确、合法、完整的。由此,税额确认中证明责任规则设计应将《修订草案》第57条第1款修改为:"税务机关对纳税申报、扣缴申报依职权调查、确认,并负有证明责任。"第2款修改为:"纳税人、扣缴义务人应当依法履行协力义务,对提供的课税资料的完整性、真实性、合法性、准确性负责。"此外,在税收核定举证过程中,应当明确税收核定是当税务机关无法据实调查导致不能直接确定应纳税额时,降低证明标准采用间接证据对应纳税额进行估算的一种方式,因此若出现无法直接确定应纳税额的情形,税务机关则必须证明税收核定的条件已成就,即便纳税人未履行协力义务。[41]故此,应将《修订草案》第50条第1款修改为:"税务机关依职权充分调查后仍不能确定应纳税额的,有权采用税收核定的方式确定应纳税额。"

(三)税额确认的衔接规则

税额确认的程序规则设计不仅需要展现出以税额确认程序为中心的税收征管链条,还要发挥自身程序价值,实现程序正义价值目标。税额确认程序的嵌入需要补充一定的衔接程序,以增强税收征管程序的体

---

[39] 参见饶立新、饶凌乔:《税务稽查证据证明标准初论》,载《税务研究》2012年第7期。

[40] See Megan L. Brackney, *The Impact of Code Sec.* 7491 *Burden - Shifting in Tax Controversy Litigation*, 9 Journal of Tax Practice and Procedure 29(2007).

[41] 参见刘继虎:《论推定课税的法律规制》,载《中国法学》2008年第1期。

系性。具体而言,对于与纳税申报的衔接,《修订草案》在第五章中补充了修正申报程序,是对现行《税收征收管理法》的重大立法补充,但条款规定较为简略,有必要进一步具体化其适用范围。日本《国税通则法》第19条、第23条规定了修正申报与更正请求的适用范围,分别对应的是税款不足应缴部分和税款超出应缴部分的情形,税款超出应缴部分的更正则须以未依照国税法或者计算错误为前提性理由,二者所涉内容主要包括申报记载的最终税额、纯亏损、退还税额等方面的瑕疵。建议《税收征收管理法实施条例》吸收这些内容并作具体规定。通常认为,在税款不足应缴部分时,纳税人修正申报通常被视作义务或者由税务机关要求修正,此应为协力义务的延伸;在税款超出应缴部分时,由于自身利益的驱动,纳税人主动修正申报的积极性将会更高。因此,对于税款不足应缴部分的修正申报,还需要配置对应的法律责任,以驱动纳税人修正权的行使,即纳税人有权利进行修正申报以避免申报错误带来的不利后果。

同时,税额确认对纳税申报的认定涉及不同审查结果的处理,应明确对接规则。事实上,我国纳税评估、税务稽查、税务调查与税额确认乃手段与目的的关系。其中,纳税评估制度可改造为税额确认的内部程序以发挥其风险管理作用,那么,当纳税评估结果显示某项纳税申报风险过高时,税额确认程序应对此及时回应,避免增加税收风险。对此,美国《国内收入法典》第6851节设置了预先确认规则,在以下情形下税务机关可以在纳税申报期限前进行确认:(一)纳税人潜逃并无可执行财产;(二)公司解散、清算;(三)纳税人恶意转移、隐匿财产;(四)纳税人财产能力恶化;(五)为逃避纳税义务出境。故此,可在《专家意见稿》第53条的基础上,对上述内容进行吸收,并且可以考虑将破产清算的情形纳入其中。显然,《纳税评估管理办法(试行)》第21条也应在此处予以衔接,即出现上述可能危害国家税收利益行为的,税务机关可以提前进行税额确认。同时,税务机关在税额确认的过程中,增加"对纳税人纳税申报进行审查时发现具有稽查局管辖范围的违法情形,应当移送稽查局处理"内容,以更好衔接稽查程序。

(四)税额确认的形式与内容、期间规则

作为具体行政行为,税额确认必须符合行政程序法的基本原则,采

取一定形式明确税额确认内容,以保障税额确认行为的形式有效性。就形式而言,鉴于税额确认与纳税人权益联系紧密,并且是对纳税申报的最终确认、税款征收入库的重要依据,故原则上应以书面的方式作出。在法律另有规定的情况下,可以允许税额确认以口头、公告、数据电文等方式作出,以有效提升确认效率。就内容而言,《修订草案》仅第52条第2款涉及纳税期限和应纳税额,尚未明确全部内容。目前,我国作出税务处理决定遵循的是《税务稽查案件办理程序规定》(国家税务总局令第52号)第43条,法律层级较低且内容模糊,实践中税务处理决定的记载事项引发了诸多争议。例如,在“新疆恒诚案”[42]中,税务机关在税务处理决定通知书中,并未明确告知纳税人应当复议前置,而是通知纳税人可在复议和诉讼之间进行选择。之后,纳税人选择诉讼被驳回,并因此错过行政复议的期限。又如,在“郑州手拉手案”[43]中,税务机关没有全面、明确告知纳税人提供纳税担保后寻求复议救济的具体事项,包括纳税担保的时间、地点、被申请人等,甚至文字具有歧义,导致纳税人未及时办理纳税担保,救济权受到严重损害。[44] 因此,结合实践,基于减少税务争议的考虑,应进一步明确税额确认记载事项,《修订草案》第52条应修改为:“税额确认应当采用书面形式,税额确认书应当包括以下主要内容:(一)纳税人、扣缴义务人的姓名或者名称、有效身份证号码或者纳税人识别号;(二)确认依据、事实及理由;(三)税款金额、计税期间、缴纳期限及地点;(四)不按期履行确认后的纳税义务应承担的法律责任;(五)纳税人申请纳税担保、行政复议、行政救济等救济途径的具体事项和期限。”法律、行政法规对确认形式和内容另有规定的,从其规定。

就期间而言,税额确认的期间,是指税务机关履行税额确认职责的期间,在纳税人进行纳税申报后,税务机关应在此期间对其作出税额确

---

[42] 参见新疆维吾尔自治区昌吉回族自治州中级人民法院行政判决书,(2018)新23行终8号。

[43] 参见河南省郑州市中级人民法院行政判决书,(2018)豫01行终430号。

[44] 类似案例还有“吉林银行诉长春市税务局案”,吉林省长春市中级人民法院(2019)吉01行终30号行政判决书;“湖北自升房地产公司诉孝感市税务局案”,湖北省孝感市孝南区人民法院(2020)鄂0902行初32号行政判决书。

认,超过期间不得确认,其作出的税额确认也不具有法律效力。实践中,税额确认期间的设置有助于区隔税额确认与税款征收两个环节。在确认程序中,税务机关在一定期间内确认应纳税额,若纳税人仍未完成纳税义务,则进入税款征收程序,税务机关征收行为将受到征收期间的限制,超过期间不得追征。在具体期间设置方面,可参考《专家意见稿》第51条、第52条规定对税款征收期间作类型化设计,分别设置了三年、五年、七年三种期间的适用类型以及明确各类型的起算时点。[45] 但对于暂时性税额确认的存续力,还需进一步明确税务机关应有权直接对其进行变更和撤销,纳税人也可以通过申请进行修正申报,进而使税务机关变更、撤销并重新作出确认。此处可以借鉴韩国《国税法通则》第26条的规定,税务机关变更、撤销原税额确认的,应在上述期间内重新作出税额确认;税额确认期间届满后,经行政复议、诉讼等程序依法变更、撤销原税额确认的,适用1年特别税额确认期间。

四、结语

广义上的税额确认主要包括纳税人于纳税申报中的税额确认、税务机关作出的暂时性税额确认以及税务机关最终的实质确认,而本文系对税务机关最终实质性的税额确认行为进行分析。实践中,纳税人正常合法履行缴纳义务多年之后,仍然被税务机关重新推翻其应纳税额的认定,征纳双方关系面临长期不稳定状态。对此,税额确认行为应当具备外部行政行为效力,以保障实践中纳税人的合理预期与信赖利益。"税收债务关系理论"的引入对限制税务机关裁量权确有裨益,但将税额确认行为定位于羁束行政行为,并基于公法上的控权逻辑进行权义配置,可能对纳税人更为有利且对相关程序的设计与运行更能实现逻辑自洽。税额确认规则设计则需切实回应实践问题,并注重规则之间的整体性与协调性,助力税额争议的实质性化解。

---

[45] 参见熊伟、李刚主编:《税收征收管理法修订建议稿及立法理由》,法律出版社2022年版,第36页。

税务法庭设立与税收司法改革

涉税行政案件集中管辖的困境及完善路径研究
——以上海法院设立税务审判庭为视角

上海市第三中级人民法院课题组*

摘　要:自 2024 年 2 月 23 日设立以来,上海税务审判庭锚定加快打造国际一流的法治化税务营商环境目标,采取一系列工作举措,在聚焦提供高效司法服务、提升审判质效方面取得了一定成效。但同时,在涉税行政案件集中管辖及案件审理过程中,也出现了一些新的情况和问题,需要在完善管辖机制、提升审判质效和促进营商环境上持续加以优化。本课题结合上海税务审判庭运行实际,对当前涉税行政案件集中管辖存在的问题和面临的困境进行梳理分析,并提出了相关完善建议,借以探索新时代税务行政审判的新思维、新方法和新路径。

关键词:涉税行政案件;集中管辖;税务审判庭;法治化营商环境

自党的十八届三中全会以来,建设法治化营商环境是中共中央关于全面深化改革的重要部署,也是新时代促进高质量发展的重要举措。公平正义的行政司法裁判对市场经济运行和市场主体合法权益进行有效保障,是人民法院在新时代服务保障大局和优化法治化营商环境的积极举措和必然要求。

---

* 课题组组长:席建林,上海市第三中级人民法院院长。课题组成员:丁晓华,上海市第三中级人民法院行政审判庭(税务审判庭)庭长;董燕,上海铁路运输法院税务审判庭庭长;王桦宇,主要执笔人,上海市交通大学凯原法学院副教授、财税法研究中心副主任;付鹤,主要执笔人,上海市第三中级人民法院法官助理。

为响应上海市人民政府"打造国际一流营商环境"的号召,2024 年 2 月 23 日,上海市高级人民法院发布《上海法院深入推进法治化营商环境建设专项行动计划(7.0 版)》(以下简称 7.0 版行动计划),并在同日发布《关于本市以税务部门为当事人的行政案件集中管辖的规定》(沪高法〔2024〕63 号),在上海设立税务审判庭,指定由上海铁路运输法院、上海市第三中级人民法院集中管辖上海市以税务部门为当事人的行政案件。① 根据 2023 年世界银行营商环境新的评估标准(B-READY),"税收指标"尤其关注税务争议解决的独立性和专业性问题。同时,上海作为中央政法委、最高人民法院最早确定的跨行政区划法院改革试点地区之一,承担着改革先行者、试验田的任务。上海法院设立的税务审判庭,作为优化审判执行工作机制、深入推进法治化营商环境建设的重要举措,被纳入 7.0 版行动计划,也是国内首次设立并完全符合世界银行营商环境评价独立性和专业性标准的税务法庭。

为深入贯彻落实中央、上海市委关于优化营商环境决策部署,服务保障法治化营商环境,优质高效解决税务行政纠纷,上海税务审判庭锚定加快打造国际一流的法治化税务营商环境目的,坚持以市场主体和纳税人的感受为导向,建立税务司法审判专家智库,在聚焦提供高效司法服务、提升审判质效方面作出了相应的努力,审结了税务领域关注度较高的典型案件,取得了较好的法律效果和社会效果。但与此同时,在涉税行政案件集中管辖及案件审理过程中,也出现了一些新的情况和问题,需要在完善管辖机制、提升审判质效和促进营商环境上持续加以优化。本文结合上海税务审判庭运行实际,对当前涉税行政案件集中管辖存在的问题和面临的困境进行梳理分析,并提出了相关完善建议,借以探索新时代税务行政审判的新思维、新方法和新路径。

① 其中包括在上海铁路运输法院新设税务审判庭,集中管辖原由上海市基层人民法院管辖的以税务部门为被告的一审行政案件;在上海市第三中级人民法院行政审判庭(赔偿委员会办公室)加挂税务审判庭牌子,集中管辖原由上海市相关中级人民法院管辖的以税务部门为被告的一审行政案件和以税务部门为被上诉人或上诉人的二审行政案件。

一、涉税行政案件集中管辖的背景及重要意义

根据2023年世界银行营商环境新的评估标准,即营商环境成熟度新方法(Business Ready,B-READY),其评估的三大支柱是规则框架、向企业和市场提供的公共服务以及规则框架与公共服务在实践中结合的效率。B-READY重点关注企业准入、经营场所、公用事业服务、劳动就业、金融服务、国际贸易、税费缴纳、纠纷解决、市场竞争和企业破产等十个主题。② 近年来,我国税务领域"放管服"改革持续推进,为提升营商环境国际影响力作出了积极贡献。"税收指标"尤其关注税务争议解决的独立性和专业性问题。③ 在世界范围内,由于税务案件的复杂性和专业性,各主要发达国家都设立了专门的税务法庭(院)来集中审理税务行政案件,以解决纳税人和税务机关之间的税务争议。人民法院正确、及时和高效率地审理税务行政案件,对保护纳税人合法权益,维护和监督税务机关依法征税以及推进法治化营商环境建设具有重要意义。

(一)涉税行政案件集中管辖的背景

根据《行政诉讼法》第18条的规定,经最高人民法院批准,高级人民法院可以根据审判工作的实际情况,确定若干人民法院跨行政区域管辖行政案件。④ 根据《人民法院组织法》第27条的规定,人民法院根据审判工作需要,可以设必要的专业审判庭。⑤ 行政案件跨行政区划集中管

---

② 参见世界银行营商环境评估团队编:《世界银行营商环境成熟度方法论手册》,罗培新等译,译林出版社2024年版,第1~20页。

③ 在世界银行营商环境"税收指标"的调查问卷中,纳税人是否可以就税务检查结果向独立机构提出复议;当不满复议结果时,有无专业的司法机构接受纳税人的上诉请求,都是具体的赋分点。

④ 《行政诉讼法》第18条规定:行政案件由最初作出行政行为的行政机关所在地人民法院管辖。经复议的案件,也可以由复议机关所在地人民法院管辖。经最高人民法院批准,高级人民法院可以根据审判工作的实际情况,确定若干人民法院跨行政区域管辖行政案件。

⑤ 《人民法院组织法》(2018年修订)第27条规定:人民法院根据审判工作需要,可以设必要的专业审判庭。法官员额较少的中级人民法院和基层人民法院,可以设综合审判庭或者不设审判庭。人民法院根据审判工作需要,可以设综合业务机构。法官员额较少的中级人民法院和基层人民法院,可以不设综合业务机构。

辖,是指普通案件在行政区划法院审理、特殊案件在跨行政区划法院审理的一项探索性基本制度,也是全国法院系统目前大力推进的一项改革性措施安排。

1. 积极顺应司法专业化改革的新趋势

2018 年 6 月,最高人民法院在关于设立税务审判法庭的政协提案答复中指出:"涉税行政案件专业性强,税收法律政策繁多,且与相关法律衔接不到位,实践中不乏税务机关与司法机关理解不一致或不同法院裁判标准不一致等现象。因此,妥善处理涉税行政争议,对行政审判人员提出了较高要求,需掌握税务、法律、会计、审计等多重知识。在充分考虑行政审判人员办案能力、经验及特长等因素的基础上,确定专业审判组织或人员来审理税务行政案件则有其必要性。"2019 年 2 月,最高人民法院印发《关于深化人民法院司法体制综合配套改革的意见——人民法院第五个五年改革纲要(2019—2023)》(法发〔2019〕8 号)。纲要在"(六)完善人民法院组织体系和机构职能体系"中部署了"33. 深化与行政区划适当分离的司法管辖制度改革""35. 加强专业化审判机制建设"等改革措施。⑥ 在上海设立税务法庭,实行涉税行政案件的集中管辖和审理,是税收法治建设进程中的重要事件,将对构建科学完备的税收法治体系、打造一流税收营商环境产生重要影响。

2. 协同呼应税收法治现代化的新使命

税收法治建设是全面依法治国的必然要求,建立公平公正的税收司法体系是推进税收法治建设的基础保障举措。随着税收立法进程不断加快,税务征收职能逐步拓展,税务执法对象更趋多元,加之经济社会快速发展和新业态新模式不断涌现,涉税争议数量逐年增加,全国税务系统税务行政复议和行政诉讼案件数量呈逐年上升趋势,关于设立税务法庭的呼声由来已久。2015 年 10 月,原中央全面深化改革领导小组第 17 次会议审议通过的《深化国税、地税征管体制改革方

⑥ 2019 年 2 月,按照最高人民法院部署,上海破产法庭在上海市第三中级人民法院成立,实现了破产审判工作的集约化、专业化,对于发挥破产审判在市场主体及时出清和挽救重生方面发挥积极作用,形成了一批先行先试的制度安排,也为企业破产法的修订提供了实践参考。

案》第六部分“构建税收共治格局”第30项“健全税收司法保障机制”中要求“加强涉税案件审判队伍专业化建设,由相对固定的审判人员、合议庭审理涉税案件”。

2021年3月,中共中央办公厅、国务院办公厅印发的《关于进一步深化税收征管改革的意见》第六部分“持续深化拓展税收共治格局”第23项任务“强化税收司法保障”中提出,“完善涉税司法解释,明晰司法裁判标准”。近年来,法院系统公布了一批典型的税务司法判例,对于涉税案件的税法适用和税务执法形成了指引。⑦

3. 主动适应法治化营商环境的新要求

2023年5月,世界银行发布其新一轮营商环境评估(B-READY)的方法论和评估手册,明确上海市是代表中国参与世界银行营商环境评估的唯一专家调查样本城市。在“纳税”指标项下,聚焦三大支柱:支柱一评估税收法规的质量,包括法律角度和事实角度的法律要求信息;支柱二评估税收征管的质量,从事实角度和法律角度评估与税收有关的公共服务水平;支柱三则从企业的角度评估税收监管和公共服务在实践中的实施效率。⑧ 根据世界银行相关评估体系,具备独立性、专业性的涉税争议解决机制是“纳税”项下的评估指标之一。2024年2月在上海设立专门税务审判庭,既是在对照世界银行营商环境成熟度评估指标,也是上海法院进一步优化和完善行政案件集中管辖、服务保障大局工作的新举措,体现了上海法院主动对接“五个中心”建设司法需求、服务保障优化营商环境的决心。

(二)涉税行政案件集中管辖的重要意义

税务行政案件集中管辖的目的在于整合司法诉讼资源,统一涉税司法裁判标准,厘清基础的税收法律关系,理顺税法与其他法律的适用和衔接,提升行政诉讼的专业性,节省当事人的诉讼成本。在上海市实行

⑦ 例如,最高人民法院发布的“广州德发案”,对于明晰稽查部门的职权范围、税务机关行使应纳税额核定权的限定、征收滞纳金的限制等,起到了较强的示范指引作用。

⑧ 参见《世界银行营商环境成熟度评估体系方法论手册——纳税指标》,载国家税务总局官网2024年4月17日,https://www.chinatax.gov.cn/chinatax/c102909/c5222993/content.html。

税务审判集中管辖后,通过税务行政案件的专业审理和分析研判,能为在全国范围内加快推进税务审判专业化积累有益的经验。此次税务审判庭的设立实现了涉税行政诉讼的跨行政区划集中管辖,虽然未将涉税民事、刑事案件纳入管辖范围,但为今后进一步纵深推进涉税审判全面专业化打下了基础。⑨

1. 持续优化以纳税人服务为中心的市场化营商环境

市场化营商环境,是指政府要尊重市场在资源配置中的决定性作用,税务机关的征管和服务职能要紧紧围绕"以纳税人为中心"这一核心主题,注重纳税人在纳税和其他投资经商环节的便利度和体验感。"以纳税人为中心"要求相关纳税程序和流程应当简单便利,让纳税人和投资者集中精力用在经营管理上。从深层次上讲,纳税便利原则在形式意义上要求税法制度必须方便纳税人遵从,实质上强调在税收法定的前提下,税法创制与实施应当真正符合有利于纳税人的原则。⑩ 涉税行政案件集中管辖;有助于坚持监督税务部门依法行政和维护当事人合法权益"双侧重";有助于促进包容审慎监管与善意文明执法相结合;有助于推动税务行政纠纷实质化解、案结事了。与此同时,要充分发挥行政复议解决行政争议的主渠道功能,更加注重推动行政争议的源头化解,将和解调解贯穿复议诉讼全过程,更好地发挥好行政复议吸纳行政争议和个案纠错功能,通过类案规范,实现更高层次的严格规范公正文明执法。

2. 持续优化以确定性规则为重点的法治化营商环境

法治是公开、透明、稳定的规则之治,并进而赋予营商环境以可预期性,确保市场主体在市场准入、投资经营、劳动就业、税费缴纳、企业破产

---

⑨ 目前,厦门市、长春市等各地法院设立了涉税案件"三合一"跨部门合议庭,集中管辖原由所在地基层法院审理的一审刑事、民事、行政涉税案件,但并不实际增加编制,"三合一"跨部门合议庭仍归属各业务庭管理,与上海税务法庭的做法存在差异。从B-READYD的评价体系来看,上海税务法庭更符合专业税务司法机构的独立性、专业性要求。

⑩ 参见单飞跃:《纳税便利原则研究》,载《中国法学》2019年第1期。

等环节获得预期收益和安全感。[11] 税务审判庭的设立将通过个案的审理,明晰涉税司法裁判标准,维护税法的权威性,特别是对于税法与其他法律之间存在的衔接不到位问题,将有望通过具有示范效应的裁判结果加以明晰,从而达到定分止争的效果。对于税收立法可能滞后于经济社会发展的现实情况,通过对新业态、新产业、新模式的税收政策适用进行裁判明确,也将有助于相关税收制度和政策的优化完善。对于税务审判中发现的普遍性问题,通过及时沟通反馈,形成税务执法与司法审判的良性互动,以司法监督和个案裁判推动税收制度规则更加具有确定性,让境内外投资者对税收规则确定性更加具有期待。

3. 持续优化以开放包容性为基础的国际化营商环境

通过税务审判庭集中审理税务案件,将进一步严格涉税事实判定和法律适用。对于税务机关而言,一方面,将有助于提升规范执法行为、注重执法程序的意识;另一方面,也将有助于倡导推行宽严相济、情理相融的执法方式,推动税务执法理念和方式手段的更新。上海是一座海纳百川、兼容并包的国际化大都市,对于创新业态的培育和发展充分体现开放包容性,在严格遵循税收法定原则基础上,在税收政策和征管方面也展现出更为国际化的立场和更加宽松弹性的态度,以吸引境内外投资者来上海这片热土创业兴业展业。上海市率先设立税务审判庭,在全国范围内具有重要的风向标意义,对于一些典型税务争议案件参照国际通行做法和惯例作出示范性裁判,一方面,为市场主体特别是创新业态投资经营涉税生成更具确定性的税法规则;另一方面,也为下一步在全国范围内复制推广相关经验树立了标杆和样板。

二、涉税行政案件集中管辖面临的问题及挑战

随着深化财税改革和依法治税的逐步推进,市场主体对税务司法专业化需求不断增长。近年来,已有诸多专家学者、政协委员呼吁设立税务案件专门审判机构,人民群众对上海税务审判庭的设立及公正高效的

---

⑪ 参见石佑启、陈可翔:《合作治理语境下的法治化营商环境建设》,载《法学研究》2021年第2期。

税务司法抱有高度的关注和热切的期待。根据上海市发布的《关于优化调整社会保险费申报缴纳流程的公告》,自 2023 年 12 月 1 日起将用人单位和个人的社会保险费申报缴纳流程优化调整为缴费人直接向税务部门申报缴费,相应的社会保险费用征缴职权也同时转移至税务部门。根据上海市税务行政案件以往收结案、上诉率及税务部门职能扩张等情况,在涉税行政案件集中管辖后,税务行政案件将呈现案件数量增加、案件类型新颖丰富、案情疑难复杂等特点,给集中管辖后的税务行政审判带来一些问题和挑战。

(一)涉税行政案件集中管辖面临的问题

"法治是最好的营商环境"。法治的核心在于提供确定性,而营商环境法治化之所以重要,是因为明确、稳定的法律规范体系可以有效增强市场的可预期性。[12] 在现代法治国家,司法被视为解决社会争议和冲突的最终和最彻底的方式。与此同时,在法治化营商环境背景下落实税收法定原则,不仅需要深入推动民主科学的税收立法和严格规范的税收执法,还需要重点推动和保障税收领域的司法专业化建设,推动涉税行政案件的集中管辖并形成具有独立性和专业性的税收司法体制机制,形成具有公正性、妥适性和能有效指导实践的特色判例。在涉税行政案件集中管辖的司法实践中,还面临一些非常普遍的问题需要解决。

1. 基础问题:税法规范体系供给不足

在税务行政案件裁判过程中,首先需要明确可以适用的作为税法规范的"法"。作为税法建制性原则的税收法定原则中的"法",仅限于狭义的法律,即立法机关通过法定程序制定的法律文件。在我国,就是指全国人大及其常委会制定的法律,而不包括行政机关制定的行政法规、规章及其他规范性文件。[13] 税制设计的专业性和技术性,决定了立法机关难以独自承担全部的税收立法任务。在税收立法简约和缺乏必要的定义性条款的背景下,税务规范性文件对于税法规则的解释和细化,对执行税法规则发挥了积极作用,但长期以来,税务规范性文件数量庞大、

---

⑫ 参见刘权:《数字经济视域下包容审慎监管的法治逻辑》,载《法学研究》2022 年第 4 期。

⑬ 参见刘剑文:《落实税收法定原则的意义与路径》,载《中国人大》2017 年第 19 期。

效力等级不一、详尽程度有别,相互之间可能存在不一致、不连贯、不协调的情况,成为依法治税所要解决的重要问题。[14] 作为行政裁量的通常做法,对于一些创新业态的税法规则理解,各地税务机关往往以分散的方式制定并执行属地征管解释口径,国家税务总局在各地解释口径的基础上总结形成统一的行政细则,但是这往往经历极为漫长的过程,[15]也就造成了税法规范体系特别是更高位阶的具有权威性的税法规范和征管政策供给不足的客观局面。

2. 技术问题:涉税专业审判能力不够

在社会经济生活中,税务事项往往非常复杂,相关的税法规则也是格外繁杂,税务行政诉讼对法官的税务专业审判能力提出了更高要求。对税务行政案件的审查,人民法院更善于对是否符合法定程序、是否具有法律依据等方面进行合法性审查,对涉案的税收政策、税款计算、税款缴纳等专业性、技术性事项进行合理性审查的意识和能力较弱。通常情形下,人民法院一般选择尊重税务机关的事实认定权,在规则适用上也大体遵循“相互尊重专业”和“行政权优先”原则,税务司法审查对税务行政执法保持一定的谦抑性。[16] 税务行政案件集中管辖后,税务行政诉讼的争议焦点及内容日趋复杂,对税务行政审判人员专业化、专门化建设提出更高要求。比如,就如何确定税法上的“应税所得”而言,在税收法律没有明确定义的情形下,法官需要在综合理解所得税的基本原理、立法规定和实践做法的基础上,[17]结合已经厘清认定的案件事实,得出相对公允的裁判结论。

3. 机制问题:税务行政司法衔接不畅

税务机关作为征收税款的行政机关,其首要职能是按照政府预算来

---

[14] 参见张婉苏:《从税收法定到税收法治的实践进阶——以进一步落实税收法定原则为中心》,载《法学研究》2023 年第 1 期。

[15] 参见汤洁茵:《税法续造与税收法定主义的实现机制》,载《法学研究》2016 年第 5 期。

[16] 参见王明远:《论我国环境公益诉讼的发展方向:基于行政权与司法权关系理论的分析》,载《中国法学》2016 年第 1 期。

[17] 参见施正文:《“应税所得”的法律建构与所得税法现代化》,载《中国法学》2021 年第 6 期。

组织财政收入,具有较为明显的“国库主义”导向性特征。人民法院作为司法机关,在行政诉讼中需规范行政机关权力并保障行政相对人权利,在税务行政诉讼中要保障纳税人合法正当权益,体现出较为明显的“纳税人保护主义”的外部特征。尽管税务行政争议的审理需要贯彻“以事实为依据,以法律为准绳”的基本原则,需要严格按照税法规则来定分止争,确认私人财产权和公共财产权的界限,⑱在确保纳税人财产权不受征税权不当侵蚀的同时,又要兼顾国家税收利益、安全和征管秩序,保障税务机关依法征税和特定时期税款及时足额入库。在当前财政形势紧张的大环境下,税务机关在组织财政收入的职能压力下,对于一些不太明确、有待解释的税法规范采取更为从紧的理解口径,并着力避免渎职风险的承担可能。即便是在部分税务规范性文件可能存在矛盾冲突或不合理的情形下,税务机关有时也很难接受法院的建议,而可能的司法裁判又对专业行政机关甚至是最高主管行政机关的权威性造成折损或影响,造成法官税务行政案件裁判的“两难”局面。

(二)涉税行政案件集中管辖面临的挑战

近年来,上海市税务营商环境总体上评价较好,也颇受境内外市场主体和投资者等各方认可。从全国各地税务机关横向比较的角度来看,上海税务系统处于先行者和排头兵的角色定位上,同时在自我规范、服务创新等方面一直居于全国前列。2023 年 1 月,在上海市税务局的积极推动下,上海市人民政府发布《上海市税费征收保障办法》,进一步加强本市税费征收保障,切实维护纳税人缴费人的合法权益,这也是为数不多的税务领域的省级地方政府规章。⑲ 但是,在纳税人诉求多元的情形下,仍有一些税务争议甚至是常态化发生的争议未能获得市场主体和投

---

⑱ 参见刘剑文、王桦宇:《公共财产权的概念及其法治逻辑》,载《中国社会科学》2014 年第 8 期。

⑲ 类似的自我规范和约束的规范性文件情况还有:2023 年 10 月,上海市税务局印发《上海市税务规范性文件制定管理办法》,规范上海市税务规范性文件制定和管理工作;2023 年 12 月,上海市税务局印发《税收事先裁定工作管理办法(试行)》,为全国首个由省级税务机关发布的事先裁定工作规程;2024 年 4 月,上海市税务局印发《上海市税务系统行政复议简易程序办理规定(试行)》,为全国首个税务机关发布的税务行政复议简易程序办理规定,等等。

资者的充分和统一的认识。在这种局面下,涉税行政案件又体现出一些新的明显特征,也给税务行政案件集中管辖和专业化审理带来一些新的挑战。

1. 案件规模的制约:典型案件与市场预期

2014年1月至2024年1月,上海各法院共受理一审涉税行政案件252件,上海各中院共受理二审涉税行政案件165件,申诉1件。[20] 2024年2月至8月,上海铁路运输法院税务审判庭设立以来共受理税务案件54件,审结26件;上海三中院行政庭加挂税务庭牌子以来共受理税务案件28件,审结14件。另据上海税务系统公布的数据,2023年,上海市税务系统新收行政复议申请171件,受理行政复议申请122件,作出撤销或确认违法等复议决定11件;参加涉税行政诉讼一审案件51件,二审案件25件。[21] 总体上看,预计2024年2月至12月全市税务行政案件(含一审、二审)底数为100~150件。若剔除社保费等非税争议、信息公开、未履行法定职责等程序性争议,涉及税务处理、税务行政处罚的实体性普通争议案件规模在50~75件。目前的税务案件规模受到两个方面因素的影响:一是历年来税务行政案件随着纳税人权利意识的提升而自然增长,与设立税务法庭没有直接联系。二是税务法庭设立后对独立性专业性持有高度预期而新增加的案件,与设立税务法庭及其可期待性直接相关。从数据来看,目前的税务行政案件规模是略有增长。目前的案例中,尚未出现较为典型的税务机关败诉案件,当然这也与部分税务机关经法院释法后主动纠错结案有关。需要指出的是,当某一类型案件税务机关败诉后,并不必然导致同类案件数量会大幅增加,因为税务机关会主动撤销或撤回同类案件的税务行政行为。

---

[20] 一审案件中,上铁法院受理109件,浦东法院受理52件,闵行法院受理40件,静安法院受理43件;一中院受理4件,二中院受理4件。二审案件中,一中院受理60件(含行政赔偿二审案件1件),二中院受理二审30件,申诉1件,三中院共受理税务二审行政案件75件(含行政赔偿1件)。

[21] 参见《国家税务总局上海市税务局2023年度法治政府建设情况报告》,载国家税务总局上海市税务局网站,http://shanghai.chinatax.gov.cn/xxgk/jhgh/202403/t471219.html。

2. 案件结构的限制:专业行政与司法审查

目前,上海法院税务审判庭受理的案件主要涉及增值税和所得税等主体性税种,所产生的裁判案例也都集中在该等税种,小税种争议相对较少。涉税司法审判中的事实识别、规则适用和技术安排问题对税收司法的影响尤为重要。[22] 就审理范围而言,司法不仅是针对税务个案本身的争议进行审理,还可能需要对相应的规范性文件进行合法性审查;就税法原则而言,诉争案件中的形式表现可能与税法作为经济利益流动课税之法注重实质课税发生背离,此时则需要司法纠偏;就证据规则和逻辑推定而言,在税务机关和纳税人如何分配举证责任以及围绕税收核定权应如何掌握公平合理性,亦是司法裁判中需要直面的问题。[23] 需要指出的是,目前受理的税务案件中,部分纳税人提出了对主体性税种规范性文件附带性审查的请求,因为税务领域的规范性文件较多,一些规范性文件确实也存在上位法缺失或合理性等问题,如果全部纳入司法审查并直接否定其合理有效性不太现实,也对专业行政机关的权威性造成冲击。[24]

3. 审判质效的评价:复议前置与诉讼解纷

近三年,上海法院行政条线审理税务行政案件类型涉及政府信息公开、税务征缴、行政处罚、行政登记、行政奖励等各种类型,在监督税务部门依法行政上取得了较好的效果,体现出了“监督就是支持、支持就是监督”的理念。法治化营商环境对税务行政纠纷源头治理提出更高要求。设立税务审判庭的用意不仅是为了个案税务纠纷的审理,更是为了深层推动行政、司法税务协同治理能力的提升。就税务行政案件而言,需要充分发挥行政复议实质性解决争议的主渠道作用,而税务行政诉讼应当

---

[22] 按照落实税收法定原则的要求,要建立和完善对税收执法的监督和问责机制,保障纳税人获得司法救济的权利。参见刘剑文:《落实税收法定原则的现实路径》,载《政法论坛》2015 年第 3 期。

[23] 参见王桦宇:《税收法定原则的制度逻辑及其中国实践》,载《荆楚法学》2022 年第 6 期。

[24] 比如,增值税退税或进项税额转出案件,就涉及大量的增值税规范性文件的适用。增值税制度既影响居民企业对于增值税抵扣和退税的评价,也会直接导致纳税人实际税收负担的波动,这些都是世界银行营商环境评估税收指标所关注的重要评分项目。

作为“第二级复议机制”进行补全。但是,在个别案件中,税务行政复议机关未充分发挥行政复议化解行政争议的主渠道作用。较一般行政案件,税务机关对事实认定和处罚裁量较为坚持,相较于其他行政机关,税务机关协调化解意愿不强,需要建立相关机制,促进相关部门在协同治理、提升效能上再发力。另外,一些案件的裁判还涉及基础性制度设计的问题,需要综合考虑税法规则本身的确定性、税收秩序与安全以及纳税人权利保护等问题。

三、涉税行政案件集中管辖完善路径的探索实践

我国税收营商环境的优化路径,无论是选择对标世界银行“监管框架—公共服务—效率”的三元结构,还是依托“市场化、法治化、国际化”的基本原则,都非常关注纸面上的法律、行动中的法律和法律实施的效率。立足税法基础理论,税收法定原则要求明确、稳定、可预期的税收制度,量能课税原则要求适当、可持续的纳税负担,稽征经济原则要求透明、高效率的税收征管机制,国际税法要求国际税收协调机制,既符合“市场化、法治化、国际化”的基本逻辑,也和“监管框架—公共服务—效率”的世界银行营商环境评估体系相对应。㉕ 上海税务审判庭的建设,需要从“助力中国营商环境世界排名持续提升”的政治高度来理解这项工作,发挥好全国首批税务审判庭的示范引领作用,做实做强税务审判工作,助力上海法治化营商环境国际影响力和竞争力全面提升。

(一)完善集中管辖机制的探索实践

上海作为中央政法委、最高人民法院最早确定的跨行政区划法院改革试点地区之一,承担着改革先行者、“排头兵”和试验田的任务。近年来,上海高院充分贯彻落实最高人民法院的改革部署要求,推行集中与交叉相结合的管辖模式,截至目前行政案件集中管辖的各项改革任务均已按要求完成。上海税务审判庭的成立,在对照世界银行营商环境成熟度(B-READY)评估指标的同时,其实也是上海法院进一步优化和完善

㉕　参见熊伟:《世界银行营商环境评估税收指标更新及其体系化因应》,载《中国政法大学学报》2023年第6期。

行政案件集中管辖、服务保障大局工作的新尝试和新举措。对上海市税务审判集中管辖后总体情况进行分析研判,能为在全国范围内加快推进税务审判专业化积累经验。

1. 优化涉税争议案件集中管辖

在世界各主要国家中,美国、英国、法国、德国、日本、澳大利亚等国家的法院都设有税务法院(庭)。特别是美国和德国的实践证明,税务法院(庭)的设立使所在国的税收司法裁判更加专业高效,税收司法公信力较高。在美国各州及华盛顿特区都设有专门的税务法院(庭),小额案件还可以在小额案件庭进行更为便利的起诉,对地区审理不服的税务案件则由联邦税务法院或申诉法院进行审理。在德国,税务争议采取二审制的审判结构,而联邦税务法院则只对法律的适用进行解释,以促进税收法律适用的统一性。[26] 可以考虑:一是按照争议税款金额的大小,优化案件的审理程序,繁简分流,对一定数额以下或者特定类型的案件直接适用简易程序进行审理。二是对于重大疑难复杂的案件,需要经过外部专家咨询程序,并提交审判委员会讨论后确定。三是建议市高级人民法院和最高人民法院行政庭建立税务案件审理常态化解释问答机制。

2. 推动涉税行政案件统一裁判

按照上海法院税务审判庭设立的相关规定,税务审判庭集中审理以税务部门为被告、上诉人或被上诉人的行政案件。这些案件中,除了税务案件外,还包括税务机关为征收主体的社保费等非税收入争议。目前,海关征收的关税以及代征的增值税、消费税争议尚未纳入税务审判庭的受案范围中来。尽管《税收征收管理法》对海关的征税行为作了另

---

[26] 美国和德国税务法院设立的时间均较早。1924 年,美国设立税务上诉委员会;1969 年,正式设立独立的联邦税务法院;1950 年,德国设立联邦财税法院。在美国,不包括联邦区法院、联邦索赔法院、美国小额案件法院的税务法官(这些法院均可审理涉税案件),仅联邦税务法院就设有 19 个法官,由美国总统亲自任命,每届任期 15 年。在德国 18 个财税法院中,有近 600 位专门处理税务案件的职业法官;德国联邦财税法院设有 11 个审判庭,共有 60 名法官。参见李晓安:《设立税务法庭:税收司法专业化改革的必然选择》,载《税务研究》2020 年第 1 期。

行规定适用的规定,[27]但《关税法》对关税、进口环节代征税、船舶吨税等作了明确的征管规定,[28]同时这并不影响有权限的人民法院可以根据相关法律和政策规定对海关涉税类案件进行集中管辖。与此同时,上海法院以专门业务庭模式审理涉税行政案件,行政案件收案数量更多、类型更广,但目前受案范围仅为涉税行政争议,暂不涉及民事、刑事涉税案件。上海可根据实际需要,在现有涉税行政案件集中管辖发展和完善的基础上,借鉴其他地区成熟经验,主动创新,在现有税务法庭运行机制逐渐成熟完善的基础上,逐步探索涉税刑事、民事、行政争议一并解决的"上海模式"。

3. 加强涉税司法审判队伍建设

税务争议具有专业性强、涉及面广、复杂程度高等特点,对审判人员提出了较高要求,需要掌握税务、法律、会计、审计等多重知识和专业技能。建立一支具有税收专业知识或者具有丰富涉税案件办案经验的税务审判队伍,专职从事税务行政案件的审理,专注于税收法律法规及相关政策的研究,有利于促进司法裁判的公平公正。一是专业法官专门审理。由相对固定的审判人员审理涉税案件,统一涉税司法裁判的标准,着力培养专业涉税法官人才,提升涉税审判的专业水平和司法公信力。二是税法专家参与审判。建立税法专家参审陪审机制,并赋予专家参与认定事实和适用法律的合议权利。三是建立院校合作机制。高等院校和科研机构根据税务法官职业化专业化的需要进行人才培养定位,建立健全专家咨询、专业培训、人才培养、双向交流等合作机制。

(二)提升专业审判质效的探索实践

税务审判庭的设立也是税收法治建设进程中的重要事件,将对构建科学完备的税收法治体系、打造一流税收营商环境产生重要影响。上海法院作为司法改革先行者,有必要、有责任为完善税务纠纷解决机制破

---

[27] 《税收征收管理法》(2015 年修正)第 90 条第 2 款规定:"关税及海关代征税收的征收管理,依照法律、行政法规的有关规定执行。"

[28] 《关税法》(2024 年制定)第五章规定了关税的"征收管理",第 69 条、第 70 条、第 71 条则对海南自贸港关税适用《海南自由贸易港法》、进口环节代征的征收管理适用关税征收管理规定、船舶吨税征收适用关税征收管理规定作了明确。

冰探路。努力通过强法治稳预期、强改革增便利、强创新增动力，助推营商环境提档升级。

1. 建立涉税专业审判工作机制

上海市第三中级人民法院审委会通过《关于完善税务审判工作机制服务保障法治化营商环境的若干意见》，意见明确，上海市第三中级人民法院着力构建便利诉讼、专业调解、专项审判、实质解纷、精品调研、协同治理、数字赋能、法治宣传等八项与税务行政案件集中管辖相适应的税务审判工作机制。主要包括以下四方面内容：一是以便利诉讼为基础，强化专业调解、繁简分流，做到全程释明。二是以公正高效为目标，强化专业审判、智库建设，促进适法统一。[29] 三是以实质解纷为导向，强化能动履职、诉源治理，提升协同效能。四是以数字赋能为抓手，强化调研法宣、院校合作，打造税务审判“中国样板”。

2. 打造税务争议典型精品案例

在中国语境下落实税收法定原则，不仅需要深入推动民主科学的税收立法和严格规范的税收执法，还需要重点推动和保障税收领域的司法专业化建设，形成具有公正性、妥适性和能有效指导实践的特色判例。在税收司法推进过程中，由于涉税审判案件的经验不足且税法本身相对比较复杂，在对标世界银行营商环境成熟度（B-READY）评估指标，打造上海税务法庭典型精品案例能增加税务行政审判的可见度、能见度和辨识度，并为后续作为其他地区类似案件参考、遴选为指导性案例做好样板，并为涉税行政审判司法解释奠定良好的基础。特别是对于市场主体反映强烈、涉及面广、相关实践做法明显不合理的税务行政行为，通过释法答疑、鼓励自纠、引导撤诉、促成调解、作成判决等方式实质性解决税务争议，并形成“上海品牌”的涉税行政审判典型精品案例，并积极申报指导性案例。

---

[29] 上海市三中院、上铁法院在 2024 年 4 月和 9 月分别聘请 8 位专家担任税务司法智库专家和税务审判咨询专家，并先后召开法律适用专家研讨会，就“对赌协议”税收问题、滞纳金的法律适用、税务机关征缴社保费的立法更新、增值税类税务案件的若干实体和程序救济法律问题进行了研讨。

3. 引导税务机关精准规范执法

通过税务审判庭集中审理税务案件,将进一步严格涉税事实判定和法律适用。对于税务机关而言,一方面,将有助于提升规范执法行为、注重执法程序的意识;另一方面,也将有助于倡导推行宽严相济、情理相融的执法方式,推动税务执法理念和方式手段的更新。针对税务处理、税务处罚中发现的不合法不合理问题,法院发现后及时向税务部门指出,通过协调化解矛盾,合力解决行政争议,推动案结事了,兼顾国家税收安全和纳税人权利保护。一是深入推进税务行政机关负责人出庭、旁听、讲评“三合一”工作,以案说法,积极引导税务部门精准规范执法。二是主动制发行政审判白皮书,以案释法,向税务机关阐明和提示税务执法的实体和程序风险点。三是持续优化案件裁判司法建议机制,以案补法,向税务部门建议完善相关税收制度和征管政策,进一步优化法治化营商环境。

(三)促进营商环境优化的探索实践

营商环境是一个国家和地区的重要软实力,也是核心竞争力。打造法治化国际营商环境事关国家战略实施,事关经济社会发展。上海作为世界银行 2024 年对我国营商环境评估的唯一样本城市,对于展现中国营商环境的全球地位具有决定性的作用。按照市委部署要求,要积极主动对标国际最高标准、最高水平,必须补齐“纳税”指标“第二级复议机制”的短板。上海铁路运输法院和上海三中院以设立及加挂税务审判庭为突破口,通过提升税务行政审判机构的辨识度和可视性,对标世行营商环境成熟度(B-READY)评估指标,积极探索实践。

1. 促进税务诉讼流程便利高效

司法作为法治化营商环境的“最后一道防线”,只有打通司法与市场主体之间的“最后一公里”,使司法成为便捷可用的纠纷解决机制,才能更好地发挥其应有的司法服务保障作用。[30] 上海法院税务审判庭围绕税务案件诉讼流程的便利高效,一是立案窗口即行繁简分流,积极梳

[30] 参见梁平、马大壮:《法治化营商环境的司法评估及其实践进路》,载《法学杂志》2023 年第 6 期。

理以往的税务案件数量和类型,迅速判断适用普通程序和简易程序。二是类案受案即转专门审理,成立专项审判团队,集中研究税务问题相关法律适用,以集约化审理促进税务审判专业化水平的提升。三是和解调解前置加快审理速度,继承和发扬新时代"枫桥经验",提升税务纠纷当事人在司法案件中的获得感和满意度,助力优化法治化营商环境。

2. 完善行政复议诉讼衔接机制

行政复议与行政诉讼是多元化行政纠纷解决机制中最为重要的两个制度设置。在税务行政案件中,除了主观上税务机关的"国库主义"立场外,还涉及规则逻辑上的衔接不畅问题。[31] 比如,在对规章的理解适用上,《行政复议法》将其规定为"审理依据",[32]而在《行政诉讼法》中则仅只是"审理参照"。[33] 在世行营商环境成熟度(B-READY)评估指标中,税务行政复议是第一级行政复议机制,其次才进入到税务行政诉讼,作为第二级行政复议机制。一是积极主动与税务部门进行沟通,宣导行政复议发挥化解行政争议主渠道的政策精神,推动行政争议的源头化解。二是将和解调解贯穿行政诉讼全过程,在行政案件审理中主动释法,加大行政复议纠错力度,通过个案纠错和类案规范,从而实现更高层次的严格规范公正文明执法。三是加大税务行政争议实质化解力度,"当调则调,当判则判",努力用最少的程序、最小的成本推动税务纠纷实质化解,让人民群众在每一个司法案件中感受到公平正义。

3. 助力税法规范适时立改废释

对于税收立法可能滞后于经济社会发展的现实情况,税务审判庭要积极通过裁判过程实现个案中的定分止争,同时推动税法规范的适时立

---

[31] 参见王学辉:《行政复议与诉讼中的规章:定位区分、立法逻辑与适用展开》,载《法学评论》2024年第1期。

[32] 《行政复议法》(2023年修订)第37条规定:"行政复议机关依照法律、法规、规章审理行政复议案件。""行政复议机关审理民族自治地方的行政复议案件,同时依照该民族自治地方的自治条例和单行条例。"

[33] 《行政诉讼法》(2017年修正)第63条规定:"人民法院审理行政案件,以法律和行政法规、地方性法规为依据。地方性法规适用于本行政区域内发生的行政案件。""人民法院审理民族自治地方的行政案件,并以该民族自治地方的自治条例和单行条例为依据。""人民法院审理行政案件,参照规章。"

改废释。一是通过对目前市场主体呼声较大、征管执法争议较大、涉及范围较广的已收税务行政案件的及时准确公正裁判,通过司法裁判确立确定性规则,持续优化法治化营商环境。二是对新业态、新产业、新模式的税收政策适用进行裁判明确,查漏补缺,发挥填补“税法漏洞”的功能,既规范指导税务机关依法征税,也积极引导纳税人进行合理商业安排。三是通过裁判文书的司法裁判示范效应或法官思维的建言陈述,助推相关税收制度、税收政策和征管政策的优化完善,为税收实体制度、税收程序制度和税收政策口径在确定性、合理性和透明度提升方面提供司法助力。

四、结语

营商环境没有最好,只有更好,优化营商环境永远在路上。7.0 版行动计划对标世行营商环境成熟度(B-READY)评估指标体系,以数字法院建设为重要引擎,大力推进改革措施系统集成和迭代升级,呈现改革范围大幅拓展、改革维度立体多元、改革举措高度聚焦等特点。上海法院税务审判庭,作为优化审判执行工作机制、深入推进法治化营商环境建设的重要举措,承担着上海法院进一步优化和完善行政案件集中管辖、服务保障大局工作的重要任务,7.0 版行动计划对税务审判在优质高效专业解决税务行政纠纷、探索完善税务数字改革赋能、全方位工作机制创新等方面均提出更高要求。

税务审判庭的成立是上海法院税务审判机制改革迈出的第一步,也是重要的一步。上海行政审判条线将立足实践、积极探索,切实担负起自身的职责使命,努力打造出税务行政审判的“上海名片”,提供出具有上海特色的可复制可推广的审判经验,为优化营商环境提供更高水平的司法服务和保障。在税收司法过程中,专业税务法官需要依据税收法律法规和相关法律法规的严格规定和有关客观事实,结合税法原则、民法及行政法原则和一般法律基本结构等作出专业的学理判断和价值考量,对某一项税款是否需要征收以及征收多寡的正当性等作出裁决意见,主动作为,积极担当,充分展现上海税务行政审判的公平底色、专业成色、创新亮色和鲜明特色。

上海法院税务审判庭在完善集中管辖机制、提升专业审判质效、促进营商环境优化等方面作了相应的探索，希望能为后续税务审判工作和其他地区兄弟法院涉税行政审判提供参考和助益。后续，上海税务审判庭将进一步强化负责人出庭应诉、司法建议和白皮书工作，强化行政诉讼、行政复议互动衔接，合力促进税务行政争议实质性解决。税务审判庭进入常态化运行之后，将继续深入分析税务行政审判大数据背后存在的共性问题，加强与税务机关沟通交流，发挥“审理一案、治理一片”的作用，努力用最少的程序、最小的成本，展现出新时代“枫桥经验”在税务审判领域的实践应用，为税务审判庭服务保障法治化营商环境建设打造“中国样板”。

税务司法专门化改革的实践考察与路径优化
——以厦门、上海等多地的先行探索为样本

王中义* 孙美辰**

摘 要：税务司法专门化改革是推进我国税收法治建设的重要一环。推动我国税务司法专门化的科学进路，必须走出案件吃不饱、专业提不上、三大诉讼程序割离、司法对税收征管综合治理作用有限等困境，并防止出现税务法庭、税务合议庭“井喷”和“空心化”现象。本文以世行 B-READY 指标要求及我国税务司法案件概况以及实践探索为考察起点，结合域内外理论研究成果及中国特色的司法制度框架，提出应在地方中级法院设立税务法庭，构建有条件的飞跃双重前置的机制设计，扩大税务刑事案件附带民事诉讼受案范围，建立民、行并案审理，税务行政机关参与执行、破产程序的机制等改革思路，以期促进税收公平和征管和谐。

关键词：税务司法；专门化；探索实践；改革路径

天下之事不难于立法，而难于法之必行。充分、便捷、公正的权利救济机制，是保障法律全面正确实施的“最后一道防线”，正所谓无救济则无权利。设立专门的税务法院、税务法庭对于推动我国税务司法专门化改革，推进税收法治建设具有重大意义。

2023 年，世界银行营商环境评价指标体系更新为“Business Ready”

* 王中义，厦门市思明区人民法院刑事审判庭副庭长，一级法官。

** 孙美辰，厦门大学法学院研究生。

(以下简称 B-Ready),作为该评估体系重要组成部分的税收指标也在多个维度上进行了更新,更加重视税收规范的透明性和明确性,强调对税收征管数字化手段的规范,并尤其关注税务争议解决机制的独立性和专业性。[①] 此次世行营商环境评价指标体系更新能否像推动我国破产制度优化一样,以评促改,[②]推动我国税务司法专门化实现整体突破,各界充满期待。2023 年以来,福建省厦门市思明区、上海市、广东省惠州市博罗县、吉林省长春市依次成立了涉税案件"三合一"跨部门合议庭、专门审理行政案件的税务法庭、专门审理税务行政案件的合议庭等。我国税务司法专门化改革实践探索的大门已经缓缓打开。

如何推进我国税务司法专门化改革走出一条符合国情的特色之路,如何走出"案件吃不饱"、"专业提不上"、三大诉讼程序割离、司法对税收征管综合治理作用有限等困境,如何防止出现因税务法庭、税务合议庭"井喷"而"空心化",进而削减税务司法专门化改革效果的现象,已经成为当前税务法治理论和实务界必须面对的命题。笔者拟以世行 B-Ready 指标要求、以我国税收征管中出现的各类税务纠纷概况以及实践探索为考察起点,结合域内外理论研究成果及中国特色的司法制度框架,提出科学、合理、系统化的具有可操作性的建构路径,以促进税收公平和征管和谐。

一、问题的析出——改革迟滞的背后逻辑与实践探索的现实困境

人的一生有两件事不可避免,一是死亡,二是纳税。税收制度关系国家繁荣稳定,对国民更有切肤之感。恰如唐代柳宗元在《捕蛇者说》中的千古一叹,"赋敛之毒,有甚是蛇者乎",公平公正的税收司法体系是推进税收法治建设的基础性、保障性举措,我国也在曲折中探索推进税收法治建设、税务司法专门化改革的道路。

---

① 参见熊伟:《世界银行营商环境评估税收指标更新及其体系化因应》,载《中国政法大学学报》2023 年第 6 期。

② 参见李曙光:《世界银行营商环境新指标的法治内涵及制度价值》,载《中国政法大学学报》2023 年第 6 期。

(一)专门税务法院方案,可操作性不强

多年来,我国学界及执法、司法实务部门一直都在研究论证设立专门税务法院的问题,[③]1996年《税收基本法(草案)》中提出了设立税务法院的方案,而在此之前的1993年,大连市第一家税务法庭的牌匾就挂在了金州区税务局的大楼前。[④] 党的十八大以来,随着我国司法体制改革的不断推进,先后设立了知识产权法院、金融法院、互联网法院等专门法院,[⑤]但始终未听到来自中央层面的设立专门税务法院的声音,设立计划呈悬停状态,这在表面上看是缺乏顶层设计,实质上有其背后的逻辑。

1. 从成本因素看,决策层级高,人员和物质保障耗费大。根据现行《人民法院组织法》的规定,专门人民法院的设置、组织、职权和法官任免,由全国人大常委会规定。按照党的十八大以来形成的专门法院设置程序,[⑥]设立专门法院需要顶层推动、全盘谋划和充分的人员及物质保障,并需要同时配套设立办公室、政治部、装备处、监察室等行政后勤部门。因此,设立专门法院必须考虑成本和效益,并非一时一地之功就能够完成。党的十八大以后设立的知识产权法院、金融法院、互联网法院等专门法院,均具有明显的地域性、新发性、行业性特征,相关地方或行业积极推动的动力强。而税务纠纷具有普遍性、常态化、全行业性的特征,由某一地税务行政机关或某一家法院主动推动的动力不足、说服力不强、影响力不够。

2. 从需求因素看,案件总量小,大范围跨域管辖阻力大,严重制约专门税务法院的设置。由于涉税案件目前尚不是独立的司法统计口径,真实的涉税案件数量无从完整获取,但总体上数量偏少是不争的事实。近五年来,全国法院审结的涉税刑事案件30,765件,判处48,299人,年均6153件,判处约9660人。与国家税务总局发布的2018年8月至2023

③　参见邓伟:《论我国税务司法专业化》,载《人大法律评论》2017年卷第1辑(总第23辑),法律出版社2018年版。

④　参见哨兵、邱波:《税务法庭显身手》,载《中国税务》1993年第12期。

⑤　互联网法院目前尚不属于法定的专门法院范畴。

⑥　参见何帆:《积厚成势:中国司法的制度逻辑》,中国民主法制出版社2023年版,第391页。

年底的涉税犯罪公诉案件人数进行对比分析,[⑦]前述数据应未包括涉关税的刑事案件。一审涉税行政案件数,2018—2022 年共计 4033 件,年均 806.6 件,仅占同期一审行政案件总数的 0.364%。[⑧] 涉税民事案件数因缺乏有效的搜索标识、通常的认定标准和权威的数据来源,无从掌握。据梁汪洋博士个人统计,2019 年度的涉税民事案件数为 46,719 件,约占当年民事案件总数的 0.156%。[⑨] 按照前述不完全统计,全国涉税民事、行政、刑事案件总数年均为 5.37 万件,平均到全国 3100 余家基层法院,每家不到 18 件,按照每个税务法庭(合议庭)3 名法官的配置,人均不到 6 件/年,与学者们经研究提出的法官年均 100 件才有必要设置专门性审判组织的标准相去甚远。[⑩] 如果在各县区级行政区划内均设立专门的税务法庭,极有可能出现目前我国部分环境法庭"无米可粥"的局面。另外,由于我国幅员辽阔,如果采取大范围跨行政区域集中管辖的方式,必然造成群众诉讼的不便。缺乏能够形成规模的涉税案件数量支撑,明显抑制了专门税务法院建设需求。

3. 从效用因素看,如果简单地做"加法",并不能凸显战略性利益。我国的专门税务法院是采取美国、德国等仅审理行政案件的模式,还是沿袭知识产权专门法院及环境资源审判模式,将刑事、民事、行政案件"三合一"审理,主流意见更倾向于后者。[⑪] 然而,我国目前三大诉讼法在主体资格标准、受案范围、管辖制度规定、程序制度设定、证据证明标准、鉴定标准等方面的制度规定均有不一致的地方。除此之外,法院长期按照民事、行政、刑事审判专业类型划分审判庭,使不同业务庭法官存

---

⑦ 国家税务总局发布的《中国税务年度报告(2023)》体现,2018 年 8 月至 2023 年底,被提起公诉的涉税犯罪人数为 55,467 人。

⑧ 数据源于国家统计局的年度数据库,载国家统计局官网 2024 年 6 月 30 日,https://data.stats.gov.cn/easyquery.htm? cn=C01。

⑨ 参见梁汪洋:《我国税务法院的设立:逻辑成因与建构思路》,载《税务研究》2021 年第 10 期。

⑩ 参见汪明亮、李灿:《环境案件"三审合一"模式的实践考察与完善进路》,载《河北法学》2022 年第 3 期。

⑪ 参见翟帅:《自贸区税务法院的可行性研究及制度构建》,载《南海法学》2018 年第 5 期。

在审判理念、审判思维的隔膜,缺乏“三合一”融合审判理念和综合审判能力。在没有充分论证和系统性机制保障的情况下,容易导致涉税案件集中管辖、“三合一”后,只是简单地做“加法”,依旧沿着“就案办案”的老路继续走,不能推动税务司法在审判理念、规范、责任、标准、程序等的全面融合和司法审判在税收征管体制改革中依法能动履职。设置专门的税务法院的战略性利益以及整体性、系统性、长远性考量目标的实现存在不确定性。[12]

(二)金州区税务法庭模式的反思,鸿蒙期的越界尝试

1993年大连市金州区挂牌成立税务法庭的审批流程等情况,目前已无从考证,从报道内容看,此项“创设”应当属于税务警察模式。金州区人民法院为了给税收工作撑腰,大胆、适时地成立了税务法庭。4名经验丰富的审判人员跑遍了金州区各个乡镇,调查了解基层税务所的征税情况、对纳税户进行法制教育、对拒绝缴纳税款的商贩现场立案并处以罚款、指导税务所制作规范的文书样式等。[13] 改革开放初期,人民法院的职能并未完全法定,出现代行税务行政权的“大胆创新”现象尚可理解。但此种税务法庭的运行模式,有违人民法院的中立立场,是超出司法权范畴的“越界行为”。我国税务司法专门化改革必须坚持法治化的目标,遵循审判规律,恪守判断权的本性。

(三)税务行政案件合议庭模式,简便但易泛化和流于形式

先后于2024年4月、6月成立的广东省惠州市博罗县法院税务审判合议庭,吉林省高院和吉林省长春市中院、长春铁路运输中院涉税务合议庭,均系在不改变地域管辖和受案范围框架内,专门审理税务行政案件的由相对固定法官组成的合议庭。[14] 根据我国《人民法院组织法》的规定,合议庭是审判组织形式,是由法官或法官与陪审员共同组成的代表人民法院审理具体案件并作出裁判的组织形式,不包括法官助理和书

---

[12] 参见何帆:《积厚成势:中国司法的制度逻辑》,中国民主法制出版社2023年版,第451~452页。

[13] 参见哨兵、邱波:《税务法庭显身手》,载《中国税务》1993年第12期。

[14] 从公开报道看,并未提及跨行政区域集中管辖和改变审级管辖规定,涉税行政案件全部由中级人民法院集中管辖的情形。

记员,不同于审判机构,不是人民法院内设的审判庭,无须向编制部门备案。此种模式仅是审判人员相对固定化,并非审判机构的专门化。其优势在于不涉及机构及人员编制的审核和增减,无须改变原受案范围,不需要履行批准程序,设置简便,各地复制推广的难度系数低;劣势是仅审理原辖区内税务行政案件,难以形成规模,且由于法官还需办理大量的其他类型的行政案件,无暇专注于培训和提升税务司法能力,审判的专业化效果很难有大幅改观。另外,两地法院的宣传通稿均可以体现,设立涉税合议庭的目的是优化营商环境,推动税收法治建设,但前述涉税合议庭很难划入税务诉讼专业司法机构的范畴,能否达到世界银行 B-Ready 考评指标的要求尚存疑。

(四)行政案件税务法庭模式,难以复制的"标准答案"

经最高人民法院批准,上海市高级人民法院于 2024 年 2 月 23 日印发《关于本市以税务部门为当事人的行政案件集中管辖的规定》,指定上海铁路运输法院集中管辖原由上海市相关基层人民法院管辖的以税务部门为被告的一审行政案件。[15] 上海的税务法庭模式,实现了一审、二审审判机构的整体专门化、司法人员的职业化、司法区域与行政区域的全面分离,"一揽子"满足了世界银行 B-Ready 评估体系关于专业税务司法机构的要求,可以说交出了"标准答案"。但这个"答案"的决策层级高、审批手续繁复、管辖范围广,在编制缩减、财政"过紧日子"的当下,除了北京、广州等特大型城市,复制推广的难度可想而知。这也是福建省厦门市思明区、广东省惠州市博罗县、吉林省长春市等只能在地方法院内部设立专门合议庭的无奈。

(五)"三合一"合议庭模式,面临三个难题的考验

作为中央综改项目之一,经最高人民法院批准及省、市相关部门同意,2023 年 11 月 28 日福建省厦门市中院在该市思明区法院设立了全国首个涉税案件"三合一"跨部门合议庭,集中管辖原由厦门市各区基层

---

[15] 参见《全国首家专门税务审判庭在上海设立》,载国家税务总局上海市税务局官网,https://shanghai.chinatax.gov.cn/xwdt/tpxw/202402/t470850.html。

法院审理的一审刑事、民事、行政涉税案件,[16]开启了近三十年来我国税务司法专门化改革实践探索的先河。司法是一种稀缺产品,需要巨大的经济投入。基于同类型案件的民事、行政、刑事法律责任高度复合性与关联性,“三审合一”模式能实现司法资源配置的优化。[17] 然而,“三合一”跨部门合议庭模式,虽然能在一定程度上集约审判资源、强化专业提升,其弱势也显而易见:

1. 有力的组织保障难题。从前述报道看,思明法院是分别从刑事、行政、民事审判庭抽调部分法官组成了较为固定的涉税案件合议庭,三种类型的税务案件仍由各业务庭分别办理,但在审理个案时可以选择与其他审判庭法官组成合议庭。这种临时型人员构成方案,天然缺乏有形的组织保障和常态的协同机制。如何打破部门格局,调动人力推动税务司法机制创新和完善,如何一体化统一刑事、民事、行政案件的裁判规则和尺度,如何形成税收司法保障的整体合力,是“三合一”合议庭模式必须面对的难题。

2. 整体的专业化提升难题。“三合一”机制所要形成的是建立在刑事、民事、行政融合基础上的税务司法整体性专业化。三类案件仍由原业务庭法官分别办理,其他审判庭法官只是陪审角色,更多的作用是实现部门间的交流,法官们的工作重心仍在各自的部门专业领域内,很难起到促进三类案件统一融合的效果。

3. 一审、二审审级协调难题。从前述报道看,厦门市仅在思明区法院设立了“三合一”跨部门合议庭,并未在市中院同步设立相对应的合议庭或专门法庭,势必增加一审、二审之间的沟通、协调成本,也对基层法院与市级税务行政部门、市级公检法部门等的工作协调对接造成困扰。

---

[16] 参见《全国首个人民法院涉税案件合议庭在厦门揭牌》,载福建省人民政府官网,https://www.fujian.gov.cn/xwdt/fjyw/202311/t20231130_6310445.htm,2024年6月访问。

[17] 参见《全国首个人民法院涉税案件合议庭在厦门揭牌》,载福建省人民政府官网,https://www.fujian.gov.cn/xwdt/fjyw/202311/t20231130_6310445.htm,2024年6月访问。

二、改革的证成——专门化的必要性探究与可行性论证

《关于进一步深化税收征管改革的意见》明确提出要强化税收司法保障。从行业治理、司法效率、法制统一、法治环境等因素考量,[18]税务司法均有坚实的专门化基础。世界银行 B-Ready 考评指标体系也从客观上反映了独立专业的税务司法对促进依法行政,确保税收公平和保障纳税人权益的关键作用。

(一)构建国家和纳税人利益共同体的基本保证

坚持以人民为中心是党和国家一切工作的根本,依法保障国家收入和纳税人权益就是税务司法的根本。刘剑文教授指出,构建国家和纳税人利益共同体,这对于推动中国的税收法治,实现国家长治久安具有重大意义。[19] 税务机关征收行为具有高度专业性和系统独立性,法官的专业化水平、审理的专门化机制对纳税人权益的保障显得尤为迫切。

1. 专门化的税务司法更有利于保障实体税收法律规范正确实施和持续完善。

是由税法高度的专业性决定。我国目前有 18 个税种以及各地和各个时期出台的众多税收优惠政策、与 114 个国家和地区签订的各不相同的税收协定。[20] 每一种税费都涉及应税事实和税基的认定、税率的选择、税额的计算等复杂专业的问题和对税收规范的解释。如不具有专门的税法知识和财务会计、商业运营常识,想要正确完整地理解税法就已然十分困难,更遑论对税务处理决定、处罚决定等进行实质性司法审查。一份缺乏对税收处理决定的实体合理性、合法性进行审查和评判的判决,显然不符合司法专业化的要求,而税务法官的专业判断能力需要扎实的知识储备和专门的培育熏陶。

---

[18] 参见何帆:《积厚成势:中国司法的制度逻辑》,中国民主法制出版社 2023 年版。

[19] 参见滕娟:《刘剑文:税务法院的设立可分三步走》,载《财会信报》2015 年 6 月 22 日,A06 版。

[20] 参见国家税务总局编:《中国税务年度报告(2023)》,载国家税务总局网,https://www.chinatax.gov.cn/chiantax/u810219/n810744/c102939/c5232802/5232802/files/2023%E4%B8%A0%E6%96%87.pdf。

是由我国税收规范的法定化、明晰化程度决定。虽然我国已经确立税收法定原则,《立法法》也将税种、税率、征收制度等作为法律保留事项,但截至2024年年底只有14个税种制定了法律。税收征管主要还是依据国务院及财政部门出台的大量行政法规、规章和文件,对其中涉及的条文理解,多数靠行政部门解释,导致出现税法解释被税务机关垄断的现象。[21] 要改变这一现状,包括对抽象性税收行为的司法审查,税务法官必须要具备独立于税务行政机关的系统化的税收规范解释能力和话语体系,而这也需靠税务司法的高度专业化、专门化来实现。

是解决我国税收规范合理性、正当性问题的现实需求。我国的名义税负和实际税负在全球范围来看处于较重区间,对纳税人行政或刑事责任追究率高。税收征管部门因规避履职风险偏好而采取"宁重勿轻"的处理思路,易于引发纳税人对税收规范合理性、正当性的质疑。如宁波亿泰公司与宁波市税务局第三稽查局税务行政管理案,[22]该案一审认为违背正当程序,二审认为不存在重大程序违法,再审认为正当程序包括但不限于法定程序。法官对税务规范概念语义范围边缘或之外的行政行为的理解判断,需要深厚的专业背景和娴熟的职业经验和技巧。

2. 专门化的税务司法有利于促进行政救济机制、替代性解决机制、诉讼程序融合机制功能优化。

是司法调和"双重前置"、内部复议机制矛盾的需要。我国税收征管法广受诟病的纳税前置、复议前置即"双重前置"制度,客观上压抑、控制、阻塞了司法救济的需求和途径。由上级税务机关实行内部复议的制度安排,明显削弱了税务行政复议的公信力。这就使法院作出的更加公正、更有说服力和影响力的判决,对税务机关的征管、稽查、复议等行为能够产生更有效的约束,为纳税人主张司法救济提供明晰的路径指引,从而为司法在坚持尊重行政首次判断权和解释权、复议权的同时,有条件突破双重前置的限制,为处理税务纠纷培植土壤。另外,《税收征收

---

[21] 参见苏如飞:《从税权配置看跨行政区划税务法院设立》,载《经济研究参考》2016年第59期。

[22] 参见滕娟:《中国2020年度影响力税务司法审判案例揭晓》,载《财会信报》2021年1月11日,A04版。

管理法》下一步修订,很大可能会取消双重前置的规定,再与我国直接税占比不断提高、税收法律不断完善等因素相叠加,我国必将迎来一段税务诉讼爆炸时期,亟须司法机关提前应对,作好机制构建和专业储备,深化税务司法专门化改革。

是促进和确认替代性解决机制(以下简称 ADR)长足发展的需要。在诉讼之外解决税务纠纷,为税务争议解决机制提供了一个平等、自愿、便捷的途径。我国 2010 年出台的《税务行政复议规则》(国家税务总局令第 21 号)规定了行政复议过程中的和解和调解制度,《行政诉讼法》及其解释也规定了对行政机关行使的自由裁量权案件,人民法院也可以主持双方调解。有观点认为,税务行政处罚听证、税务约谈等也属于 ADR 范畴。㉓ 从我国近些年来 ADR 的发展、运行和推动要素看,法院均是主力军,也是被考核对象。长效的税务纠纷替代性解决机制,需要专门的税务司法机构进行组织、指导和推动工作。

是三大诉讼程序深度交叉融合的需要。我国的刑事、民事、行政三大诉讼程序长期以来,形式上统一于法院,实质上处于各自分离的状态。除了严格限定范围的刑事附带民事诉讼之外,一般是按照先行后民、民行并行、先刑后民、执行破产与税收核定征管各行其道的方式进行,缺乏在一个程序中整体处理的制度安排,不但给当事人造成讼累,也极易造成前后处理结果的分歧。例如,镶黄旗德天御矿业公司等与内蒙古自治区镶黄旗人民政府、国税总局镶黄旗税务局行政允诺案,法院如果在不认可行政允诺的同时,能对镶黄旗德天御矿业公司等基于信赖利益而遭受的损失作出裁判,对提高司法公信力,优化营商环境将起到标杆性作用。又如,来宾市广利电脑制衣公司、东莞市薏莎实业公司买卖合同纠纷案,如能允许原告在周某洪等虚开增值税专用发票刑事案件中提起附带民事诉讼,不但有利于查明刑事案件事实,更能"一揽子"化解矛盾,节约司法资源。㉔ 要实现三大诉讼程序的深度融合,需要税务司法专门

㉓ 参见柯䚜:《基于 DSD 原则的税务争议解决机制反思》,载《财会月刊》2019 年第 19 期。

㉔ 参见滕娟:《中国 2020 年度影响力税务司法审判案例揭晓》,载《财会信报》2021 年 1 月 11 日,A04 版。

化改革的大胆探索,刑事、民事、行政三类案件集中管辖是必要前提。集中管辖作为一种灵活机动的案件管理机制,能够在一定时期内优化资源配置、完善法律统一适用,提升审判队伍专业化水平。㉕

3. 有利于实现税务执法的数字化技术手段与司法的对接和运用。随着全国税务机关"金税四期"工程的不断推进,"以数治税"时代将正式来临,税费征管的数字化智能化将深刻影响税务司法。最高人民法院也将司法智能化、信息化提升作为司法体制改革的核心目标之一,旨在通过整合人工智能、云计算和大数据等技术,全面提升法院的审判效率和质量。在此语境下,建立专门的税务司法机构能够防止出现税务执法和司法"数据孤岛",亦便于法院通过探索建立链接端口,集中有效地适应和利用金税四期系统中的数字技术,实现税务执法证据和税务处理的在线化、可视化审判。

4. 为税务司法专业素养和依法能动履职能力提升提供厚实的基础和保证。法治不仅要治已病、抓末端,更要注重抓前端、治未病,确保不能成为诉讼大国。㉖ 全面解纷、力促息讼、追求无讼,是我国千年来行政兼理司法体制下形成的被老百姓普遍接受和颂扬的传统司法文化。优化税收营商环境,源头治理税务纠纷,法官在坐堂审案之外,还要为税收治理现代化提供服务和支撑,如开展涉税企业合规、司法建议等工作,均需要有专门化的机构和专业化的法官团队。

(二)税务司法专门化改革的现实基础

1. 有可以调用的物力保障。我国有 3500 多个法院,127 万名法官。㉗ 综合考虑涉税案件的总量,在不增加法院内设机构和法官、法官助理等编制的情况下,只要做到合理配置涉税案件数量与法官工作量,

---

㉕　参见游劝荣:《司法专门化视域下涉碳案件集中管辖研究》,载《法学评论》2024 年第 1 期。

㉖　参见《公正与效率是永恒的工作主题——专访最高人民法院院长张军》,载新华网 2024 年 3 月 9 日,https://www.court.gov.cn/zixun/xiangqing/427542.html。

㉗　参见《把符合司法规律的审判管理做优,把为基层减负做实——最高人民法院审管办负责人就〈人民法院判决质量管理指标体系〉修订情况答记者问》,载最高人民法院官网 2024 年 9 月 29 日,http://www.court.gov.cn/zixm/xiangqing/444311.html。

设立专门化审判机构,并不会加剧案多人少的矛盾,也无须增加财政预算。

2. 有可以择选的人才储备。随着我国法律职业资格考试制度的推进,研究生教育特别是交叉学科研究生教育的蓬勃发展,受过高等教育的"80后""90后"已成为法院队伍的中坚力量,其中具有相当数量的同时具备法学和会计、税收、财务管理等专业背景的人员。通过员额调整、人员调配等方式,足以支持以地级市为单位组建的专门化队伍。

3. 有可资借鉴的域内外经验。域外一些税收法治较为发达的国家或地区,往往有数百年的专门化税务审判经验可供参考。美国设置联邦税务法院、联邦索赔法院、地方法院并行的税务司法救济体系,采取选择性行政复议前置和纳税前置制度,实行一审终局与可上诉至联邦最高法院相结合的审级制度,仅对税务行政案件专门审理,确立了尊重行政规章及其解释的"谢弗林原则"及任命具有税务、会计知识的专家型法官等。[28] 德国设立了州和联邦两级财政法院,专门审理税务行政争议,包括关税争议,实行两级两审制。州财政法院负责事实审,联邦财政法院负责法律审。联邦财政法院的判决会变为财政规章等,从而具有普遍适用性。[29] 我国先后建立的铁路法院、林区法院、海事法院、知识产权法院、金融法院以及环境资源审判庭等专门化审判机构,以及厦门、上海等地正在探索的税务司法专门化改革,也能够为设立专门化税务审判机构提供正反两方面的经验。

三、方案的优解——救济机制与专门机构一体化设计

司法实践问题的解决依赖于司法救济制度的变革。[30] 当前我国税务司法专门化改革已经箭在弦上,要立足于我国国情、地情和司法制度基本框架,积极借鉴域外经验,按照成本效益帕累托最优原则,一体化设

---

[28] 参见翟帅:《自贸区税务法院的可行性研究及制度构建》,载《南海法学》2018年第5期。

[29] 参见胡翔:《德国税务司法制度特点及借鉴》,载《国际税收》2016年9期。

[30] 参见耿宝建:《立案登记制改革的应对和完善——兼谈诉权、诉之利益与诉讼要件审查》,载《人民司法(应用)》2016年第25期。

计专门化工作机制,并取得社会各方面的支持和认同。

(一)以在中级法院设立或加挂税务法庭为基本原则

关于税务司法专门化机构的设立与管辖权的优化,刘剑文教授建议分"三步走":第一步设立税务案件合议庭;第二步建立税务法庭;第三步推进税务法院的设立。熊伟教授建议可以选取部分法院作为改革试点,逐步从税务法庭过渡到税务法院。[31] 但如前文所述,我国并不具备设立专门税务法院的条件,一是普通地方法院具有可替代性,[32]二是税务机关的垂直管理体制,也不需要通过设立专门法院来规避地方保护。因此,应当在中级法院设立税务法庭,管辖全市一审税务案件,(1)可以基本满足案件数量需求。按照400家中级法院测算,每家可以平均受理134件,既能基本满足当前需求,也为税务案件增长趋势留下空间。还可通过在胡焕庸线以东或经济发达地区的每个中级法院设立,在胡焕庸线以西或经济欠发达地区不逐一设立,而由该区域内处于中心地位的某中级法院集中管辖的方式,解决税务法庭可能空心化的问题。(2)可将涉海关的关税案件与税务案件的管辖法院集中统一到中级法院,以集中审理,平等对待。(3)中级法院的机构编制数较多,便于调剂使用,也可在行政庭或审监庭等加挂税务法庭的牌子,实现机构的专门化。(4)便于在全市范围内调动、充实专业审判力量,也有利于畅通到基层法院开展巡回审判工作。(5)可以优化税务案件的审级制度,形成三级二审制的新格局,便于高院、最高院统一指导,实现税务法治在全国统一大市场内的公平公正,契合。

(二)赋予纳税人法院和救济程序选择权以保障权利优先

赋予民事案件当事人管辖法院选择权,我国已经实行多年。在部分行政案件中赋予相对人管辖法院选择权,我国也已有多年的实践经验。税务案件跨市级行政区域集中管辖,必然给当事人造成诉讼不便,对于税务行政案件,应当赋予当事人在基层法院或所在地的市中院提起诉讼

---

[31] 参见滕娟:《刘剑文:税务法院的设立可分三步走》,载《财会信报》2015年6月22日,A06版。

[32] 参见何帆:《积厚成势:中国司法的制度逻辑》,中国民主法制出版社2023年版,第452页。

的选择权；对于税务民事案件的识别和认定，由于当事人双方可能产生分歧，应当在遵循意思自治和合意选择的基础上，由审理该案的法院向税务法庭依法移送；对于涉及较为专业复杂的重大疑难税务民事案件，法院在征询当事人意见的基础上，也可以职权决定移送给税务法庭审理；税务民事案件一方当事人也可以直接向税务法庭提起诉讼，另一方没有异议或者税务法庭认为更合适审理的，可以由税务法庭受理。

一方面，要坚持司法尊重行政首次判断权、复议权；另一方面，也要优化双重前置的规定，设立救济程序选择权、撤销建议权。因此作如下建议：(1)双重前置的异议机制。纳税人对税务处理决定不服，且能提出较为充分的事实根据和理由的，可以向税务法庭申请越过双重前置，直接提起行政诉讼。税务法庭审查后，认为税务处理决定可能事实不清、理由不足或明显不合理的，可以裁定准许纳税人直接提起行政诉讼；纳税人也可以向复议机关提出越过清税前置的申请，复议机关认为税务处理决定可能事实不清、理由不足或明显不合理的，可以决定准许纳税人直接提起行政复议。(2)增加《税收征收管理法》第 88 条规定的纳税前置例外情形，如企业的纳税信用等级、资产状况、经营规模、科技创新能力、信贷规模等。(3)在税务调查听证、约谈等环节，税务法庭可以依双方申请参加争议调处，增强当事人选择替代性解决机制的公信度。(4)纳税人申请越过双重前置提起复议或行政诉讼的，如未获生效裁判或复议决定支持，可由税务法庭或复议机关决定酌情增加滞纳金数额。(5)对于纳税人仅以税务行政处罚决定提起的行政诉讼，税务法庭应仅对行政处罚决定的合法性、合理性作出裁决，不能以税务处理决定与行政处罚决定具有事实关联为由，裁决一并撤销，[33]否则势必架空纳税前置的法律规定。但对经依法审理，判决撤销或改变税务行政处罚决定的，税务法庭可以向税务机关发送司法建议，督促其依法撤销或改变税务处理决定。

(三)创设三大诉讼程序融合机制实现案结事了

不同于美国的税务刑事案件需要由地方法院组成陪审团审理，德国

[33] 参见贵州省安顺市中级人民法院行政判决书，(2017)黔 04 行终 27 号。

的五个终审法院体系严格区分等域外司法制度,我国的三大诉讼程序均统一于一个主体即各人民法院,是我国实现税务案件“三合一”集中审理的先决条件和制度优势。刘剑文教授等大部分学者也赞同“三合一”模式。创设“三合一”机制,可以形成中国特色,也有利于推动法院形成专业优势,为推动三大诉讼程序的融合提供组织条件。

要创设三大诉讼程序融合机制,一是要建立民事和行政诉讼程序融合机制。经一方当事人申请,税务法庭可以决定把具有实质关联性的税务行政、民事案件,由同一合议庭或独任法官并案审理,再分别作出民事、行政判决。二是要扩大刑事附带民事诉讼受案范围,对于案外人因被告人的税务违法犯罪行为而遭受的直接经济损失,可以向审理该刑事案件的税务法庭提起附带民事诉讼。三是要建立税务刑事司法和行政执法反向衔接机制,税务机关尚未对被告人应补缴税款、滞纳金等作出处理决定的,税务法庭可以要求及时作出,以准确认定被告人造成的税款损失等事实。四是要建立执行、破产程序中税务机关参与机制,将在执行、破产程序中的税额核定、争议解决等问题,纳入法定程序。

(四)构建专业型法官和专家智助相结合的专业化路径

古罗马法学家西塞罗说:“法官乃会说话的法律,法律乃沉默的法官。”㉞这是对法官适用法律效果的最理想化表达。正如博登海默所说:“正义有着一张普洛透斯似的脸,变幻无常。”㉟每一位法官所看到的正义、表达的正义、传递的正义都会有所差异,但不容置疑的是法官的专业化程度与法律实施的统一化程度,具有正相关性。税务司法专业型法官的培养,一要有在专业领域内受教育或工作背景。二要经过长期的学徒式训练,保持税务法庭团队的整体稳定和衔接。三要在税务案件的审理中深入实践、终身学习,要建立与税务机关、专家学者、税务中介机构工作人员、律师等囊括系统内外的培训交流机制。要把税务案件的审判质效纳入法官员额考核体系,突出对税务专业化系数的考评。一方面,专

㉞ 转引自何帆:《积厚成势:中国司法的制度逻辑》,中国民主法制出版社2023年版,第627页。

㉟ [美]E.博登海默:《法理学——法哲学及其方法》,邓正来译,中国政法大学出版社2004年版,第261页。

家智助机制不可或缺,可建立专家咨询、专家证人制度,由专家学者对个案中的法律适用、应税事实认定等疑难复杂问题提供咨询意见,供合议庭评议时参考;另一方面,也可建立专门的税务案件陪审员库,选择具有税法、会计、财务等专业知识或丰富从业经验的人员作为陪审员,直接参与案件审理。专家智助机制不仅为法官提供专业支持,也是制约法官审判准确性、公正性的有力因素之一。

四、结语

古人言,法与时转则治,治与世宜则有功。随着我国税收治理现代化、法治化进程的不断推进,民主、专业、能动的税务争议解决机制已经成为迫在眉睫的命题。无论是司法救济,还是替代性解决机制,作为税务争议解决机制的最后保障,探索推进税务司法专门化改革已是必然趋势。在借鉴域外税务司法模式的前提下,探索符合我国国情、地情和现行法律政策框架的专门化税务司法审判机制,理论和实践的大门均已打开。税务司法专门化改革的推进,会不会更便于税务行政机关和税务法官达成某种平衡和妥协,会不会带来我国税务诉讼的爆发式增长,这些问题仍未可知,就像看着一个慢慢长大的小男孩,期待他品格优异、体魄健康,也担心他为非作恶、羸弱不堪,但长大是能唯一的确定性。愿本文的观点能对下一步的改革探索有所裨益。

法学理论与法律实践的耦合互动
——以税务司法论坛为样本的考察*

何锦前**

摘　要：如何解决法学理论与法律实践之间存在的脱节问题是当前法治建设中的一大难题，在既有相关措施的基础上，税务司法论坛探索了一条独具特色的路径。以此为样本的考察发现，该论坛自始便旗帜鲜明地定位于沟通理论与实践两个维度的平台，并形成了宗旨—议题—主体—沟通的逻辑体系，在运作中产生了持久的沟通向心力，具有稳定的聚合性，推进了共识形成，其不只辐射到法学教育、法学研究，且对法治实践产生直接影响。在厘清其行之有效的规律性机制并不断突破相关专业窄化等"瓶颈"问题的基础上，未来法学理论与法律实践的耦合程度必将更高，也将为法治现代化提供更多内生动力。

关键词：税务司法论坛；法学理论；法律实践；耦合；案例

---

* 本文是国家法治与法学理论研究项目"国有财产保护公益诉讼等内等外界分研究"（项目编号：19SFB2053）的阶段性研究成果。

** 何锦前，首都经济贸易大学法学院教授，财税法研究中心主任。

一、问题的提出

一直以来,法学理论与法律实践之间存在脱节问题。① 一方面,法学理论界长期以来有自身的运作逻辑,加之对于实务部门的情况不甚了解,法学教育和法学研究有时被认为"空对空",流于形而上,无法有效转化为直接的法治实践要素;另一方面,法律实务部门也存在运用法学理论的情形不多,不够深入的问题,如行政执法和司法裁判中存在不重视说理或说理不够的问题。

上述现象的原因是多方面的。比如,传统的法学教育过于重视概念、教义的灌输。若干年前,法学教育和研究方面也缺乏丰富的实践素材,裁判文书网的上线也是比较晚近的事情;②迄今为止,大部分法学研究人员直接接触法律实务的机会不多。同时,法律实务部门特别是司法部门由于案多人少、职业压力大、竞争内卷等方面的原因,也往往疲于应付具体工作,无暇顾及学术成果的引入和使用。为此,近年来,理论界和实务界都作出了各种各样的努力。相关部门推进的"双千计划"③就是颇为典型且颇有成效的举措,通过该计划,相当多的法学学者和教师进入法院、检察院挂职锻炼,亲手经办案件;一些法官、检察官、律师在某些高校担任兼职授课教师、兼职导师的过程中,也将自己亲手经办的案件,

---

① 这是饱受诟病的一个问题(参见杨海坤:《走向政府法治的新时代:杨海坤教授行政法学研究论文选》,中国民主法制出版社2021年版,第721页)。但这样的问题似乎不止中国,不止现在,也不止法律领域才有。参见[法]菲利普·热斯塔茨、克里斯托弗·雅曼:《作为一种法律渊源的学说:法国法学的历程》,朱明哲译,中国政法大学出版社2020年版,第49页;[美]威廉·B.埃瓦尔德:《比较法哲学》,于庆生、郭宪功译,魏磊杰校,中国法制出版社2023年版,第342页;[德]爱克曼编:《歌德谈话录》,朱光潜译,译林出版社2020年版,第181~184页。

② 而近年来,裁判文书的上网公开也遇到了一些障碍,相关问题尚待研究解决。

③ 2013年7月,教育部会同中央政法委、最高人民法院、最高人民检察院、公安部、司法部联合下发了《关于实施高等学校与法律实务部门人员互聘"双千计划"的通知》(教高〔2013〕8号),该通知明确:在2013—2017年,选聘1000名左右有较高理论水平和丰富实践经验的法律实务部门专家到高校法学院系兼职或挂职任教,承担法学专业课程教学任务;选聘1000名左右高校法学专业骨干教师到法律实务部门兼职或挂职,参与法律实务工作。

向所在高校的教师、学生进行介绍,双方开展理论交流和案例研讨。与此同时,特别值得注意的是,法学界近年来有意识地在教学、科研方面主动贴近中国实际和法治实践:在教学方面,不断扩大案例教学的范围,推进案例教学的深度。在研究方面,不断尝试探索基于执法数据、司法案例的各种法教义学研究和实证研究,特别是基于类案的大样本定量实证研究,成为近年来比较醒目的一种学术趋势。

应该说,理论界和实务界的共同努力取得了显著的成效。法学教育场景和法学研究成果中越来越多地出现了相关的案例、数据和访谈材料等,法学研究更加贴近中国实践,更接地气,更有中国问题意识。而法治实践当中也越来越多地体现了学术成果的转化和理论应用于实践的自觉,如不少法院、检察院会聘请相关的专家学者就疑难个案开展学理论证,裁判文书的说理情况总体有所改观,释法说理更详尽、更充分、更深入,有的裁判文书还会引用学界通说或学者的相关观点作为佐证。这种理论界与实务界的互动虽然刚刚起步,但是发展势头良好,已经初步形成了良性循环。

但是,在看到法学教育与法治实践的隔膜日益淡化的同时,也要看到这种理论与实践之间的互动仍需大力加强,现有的某些互动方式也仍存在形式化、程式化、虚化、表面化等问题,故法学理论与法律实践之间的互动方式、方法、渠道、力度、维度等方面尚需各方努力,集思广益,不断探索。那么,在上述理论界和实务界努力之外,还有何新的探索?如有新的探索,其有何值得总结提炼的经验?

其实,笔者所在的首都经济贸易大学从2016年开始探索建立一种沟通理论与实践的新机制。本文拟对这一探索进行初步研究。应该说,这一研究既是自我总结式的,以回顾笔者和同事们以及众多合作同仁多年来所作探索的基本历程和主要心得,更重要的,这也是一种以第一人称主体为对象、以典型个案为样本的实证研究。这恰如牛津大学社会人类学教授、德国马克斯·普朗克社会人类学研究所所长项飙所称的“把自己作为方法”，[4]这种方法有别于常见的以“他者”为研究对象的方法，本文也可以视为采用这种方法而开展的研究。

2016年，在周序中教授首倡下，我们得到中国法学会财税法学研究会的指导支持，创办了首届税务司法与理论实践高端论坛，自此每年举办一届。2018年，我们开始在论坛上增设一个环节，发布年度十大影响力税务司法审判案例。这十大案例来之不易，是从数以万计的案件中经过几个月筛查并经案例评选委员会评选出来的。到2024年，中国法学会案例法学研究会也加入进来，作为主办单位。在本文后面的部分，笔者拟回顾该论坛的基本情况，在此基础之上，对这一聚焦税务司法而目标旨在贯通法学理论与实践的重要探索进行一点经验梳理和理论思考，总结在税务司法论坛和年度案例评选过程当中所揭示出来的理论与实践互动的关键要素、基本经验和若干不足，进而提炼法学理论与法律实践互动的若干理论元素，并对这一探索过程当中所呈现出来的理论和实践互动的巨大空间、潜力进行展望。

二、税务司法论坛沟通法学理论与法律实践的基本逻辑

长久以来，法律体系被划分为若干部门，近年来亦有从行业、领域等角度划分的法律范畴，考察法学理论与法律实践的耦合互动，就可以从这些不同的角度切入。比较而言，税务司法是具有独特价值的考察视角，因为税法同时关涉公法（刑法、行政法等）、私法（民法、商法等），横跨实体法与程序法（包括税收程序法与非诉讼程序法），勾连上述公法、私法、实体法、程序法的理论与实践，故税务司法理论与实践高端论坛确属不可多得的贯通法学理论与法律实践的探索样本，因而也具有独特的研究价值。观察2016年以来的论坛情况及其所体现的运行逻辑，上述判断确实能够得到印证。

从论坛定位来看，自始便旗帜鲜明地将论坛宗旨定位于沟通理论与实践两个维度的平台。2016年首届论坛的通知和邀请函明确：“我们特

---

④ 参见项飙、吴琦：《把自己作为方法：与项飙谈话》，上海文艺出版社2020年版，第216~217页。

此发起‘税务司法理论与实践’高端论坛作为回应,为相关机构和人士,就税务司法中重大理论与实践问题提供交流平台。我们期待本‘税务司法理论与实践’高端论坛能推动各界对税的‘法律问题’和税收司法体制给予持续关注和研究,能为推动我国税收法治的历史性进步尽一份力。”值得指出的是,在首届论坛举办前不久,即2015年12月,中共中央办公厅、国务院办公厅印发了《深化国税、地税征管体制改革方案》,该方案明确提出,要健全税收司法保障机制,司法部门要依法支持税务部门工作,确保税法得到严格实施。公安部门要加强涉税犯罪案件查处的力量,健全公安部派驻税务总局联络机制,指导各级公安部门开展涉税犯罪案件查处工作。加强涉税案件审判队伍专业化建设,由相对固定的审判人员、合议庭审理涉税案件。推行税收法律顾问和公职律师制度。这是当时重要的背景,是理论界与实务界共同关心的中国之问、人民之问、时代之问。在当时,除了《税收征收管理法》《个人所得税法》《企业所得税法》《车船税法》外,其他大部分税收立法基本属于行政法规层级,实务部门对税法也不太关心、不太了解。⑤ 这一背景是促使理论界与实务界互动的重要契机,孕育和奠定了税务司法论坛基本定位的初心使命。

从议题设置来看,税务司法论坛的议题均明显聚焦那些能够打通理论与实务堵点的问题,而非纯粹的学理问题或纯粹的事务性、操作性问题。如首届论坛议题中的“税收法定原则与税务司法”“设立专业税务法庭之探讨”“税务司法与纳税人权利保护”等,第二届论坛议题中的“税收法律顾问制度和公职律师制度成效检视”,第三届论坛议题中的“(四)税务行政与刑事诉讼的衔接与协调”,第四届论坛议题中的“财税公益诉讼”,第五届论坛议题中的“《民法典》与税法衔接中的司法问题”,第六届论坛议题中的“破产程序中的涉税问题”,第七届论坛议题中的“跨部门法视角下的税务司法案例研析”,第八届论坛议题中的“税法法典化与税务司法研究”“税务专门审判机构研究”。围绕上述议题,

⑤　令人印象深刻的是,不少裁判文书中都赫然写着带书名号的“税法”,但事实上,我国并无此法律。

论坛组委会均精心设计每年的议程，如民事诉讼中的包税条款纠纷、行政诉讼中的合同无效后的退税纠纷、刑事诉讼中的虚开罪与相关罪名关系等问题。这些议题以及体现这些议题的具体议程凝聚了各方共识。论坛组委会每年均会广泛征求理论界和实务界的意见，为下一年议题设置作准备，从而形成了上述议题与具体议程，为理论界和实务界同频共振、聚焦对话、有效沟通打下了坚实基础。

从参与主体来看，税务司法论坛是最能反映理论界和实务界相关主体代表性的交流平台。发展到今天，税务司法论坛的组织机构包括中国法学会财税法学研究会、中国法学会案例法学研究会、首都经济贸易大学等主办单位，承办或协办单位则包括首都经济贸易大学法学院、首都经济贸易大学财税法研究中心、中南民族大学法学院、安徽师范大学法学院、南京师范大学法学院、东南大学法学院、南京航空航天大学人文学院、南京审计大学法学院等高校机构，以及北京德恒律师事务所、北京德恒（武汉）律师事务所、京衡（芜湖）律师事务所、中汇江苏税务师事务所、北京大成（南京）律师事务所、国浩律师（南京）事务所、江苏信国律师事务所等专业服务机构。从参与论坛研讨的主体来看，除了上述各类组织机构的人士，还有全国人大、最高人民法院、最高人民检察院、原国务院法制办、公安部、国家税务总局等方面的领导、专家。从案例评选委员会来看，理论界与实务界联盟，民事、行政、刑事各领域兼备。除了高等学校的一众著名学者，还有众多来自最高人民法院、最高人民检察院、国家税务总局和律所等单位和机构的专家，两类专家的比例大体相当。除了税法学者专家外，还有民法、行政法、刑法领域的学者专家，包括这三个领域的法官均有代表担任专家评委。从案例推荐主体来看，越来越多的学者和法官、检察官、税务干部、律师、税务师等人士踊跃推荐案例。从案例应用主体来看，历年来评选出的案例不断进入会议研讨、课堂教学、期刊论文、疑难案件论证、行政复议、司法诉讼等应用场景，这些场景下的教师、学生、编辑、税务局干部、法官、律师、税务师、会计师等主体均不同程度地应用了相关案例。

从沟通机制来看，已形成以论坛为基础平台但不限于平台的双向互动沟通机制。在案例评选过程中，理论界和实务界的学者专家就案例评选开展深入交流,各自从不同视角评析案例的典型性、代表性、理论价值和实践意义,在此基础上求同存异。在论坛过程中,组委会有意识地设计了理论界和实务界人士共同就同一个问题交流乃至辩论的环节,推进了沟通的广度和深度。例如,第八届税务司法论坛第一个讨论环节的主题是“税务局与司法机关协作机制”,该单元既有高校学者,亦有税务局领导干部、法官、检察官和律师;第四个讨论环节的主题是“典型案例研讨(魏杰案):‘两高’涉税司法解释”,参与研讨者包括高校学者、法官、律师、税务师;压轴讨论环节的主题是“税务司法专门化改革探索”,参与研讨者同样覆盖前述领域,且特意选择了最高人民法院、地方法院的代表,地方法院法官则分别来自厦门、南京两地,学者们则分别来自北京、上海、厦门、深圳,从而既能体现厦门、上海率先开展税务司法专门化改革探索的经验介绍,又能体现更广泛的地方所作类似探索的可能性以及不同领域、不同身份、不同地域对此类改革的不同反应。而上述三个环节中的后两个环节都是辩论式的,促使参与讨论的理论界和实务界人士辩驳往来、思想交锋,每每令人击节称赏且引人深思。在论坛以外,越来越多的理论界和实务界人士就年度影响力税务司法审判案例以及论坛上讨论过的问题持续开展研究,在各种不同场合交流研讨,甚至衍生了专题研讨会⑥或与其他研讨会形成了议题上的密切关联⑦,极大地拓展了沟通的广度和深度,丰富了沟通的机制体系。

三、税务司法论坛“理论—实践”耦合效果评估

通过上述沟通机制,税务司法论坛的规模日益扩大,影响力日增,但

⑥ 例如,我们在 2018 年观察到财税公益诉讼是比较新的法律现象,同年,兰州市城关区人民检察院诉兰州市税务局不履行法定职责案[(2018)甘 7101 行初 125 号]被评选为当年十大影响力税务司法审判案例之一,为此,2019 年 5 月 25 日,首都经济贸易大学专门召开了财税公益诉讼研讨会。参见张维:《财税公益诉讼促进财税机关依法履职:专家呼吁建立纳税人诉讼制度》,载《法制日报》2019 年 5 月 31 日,第 6 版。

⑦ 例如,2024 年 3 月 30 日,厦门思明区法院举行了涉税案件“三合一”集中管辖机制创新研讨会;2024 年 4 月 27 日,上海交通大学凯原法学院举行了“税务法庭设立、税务审判专业化与法治化营商环境建设”研讨会。两次会议上所讨论的案例几乎均为历年来税务司法论坛上发布的年度影响力税务司法审判案例。

其究竟取得了何种成效,尚待事后评估。事后评估的维度可以是多元的,但最主要的在于评估既定目标在多大程度上得到了实现,简而言之,"目标—效果"评估处于核心维度。税务司法论坛旨在推进包括但不限于税法领域的"理论—实践"双向沟通耦合,该目标实现的程度如何?尚存哪些缺憾或不足?

(一)"理论—实践"双向沟通耦合效果显著

根据前述目标定位,结合各类评估的经验做法,对税务司法论坛的"目标—效果"评估可从聚合性评估、共识性评估、辐射性评估、应用性评估四个方面逐一展开。

第一,聚合性评估。对于旨在推进"理论—实践"双向沟通耦合的税务司法论坛而言,如果理论界和实务界两方或其中一方对参加论坛不感兴趣或意愿不强烈,就难以产生对话交流的机会,最多成为其中一方的"隔空喊话"或"自说自话"。故此,税务司法论坛是否产生了聚合性是首先要评估的效果指标。就此而言,税务司法论坛通过前述机制,特别是通过发布年度十大税务司法审判案例、设置有吸引力的议题、策划有深度的辩论交流、将各方面有代表性的人士组合配对等机制,形成了以年度案例和论坛为内核的沟通向心力。从规模来看,参加税务司法论坛的人数日益增多,从 2016 年的 50 人左右到 2024 年近 200 人参会,增长了 3 倍。从沟通意愿来看,越来越多的人主动报名参加研讨,论坛闭幕后,越来越多的人都询问下一年论坛的时间和地点,并热切表达对下一年度税务司法审判案例发布的期待。从空间角度来看,税务司法论坛的研讨嘉宾迅速从北京地区扩展到全国,也正因如此,论坛的举办地点也从第六届开始转移到各地,已分别在湖北武汉、安徽芜湖、江苏南京举办。从参会主体的身份来看,知名学者、中青年学者和博硕士研究生全面覆盖;中央、省、市等各级立法、司法、行政机关的一些领导干部关心支持论坛并参加论坛研讨交流,其中有些人士表示不便参会,但仍然通过私下交流观点、推荐案例等方式关心支持论坛;不少公司、律所、税务师事务所、会计师事务所等机构的董事长、主任、高级合伙人等每年都参加论坛活动;2024 年,中国法学会案例法学研究会成为主办单位之一,该研究会的许多理事在司法系统,该研究会加入论坛的组织机构也说明了实务界人士对论坛的支持,同时也将形成良性循环,吸引更多实务界人士参与交流研讨。由此可见,税务司法论坛已经形成了持久的沟通向心力,具有稳定的聚合性,产生了强大的平台吸引力。

第二,共识性评估。法学理论与法律实践的隔膜由来已久,两者的沟通耦合殊为不易,而税务司法涉及民法、商法、行政法、刑法、诉讼法、税法等诸多领域,可谓法学理论与法律实践双向互动中最难啃的"骨头",要打造双向沟通平台、改变以往的隔膜状态,则是难上加难,而要通过此沟通平台达成共识,则属于难度上的"珠穆朗玛峰"了。但如果只是沟通而不能达成共识,则这种沟通的象征意义、礼仪价值大于实际价值,容易流于形式,或被视同"鸡肋",不可持续,也不符合论坛创办的宗旨与初心。从一开始,论坛参与各方的目标一致,都希冀通过理论与实践深度耦合来推进纠纷解决,实现定分止争、案结事了、宁人息事。不同意见甚至显著分歧都是正常的现象,关键在于目标一致。无论是理论界内部观点相左,还是实务界内部做法各异,无论是理论界对实务界的批评,还是实务界对理论界的不满,只要目标一致,都是可以求同存异,进而合力推进中国法治建设的。与"团结—批评—团结"公式⑧类似,论坛对待批评的原则是"共识—批评—共识",基于此,论坛确实在诸多方面有意识地推进共识达成。在案例评选过程中,各方面对民事、行政、刑事等各类案例的选择均有不同的专业视角;即便相同的专业视角,因为学者身份和实务工作者身份的差异也会产生不同的判断;即便相同的身份,对同一案例的评价也会迥然有别。但各方面均出于公心,基于上述一致的目标,就能够达成共识。如,2024年论坛发布的2023年度影响力税务司法审判案例中,彭某某与增城区税务局第一税务所等行政纠纷案[(2023)粤71行终1924号]涉及司法拍卖中的包税条款争议问题,对此问题各方尚存不同意见,故此,在公布的评委意见中采取了这样的表述:"网络司法拍卖过程中的税费是否可以约定承担问题,在实践中多发且争议颇多。本案法院的裁判,区分纳税义务和税收经济负担,尝试确立税费实际承担可由当事人约定的裁判思路,即不排除非纳税义务人为法

⑧　参见《毛泽东文集》(第7卷),人民出版社1999年版,第210页。

定的纳税义务人代为缴纳税款。本案判决具有典型性,相关问题仍有厘清空间,也揭示了相关制度建设的迫切性。"在论坛交流环节,因不同意见而发生辩论在所难免,共识也恰是在辩论中逐渐达成的。同样以2024年论坛为例,其中一个讨论环节是聚焦入选年度案例的某某公司与昆明税务局纠纷案[(2023)云01行终552号],当时发言人的观点分歧较大,尤其对于民法与税法何者优先适用、复议前置存废与否等问题辩论较多,但是在纳税人权利保护以及税法与民法的协调方面逐渐形成了较为清晰的共识。可见,沟通机制是有效的,多元视角下的共识凝聚目标得到了落地,说明通过税务司法论坛而助推的法学"理论—实践"双向沟通耦合是成功的。

第三,辐射性评估。通过税务司法论坛的推动,法学"理论—实践"双向沟通耦合产生了实质性共识,若能在此基础上在更广泛的时空维度上产生辐射性影响,则表明其具有更好的效果。事实上,回顾起来,税务司法论坛恰恰形成了以案例为核心的一系列公共产品,并由此而产生了广泛的辐射性影响。以历年来的影响力税务司法审判案例为考察样本,可以发现,许多案例已经成为公共产品进入教科书⑨、专著⑩、论文⑪之中,许多公众号转发论坛及案例信息,许多学术会议讨论的案例多为论坛发布的案例,许多高校将历年来评选出的案例作为课堂教学中的典型

---

⑨ 例如,任超主编的《经济法案例研习教程》(北京大学出版社2020年版)、靳文辉主编的《经济法学案例与原理教程》(武汉大学出版社2022年版)、邢会强主编的《税法学》(高等教育出版社2021年版)等教材均将若干影响力税务司法审判案例作为典型案例写入其中。

⑩ 例如,何锦前、褚睿刚主编的《从司法案例探寻税法学理》(法律出版社2022年版)收录了出版前的全部影响力税务司法审判案例评选结果和评委推选理由,并部分收录了对相关案例的研究论文。

⑪ 参见于立深:《行政相对人违法行为的附带司法审查模式探讨》,载《法治社会》2021年第4期;田开友、吴洁:《企业所得税税前扣除项目的判定标准之构建——以"二十二冶集团诉唐山市税务局案"为例》,载《常州大学学报(社会科学版)》2021年第2期;范卫国:《税收行政公益诉讼的理论困境与制度突围》,载《新疆社会科学》2020年第6期;池生清:《嗣后无法律根据:退税请求权的困境与突破——以〈税收征管法〉第五十一条修改为线索》,载《税收经济研究》2022年第2期;何锦前、唐靖萱:《虚增利润型退税争议之厘清》,载《税务研究》2023年第5期。

案例。历年来,人民网、《经济日报》、《法制日报》、《中国税务报》、《人民政协报》、《经济参考报》、《中国社会科学报》、《财会信报》等媒体先后对税务司法论坛研讨情况或年度影响力税务司法审判案例进行报道。需要指出的是,作为本领域重要的权威期刊,《税务研究》上发表了大量学理性或实务性研究论文,有不少论文均专门或部分讨论了年度影响力税务司法审判案例;该刊还设有专栏"案例研究",在此专栏更是经常见到历年来评选出的案例;同时,《税务研究》杂志的年度综述均把当年的税务司法研究和案例研究作为重要内容予以记录。⑫ 如上种种,均反映了税务司法论坛的社会影响力,说明其产生了广泛的正外部性,能够满足辐射性评估指标。

第四,应用性评估。如果法学"理论—实践"双向沟通耦合不只辐射到法学教育、法学研究,还能对法治实践产生影响,那么,其就具有一定的应用性价值。因此,这也是重要的评估维度。据此进行考察,纳税人、律师、税务局、法院、检察院等方面均可发现相关影响。许多案件中,纳税人在寻求救济时会研究历年来的影响力税务司法审判案例,律师在诉讼中也经常将相关案例作为证据材料。⑬ 一些税务局的法制部门表示经常检索历年来的案例,以避免后续在复议或诉讼中陷于被动甚至更严重的状态。有不少法官提到在审理相关案件时会关注历年来的影响力税务司法审判案例,查阅专家推选理由和相关学者、实务专家所发论文、评论文章中的意见,从而有助于其在审理中坚持法理、事理、情理"三

---

⑫ 参见翟继光:《2021年税收法治研究综述》,载《税务研究》2022年第3期。

⑬ 例如,在王某与国家税务总局上海市税务局等其他行政行为案[(2023)沪7101行初518号]中,当事人和律师将2020年度影响力税务司法审判案例中的两个,即国家税务总局北京市西城区税务局等与刘某秀案[(2019)京02行终964号]和宁波亿泰控股集团股份有限公司、国家税务总局宁波市税务局第三稽查局税务行政管理(税务)案[(2020)浙行再6号]作为证据提交给法院;在重庆新格有色金属有限公司与国家税务总局重庆市税务局案[(2021)渝05行终159号]中,当事人和律师将2019年度影响力税务司法审判案例之一的陈建伟案[(2018)最高法行申209号]作为证据提交给法院,以证明在法律规定存在多种解释时,应当首先考虑选择有利于行政相对人的解释。

理”统一。[14] 不少法院、检察院也很关心其审理过的案件入选与否,有的法院会将案件入选作为工作业绩,[15]有的法院会将案件入选加以宣传,[16]对法官、检察官而言,经手案件入选影响力税务司法审判案例也是来自法律共同体的一种积极评价。[17] 即便有的案例存在一定争议,甚至因其瑕疵(非违法悖德)而存在批评意见,[18]其突出的影响性、典型性及其中所蕴含的某些启发性也值得引起重视。随着税务司法论坛的持续举办,上述影响的广度和深度不断增强。有的法院、检察院、律所、企业在遇到疑难案件时,会邀请笔者或相关专家参与研究。2024 年 3 月 30 日,厦门市思明区人民法院聘请包括笔者在内的多位学者作为涉税案件集中管辖改革专家顾问委员会委员。该院介绍,“探索涉税案件集中管辖”改

---

⑭ 中国应用法学研究所副所长刘树德先生认为:“要强化运用法理及通行学术观点进行释法说理。只有学术界与实务界双方建立了高效的互动机制与沟通平台,方能更好地指导法官运用法教义学的通说进行释法说理,更多地产出优秀判决。”参见刘树德:《严格恪守法院主责主业 做深做细裁判文书说理》,载《人民法院报》2024 年 11 月 5 日,第 2 版。

⑮ 例如,相关法院工作报告中写道:“中院二审审理的云南建投集团与重庆兴达实业(集团)有限公司建设工程施工合同纠纷案,被确定为 2019 年度影响力十大税务司法审判案例。”参见王进:《玉溪市中级人民法院工作报告(摘要)——2021 年 1 月 19 日在玉溪市第五届人民代表大会第四次会议上》,载《玉溪日报》2021 年 1 月 28 日,第 5 版。

⑯ 例如,相关法院官网或公众号上的新闻有《福州中院这一案例获评“2023 年度影响力税务司法审判案例”》[该案为刘某勉、朱某新等 12 人走私贵重金属、骗取出口退税案,案号为(2022)闽刑终 51 号]、《兰铁法院财税公益诉讼案件入选“十大年度影响力税务司法审判案例”》[该案为兰州市城关区人民检察院诉兰州市税务局不履行法定职责案,案号为(2018)甘 710 行初 125 号]。

⑰ 例如,媒体报道,时任检察官助理的沈杉杉一直对曾经参与办理的一个涉税犯罪二审案件印象深刻:庭审过程中,辩护律师对检察员发表的出庭意见进行反驳。“杜邈检察官却表现得很淡定,他引用相关法律规定,指出检察机关在二审程序中履行法律监督职能,有权发表与一审判决罪名不同的意见……这个案子成为 2019 年度影响力税务司法审判案例之一,很多人士将此案作为典型案例进行分析。”参见陈晰:《北京市人民检察院第二分院检察官杜邈:经济犯罪领域的学者型检察官》,载《中华儿女》2020 年第 C1 期。

⑱ 需要说明的是,影响力税务司法审判案例不同于司法系统评选的“优秀案例”,其标准在于影响性、典型性、学术价值和实践价值,值得理论界和实务界认真关注、深入研究的疑难案例,哪怕存在瑕疵(某种意义上是实践探索中必然存在的现象),也有供人们在深入研究的基础上总结经验教训的价值,因此而成为推进法治建设的一种元素。

革是党中央、国务院授权厦门开展的综合改革项目之一,属全国首创,专家顾问委员接受涉税案件合议庭的委托,为法院审理重大、疑难、复杂及新类型涉税案件所涉专门性法律问题提供专业咨询。某种意义上,该院涉税案件集中管辖改革专家顾问委员会的创设,表征着法学"理论—实践"双向沟通耦合取得了重要成果。

(二)尚待弥补的缺憾

评估工作既要总结过去,亦应面向未来,故须发现不足,以此作为未来可待改进与完善之处。在上述评估过程中,的确也发现了若干缺憾。

首先,理论界和实务界均存在一定程度的细分专业窄化所造成的区隔问题。专业分工的细化,难免使学者对自己教学和研究的领域更熟悉,对其他的领域比较陌生,也欠缺时间和动力去关注其他领域的问题。类似地,审判机构的内部被细分为民事、行政、刑事等庭室,案件审理受制于当前机构设置的单一化,相关视野有所受限,实务专家也往往只顾得上研究本职工作所在领域的问题。与此不同,现实中的问题更复杂,并不会根据专业人士分工的不同而限定于某个领域,从而需要从不同视角、不同专业开展研究,跨学科、跨领域的沟通交流成为必需。以税务司法案例为例,迄今为止评选出的全部年度影响力税务司法审判案例包括民事、行政和刑事案例,尚无其他类型的案例。从案例数量来看,最多的是行政案例,有27个;之后是民事案例,有23个;刑事案例最少,有10个。从历年各类案例的入选分布情况来看,每类案例数量都有一定的变化,三类案例的比例结构也呈现出一定的变化(见表1)。

表1　2018~2023年获选年度影响力税务司法审判案例的基本情况

单位:个

年份	民事案例数量	行政案例数量	刑事案例数量	小计
2018	3	5	2	10
2019	5	4	1	10
2020	4	6	0	10
2021	4	4	2	10

续表

年份	民事案例数量	行政案例数量	刑事案例数量	小计
2022	2	5	3	10
2023	5	3	2	10
合计	23	27	10	60

而包括上述案例在内的大量税务案件中，所谓的民事问题、行政问题、刑事问题，所谓的实体问题与程序问题，两两交织一起，甚至全部混杂在同一个案件之中。例如，前述某某公司与昆明税务局纠纷案[(2023)云01行终552号]，虽然属于行政诉讼案件并由行政庭审理，但该案的焦点问题指向了民法与税法关系。类似地，著名的德发案(最高人民法院2015行提字13号)、刘某秀案[(2019)京02行终964号]等均无法限定在某个单一狭窄的专业领域而获得清晰透彻的认知，更遑论对实际问题的妥当解决。在此情况下，要研究好上述案件，就需要各个学科专业的学者和实务专家共同突破专业壁垒，深入沟通，取得共识。就此而言，这是未来税务司法论坛仍需面对的挑战。

其次，鼓励参与沟通的机制尚待建立。就税务司法论坛的参与情况来看，理论界的部分学者以前对论坛不了解，曾经处于观望状态，近两年迅速变得非常主动。实务界总体越来越主动积极，但也稍有不同，律师、税务师等最为积极，司法机关和行政机关次之，且不同地方差异较大，越来越多地方的司法机关和行政机关对研讨交流的态度更开放更包容，积极参与度比以前更高，有的则不然。有的法官、检察官或税务局干部有意参与交流，但所在单位出于种种考虑而予以约束。有时，为了尽可能让各方面均有专业人士参与讨论，协调的成本费用颇高，这样在一定程度上影响跨界沟通的效果。

四、启示与展望

回顾起来，税务司法论坛在法学"理论—实践"双向沟通耦合方面取得的成绩是显著的，这是包括税法在内的诸多部门法领域的学者、实务专家所作贡献的结晶。作为促进理论界和实务界沟通的探索样本，税务司法论坛至少产生了如下启示。

一是问题导向式的沟通能同时满足理论界和实务界的需要,因而具有可持续性。这就意味着以论坛为载体的法学理论与法律实践沟通机制并非礼节式的、交际式的互动机制,非自说自话式的平台机制。这也要求论坛必须具备强大的议题设置能力,[19]对世界之问、大国之问、人民之问、时代之问具有敏锐性、预判性,能通过议题有效吸引各方,使跨界沟通成为话题性且有效益性的活动。否则,没有共同关心的真问题、好问题,理论界与实务界的交流就会流于表面,并使双方丧失进一步深入交流的欲望。

二是目标一致性的沟通能最大限度调动理论界和实务界的积极性,使沟通效能最大化。无论是税务司法论坛这个基础平台,还是由此而衍生的其他沟通渠道,各方目标一致,都希冀通过理论与实践深度耦合来推进纠纷解决。故此,即便存在观点分歧,也能通过"共识—批评—共识"的方式求同存异,达成不同程度的共识,进而合力推进中国法治建设的,产生积极的实效。这又反过来对沟通双方形成激励,形成良性循环。

三是平等直接的沟通能增进理论界和实务界交流的广度与深度,实现理性与感性的交融。在税务司法论坛上,相关学者、法官、检察官、税务干部以及律师等人士无论身份地位如何,均能平等沟通,畅所欲言,探求真知,体现了对法治建设的情怀和对智识的尊重。通过税务司法论坛,学者专家聚焦疑难问题,各抒己见,辩驳往来,能最大限度减少信息传递过程中的信息衰变,这对凝聚共识并在共识基础上推进法治建设大有裨益。

在以上三点启示基础上,有理由相信,依循一定的规律,包括税务司法论坛在内的各类旨在推进法学理论与法律实践耦合互动的方式均能产生积极的效果。包括税务司法论坛在内的各种沟通方式,未来将有更大的作用发挥空间。随着沟通方式的多元化和沟通效果的发挥,理论界和实务界也将激发更大的交流热情,更加开放包容的沟通氛围将逐渐形

---

[19] 议题设置能力是新闻传播学领域常用的范畴,对于法学理论与实践沟通机制的创新而言,也颇有启发意义。参见杨保军:《新闻规律论》,中国人民大学出版社2024年版,第443页。

成。秉持上述乐观期待,笔者也建议,法学理论与法律实践耦合互动的时空维度有必要适度扩大,不局限于会议上的研讨、讲座上的交流、课堂上的对话,而应在单方行动时就采取交互视角,如学者在教学、研究中设身处地思考法官、检察官、税务干部、律师的实务逻辑,法官在判案中多运用跨专业思维、多学科思维,有效调用理论资源,充分展开裁判说理。如此,未来法学理论与法律实践的耦合程度必将更高,也将为法治现代化提供更多内生动力。

2023年中国税务行政诉讼大数据分析报告*

易　明** 闫　钥***

摘　要：为促进税务行政诉讼的研究和交流，进一步推动我国依法治税的不断纵深发展和成熟，德恒律师事务所税法服务与研究中心自2018年起连续6年发布中国税务行政诉讼年度大数据分析报告。2023年度大数据分析报告以裁判于2023年的公开税务行政诉讼裁定书和判决书为主要研究对象，同时参考司法部和各级税务机关发布的公开数据，多角度全面分析了中国税务行政诉讼的情况。本报告具体从税务行政诉讼案件的数量变化和文书公开，案件和文书的分区域情况，案件的裁判文书类型，当事人聘请律师情况，案件的一审原告类型，案件的一审被告类型，案件的争议事由，案件中的争议税种，案件结案审理级别，裁

---

* 数据检索条件：数据来源：中国裁判文书网、北大法宝案例库、威科先行案例库。检索口径："行政案件"+"2023年"+"税务行政管理（税务）"。检索时间：2024年5月22日。文书数量：199份。使用上述检索条件，笔者获取一审被告为税务机关（包括税务局、税务分局、稽查局和税务所），且裁判时间为2023年的全国税务行政诉讼裁判文书199份，合并同案裁判文书后获得税务行政诉讼案件194个。

虽然2023年公开的裁判文书相比2022年有了显著增长，但与2020年及以前相比，公开裁判文书在全部税务行政诉讼裁判文书中所占比例仍然较低，为了更全面地反映报告主题，本报告引入了司法部发布的《全国行政复议行政应诉案件统计数据》和国家税务总局、省级税务局发布的《2023年法治政府建设情况工作报告》中的数据，并参考了中国法学会财税法学研究会组织评选的2023年"年度影响力税务司法审判案例"中的税务行政诉讼案例。

** 易明，德恒律师事务所税法服务与研究中心主任。

*** 闫钥，首都经贸大学法学院硕士研究生。

判结果十个方面进行了阐述。希望能帮助读者了解当前税法体系、税收管理、纳税遵从，管窥税收法治发展现状。

关键词：中国税务行政诉讼；大数据分析报告；依法治税

一、税务行政诉讼案件数量变化和裁判文书公开

（一）数据特点

2015年之前，中国裁判文书网仅公开极少量税务行政诉讼裁判文书（无2006年之前的税务行政诉讼裁判文书）。2015年到2022年中国裁判文书网公开的税务行政诉讼裁判文书数量由低至高、高位震荡，2021年起由高位跳至最低点，2023年文书数量略有提升，但仍处低位。

2006年到2011年的税务行政诉讼裁判文书，中国裁判文书网上仅有1份。2012年、2013年，分别有2份、3份。

2015年起中国裁判文书网公开的税务行政诉讼裁判文书大幅、快速增长，从2014年的44份迅速膨胀至2018年历史最高点的984份，四年增长了惊人的22.3倍。2017年至2020年4年间，税务行政诉讼裁判文书保持高位小幅震荡。但自2021起，中国裁判文书网公开的税务行政诉讼裁判文书迅速从高位“跳水”。2021年同比大幅缩减81.81%，仅有148份，2022年的税务行政诉讼文书仅有12份。2023年税务行政诉讼文书虽然数量仍然较少，但相较于2023年而言，仍同比增长84%。

鉴于裁判文书公开率大幅走低，公开的税务行政诉讼裁判文书的数量变化已不能反映中国实际每年发生的税务行政诉讼案件数量变化。

如图1所示，2016年到2017年，中国税务行政诉讼案件数量呈现低位稳定，在366件到367件。2018年案件数量突然大幅增长125%达到822件。此后的2019年和2020年，中国的税务行政诉讼案件量进入第二轮稳定期，案件数量在718到822件中位波动。在三年中位稳定期后，中国的税务行政诉讼案件在2021年起开始出现明显上升，2021年同比增长44.4%，2022年同比增长率有所回落，但仍达13.2%，2023年增长率相较于2022年而言，略有上浮，为14.12%，案件数量达到历史新高1367件。2021年至2023年，我国税务行政诉讼案件实际数量平均增长率为18.85%。

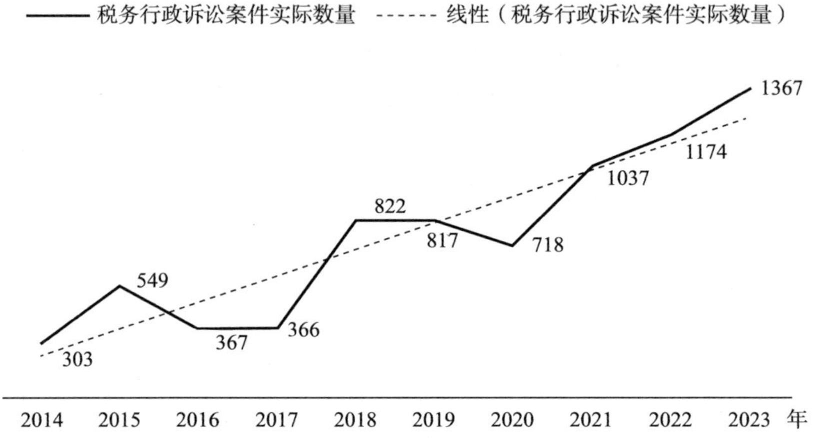

图 1　2014—2023 年十年期间税务行政诉讼案件实际数量

注:2014—2021 年税务行政诉讼实际案件数量来自司法部网站公布的国家税务总局系统行政应诉案件数量。2022—2023 年的数据来自国家税务总局发布的法治政府工作建设情况报告。

(二)数据分析

2006 年之前的税务行政诉讼裁判文书,中国裁判文书网未予以公开;2006—2013 年的税务行政诉讼裁判文书,中国裁判文书网公开量极少。2013 年,最高人民法院推动裁判文书上网。2016 年 8 月,《最高人民法院关于人民法院在互联网公布裁判文书的规定》(法释〔2016〕19 号)规定,除非涉及国家秘密、个人隐私等不宜在互联网公布的文书,人民法院的生效裁判文书都应当在互联网公布。故以 2013 年为节点,中国裁判文书网上的裁判文书数量开始了大幅增长。相较于 2013 年以及该年之前而言,2014 年、2015 年中国裁判文书网公开的税务行政诉讼裁判文书数量,明显增加,但总量仍较少。2016 年起,中国裁判文书网公开的税务行政诉讼裁判文书数量突然启动大幅增长,且上升折线颇为陡峭。笔者认为,主要原因在于 2015 年 5 月 1 日,新《行政诉讼法》实施后立案登记制取代了立案审查制,一定程度上解决了行政诉讼立案难的问题,进而带来了包括税务行政诉讼在内的所有行政诉讼案件量大幅上升。随后几年公开的税务行政诉讼裁判文书量持续升高,直至 2018 年达到历史高点。2021 年起,中国裁判文书网公开的税务行政裁判文书量因上网率骤降而大幅"跳水"。不只是行政诉讼裁判文书,刑事诉讼裁判文书和民事诉讼裁判文书的上网率也大幅下降,但行政诉讼裁判文书降幅尤甚。这一结论在图 2 体现得更为清晰。2019 年和 2020 年两年,法院公开案例数量与税务机关公布的实际案例发生数量几乎一致。但从 2021 年开始,二者的差距逐渐拉大,两曲线之间的开口逐渐扩大。即税务行政诉讼实际发生数量逐年增多,但法院公开的裁判文书数量却逐年递减。2023 年,税务行政诉讼案例发生数量达到最高点,法院公开案例的数量虽然较 2022 年相比,略有增加,但仍停留在低位。

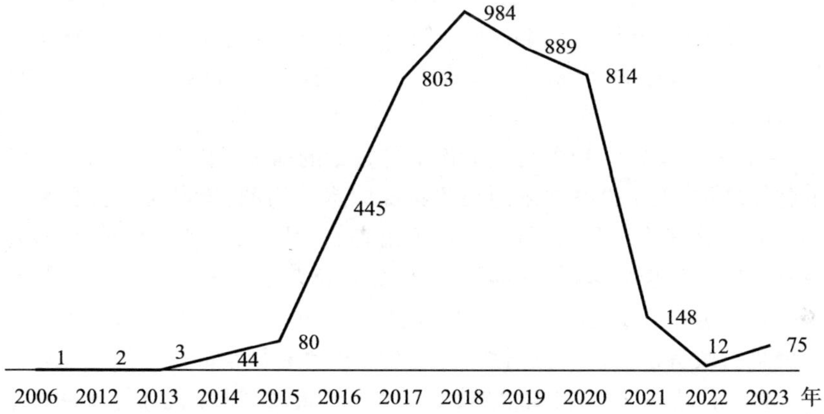

图 2　2006—2023 年中国裁判文书网公开的税务行政诉讼裁判文书数量

注:查询条件为"行政案件"+"2023 年"+"税务行政管理(税务)";查询时间为 2024 年 5 月 16 日。

此外,从近五年法院公开案件数量与案件实际发生数量的比例也能反映上述问题。以 2019 年为例,公开案例数量与案件实际发生数量的比例达到了 97.67%。也就是说,裁判文书网几乎公开了当年所发生的全部税务行政诉讼案件的裁判文书。2023 年,这一比值仅有 5.05%。即几乎 95%的案件未公开。

为了更好地研究中国税务行政诉讼的整体状况,笔者收集了 2016—2021 年司法部网站公布的国家税务总局系统行政应诉案件数量,以及 2022 年、2023 年国家税务总局以及各省级税务局发布的法治政府工作建设情况报告,对其中的税务行政诉讼数据予以统计和分析。

从图 1 的趋势线可以看出,税务行政诉讼案件的实际数量虽然有起伏,但总体来说,呈线性增长趋势。2015 年税务行政诉讼和所有其他行政诉讼案件同样受到立案审查制改革的影响,当年税务行政诉讼案件量同比大涨 82%。但随后的 2016 年和 2017 年案件量相比 2015 年大减 33%。在短暂的两年稳定期后,2018 年中国税务行政诉讼案件迎来了第二轮大涨,同比增长 125%。随后 2019 年和 2020 年案件量略有降低,但整体与 2018 年没有实质性差异。2021 年中国税务行政诉讼案件量迎来了第三轮上涨,同比增长 44.4%。第三轮上涨并未像前面两轮一样随后稳定下来或者略减,而是具有幅度大,持续时间久等特点,以 13%~14% 的速度稳定增长,并在 2023 年达到历史高点 1367 件。

2020—2023 年,税务行政诉讼案件数量的增加是因为行政诉讼数量的整体增加,还是税务领域的某些特殊因素?为此,笔者统计并分析了 2019—2023 年全国行政诉讼数量,得出表 1。从表 1 第 5 列可见,税务行政诉讼案件数量与全国行政诉讼案件数量增长趋势较为一致。2021 年税务行政诉讼数量与 2015 年的增长类似,呈现爆发式增长,很大一部分原因是行政诉讼案件整体增加。但 2022 年税务行政诉讼案件同比增长 13.21%,行政诉讼案件同比增长 1.09%。因此,2022 年税务行政诉讼案件数量增加是税务领域的特殊原因。同时,我们也可以看出,自 2021 年起税务行政诉讼的增长比例大幅高于全部行政诉讼的增长,可见近年来税务领域的行政诉讼案件量增长十分突出。

表 1　2020—2023 年税务行政诉讼及行政诉讼案件数量变化及相应增长率

年份	税务行政诉讼案件数量	税务行政诉讼案件数量增长率	全国行政诉讼案件数量	全国行政诉讼案件数量增长率
2023	1367 件	16.44%	256,509 件	4.68%
2022	1174 件	13.21%	245,041 件	-6.64%

续表

年份	税务行政诉讼案件数量	税务行政诉讼案件数量增长率	全国行政诉讼案件数量	全国行政诉讼案件数量增长率
2021	1037 件	44.43%	262,481 件	22.04%

注：数据源于 2020—2023 年度司法部网站公布全国行政复议行政应诉案件统计数据，以及 2022 年、2023 年国家税务总局以及各省级税务局发布的法治政府工作建设情况报告、笔者在中国裁判文书网等网站收集到的案例。

笔者认为，税务行政诉讼案件量持续升高可能存在以下因素：一是近年来，随着税务机关以数管税能力的不断增长，税收征管能力显著提升，相应提升了发生涉税争议的可能性。二是近年来税务机关的主动性增加，加强了对虚开发票、偷税等税收违法行为的打击力度，也相应提升了发生涉税争议的可能性。三是近年来个人所得税税制改革以后，自然人纳税人成为税收征收管理的重要对象，而自然人纳税人相对于企业纳税人，对于涉税争议更倾向于采取法律手段维护权益，直接提升了税务行政诉讼案件数量。四是近年来随着科技进步，新的交易模式和经济形式不断推陈出新，而税收立法的升级和更新较为滞后，税务机关和纳税人对于如何正确适用税法更易发生争议。五是由于整体经济下行带来各地财政收入的紧张，各地税务机关均加大了对税收“应收尽收”的征管力度，清理欠税，加强稽查，也带来税务争议的增长。由于未来几年上述因素仍将继续存在，预计税务行政诉讼案件量仍将维持高位并继续提升。

税务行政诉讼案件数量增加并非坏事，但存在将税务行政诉讼与税务机关执法存在问题画上等号的认识。税务行政诉讼案件数量增加，说明税务机关与纳税人的争议增加，不说明税务机关执法问题变多。实际上，税务行政诉讼数量增加，是我国税务领域法治进步的佐证。

（三）结论

2021 年以来，中国裁判文书网公开的税务行政诉讼案件数量大幅减少。中国裁判文书公开是我国体制优势的体现，具有切实深刻的意义。笔者在此期待，我国裁判文书公开能够早日回到“高光时刻”。

行政诉讼立案制改革的 2015 年，税务行政诉讼案件迎来了第一波增长。2018 年，税务行政诉讼案件迎来第二波增长。2021 年，税务行政诉讼案件迎来第三波增长，此次增长具有增长幅度大、时间长等特点。

2023 年,我国税务行政诉讼案件数量达到历史最高点 1367 件。

税务行政诉讼案件数量增长并非坏事,说明税务机关执法的主动性不断增强,纳税人维权意识和维权能力不断提升,是整个社会法治进步的体现。

二、税务行政诉讼案件和裁判文书公开的分区域情况

(一)数据特点

无论是中国裁判文书网 2019—2023 年公开的税务行政诉讼案件总体数量,还是仅 2023 年一年的公开税务行政诉讼案件数量,均呈现出各省级行政区域分布不均的情况。

从 2019—2023 年税务行政诉讼案件总体数量看,案件总量第一的省份为广东省。该省共发生 297 件税务行政诉讼,是案件最少的省份的 27 倍。并且,从中国裁判文书网 2019—2023 年公开的全国各地税务行政诉讼裁判文书公开情况看,公开税务行政诉讼裁判文书数量最多的省份也是广东,公开数量最少的地区,公开量为 0(以中国裁判文书网的数据为样本)(见图 3)。

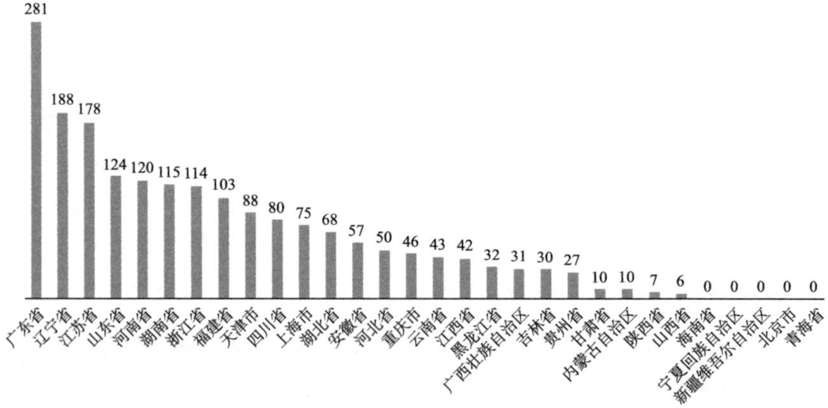

图 3 2019—2023 年全国各地税务行政诉讼裁判文书公开情况

注:该图数据来源于中国裁判文书网。查询条件:行政案件+税务行政管理(税务),查询时间:2024 年 5 月 17 日。

(二)数据分析

观察表2可以发现,各省在两栏的次序相差不是非常大。尤其是广东、山东、江苏三个省份,在第一栏与第三栏中均在第一梯队。这也从侧面反映了笔者在历年大数据报告中得出的结论,即一般情况下,税务行政诉讼案件数量与经济发展水平呈正相关。当然,经济发展水平并非决定税务行政案件数量的唯一因素。

以辽宁省为例,该省虽然不在2023年各区域GDP排名的第一梯队。但是,在2019—2023年,该省的公开税务行政诉讼判决书与税务行政诉讼案件均较多,该省在表2两栏中均位列第一梯队。并且,从历年发布的中国税务行政诉讼大数据报告中也能得出该结论。自2018年笔者发布中国税务行政诉讼大数据报告以来,辽宁省历年的税务行政诉讼案件量都处于第一梯队,2021年和2022年甚至位居榜首,但辽宁省税务局未在其发布的2023年法治政府建设情况的报告中披露当年该地区发生的税务行政诉讼案件数量,与前几年相反。税务行政诉讼案件数量多少与税务机关的执法水平之间不存在对应关系,辽宁省税务行政诉讼案件量多,或许说明在税务领域该省的法治水平已经走在了前列,且辽宁省税务行政诉讼案件上网率较高。此外,辽宁省法院的税务行政诉讼审判水平也较高,该省法院所办理的税务行政诉讼案件多次上榜中国法学会财税法学研究会评选的"年度影响力税务司法审判案例"。

表2　2019—2023年间全国各地税务行政诉讼案件量和GDP

<table>
<tr><td>各地区税务行政诉讼案件数量</td><td colspan="2">第一梯队</td><td colspan="2">广东省</td><td colspan="2">山东省</td><td colspan="2">辽宁省</td><td colspan="2">江苏省</td><td colspan="2">第二梯队</td><td colspan="2">上海市</td><td colspan="2">湖南省</td><td colspan="2">浙江省</td><td colspan="2">广西壮族自治区</td><td colspan="2">黑龙江省</td><td>北京市</td></tr>
<tr><td>2023年各地区GDP排名</td><td colspan="2">第一梯队</td><td colspan="2">广东省</td><td colspan="2">江苏省</td><td colspan="2">山东省</td><td colspan="2">浙江省</td><td colspan="2">第二梯队</td><td colspan="2">四川省</td><td colspan="2">河南省</td><td colspan="2">湖北省</td><td colspan="2">福建省</td><td colspan="2">湖南省</td><td>上海市</td></tr>
<tr><td>各地区税务行政诉讼案件数量</td><td>第三梯队</td><td>河南省</td><td>天津市</td><td>安徽省</td><td>福建省</td><td>江西省</td><td>四川省</td><td>第四梯队</td><td>湖北省</td><td>云南省</td><td>贵州省</td><td>海南省</td><td>重庆市</td><td>吉林省</td><td>河北省</td><td>陕西省</td><td>内蒙古自治区</td><td>宁夏回族自治区</td><td>新疆维吾尔自治区</td><td>甘肃省</td><td>山西省</td><td>西藏自治区</td><td>青海省</td></tr>
</table>

续表

2023年各地区GDP排名	**第三梯队**	安徽省	河北省	北京市	陕西省	江西省	辽宁省	**第四梯队**	重庆市	云南省	广西壮族自治区	陕西省	内蒙古自治区	贵州省	新疆维吾尔自治区	天津市	黑龙江省	吉林省	甘肃省	海南省	宁夏回族自治区	青海省	西藏自治区

表3　2023年全国各地税务行政诉讼案件数量和中国裁判文书网公开情况

地区	《法治政府工作报告》披露应诉案件数量/件	公开裁判文书的案件数量/件
全国	1367	75
山东(含青岛)	80	3
广西	32	3
黑龙江	35	3
上海	51	0
江西	8	0
湖南	20	1
贵州	11	0
云南	12	5
海南	14	0
青海	6	0
福建(不含厦门)	5	3
天津	41	10
重庆	9	0
宁波	16	0
辽宁	未披露	9
北京	未披露	0

续表

地区	《法治政府工作报告》披露应诉案件数量/件	公开裁判文书的案件数量/件
浙江(不含宁波)	未披露	0
安徽	未披露	1
厦门	未披露	3
江苏	未披露	4
宁夏	未披露	0
陕西	未披露	5
广东	未披露	10
河北	未披露	3
山西	未披露	0
甘肃	未披露	3
吉林	未披露	0
大连	未披露	0
内蒙古	未见报告	6
新疆	未见报告	0
西藏	未见报告	0
湖北	未见报告	2
四川	未见报告	1
河南	未见报告	1

注:该表格中的数据来自国家税务总局和省一级的税务机关所发布的《2023 年法治政府建设情况工作报告》。2024 年 4 月 15 日前,国家税务总局、绝大部分省一级的税务机关以及计划单列市(大连、青岛、厦门、宁波、深圳)的税务机关均公布了《2023 年法治政府建设情况工作报告》(名称不完全统一),但其中有 14 个地区的报告未对当地所发生的税务行政诉讼案件的数量予以公布。另有 6 个地区的税务局官网未见该报告。

2023 年,海南省虽然税务行政诉讼案件不多,但相比 2022 年,上升近1倍。海南省税务行政诉讼案件增长率如此高的原因是,海南省近年因建设自由贸易港,出台了较多大幅度的税收优惠政策,因此吸引了较多纳税人前往海南经营,进而该省的纳税争议有一定比例的增加。上述原因,笔者在2022年中国税务行政诉讼大数据报告中已述及。

江西省2023年的税务行政诉讼案件较少,相比2022年下降了200%。

海南、云南、贵州、江西、青海等五个地区在2023年全国各区域GDP排名中分别位列:第28、第18、第22、第15、第30(参与排名的省份有31个);在2023年各地区税务行政诉讼案件数量排名中分别位列:第8、第9、第10、第13、第14(参与排名的省份有15个)从上述几个省份的数据中大致能看出,法治水平与经济发展水平存在一定的关联性。2023年,福建省在全国各区域GDP排名中位列第8,但其在行政诉讼案件数量的排名中却在最后。这也能反映出,经济发展水平不是税务行政诉讼案件数量的唯一决定因素。并且,该省的税务行政复议案件也较少,仅有14件。是因为福建省整体行政诉讼偏少吗?根据2023年司法部公布的省区市和兵团行政应诉案件情况数据可知,福建省行政诉讼案件7111件,在全国32个省份(兵团)中排名第14。即福建省整体行政诉讼案件数量较多,只是2023年税务行政诉讼案件较少。

(三)结论

我国税务行政诉讼案件数量在各个地区分布不均,税务争议数量与经济发展水平正相关。东南沿海及其他经济、文化发达地区,税务行政诉讼案件量大;东北、西南、西北部等经济次发达地区税务行政诉讼案件量较小。

但经济发展水平只是决定行政诉讼案件数量的其中一个因素,税收优惠政策的多寡、吸引投资的程度、法院行政庭办案能力等其他因素也会影响税务行政诉讼案件的数量。辽宁省在税务行政诉讼案件数量、法院审理税务行政诉讼案件的水平以及税务行政诉讼案件上网率等方面,表现较为突出。

三、税务行政诉讼案件的裁判文书类型

(一)数据特点

2023年的税务行政诉讼裁判文书中,判决书占31.50%,裁定书占

68.50%。相比全部行政诉讼案件,税务行政诉讼案件的裁定书结案率远高于全部行政诉讼案件,体现了税务行政诉讼的特殊性。

上述特征在历年税务行政诉讼裁判文书中亦有体现,即判决书比例大幅低于裁定书比例。并且,2019 年至 2023 年 5 年间,税务行政诉讼判决书的比例均低于行政诉讼判决书的比例(近三年均值)(见图 4)。

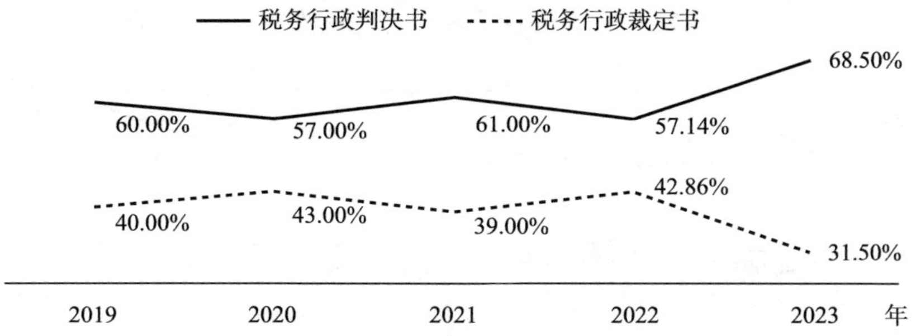

图 4 2019—2023 年税务行政诉讼裁判文书类型

注:图中数据来自 2019—2024 年在中国裁判文书网、威科先行案例库、北大法宝案例库检索到的税务行政诉讼案例。

(二)数据分析

从图 5 可以看出,相较于 2022 年而言,2023 年,税务行政诉讼案件以裁定书结案的比例有上升,裁定书与判决书之间的比例差距再次拉大,并且,2023 年是近五年中税务行政诉讼以判决书结案比例最低的一年。该特征是税务行政诉讼所独有的,而非行政诉讼的特征。

裁定书解决的是行政诉讼过程中的程序性问题,目的是使人民法院依法有效开展诉讼程序。税务行政裁定涉及的程序问题除了原告主体资格、被告是否适格、行政诉讼管辖、行政诉讼受案范围、诉讼时效、利害关系等通用行政诉讼程序问题外,还涉及《税收征收管理法》及其实施细则等专业法律、法规中规定的税务行政复议前置、纳税前置等程序问题。此外,裁定书中还有不少是准予撤诉的裁定。而判决书解决的是当事人双方争议的行政行为合法性和适当性问题,即实体法律关系,目的是实质性解决行政争议。

由图 5 可知,近五年,每年基本都有约六成的税务行政诉讼案件以裁定书结案,即每年都有约 60%的税务行政诉讼案件未进入实体审查,且 2023 年这一比例甚至接近 70%。除撤诉案件外,很多相对人因对行政法以及税法的相关规定不了解或适用不熟悉导致其提起的诉讼本身存在问题,进而导致争议无法得到实质性的解决。

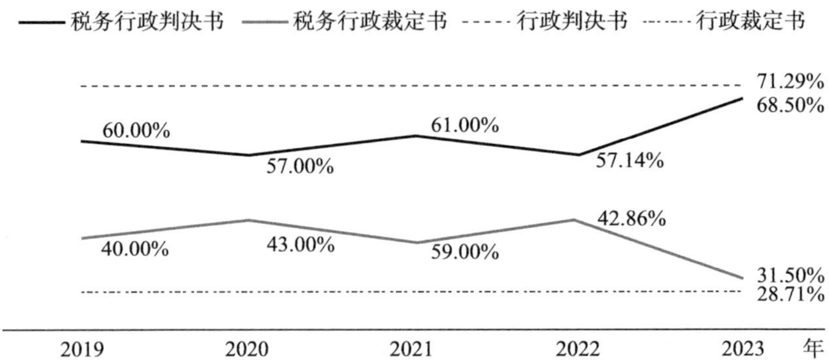

图 5　2019—2023 年税务行政诉讼裁判文书类型变化情况 vs 行政诉讼裁判文书类型

注:图中数据来自 2019—2024 年在中国裁判文书网、威科先行案例库、北大法宝案例库检索到的税务行政诉讼案例。图中行政判决书与行政裁定书的比例为 2020—2022 年行政判决书与行政裁定书的均值。

从图 5 中还可发现,近五年内,税务行政诉讼裁定书的比例远远高于行政诉讼整体的裁定书比例。这说明税务行政诉讼裁定书比例偏高的原因不在行政领域,而在税务领域。笔者认为,税务行政诉讼案件裁定书与判决书比例相差悬殊的原因有以下几点:第一,税收权益救济“双重前置”导致税务案件符合行政诉讼条件较一般案件更难。根据我国《税收征收管理法》第 88 条的规定可知,相对人与税务机关发生纳税争议,提起税务行政诉讼的前提条件,一是按照税务机关的纳税决定缴纳税款或者提供相应的担保;二是向复议机关提起行政复议。上述两重前置程序给相对人提起税务行政诉讼带来了较大的阻力,尤其是纳税前置。税务机关所要求的缴税期限一般是 15 天,大部分相对人难以及时筹措到足够资金缴纳税款。即使相对人有足以缴纳税款的资金,但若税款金额较大,相对人缴纳税款后可能面临现金流断裂,因此陷入两难选择。而提供纳税担保的方式在实践中因为缺乏明晰的操作指引,对税企双方来说同样困难重重。第二,原告资格受限。很多案件中相对人不具有原告资格,被法院裁定驳回起诉。如举报类案件,2023 年举报类税务行政诉讼有 66.67%法院认为相对人不具有原告资格。又如,税务案件特有的虚开发票受票方等第三人提起行政诉讼的情形比较多见,很多情形下被法院认为不具有原告主体资格。第三,税务案件撤诉多。2023 年,税务行政诉讼中,撤诉(或按照撤诉处理)案件达到了 50.75%,这些撤诉案件必然以裁定书形式结案。从历年情况看,税务行政诉讼案件中撤诉案件占比都比较高,2022 年撤诉案件占比 10.87%;2021 年占比 19.3%。在实践中,税务机关如认为涉诉行政行为确实存在一定问题,一般倾向于与原告达成和解并以撤诉方式结案。

(三)结论

2023 年,税务行政诉讼裁定书结案的比例为 68.50%。判决书结案的比例为 31.50%。相较于 2022 年而言,二者之间的比例差距再一次拉大。2023 年是近五年来,税务行政诉讼以裁定书结案的比例最高的一年。

税务行政诉讼案件的裁定书结案比例高,说明很多案件无法进入对案件争议焦点的实质性审查,其原因既包括“双重前置”等制度障碍,也包括税务行政诉讼案件第三人起诉较一般行政诉讼多、和解撤诉案件多等。

四、税务行政诉讼当事人聘请律师情况

(一)数据特点

从图 6 可以看出,2023 年,税务行政诉讼案件中,相对人聘请律师的比例为 40.72%,相比 2022 年上升 24.05 个百分点;税务机关聘请律师的比例为 49.48%,相比 2022 年下降 24.32 个百分点。但从近五年的数据看,税务机关聘请律师的比例一直高于相对人。

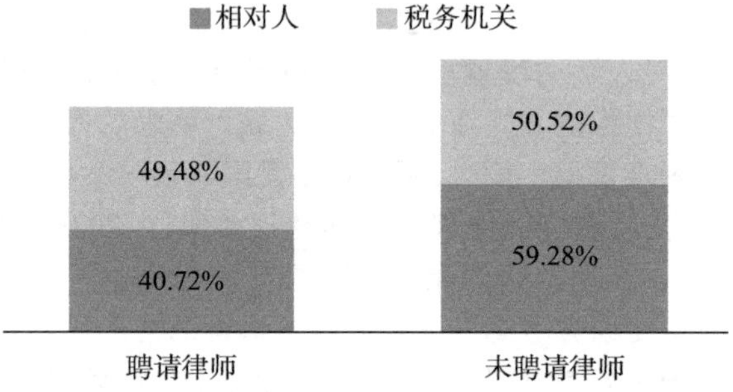

图 6　2023 年税务行政诉讼中相对人和税务机关聘请律师与未聘请律师的比例

从图 7 可以看出,2021 年税务机关和相对人聘请律师的比例都处于高位,2022 年该比例都呈下降趋势,尤其是相对人方聘请律师的比例不到 20%。2023 年税务机关聘请律师的比例进一步下降,而相对人方聘请律师比例提升,带来的结果是双方聘请律师的比例是历年中最接近的。

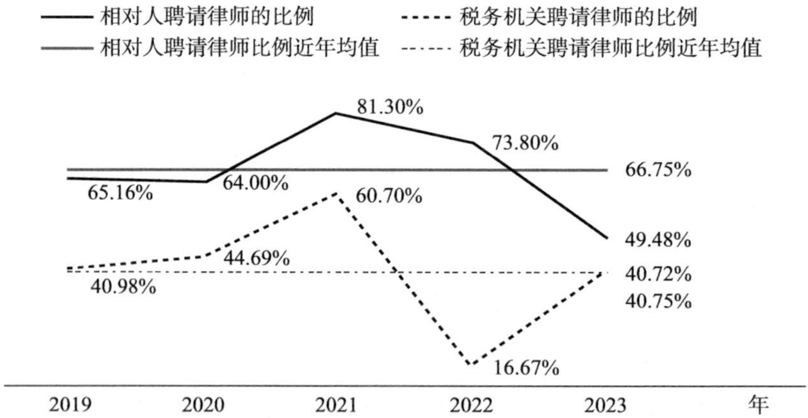

图 7　2019—2023 年税务行政诉讼税务机关与相对人聘请律师的比例变化及均值

注:图中数据来自 2019—2024 年在中国裁判文书网、威科先行案例库、北大法宝案例库检索到的税务行政诉讼案例。

(二)数据分析

相比于 2022 年各方聘请律师的比例而言,2023 年,相对人一方聘请律师的比例有上升,税务机关聘请律师的比例则是延续了 2022 年的下降趋势,且处于近五年税务机关聘请律师比例的最低点。2022 年正值疫情,整体经济下行,企业经营状况不佳,必然导致企业和个人减少聘请律师协助工作,以降低生产经营成本。而税务机关作为政府机关之一,受到财政收入减少的影响,也在尽量缩减财政支出。因此,2022 年各方聘请律师的比例均有下降。2023 年经济仍处于恢复状态,相对人一方聘请律师的比例大幅上升,虽未恢复到疫情之前的状态,但二者差距不大。经济虽未完全恢复,但相对人聘请律师的比例却"抢先一步"恢复。这也从侧面反映了,近几年,相对人法治意识的提升。然而税务机关一方聘请律师的比例则继续下降。

近五年来,税务机关聘请律师的比例均高于税务机关聘请律师的比例,笔者认为,这种现象的形成原因有以下几点:第一,税务机关对法律专业知识和诉讼经验的重视程度较高。第二,诉讼结果是税务机关的考核指标之一,税务机关面临的考核压力较大。第三,税务机关在聘请律师方面,尤其是相比自然人原告,资金更充裕。税务行政诉讼所依托的法律依据除税法外,还有行政法及行政诉讼法,税务机关作为税收征管的行政机关,虽然熟悉税法和国家的税收政策,但对于行政法相关规定却较为陌生。因此,税务机关在税务行政诉讼中积极聘请律师,借助法律专业人士的帮助,能够更好地行使诉讼权利、推进税务行政诉讼进程。

(三)结论

2023 年,税务行政诉讼中,税务机关聘请律师的比例有下降,相对人聘请律师的比例则有上升。不过,近五年来,税务机关聘请律师的比例均高于相对人聘请律师的比例。此外,税务行政诉讼对税制、行政法、行政诉讼法的专业知识和经验要求较高,每年有大约六成的税务行政诉讼未进入实体争议审查阶段,而聘请律师有助于案件获得实质性审查,帮助当事人更好地行使诉讼权利、推进税务行政诉讼进程。

五、税务行政诉讼案件的一审原告类型

(一)数据特点

2023年,税务行政诉讼一审原告以自然人为主,比例达到65.98%;其次是公司,占比达到30.93%。上述二者占税务行政诉讼原告比例的96.91%,其余3.09%原告类型有:个体工商户、合伙企业、检察机关。

自2019年以来,税务行政诉讼中,公司原告比例逐年下降,自然人原告比例逐年上升,二者之间的差距逐渐增大。并且,这一差距在2022年达到了历年最大。2023年公司原告与自然人原告之间的比例差距有所缩小。

从图8可以看出,不同争议事由原告类型差异明显,特点突出。举报、社会保险费、政府信息公开争议案件,原告绝大多数是自然人;行政处罚、应缴未缴补税、发票争议中,公司原告比例最大。

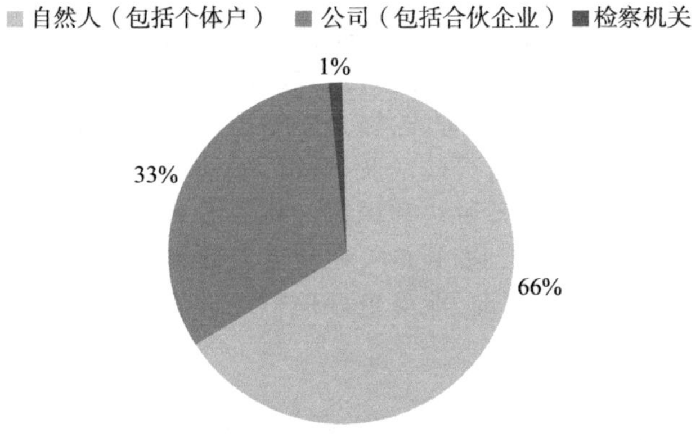

图8　2023年税务行政诉讼原告类型

(二)数据分析

2023年税务行政诉讼的原告类型为,自然人、公司、个体户、合伙企业、检察机关。其中主要原告类型为自然人、公司。由于自然人与个体工商户、公司与合伙企业有相同之处,故将其予以合并(见图8)。自然人(含个体工商户)占行政诉讼原告比例的66%,公司(含合伙企业)占

33%。从以上数据可以看出,2023 年自然人原告仍然是税务行政诉讼起诉的“主力军”。这一特征在往年的数据中亦有体现。实际上,2018 年,自然人原告和公司原告各占税务行政诉讼原告的半壁江山,但从 2019 年起,这种情况逐渐被打破,自然人成为税务行政诉讼中最重要的起诉主体。2019 年到 2022 年的四年期间,自然人原告的比例逐年上升,从 56%增长 73. 81%,增长约 1. 3 倍;而公司原告的比例则逐年下降,从 42%下降到 21. 43%,下降 1. 95 倍。① 相比上述几年的增长趋势,2023 年的情况发生了变化,自然人做原告的比例相比 2022 年下降 7. 83 个百分点,公司做原告的比例则上升 9. 5 个百分点。笔者认为,2023 年公司原告与自然人原告占比差距缩小的原因是,该年经济逐步恢复,企业纳税额上升,故纳税争议相应上升。另一个原因可能是 2022 年公开的裁判文书最少,案件代表性不足(见图 9)。

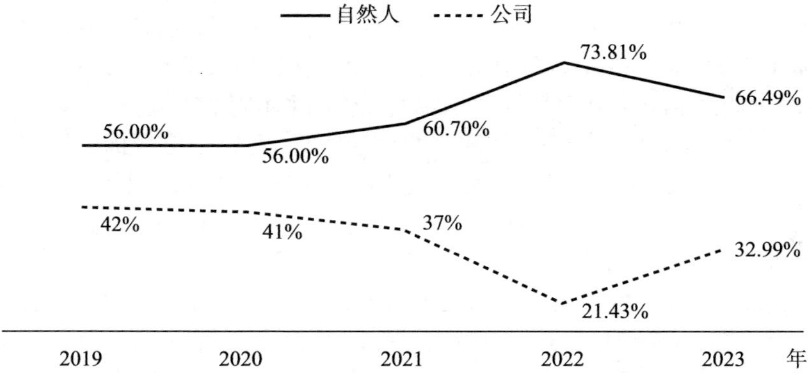

图 9　2019—2023 年税务行政诉讼自然人原告与公司原告变化趋势

注:图中 2019—2023 年的数据来自笔者历年中国税务行政诉讼大数据报告所统计的数据,2023 年的数据来自笔者以前述检索条件在中国裁判文书网、威科先行案例库、北大法宝案例库检索到的税务行政诉讼案例。

① 2019 年(自然人 56%,公司 42%)、2020 年(自然人 56%,公司 41%)、2021 年(自然人 61%,公司 37%)、2022 年(自然人 73. 81%,公司 21. 43%)。

虽然2023年税务行政诉讼中,公司原告比例上升,但自然人仍然是提起税务行政诉讼的绝对主力。笔者认为主要原因有以下几点:第一,自然人对自身权益损害敏感度较高,即使争议涉及的金额不大,自然人也不愿放弃。第二,相较于要持续开展经营活动,频繁需要与税务机关"打交道"的税务机关而言,自然人维权的勇气更强,而企业纳税人常常认为一旦与税务机关展开诉讼就等于"撕破脸",以后可能会受到税务机关的"惩罚"。第三,随着2019年新《个人所得税法》开始施行,自然人负有更多的涉税义务,逐渐成为税务机关直接管理的对象,双方产生争议的可能性大大增加。第四,近年来个人所得税收入越来越成为税收收入的重要组成部分,受到税务机关越来越大的关注,税务机关也采取了越来越多的措施对高收入和过高收入群体进行"强征管",由此也带来了更多的与自然人之间的税收争议。一般而言,自然人相比企业,对税法和行政法专业知识的掌握略弱。因此,自然人在税务行政诉讼中更需要专业人士的有力支持。但从2023年的税务行政诉讼案件看,自然人原告聘请律师的比例远低于公司原告聘请律师的比例。这是由于在自然人税务行政诉讼占比较大的政府信息公开和举报类案件中,原告几乎不聘请律师。

2023年还有两起税务行政公益诉讼案件,且原告检察机关均作了撤诉处理。根据2023年人民检察院发布的报告,在行政公益诉讼中,检察院获支持的案件占99.96%。上述两起案件撤诉的原因均为,被告税务机关已依法履行职责,人民检察院的诉讼请求已全部实现。

2023年,自然人所提起的税务行政诉讼,争议事由集中在举报、社会保险费、政府信息公开。自然人是提起举报、政府信息公开争议的主要起诉主体。2023年,税务行政领域发生举报类案件29起,均由自然人提起,发生政府信息公开类案件14起,其中的13起由自然人提起,公司提起的政府信息公开案件仅有1起。此外,根据2023年税务行政诉讼案件的数据看,相较于公司等其他原告主体而言,自然人原告撤诉比例最高,达到60.80%。相较于自然人而言,公司提起的税务行政诉讼争议事由更加分散。2023年税务行政诉讼共涉及不同类型的争议事由共18种。其中,自然人涉及争议种类共计14种,而公司涉及的争议类型则有18种。公司原告的争议事由主要有:行政处罚(偷税)(7种)、应缴未缴补税(税务处理决定书)(5种)、日常征税(7种)、社会保险费(5种)(见图10)。

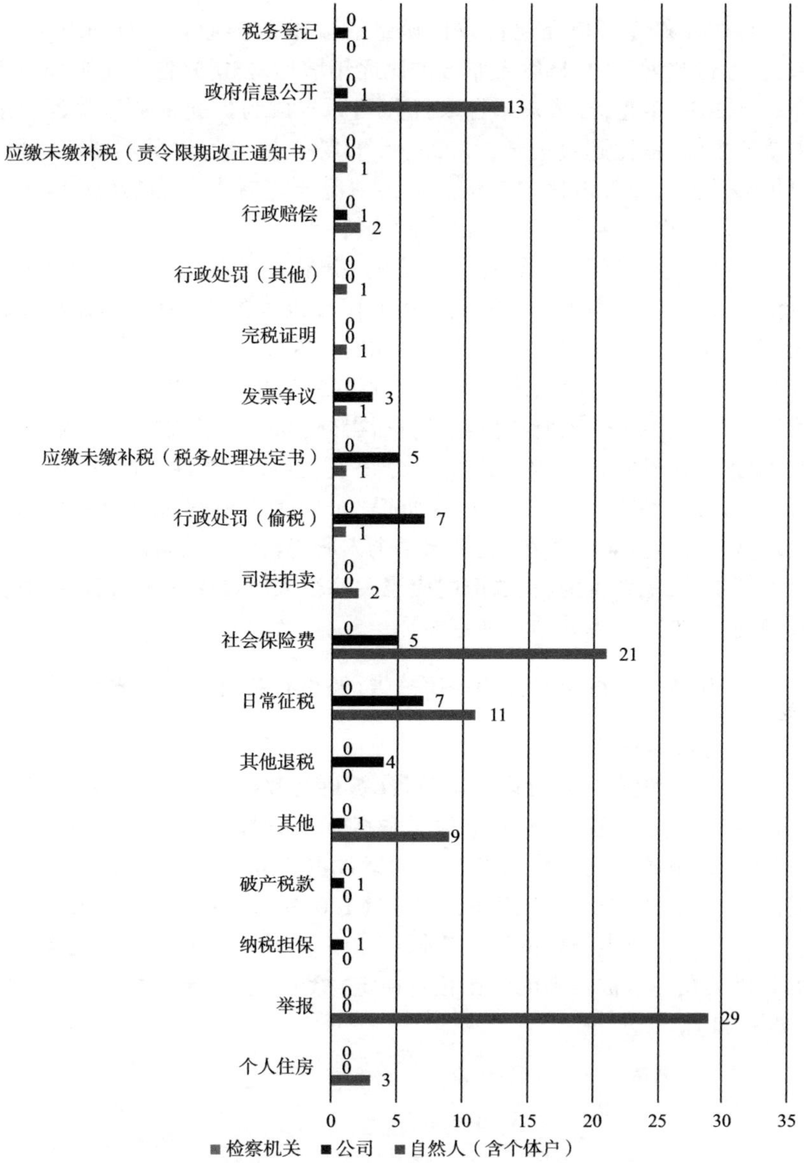

图 10　2023 年税务行政诉讼各类型原告所涉及的案件争议事由

(三)结论

自然人和公司是提起行政诉讼最主要的两类原告。自 2019 年以来,税务行政诉讼中,自然人原告占比逐年增加,公司原告占比则相应下降。自 2021 年起,自然人原告取代公司原告成为提起税务行政诉讼最主要的主体,占比超过七成。2023 年,自然人原告占比虽然略有下降,但仍然是公司原告占比的 2 倍。上述情况与笔者发布的《2018 年中国税务行政诉讼大数据报告》中的预测相符。

经济社会发展迅速,新的交易标的、交易方式不断涌现。对于个人所得税,法律仅列举了 9 个税目。9 个税目以外的不征税,不确定性较大,而各个税目所对应的税率亦各不相同。因此,税收实践中,对于自然人的某笔收入是否征税、应当对应何种税目、适用何种税率,较容易产生争议。并且,由于个人所得税除经营所得外,均按次或按月扣缴入库,因此,个人所得税纳税争议的产生十分快速,且极具显性。此外,个人独资、合伙等类型的企业按照“经营所得”征收个人所得税,而持股平台、投资基金等新业态的存在,也带来了个人所得税争议的爆发点。

基于此,笔者认为,立法部门应当关注个人所得税立法,完善相关税收制度,减少征缴税款的不确定性。

六、税务行政诉讼案件的一审被告(被诉行政行为的主体)类型

(一)数据特点

2023 年,税务行政诉讼一审被告(被诉行政行为的主体)类型有:国家税务总局、省级税务局、省级以下税务局或分局、稽查局、税务所。其中,省级以下税务局或分局做被告的案件占比最高,达到 67.53%,稽查局次之,占比 22.16%。国家税务总局(1.03%)、省级税务局(2.58%)、税务所(6.70%)做被告的案件均低于 10%。从历年情况看,不同类型的税务机关在一审被告中的占比相对稳定(除公开案例最少的 2022 年外)(见图 11)。

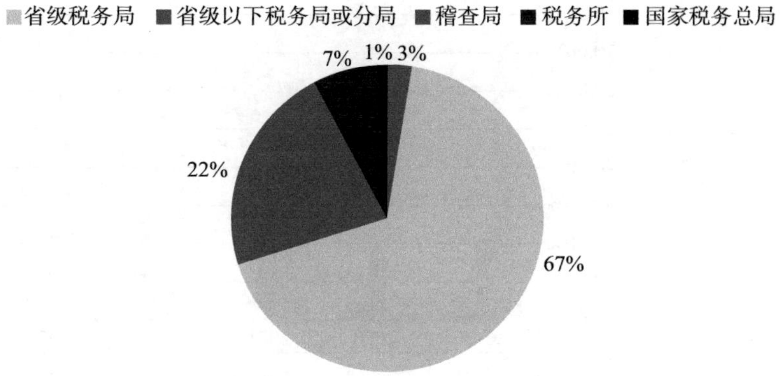

图 11 2023 年税务行政诉讼案件的一审被告类型

在不同争议事由的案件中,一审被告类型分布也呈现较强的规律性。政府信息公开、举报、社会保险费争议案件,省以下税务局及分局应诉的较多。稽查局的案件集中于偷税的行政处罚、应缴未缴补税和举报案件;税务所相关案件集中于日常征税的争议案件;省级税务机关被告则更多地集中于政府信息公开案件和举报案件;国家税务总局的案件以政府信息公开为主。

(二)数据分析

由图 12 可知,2023 年,国家税务总局做被告的案件占税务行政诉讼案件数量的 1.03%。近五年来,国家税务总局做被告的比例相差不大,维持在 1%~2%。由于国家税务总局不直接参与税收征管,因此历年以其为被告的案件,争议事由大多为政府信息公开和举报。2023 年的情况与此类似,50%的案件为政府信息公开,剩下 50%的案件涉及日常征税(信息咨询)(见图 12)。

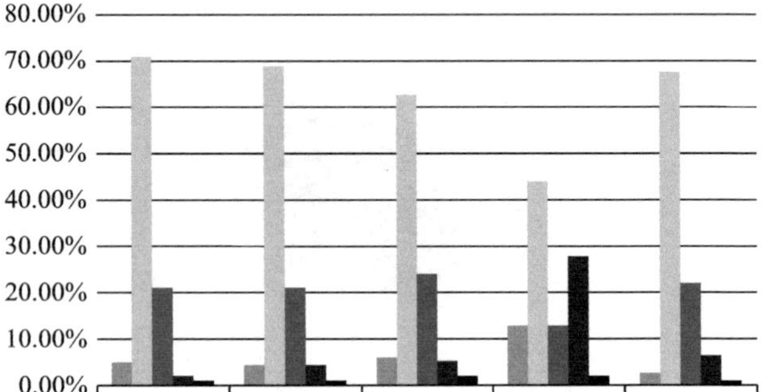

	2019	2020	2021	2022	2023
■省级税务局	5.00%	4.50%	6.00%	13.00%	2.58%
■省级以下税务局或分局	71.00%	69.00%	62.70%	44.00%	67.53%
■稽查局	21.00%	21.00%	24.00%	13.00%	22.16%
■税务所	2.00%	4.30%	5.30%	28.00%	6.70%
■国家税务总局	1.005	1.20%	2.00%	2.00%	1.03%

图12　2019—2023年税务行政诉讼案件各类型被告占比变化

注:图中数据来自2019年至2024年在中国裁判文书网、威科先行案例库、北大法宝案例库检索到的税务行政诉讼案例。

从2023年的数据看,省级以下税务局或分局所作出的行政行为最易引起争议,超过总体争议数量的一半,占总税务行政诉讼案件的67.53%。2022年,省级以下税务局或分局做被告的数量相比2020年、2021年大幅下降,但2023年又回升至原来的水平。省级以下税务局或分局做被告的主要争议事由为社会保险费、举报、政府信息公开。

相较2022年而言,稽查局做被告的比例上升9.16个百分点,达到22.16%。2019—2021年,该比例基本稳定在21%~24%;但2022年,该比例则下降至13%。2023年再次上升至原来的水平。稽查局虽然在税务机关中数量占比不大,但工作职能较为特殊。也正因如此,该机关涉及的案件具有案情复杂、金额较大等特征,很容易在事实认定、证据搜集、法律适用、执法程序等方面发生争议。因此,历年税务行政诉讼中,稽查局做被告的案件都占有较高比例。稽查局的职责是对纳税人实施税务稽查。稽查结果主要有四种,一是暂未发现问题的稽查结论。二是追缴税款的《税务处理决定书》。三是作出处罚的《税务行政处罚决定书》。四是认定虚开发票并移送司法机关处理。因此,一般情况下,稽查局做被告的案件,主要争议事由为税务处理决定、行政处罚等。除此之外,举报类案件也是稽查局涉及的主要争议事由。比如,2023 年,稽查局涉及举报类案件 6 起,约占稽查局做被告案件的 14%。除此之外,2023 年稽查局涉及的税务争议事由还包括发票争议(认定虚开并移送司法机关处理)、纳税担保(行政复议前置条件)和政府信息公开等。整体来说,稽查局涉及的税务行政诉讼案件争议事由是比较集中和清晰的(见图 13)。

2023 年,税务所为被告的案件比例为 6.70%。相较于 2022 年而言,该比例降幅较大,下降 21.3 个百分点。税务所是税务系统内数量最庞大的执法主体,但由于其工作内容以日常征管、纳税服务为主,故虽其有权行使逾期申报处罚等剥夺性行政行为,但涉及金额较小,因此通常案件事实简单、争议不大。从历年数据看,税务所都不是税务行政诉讼的主要被诉主体。比如,2019—2021 年,税务所做被告的比例均在 6%以下,2019 年仅占 2%。但 2022 年较为特殊,税务所做被告的比例达到了 28%,2023 年又基本回到了历年平均水平。虽比例下降,但税务所的执法风险仍然值得税务机关注意。笔者认为,税务所执法风险高的原因之一在于税务所的执法模式。税务所是税务系统基层最一线的执法部门,需要处理大量的税收执法事项,过程中可能存在效率优先牺牲公平的"一刀切"式执法问题,从而带来执法风险。

(三)结论

历年不同税务机关在一审被告类型中的占比相对稳定。2023 年,国家税务总局做被告的案件占税务行政诉讼案件数量的 1.03%,历年国家税务总局为被告的案件比例都在 1%~2%。其中,信息公开和举报为国家税务总局为被告的案件的主要争议事由。省以下税务局或分局税收执法风险最高,涉及的争议事由较为分散。相比其绝对数量,稽查局为被告案件占比较大,执法风险较高。稽查局所涉及的案件金额大、案情复杂,较易引起争议。税务所为被告的案件比例相比 2022 年大幅下降,该类案件案情简单、争议不大,和解和撤诉率较高。

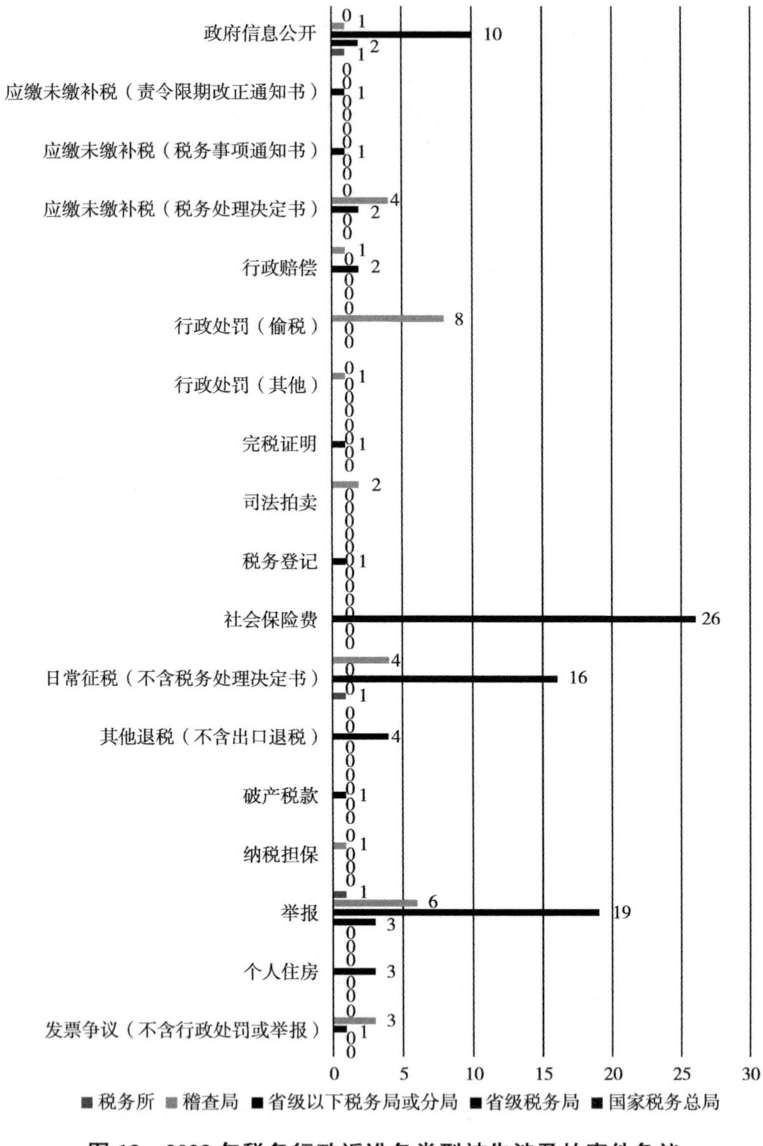

图 13　2023 年税务行政诉讼各类型被告涉及的案件争议

七、税务行政诉讼案件的争议事由

(一)数据特点

笔者对收集到的2023年的税务行政诉讼案件争议事由进行了整理,考虑到部分案件因撤诉而无法确定争议事由,故予以排除。2023年税务行政诉讼案件争议事由共有18种,比2022年多出10种。第一阶梯争议事由包括举报、社会保险费、日常征税(不含税务处理决定书)、政府信息公开四类,上述争议事由占总体案件比例的70.86%。位于第二阶梯的争议事由为:行政处罚(偷税)、应缴未缴补税(税务处理决定书)、其他退税(不含出口退税)、发票争议、行政赔偿、个人住房、司法拍卖等。上述争议事由占总体案件的比例均不超过10%,合计占比达到22.04%。应缴未缴补税(责令限期改正通知书)、应缴未缴补税(税务事项通知书)、行政处罚(其他)、完税证明、税务登记、破产税款、纳税担保等争议事由位列第三梯队,以上事由占总体案件的比例,均为0.79%。综上,2023年税务行政诉讼案件争议事由具有种类多样、分布不均等特点(见图14)。

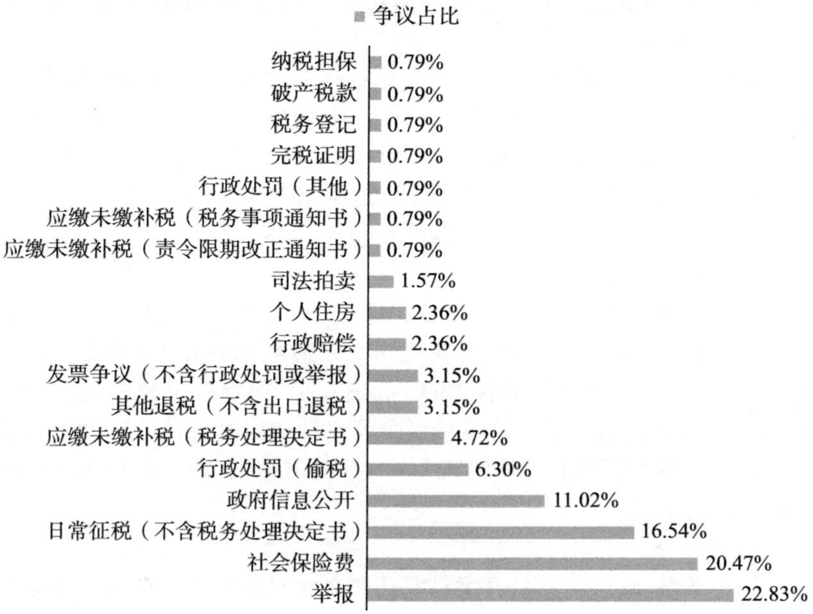

图14 2023年税务行政诉讼不同争议事由的案件数量

(二)数据分析

举报、政府信息公开是历年税务行政诉讼最常见的争议事由。一般而言,上述两类案件不涉及税收实体法的适用,与税收执法行为并不直接相关,因此案情通常较为简单。2023 年,税务举报类案件占总体案件的比例,相较于 2022 年而言,变化不大,仅下降 1.08 个百分点,占比为 22.83%。

相较于 2022 年而言,2023 年税务行政诉讼案件中政府信息公开类案件数量有下降,几乎是 2022 年政府信息公开类案件的一半。不过,虽然数量相比减少了,但原告类型却增加了。2022 年,此类案件的原告均为自然人,2023 年此类案件的原告不仅有自然人,还有公司,且占比达到 7.1%。政府信息公开类案件中,相对人一方的胜诉率为 0。除当事人对的确不应予以公开的内容申请予公开的案件外,法院对其他某些案件裁定驳回起诉是否合理,仍待商榷。比如,多起案例中法院以当事人的申请构成咨询而非政府信息公开为由,裁定驳回原告起诉。2019 年《政府信息公开条例》修订,相关负责人表示要坚持"公开为常态、不公开为例外"这一原则。但从近几年的司法案例看,政府信息公开的"口子"在逐步收紧。

2023 年税务行政诉讼案件新增了多个 2022 年未出现的争议类型,社会保险费类案件即是其中之一。该类案件数量占比从 0 直接增长至 20.47%,位居第二梯队。2019 年 1 月 1 日,社保费由税务部门统一征收。随后,社保费类案件如笔者所预测,在 2020 年出现了爆发式增长,此后有所下降,2023 年,社保类案件数量及比例再次上升,在各类案件中数量及比例排名第 2。

涉及发票争议、个人住房、纳税担保、破产税款、司法拍卖、行政处罚(偷税)、应缴未缴补税(税务事项通知书)、应缴未缴补税(责令限期改正通知书)等争议事由的案件,虽然数量较少,但判决书比例均达到了 100%。尤其是应缴未缴补税类纳税争议案件,有"纳税前置"和"复议前置"的双前置制度限制,能够实现 100% 判决书结案,说明纳税人方的诉讼能力有所增强。

(三)结论

税务举报、政府信息公开案件是历年最常见的税务行政诉讼争议事由。2023 年，上述两类案件占案件总体比例 30%以上。与 2022 年不同的是，上述两类案件的原告类型有增加，并且，原告打破了往年 0 胜诉的局面。说明，税务机关在面对此类案件时，应当采取更加审慎的态度。

2023 年，社会保险类案件增加到 20.47%。社会保险费的征收相比税收，其基础规范更为薄弱，法治化水平较低，因此争议也更为多发。税务机关应当加快推动对社会保险费征收的规范化建设，完善和健全相关制度。

八、税务行政诉讼案件中的争议税种

（一）数据特点

2023 年，税务行政诉讼中，发生争议最多的 5 个税种依次为：国内增值税、个人所得税、企业所得税、土地增值税、契税。上述 5 个税种占比共计 97.22%。其中增值税所引发的争议最多，相关案件占比达到 44.44%。个人所得税案件和企业所得税案件次之，案件占比分别为 19.44%和 13.89%。根据 2023 年财政收支情况，2023 年税收收入数额最多的前 5 个税种依次为：国内增值税、企业所得税、国内消费税、个人所得税、契税（见图 15）。

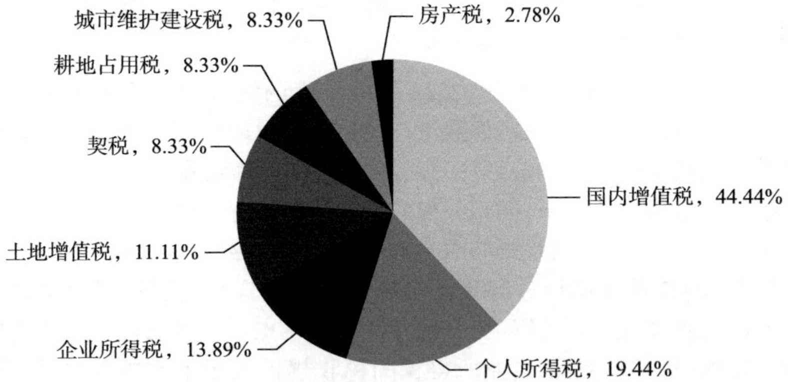

图 15　2023 年税务行政诉讼案件中的争议税种

(二)数据分析

将 2023 年税收收入数额排序(见图 16)与前述各税种涉及的税务行政诉讼案件数量的排序(见图 15)进行比较,可以发现,税收收入数额与各税种涉及的争议数量呈正相关。但消费税虽然税收收入高,涉及的争议却较少。

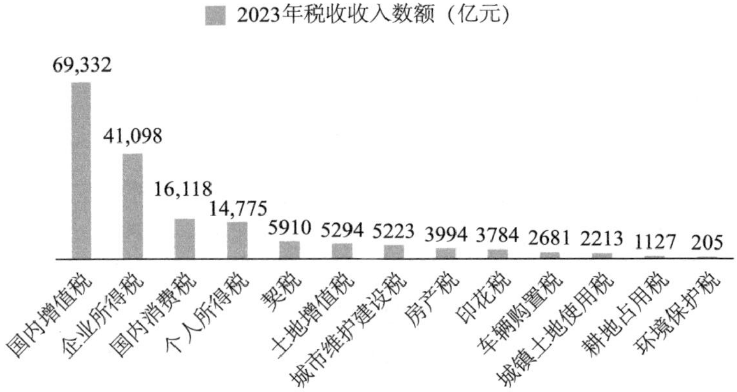

图 16　2023 年各税种税收收入数额

注:图中数据来自《2023 年财政收支情况》,载财政部官网,http://gks. mof. gov. cn/tongjishuju/202402/t20240201_3928009. htm。

在笔者 2018 年、2019 年、2022 年等年度的统计和分析中都可以看出,各个税种涉及的争议案件数量与该税种的税收规模呈正相关。但也存在与上述情况相反的情形,比如,2023 年土地增值税和耕地占用税的税收收入数额均有下降,但相关税务行政诉讼案件数量却不降反升。这说明,税收收入增加只是影响税务行政诉讼案件数量的其中一个因素。笔者在《2022 年中国税务行政诉讼数量分析报告》中提到,税收案件数量不但受到税收规模的影响,各税种的自身特点也会对案件数量产生影响。比如,从规模上看,企业所得税的税收规模大于个人所得税,但是,企业所得税所引发的税收行政诉讼案件数量却少于个人所得税。或因自然人相较于企业而言,更有维权的勇气。因此,企业所得税虽然税收规模较大,但该税种引发的争议却少于税收规模小于其的个人所得税。

土地增值税的税收规模在2023年各税种中排第6，但其引起的争议数量却排第4，仅次于个人所得税和企业所得税引起的案件。由于土地增值税税率高，计税依据大，因此土地增值税案件金额也较大。然而，一方面，立法上现阶段相关法规、规章、其他规范性文件的规定简单、粗陋、散乱；另一方面，实践中土地增值税计征又极为复杂。实践中，土地增值税引发的争议很多，但大多数并不会进入行政复议和行政诉讼渠道，其原因也比较复杂。税收的法治化，第一步就是更好的立法，笔者呼吁立法机关更快更好地推动《税法通则》立法，进一步完善税收法律体系。

2023年，契税的税收规模及其引发的税务行政诉讼案件数量均排名第5，相关案件案情并不复杂，涉及税率的适用、计税依据、纳税义务发生时间等。

（三）结论

税收规模是税务行政诉讼案件数量的影响因素之一，即某一税种税收规模越大，该税种所引起的税收行政诉讼案件数量越多。税收规模的变化也会影响税务行政诉讼案件数量的变化。个人所得税的税收规模虽然小于企业所得税，但由于相较于企业纳税人而言，自然人维权意识更强，顾虑更少，因此，个人所得税涉及的税务行政诉讼数量反而比企业所得税多。土地增值税计征复杂，但相关规章确定性较低，从而在实践中引发了较多纳税争议。

九、税务行政诉讼案件结案审理级别

（一）数据特点

2023年，税务行政诉讼案件中，有58.54%的案件以一审结案，30.05%的案件是二审审结，11.40%的案件进入了再审。其中，一审结案率达到近六年的最高点，而二审结案率则达到近六年以来的最低点（见图17）。

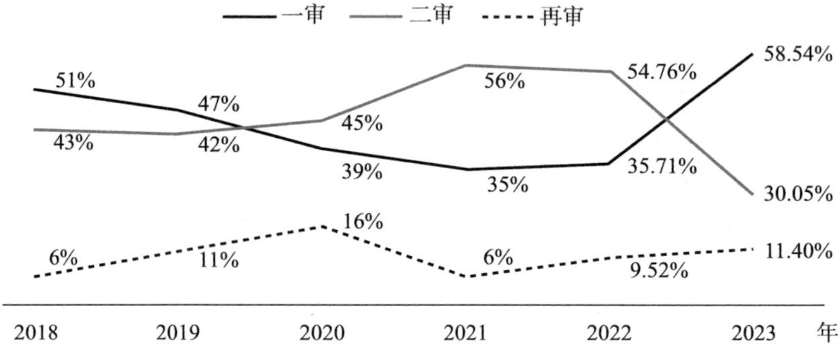

图17　2018—2023年税务行政诉讼案件结案审级

(二)数据分析

自2020年以来,税务行政诉讼案件以一审结案的案件数量首次超过经过二审的案件。在此之前的2018年、2019年,一审结案率始终高于二审结案率。2020年,拐点首次出现,二审结案率超过一审结案率,且二者差距在2021年继续被拉大,2022年,上述形势继续维持。但2023年打破了上述局面,一审结案率与二审结案率所呈现的状态再次回到2020年之前的情形。

2023年,再审结案率达到了近三年以来的最高点。以2018年为基点,再审结案率持续增长,直至2020年,达到近六年以来的最高点16%。但2020年以后的2021年,再审结案率回落至2018年的水平。此后两年,再审结案率再次呈现上升趋势。

2020年至2022年3年,二审结案率一直高于一审结案率,其二者差距较大,并且,这3年期间,除2021年外,再审结案率也较高,均在10%左右,且2020年达到了16%。一方面,这说明,税务行政诉讼中双方当事人的矛盾与分歧较大,以至于不惜花费巨大的时间成本及金钱成本坚持到二审甚至再审阶段;另一方面,这也说明,随着社会主义市场经济的不断发展以及法治水平的提高,税务案件日趋复杂,税务争议相较于以往,更加尖锐,也反映了纳税人的维权意识不断提高。2023年,一审结案率大幅上升,二审结案率大幅下降,一审结案的案件超过了二审结案的案件。这或许能说明,税务机关与纳税人的矛盾大部分得到了开解,不似前几年一般尖锐，一审结案案件中近一半的撤诉率也证明了这一点。这得益于税务机关近几年在与纳税人争议化解方面的努力。近年来，税务机关大力发展“枫桥经验”，致力于将其与纳税人的矛盾化解于萌芽。

（三）结论

2023年，一审结案比例上升，二审结案比例下降。上述二者的趋势基本回到2020年之前的水平。这说明，税务机关与纳税人的矛盾大部分得到了开解。

再审结案比例达到近三年以来的最高点。一审判决对案件结果影响极大，二审、再审对一审改判的情况极少。基于此，当事人应当高度重视一审。

十、税务行政诉讼裁判结果

（一）数据特点

2023年，税务行政诉讼中，相对人胜诉比例为2.58%，相较2022年17.39%的胜诉率而言，大幅下降；税务机关胜诉比例为49.48%，亦有下降，而撤诉比较大大提高，达47%。2023年，从相对人胜诉/税务机关败诉的一审原告类型看，自然人原告比例达到80%，公司原告比例达到20%。2023年，税务机关一方败诉的原因分别为：不作为、程序违法、适用法律法规错误、程序违法、证据不足（见图18）。

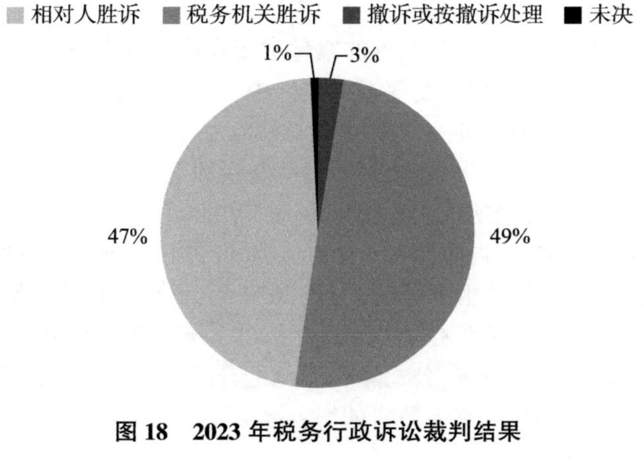

图18　2023年税务行政诉讼裁判结果

(二)数据分析

从近几年的情况看,除 2022 年之外,相对人的胜诉率均在 10%以下,2023 年,原告胜诉率甚至仅为 2.58%,下降到了近五年以来的最低位,但存在部分原因是 2022 年案件量较少,数据可能存在偏差。税务机关的胜诉率远高于纳税人,并且在 2019 年至 2022 年,除 2020 年波动较大,胜诉率较高之外,其他年份均稳定在 65%左右。但 2023 年较为特殊,税务机关胜诉率大幅降低,相比 2022 年下降 17.91 个百分点,主要因为该年度撤诉案件较多,撤诉案件占比 47.42%,为近五年来最多的一年(见图 19)。

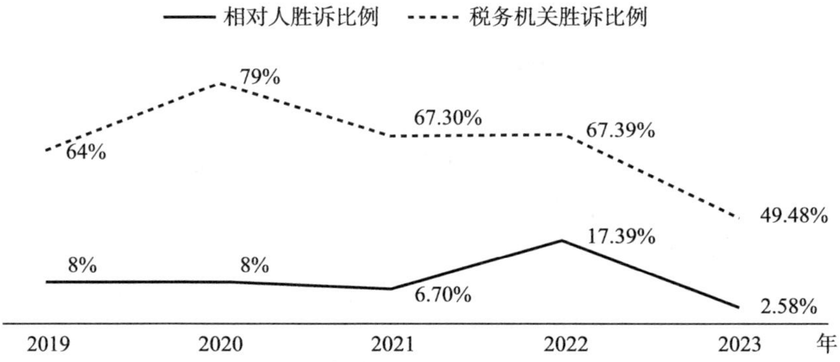

图 19　2019—2023 年税务行政诉讼相对人和税务机关胜诉比例

相对人胜诉/税务机关败诉的案件主要集中在发票争议、举报、其他退税、日常征税、社会保险费等五类案件中。从上述争议事由可见,相对人胜诉/税务机关败诉的案件既涉及与日常征税、其他退税等有关的税收实体问题,也涉及举报、社会保险费等与税收实体问题无关的问题。

从税务行政诉讼纳税人等相对人一方胜诉/税务机关一方败诉案件看,纳税人一方的原告类型中,自然人原告占比 80%,公司原告占比 20%。这与 2022 年的情况完全相反,2022 年,胜诉案件中,公司原告占比超过六成,自然人原告仅占两成。在 2023 年税务行政诉讼整体案件中,自然人原告比例下降,公司原告比例上升的情况下,自然人原告胜诉率还有所上升,堪称自然人原告的"逆袭"(见图 20)。

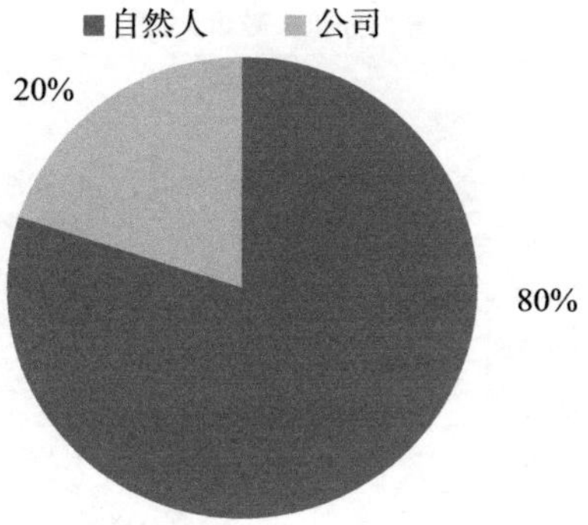

图 20　2023 年税务行政诉讼相对人方胜诉案件一审原告类型数量占比

2023 年税务机关败诉的主要原因是不作为，主要发生在举报类案件和发票争议类案件中。2022 年，举报类案件均以法院驳回原告起诉结案；2023 年，相对于其他案件而言，举报类案件胜诉率虽然不低，但也不如 2022 年高。在 2023 年税务行政诉讼案件中，国家税务总局某税务局白某不履行税务稽查职责一案中，税务机关在收到涉案履行法定职责申请书的情况下，未在法定期限内予以回复，构成不依法履行职责。从上述案例可见，税务机关对当事人的举报略有懈怠，还需认真对待。自 2017 年行政公益诉讼入法以来，行政公益诉讼案件逐年增多。2023 年，检察机关提起行政公益诉讼 1276 件，同比 2022 年上升 76.7%。可见，检察机关对行政机关行政不作为的监督越来越严格。因此，税务机关应当在税收征管活动中，积极依法履行职责，既要避免“乱作为”，也严防“不作为”（见图 21）。

（三）结论

税务行政诉讼一审原告败诉率居高不下，究其主要原因是，相对人一方对于税法和税务行政诉讼规则的认识有限，聘请律师的比例也低于税务机关。

2023 年税务行政诉讼案件中，相对人胜诉的比例较低，但税务机关胜诉的比例也不高。税务机关败诉案件涉及的事由较广、较杂，这对税务机关的执法水平提出了较高的要求。其中，尤其是省以下税务局或分局在税收执法的过程中，应当更加审慎、细致。

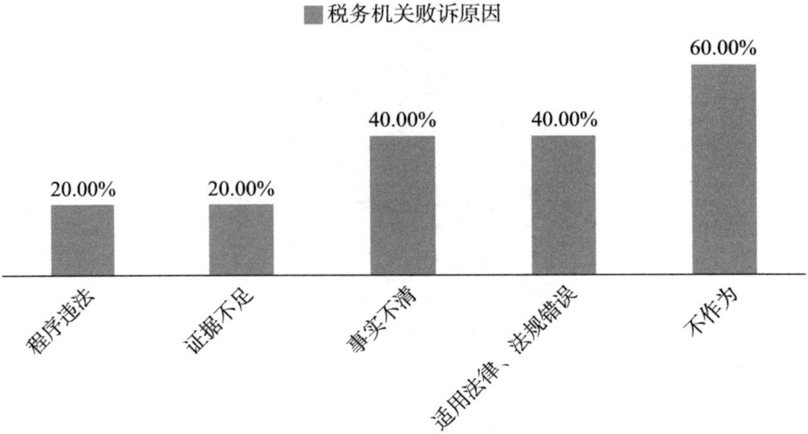

图 21　2023 年税务行政诉讼税务机关败诉原因

此外,2023 年税务行政诉讼案件中,税务机关败诉的主要原因是不作为、事实不清、适用法律错误、证据不足、程序违法等。税务机关在努力合法行政的同时,也要避免“不作为”。此外,在证据收集、事实认定方面,也要更加严谨。

领域法学与交叉研究

领域法视域下的纳税人权利保障进路研究*

于　淼**

摘　要：财政乃庶政之母，税收为财政之源。在作为领域法的现代财税法向发展型财税法实现跃迁的历程中，纳税人权利保护这一核心范畴面临难得的发展机遇且应当被赋予更新迭代的内涵。领域法致力于解决新兴、交叉、综合、动态领域问题的研究范式和治理逻辑有助于将纳税人权利保障体系建构纳入全新的研究视野。即以领域法视域下纳税人权利的意蕴为逻辑起点，探寻改革开放四十余年纳税人权利保障理论的历史演变，立足于我国纳税人权利保护的现状，领域法视域下纳税人权利保障的法律进路应当从立法、行政、司法、法律监督方面进行铺陈。

关键词：纳税人权利；领域法；权利保障；税收征管；财税法

《史记》中有记载：自虞、夏时，贡赋备矣。税捐的历史源远流长，从"溥天之下，莫非王土；率土之滨，莫非王臣"的家计财政阶段到强调公共服务的公共财政阶段，税收在每一个历史时期发挥的重要作用不言而喻。而国家的税收征纳行为与纳税人的税收缴纳行为相辅相成，当一个禀赋有限的纳税人直面国家时，国家优势地位的凸显不言自明，实践中对相对弱势方的纳税人权利之维护更加成为应有之义。完备的纳税人权利保障体系的建立，不仅是规范国家征税权的重要路径，也是公民的

---

* 本文为河北省高等学校人文社会科学研究项目资助"纳税人权利的财税法保障研究"（项目编号：SQ2023151）的研究成果。

** 于淼，河北大学法学院讲师，河北大学国家治理法治化研究中心助理研究员。

平等权、财产权、监督权等宪法性权利在税法上的体现。在领域法的研究范式和思维方式的引领下,对纳税人权利的全方位、多维度、立体化保障的理论擘画与体系建构,于助力纳税人权利保护立法进程和推进财税法治现代化具有重要的理论意义与实践价值。

一、逻辑起点:领域法视域下的纳税人权利

在我国,纳税人的范畴与人民趋于一致。习近平总书记指出:我们要坚守人民至上理念,突出现代化方向的人民性。[①] 在国家本位观念下,传统的政府与纳税人之间往往呈现出命令——服从式的纵向管理关系,忽视纳税人权利保障。与此同时,纳税人也不具有完备的维护自身合法权利的基础。而现代财税法治理论蕴含对纳税人权利保障的高度重视,催生了领域法研究范式下对纳税人权利内涵和意蕴的全新认识。

(一)纳税人权利的部门法表达

从传统部门法思维出发,纳税人权利保障的议题属于税法的研究范畴。然而具体到法律实践中,纳税人却同时具备多重身份。首先,纳税人身份和权利在宪法上得以彰显。在我国,公民与纳税人的身份具有一致性,纳税人当然享有平等权、选举权与被选举权、人格尊严权等权利。其次,纳税人权利在税法上当然得到体现,如《税收征收管理法》(以下简称《税收征管法》)赋予纳税人的实体性权利和程序性权利。然后,当纳税人与税务机关就纳税事项产生分歧时,又会触发行政法规制,典型的如《税收征管法》第88条的双重前置条款。最后,公民中的市场交易主体一方面进行着商事交易的行为;另一方面又以纳税人的身份向国家缴纳贡赋,传统部门法如何回应交易链条中的商事主体在缴纳税款过程中产生的权利义务纠纷,又呈现了纳税人权利的商法映射。由于领域法内含促成学科互补的知识格局的新思维,而纳税人本身天然链接着不同部门法中多种类型的权利,领域法的“以问题为导向”的研究路径为纳税人权利体系化建构提供了逻辑基础。

---

① 参见习近平:《携手同行现代化之路——在中国共产党与世界政党高层对话会上的主旨讲话》,载《人民日报》2023年3月16日,第2版。

（二）纳税人权利研究以领域法为依归的应然状态

传统部门法学的体系建构方式固然建立了人类体系化认识和掌握法律问题和法律方法的规范，却也存在使人类陷入另外一种“泾渭分明”的认知盲区的可能性。尤其是当今时代，人类社会出现的各种问题愈加呈现出重大复杂性、动态集合性、前沿交叉性的特征，此时仅有一个学科作出单独回应未免单薄，也不一定客观。整合性、多维度和一体化的研究范式和“以问题为导向”的研究意识越来越适应当今社会的发展。领域法学是以问题为导向，以特定经济社会领域全部与法律有关的现象作为研究对象，融合多种研究范式于一体的新型法学理论体系、学科体系和话语体系，与传统部门法学同构而又互补。② 这种领域性的理论整合，非但不是将个别经验过早一般化、定型化，而是从始至终都对新的经验保持开放。③ 如前所述，纳税人权利在部门法中有差异化的体现，当出现纳税人权利受到侵害时将如何建立免受侵害的抵御体系，恐怕无法由任何一个法律部门独立解决。领域法的产生和发展，回应了纳税人权利保护体系构建和现代财税法发展的现实诉求。

（三）领域法视域下重塑纳税人权利的价值

纳税人，在不同的社会背景和不同的语境下有不同的内涵。在纳税人权利保障的语境之下，我们所称的纳税人，仅指《税收征管法》第 4 条“法律、行政法规规定负有纳税义务的单位和个人”。在领域法的视角下重塑纳税人权利并揭示其价值，对于具体涉税法律中纳税人权利的实际保护大有裨益。首先，稳健的税收征纳关系是国家实现其职能的财力保障，一方面，税收法治建设以国家税收安全为依托；另一方面则需要兼顾税收征管过程中国家与纳税人之间的关系处理，尤其是要发展好、维护好相对弱势的一方的纳税人权益。其次，维护纳税人权利是现代税收国家的彰显。从税法发展历程看，“现代税法都是以纳税人为中心构建

---

② 参见刘剑文：《论领域法学——一种立足新兴交叉领域的法学研究范式》，载《政法论丛》2016 年第 5 期。

③ 参见［德］齐佩利乌斯：《法学方法论》，金振豹译，法律出版社 2010 年版，第 109 页。

起来”。[4] 这意味着纳税人权利主线的地位不能动摇,从“权力关系说”到“税收债权债务关系说”的发展轨迹融合了民法中的契约精神和平等原则,深刻体现了纳税人和国家之间地位的嬗变。最后,在领域法视角下整合纳税人权利是财税法实现良法善治的必由之路。早在 2000 年,北野弘久教授就认为:“税法并非征税之法,而是保障纳税人基本权利的权利立法。”[5]我国《税收征管法》也将“保护纳税人的合法权益”作为立法目的之一。实际上,纳税人权利是国家与公民之间的关系在税制中缩影的彰显,纳税人权利保护应当贯穿整个财税法的运行体系。

二、规则演化:纳税人权利保护的历史流变

观今宜鉴古,无古不成今。不同国家,抑或同一国家的不同历史时期,纳税人权利保护的状态各有不同。在家计财政和中性财政的框架下,自然谈不上纳税人权利的保障。而现代社会,财政的宏观调控和公共服务的功能已经确立并且在不断强化。我国自改革开放以来,财税法制(治)建设历经了蓬勃发展的四十余年,纳税人权利发展呈现出阶段性的特征与成果,可以为领域法视域下纳税人权利保障的理论研究和现实转化提供实践基础和智识支撑。

(一)(1978—1991 年):暂付阙如的纳税人权利

在党的十一届三中全会后,基于“国库主义”的需求和整顿财税秩序的需要,加强税收征管成为各级财政部门工作的重点关注内容。这一时期,《中外合资经营企业所得税法》《外国企业所得税法》《外商投资企业和外国企业所得税法》相继出台。但细察其立法框架和主要内容,均与纳税人权利保护关系甚微。学界也更多地关注税收征管过程中的常见问题的解答和税收基本知识的普及[6],纳税人权利保护并未作为独立

---

④ 参见王鸿貌:《税法学的立场与理论》,中国税务出版社 2007 年版,第 23 页。

⑤ [日]北野弘久:《税法学基本原理》,郭美松、陈刚译,中国检察出版社 2000 年版,第 34 页。

⑥ 参见韩绍初:《加强税收的征收管理　切实做好组织收入工作》,载《中国财政》1981 年第 6 期;刘金保:《试论建立与完善我国税收征管体系》,载《当代财经》1987 年第 6 期;马海涛:《关于加强个体税收征管的探讨》,载《中央财经大学学报》1989 年第 12 期。

的研究方向进入学者的视野。

(二)(1992—2001年):纳税人权利初显

以1992年通过《税收征管法》为开端,在这一历史时期纳税人权利保护理念和宗旨在税收程序法的立法目的中也得到明显伸张。⑦ 以《税收征管法》为例,1995年修正版的第6条、第7条明确规定了税务人员的责任、义务和纳税人检举的权利。经过再次修订的2001年版则更是规模性地扩充了纳税人享有权利的具体内容和保护纳税人合法权益的方式。

在这一时期的学术界,纳税人义务本位向权利本位的走向成为重要思潮。如刘学峰、冯绍伍认为纳税人权利内容除了包括《宪法》规定的基本权利及相关法律中规定的纳税人权利外,还应有参政议政权、监督质询权、广泛的信息权和受尊重权。⑧ 1996年,深受纳税人权利觉醒意识影响内蒙古自治区率先成立了全区纳税人协会,有力地推动了和谐的税收征纳关系构建。

(三)(2002—2014年):纳税人权利保障的多维推进

在2004年3月14日通过的《宪法修正案》中,存在颇多与纳税人权利关系密切的条款。⑨ 继2005年个人所得税法的修订增加了纳税人自主申报的内容之后,2006年国家税务总局颁布了《个人所得税自行纳税申报办法(试行)》,为未来纳税人提供了申报方式的自主选择。随后,2009年11月6日,《关于纳税人权利与义务的公告》系统地梳理了包括知情权、保密权、税收监督权在内的十四项具体的纳税人权利。与此同时,纳税服务一度被税务机关视为"构建现代税收征管工作新格局的首要任务"⑩。

学界研究关键词的变化与立法的方向的转变如影随形,集中在"优

---

⑦ 参见1995年修正的《税收征管法》第1条。

⑧ 参见刘学峰、冯绍伍:《国外保护纳税人权利的基本做法及借鉴》,载《国际税收》1999年第8期。

⑨ 与纳税人权利直接相关的条款有:"公民的合法的私有财产不受侵犯""国家建立健全与经济发展水平相适应的社会保障制度""国家尊重与保障人权"。

⑩ 王文彦:《纳税服务:构建现代税收征管工作新格局的首要任务》,载甘功仁、李轩主编:《中国财经法律论坛2002》,中国财政经济出版社2003年版,第208页。

化纳税服务研究”方面。德国、日本所崇尚的体现民主法治理念的“税收债务关系说”开始成为税法学界和经济学界理论研究的热点。⑪ 受我国传统儒家思想的影响,我国税法一度注重对权力的服从,而债务关系说的出现开拓并延展了税法与民法的交流对话空间,开辟了纳税人权利保障的空间并为其提供了领域法研究范式依据。

(四)(2015年至今):落实税收法定原则的源头式保障

2015年经过修正的《立法法》第8条中将“税种的设立、税率的确定和税收征收管理等税收基本制度”增加为只能制定法律的事项,是对纳税人权利源头式的有力保障。我国近年来通过的《环境保护税法》《资源税法》《契税法》等立法昭示着落实税收法定原则之路行稳致远。纵观以上成文法的内容,无一不渗透了纳税人权利保护的因子,凝聚着全体纳税人的权利共识,也彰显了财税法作为“纳税人权利保护法”的领域法基本属性。

三、现状探析:我国纳税人权利的法治保障疏议

纳税人权利保障是现代财税法研究的核心范畴之一,税收法定原则和纳税人权利保护理论也已根植于税法理念和社会观念之中。改革开放四十余年我纳税人权利保障体系历经了从尚付阙如到多维度推进的渐进式历史积淀过程,成为财税法学者研究对象和观察视野中不可或缺的重要理念和重要制度。当前纳税人权利法治保障的整体状况能够从立法构造、行政保护和司法保障三个角度加以评析。

(一)纳税人权利保护的立法构造

在中国特色社会主义法律体系的框架之下,我国《宪法》中列举的公民权利是纳税人权利的基础和源泉,税收救济观念和纳税人权利保障理念已经融入宪法和以宪法为统领的多部法律之中。《宪法》《税收征管法》《税收征管法实施细则》《行政复议法》和各个税种法等法律法规均涉及公民、法人和其他组织的救济性权利,也都体现了平衡国家征税权和纳税人合法权益的辨证施治思路。

---

⑪　参见刘剑文主编:《税法学》(第2版),人民出版社2003年版,第89~99页。

除此之外，还有一些法律文件中也涉及纳税人权利的保障。以2009年国家税务总局发布的《关于纳税人权利与义务的公告》为契机，虽然该公告以程序性权利为主，十三项权利中仅有一项税收优惠权可堪为实体性权利，却成为国家层面对纳税人权利体系化讨论的开端。后面我国相继出台了《纳税服务投诉管理办法（试行）》《国家税务总局关于全面推进营改增试点分析工作优化纳税服务的通知》《全国税务机关纳税服务规范》（3.0版）等部门规范性文件和部门工作文件，于细微处关注纳税人权利。值得一提的是，随着数字经济浪潮奔涌，信息的不合理收集和信息泄露日益成为困扰社会大众的问题，对纳税人信息权的保护的关注成为应有之义。如我国《纳税人涉税保密信息管理暂行办法》第2条界定了纳税人涉税保密信息的范围。

从整体上看，我国多层次立法所确立的纳税人权利可以分为基本权利和税法权利两大类。纳税人的基本权利主要体现为纳税人可以在税法上"投射"的宪法性权利，如纳税人的生存权、人格权、监督权、救济权等。纳税人的税法权利有更加细致具体的法律体现，主要可以分为程序性的纳税人权利和实体性的纳税人权利。其中，程序性的纳税人权利包括知情权、信息保密权、申请减税、免税、退税的权利、纳税申报方式选择权、延期申请权、陈述申辩权、诚实推定权等；实体性的纳税人权利包括纳税资格申请的权利、享受税收优惠的权利、享受法定项目扣除的权利、税额抵免的权利等。⑫ 以上纳税人权利，属于财税法学者的研究提炼所得，在立法层面尚需整合与固定。

（二）纳税人权利的行政保护

在法治财税理念和公共财产法、理财治国观等新兴思想的影响下，纳税人身份的双重属性愈加凸显。在税收征纳关系中，纳税人一方面作为税务机关管理的对象；另一方面又作为税务机关服务的对象。而税务机关对纳税人的权利的行政保护就体现在税务机关整个管理和服务的过程之中，即履行其法定职责的过程之中。根据《税收征管法》的规定，

⑫ 参见李玉虎：《纳税人权利保护的理论与制度研究》，中国社会科学出版社2023年版，第124~130页。

结合税收实务工作经验,从税收征纳制度的全流程运转来看,涉及纳税人权利的环节既相互联系又互相独立,主要由税务管理、税款征收、税务检查、税务行政复议这几个环节构成。税务管理中涉及的税务登记、账簿凭证管理、发票管理更多的是程序性的事项实践中和理论上几无争议。在税款征收中,纳税人享有缴纳法定税款、拒绝非法征税、申请税收减免等权利,其中对税额核定条款的讨论从未停止。在税务检查中,税务机关及其工作人员在行使国家税收权利的同时,如果不能恪守比例原则,也会对纳税人的合法权益造成严重损害,如"叶某华、宁红宾馆不服修水县税务局税务管理处罚案"的发生。该案中,法院审理查明的事实中显示,因税务机关工作人员与纳税人有关的个人存在隔阂而利用职权认定存在抗税行为,纳税人最终通过诉讼的途径争取到公平公正的对待。

在当下纳税人行政保护制度体系中,最饱受争议的当属税务行政复议制度,《税收征管法》第88条和《税务行政复议规则》第33条都规定,税务行政相对人必须先依照税务机关的纳税决定缴纳或者解缴税款及滞纳金或者提供相应的担保,然后才可以向复议机关申请行政复议。而该项法律规定的设置指向的救济对象仅仅是有资力者,有陷入"无资力者无救济"的尴尬局面之嫌。毫无疑问,上述两个条款体现了税法与行政法的互动,以此问题为触角,深入行政法的知识体系中去,根据《税务行政复议规则》第17条,税务行政复议管辖职责在上一级税务机关,而缺乏独立性的复议机关的设置,复议决定作出后其说服力和公信力是存疑的。另外,根据《税务行政复议规则》第64条的规定,税务行政复议原则上采取书面审查的方式,审查形式较为单薄,审查范围较为有限。复议机关作出行政复议的决定依赖的是双方当事人提交的材料,缺乏陈述意见和当场对质与辩论的程序性过程,遑论对复议程序进行公开听证,可见在整个过程中纳税人陈述申辩的实体性权利被压抑和束缚。

(三)纳税人权利的司法保障

从权利救济的方式和权利救济的强度来看,税务行政复议是税务机关内部一种自我纠错机制,体现了上级税务机关对下级税务机关的监督,相对诉讼来说较为温和。税务行政诉讼则是对税务机关行使职权的外部审查,也构成对纳税人权利的兜底性救济。长期以来,我国提起税务行政诉讼案件在行政案件总体数量中占比偏少。以“北大法宝”案例库为检索范围,限定在以“税务行政”为关键词的行政诉讼案件中,2016—2023 年间的情况如图 1 所示。通过“北大法宝”案例库,结合包含“税务行政”关键词筛选案件类型为“行政案件”的判决书,2023 年至今还未有全国各级法院审结的案件。除此之外,检索结果还显示,纳税人一方胜诉率偏低。以 2021 年为例,通过“北大法宝”案例库,在类型为“行政二审案件”中以“税务行政”为关键词进行检索,共有 25 份判决书,通过逐一分析判决书,税务机关胜诉的裁判结果有 19 份,纳税人胜诉的裁判结果仅有 6 份,对比悬殊。究其原因,有的纳税人认为,司法机关在审理时可能受到来自税务机关的干涉和压力,在结果上无意识地偏向税务机关,审理质量难以保证;还有人认为,税法法律和税收政策的理解和适用较为专业和复杂。以上统计充分凸显了纳税人和税务机关的不对等地位,遑论《税收征管法》第 88 条双重前置的条款对纳税人诉权的限制和削弱,因该条款的存在意味着财力不足者将会因为无法完成清税而丧失启动救济的权利,根本无法进入后续诉讼程序。

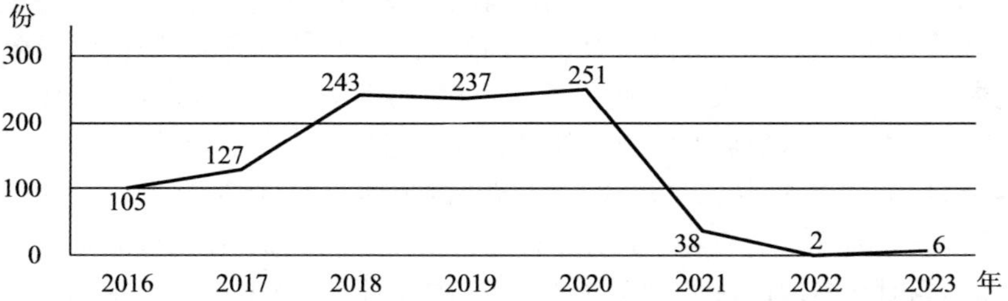

图 1　近年来公开的税务行政诉讼裁判文书数量

从案件审理的机构设置来看,按照现在法院的内部安排,税务行政诉讼在行政庭进行审理,具备税务、财会知识的法官资源缺乏。财税法是一门新兴、交叉、前沿综合的学科,涉及税务的行政诉讼所需专业知识较为庞杂,超越了单纯的税收领域,行政庭在应对各种类型复杂的税案时可能力不从心。譬如,税务行政诉讼的证明标准较为模糊,在实践中,法院时常将税收证据证明力优势等同于证据数量优势,容易忽略对行政机关所提交的证据进行“合法性、真实性、关联性”的实质审查,导致事实不清、证据不足,影响裁判质量与公信力。[13] 以上情形的出现,不能说与缺乏独立性的税务审判模式毫无关联。

在纳税人权利的司法救济层面,实践中曾出现湖南蒋某林案引发对纳税人诉讼制度的讨论。基本案情如下:2006 年 4 月 3 日上午,蒋某林以一名普通纳税人的身份将常宁市财政局告上了法庭,诉讼请求为要求法院认定该市财政局超出 2005 年度财政预算购买两台小车的行为违法,并要求将违法购置的轿车收归国库。该案例曾被多家权威媒体报道,名噪一时,成为我国纳税人权利发展的一个标志性事件。有学者认为纳税人诉讼是以行政机关为被告的一种特殊的行政公益诉讼。[14] 不过在此次热潮之后学术界对于纳税人诉讼制度仅有零星讨论。

四、制度构造:纳税人权利的领域法保障进路

财税法是以规制新兴交叉前沿领域和复杂问题为己任的领域法,富国裕民是其重要的价值目标。为使财税法不再落入过于强调国家财政利益的窠臼,须得着眼于对个体财产权和发展权的观照。作为新兴领域法的财税法经历着由保障型财税法向发展型财税法的理念跃迁,赋予公共财产权力和纳税人权利两大核心范畴全新内涵。[15] 面对当今时代良性财税体制永续发展的需要和纳税人权利意识的不断觉醒的吁求,有必要加强顶层设计,从财税法作为领域法的道路出发,更加恰如其分地遵循以问题为导向的研究范式并不断凝练财税法治共识,在回应和解决具体问题时从各部门法的理论资源中汲取“养分”,构建一个具有中国特色的多层次、开放性、可调适的纳税人权利保护体系。

---

⑬ 参见刘楠楠、刘文慧:《困境与出路:纳税人权利救济体系的完善》,载《税务研究》2020 年第 5 期。

⑭ 参见施正文:《我国建立纳税人诉讼的几个问题》,载《中国法学》2006 年第 5 期;张献勇:《浅谈设立纳税人诉讼制度》,载《当代法学》2002 年第 10 期;等等。

⑮ 参见刘剑文、侯卓:《发展型财税法的理念跃迁与制度构造》,载《中国社会科学》2023 年第 5 期。

(一)纳税人权利保护的领域法立法构造

1. 确立问题意识导向与强化纳税人权利保护的精神追求

任何一个时代立法的重点都不应当是立法或判决本身,而是根植于社会实际问题的解决。无论再精妙绝伦的法律条文,如果无益于社会问题的解决,亦不能称之为良法。问题意识蕴含着洞鉴古今的能动批判精神和高瞻远瞩的视野。领域法内含的整合性的理论模式,就是以问题领域来整合不同法学部门、学科和法律规范,而非以部门法、分支学科来拆分性地回应问题领域。[16] 在财税法治建设赋能纳税人权利保障的路径中,国家面对纳税人须恪守谦抑原则,同时自始至终保持对新经验、新思维的开放态度,坚持"问题—经验—逻辑"一体化的实用型思维方式,坚持以问题为导向的统筹意识并以强化纳税人权利保护为精神追求,为私主体营造自由发展的广阔空间,为参与诸如财税立法、财税政策制定和预算编制等事项提供便利条件,提高纳税人参与行使国家税收权力过程中的积极主动性。

2. 税收相关法律中纳税人权利的延展

第一,在税收基本法中规定纳税人权利保护的一般原则。税收基本法是指一个国家对税收制度根本性问题、共同性问题、原则性问题、重大问题和综合性问题而进行的规定。[17] 纵观世界上市场经济比较发达的国家,基本上都制定了相应的税收基本法,如美国《国内税收法典》、德国《税收通则》、俄罗斯《联邦税收法典》等。在我国学术界,对于《税法总则》《税收通则》制定的呼声一直不绝于耳。未来我国在制定税收基本法的过程中,应当以贯穿切实保护纳税人合法权利和保障税务机关有效行使职权的基本思路,以尊重纳税人权利保护一般原则为导向淡化部门法划分的刚性原则和固化标准,拓宽法律部门之间的交流互动途径和增强彼此关照的可能性,以纾解法学学科分类精细化与法律现象复杂化之间的紧张关系。

---

⑯ 参见刘剑文等:《领域法学——社会科学的新思维与法学共同体的新融合》,北京大学出版社 2019 年版,第 111 页。

⑰ 参见刘隆亨、周红焰:《我国税收基本法制定的意义、特征和框架》,载《法学杂志》2004 年第 5 期。

第二,在《税收征管法》及其配套的实施细则中设专章规定。我国现行《税收征管法》没有为纳税人权利保护设专章,对纳税人权利保护的规定整体数量偏少且散见于整部法律之中,如第 8 条、第 27 条、第 33 条等。现行《税收征管法》无法体现对纳税人权利保护的特殊关注,与其编纂的逻辑和体系密切相关。为深化纳税人权利体系的路径改革,可以考虑在《税收征管法》中设专章,整合当前现有的零散的纳税人权利相关规定,使之明确集中、合理妥适地固定在某一章节。

第三,整合梳理现行法律规则,制定专门的纳税人权利保护法。从世界范围来看,一些经济较为发达的国家都有专门的纳税人权利保障之法,如美国《纳税人权利法案》、英国《纳税人权利宪章》、日本《纳税者权利宣言》等专门法对构建和谐的税收征纳关系、创造良好的营商环境颇有助力。为深入推进税制改革,完善财税体制,我国可以在制定专门的纳税人权利保护法的过程中,打通学科壁垒,淡化部门立法色彩,整合学科体系,推动跨学科研究,专注于纳税人权利保障问题的解决。通过对纳税人权利保护领域问题规律进行总体把握,真正塑造出一套立体化的纳税人权利保障体系。

3. 法学部门其他领域的纳税人权利生发

从中国特色社会主义法律体系整体来看,除了《税收征管法》之外,纳税人的救济权在《行政诉讼法》《行政复议法》《行政处罚法》《国家赔偿法》中零散可见。由此可见,纳税人权利保障体系涉及保护和调整的社会关系广泛,足以深入错综复杂的社会生活方方面面。在纳税人权利还未能作为财税法治建设强势话语的阶段,对以上法律的理解和适用着眼于自身立法目的的实现,而在公民权利日渐彰显的现代法治社会,对以上法律的理解和适用更应当体现和拓展纳税人权利维护的理念。

另外,当今时代税务机关在“以数治税”等理念的引导下,打造数字化的税收征管模式,大规模、高频次地获取纳税人海量的涉税信息,其中甚至包含涉税隐私信息。而实践中税务机关究竟能否妥善收集必要信息、恰当运用适格信息、及时删除不必要的信息,纳税人信息是否遭到泄露或贩卖没有办法完全保证。纳税人对自身涉税信息的恰当处置和不被滥用、获得救济的权利成为相关涉税法律立法的现实需求,还可以考虑在个人信息保护法中增加对涉税信息的保护条款。

(二)领域法视域下纳税人权利的行政保护

1. 塑造征纳双方法律地位平等的理念

财政是国家治理的基础和重要支柱,构成财政收入主体部分的税收收入的创造源于纳税人,而我国长期以来税收征纳关系中纳税人的从属地位并未彻底改观。究其原因,这与我国长期以来的政治文化和国家制度有关。⑱ 在领域法学的研究格局和纳税人权利保障体系建构的视域下,研究范围既包括学科地位的平等,也包括征纳关系中双方法律地位的平等。在双方地位不平等的前提下讨论纳税人权利的保护将对领域法的研究逻辑造成窒碍,纳税人权利得到切实保障的前提和基础是国家和地方各级征税机关树立并优化税收征纳双方法律地位平等的观念。观念的更新和改革并不意味着征税机关权力的减损或削弱,却恰恰是构建和谐征纳税收关系的必由之路。

2. 修改"双重前置"条款

如前所述,"双重前置"条款会造成一部分纳税人因财力不足而丧失诉权的后果。在美国,纳税人如果认为国税局(Internal Revenue Service, IRS)检查纳税申报核定的数额有异议或被要求补缴税款,可直接请税务行政复议,并无缴纳税款为复议前置条件。⑲ 而德国纳税担保方式呈现多样化,为纳税人充分提供了选择的余地。具体有保证人、抵押、质押,其适用范围包括纳税期间的延长、税收核定的停止、提前清偿、清偿期的延展、延期缴纳、执行停止等,此外对纳税担保人的资格认定也有较为完善的规定。⑳ 相较之下,德国更加贴近我国的税收实践,我国在下一步《税收征管法》的修改过程中也可以考虑这种思路,为纳税人设定多种可选择的纳税担保方式并扩充适用范围,淡化部门法划分的刚性标准,促建包容多元的学科空间,结合纳税人权利保护的主题整合学科资源,集中各个法学领域的立法智慧,使其在依据自身理论成果发挥作用的同

⑱ 参见李玉虎:《纳税人权利保护的理论与制度研究》,中国社会科学出版社 2023 年版,第 337 页。

⑲ 参见刘剑文、侯卓:《纳税前置制度的反思与超越》,载《江汉论坛》2015 年第 6 期。

⑳ 参见施正文:《税收债法论》,中国政法大学出版社 2008 年版,第 398~403 页。

时充分展现财税法的人文关怀和领域法的特质。

3. 优化税务行政和解制度

税务行政和解制度的建立研究横跨多个法律部门,而领域法学跨越"部门墙"的主张,恰恰改变了壁垒森严的学科生态,引导在开放包容中展开学科商谈。在行政法研究的视域下,当前我国有关税务和解的行政法律法规已经明确了税务行政复议阶段的和解。[21] 然而,以上法律法规更偏重解决行政法范畴内的问题,涉及税收领域的仅有只言片语。执法活动具备的丰富性和执法场景的差异性决定了执法和解的运用需要有多样性的安排和协同,因此立法需要以不同方式和从不同学科中汲取养分来回应对该问题的关切。我们可以考虑具体化行政和解在税收征纳关系中的适用,从将税务行政和解制度纳入税收征管法、建立独立的税务和解部门、明确税务和解适用阶段、规范适用条件、明确征纳双方的权利(力)分配等方面展开。

(三)领域法视域下纳税人权利保护的司法革新

1. 修改清税前置程序

清税前置条款的存在实际上为纳税人行使救济权变相地设置了极大的障碍,为真正实现对纳税人救济权的全方位保障和实现财税法的权利扶持作用,应当适当修改清税前置程序,回应社会质疑。从比较法的视野出发,国际上许其他国家的相应法律规定可供借鉴。如美国税法规定,若纳税人因纳税争议向税务法院提起诉讼,无须先缴纳税款,但欠款税成立则需支付利息。[22] 美国税法的规定充分运用填平原则,将民商法领域的逻辑思路融入创造性地解决税法问题的过程中去。领域法在以领域性问题为引领的研究范式下,不存在部门法之间的藩篱,无论是单一的,还是整体的部门法规范,均构成领域法学的要素,围绕某一类具体问题进行有机整合。由此,还可以考虑第二种思路,即由法院行使自由裁量权,根据提起行政诉讼的纳税人的实际经济水平,核定先按比例缴纳"欠税",然后根据行政诉讼的审判结果进行合理调整。如纳税人胜

---

[21] 参见《行政复议法实施条例》第40条、《税务行政复议规则》第86条。

[22] 参见刘楠楠、刘文慧:《困境与出路:纳税人权利救济体系的完善》,载《税务研究》2020年第5期。

诉,则税务机关不仅需要返还该部分欠税,还需要按银行同期利息补偿纳税人相应的金额;若税务机关胜诉,则纳税人要及时向税务机关补足欠缴税款和银行同期利息。以上思路涉及公私法律关系的交叉,兼顾征纳双方社会关系的多重属性,尤其第二种思路对当前清税前置条款的突破较小,更加能够体现领域法所倡导的综合性、交叉性、多元化、体系化的研究思维和研究范式,却对税务法官的专业素养和司法水平提出了较大的挑战。

2. 深入推动专门税务法庭的设立

司法权的独立是保障司法公正的根本。而纳税人权利是否能够得到成功的救济,在很大程度上依赖于审判机关的司法水平。人力资源优化是提高司法水平的重中之重。在德国,有专门的初审法院和终审法院,专门审理纳税人与税务部门之间的税务争议。[23] 我国也可以考虑效仿,采取循序渐进的方式推进税务行政诉讼审判领域的专门化建设。首先,在各级人民法院设置专门的税务法庭等审判组织,挑选专业背景过硬、知识结构合理、从业经验丰富的税务审判人员专门受理税务案件。当前,已有厦门市思明区人民法院成立“涉税案件合议庭”,上海法院设立了税务审判庭,开启了税收司法专门化、法治化、规范化建设的新篇章。待时机成熟后,可以如互联网法院和金融法院一般,以解决某个特定领域问题为宗旨系统性地设置专业的税务法院,综合运用“领域性整合”理论模式和“问题—经验—逻辑”一体化实用性思维对纳税人权利保护规则进行立体化解释和精准化适用。

3. 营造尊重纳税人权利的司法氛围

我国民众深受传统文化的影响,长期以来存在的“畏讼”“厌讼”的心态也与税收征纳关系中双方地位的长期不对等和纳税人权利意识不强存在直接关系。征税机关和司法机关应当推动建立能够彰显纳税人权利意识的司法机制,对纳税人合理的维权行为给予充分的必要尊重。审判机关应当及时公开裁判文书,无论哪一方胜诉均对典型案例加以推

[23] 参见池生清:《德国税收救济制度的建构原理初探》,载《税务研究》2017年第2期。

广,以适当营造尊重纳税人权利的司法氛围,助推平等、开放、包容、多元、协同的学术研讨情境和学科发展路径的生成与深化。

(四)领域法视域下纳税人权利保护的法律监督

1. 充分运用非诉讼的纳税人维权制度

单纯的纳税人诉讼制度目前脱离于我国的法治现实土壤,从领域法学研究新范式和新思维出发,纳税人还存在非诉讼的维权途径。《税收违法行为检举管理办法》《信访条例》《全国税务机关信访工作规则》等法律法规确立了税务违法举报制度和税务信访制度。作为纳税人应当在充分了解制度规定的前提下积极行使相应的权利,两项制度赋予纳税人的权利才不至于虚置。

2. 推动税务行政公益诉讼制度的建立

税务行政公益诉讼涉及诉讼法与税法的交叉与协同,在具体的税收活动中,政府作为国家的代表行使征税权和用税权,自然也要接受国家和国民的监督。申言之,当检察机关在履行其法定职责的过程中发现税务机关在税收征管中的违法行为,造成国家利益和社会公共利益受损,公民、法人和其他社会组织由于没有直接利害关系,无法提起诉讼的,检察机关能够以税务机关为被告提起行政公益诉讼。在现代学术理论界,学科互涉是学术意识的一部分,甚至被看作研究院之外研究活力的来源。[24] 税务行政公益诉讼制度的建立,有助于激发法学学科内部的互动互联活力,推动实体法与程序法的互补融合。

3. 增强民间组织力量的发挥

纵观世界各国,很多国家建立了诸如纳税人协会等专门的纳税人维权组织,如美国纳税人保护联盟、英国纳税人联盟、德国纳税人协会等。我国也可以在税务骨干律师中抽调一部分人才,建立专业、独立的纳税人维权组织,以便为纳税人提供精准的专业咨询服务和权利救济渠道,探索法学融合发展的新进路,充分发挥财税法作为领域法的特质,以真正实现纳税人权利的有效行使与适度伸张,平衡征纳双方的法律地位。

㉔　参见[美]朱丽·汤普森·克莱恩:《跨越边界——知识 学科 学科互涉》,姜智芹译,南京大学出版社 2005 年版,第 274 页。

五、结语

党的二十届三中全会指出统筹推进财税、金融等重点领域改革,深化财税体制改革。目前我国公民的私人财产权和国家的公共财产权在税收领域逐渐体现为并行不悖甚至是相得益彰、互为映衬的良性互动关系,未来纳税人权利保护将何去何从,关乎税收法治进程的顺利实现与否,关乎财税法是否真正能够发挥良法善治之功能,关乎公民与国家之间的关系格局。面对纳税人权利保护体系还不够完备的现状,领域法的研究范式和治理逻辑旨在与既存的诸种法学学科及研究范式一道,在财税法律运行的全过程中为纳税人权利保护提供莫大助力,对繁荣和发展财税法学科建设,塑造法学理论知识和研究方式"新共同体"提供具备多元价值的理论资源,也对优化和丰富中国特色社会主义法学理论体系有所裨益。

下游企业因上游企业虚开犯罪所衍生的三大税法议题

李俊明*

摘　要：上游企业构成虚开增值税专用发票之犯罪行为，未必可推导出下游企业也构成增值税专用发票之犯罪行为。进项税额抵扣是增值税法律制度的核心，为落实增值税是法定间接税，应保障纳税人税款转嫁之权益。若下游企业不构成虚开增值税专用发票罪，因上游企业构成虚开增值税专用发票，导致增值税款无法时及时实现的风险，不应分配给下游企业。因此，对于善意取得虚开增值税专用发票之下游企业，一律要求其将进项税额转出或补税的现行做法，不具有充足的法律依据与欠缺合理性。尽管增值税与企业所得税在税基的计算上具有一定的牵连性，但两者各自具有独立的征税客体，故虚开增值税专用发票罪所认定的事实及处罚效力，应仅限于增值税，不应也不宜进一步延伸至企业所得税。

关键词：虚开增值税专用发票；善意取得；进项税额抵扣；增值税税款损失

一、前言

《刑法》第205条所指的虚开增值税专用发票罪，其文字表述虽用的是“虚开”，但结合《刑法》第205条第3款对虚开增值税专用发票行为

* 李俊明，上海交通大学凯原法学院财税法中心执行主任。

的界定,除为自己虚开外,也包括为他人虚开和让他人为自己虚开。因此,虚开增值税专用发票罪的责任主体,既有开票方(上游企业),同时也包括受票方(下游企业)在内。在虚开增值税专用发票罪案件中,若税务机关查处开票方(上游企业),通常会向下游企业所在的税务机关,发送已证实上游企业虚开通知单,由此并衍生三大涉及下游企业的税法议题。

为此,本文将结合税法、《刑法》有关规定及最新涉税司法解释,分别探讨以下三个问题。一是若上游企业被认定构成虚开增值税专用发票罪,下游企业是否也构成虚开增值税专用发票罪?二是若下游企业不构成虚开增值税专用发票罪,则其从上游企业取得增值税专用发票上注明的增值税额(进项税额),是否可从销项税额中抵扣?亦即增值税款无法及时实现的风险应如何分配才合理?三是虚开增值税专用发票罪所认定的事实及处罚效力,是否仅限于增值税,或可进一步延伸至企业所得税?也就是说,在企业所得税税前扣除项目的认定上,下游企业取得该增值税专用发票所对应的支出,是否也连带受影响而不准许再发生年度税前扣除?

二、上游企业虚开犯罪未必推导出下游企业也构成虚开犯罪

(一)是否构成虚开犯罪应各自独立判断

何谓刑事不法之"虚开",一直是困扰执法机关(税务机关、检察机关及法院)及纳税人(开票方、受票方)的法律适用难点。特别是当上游企业涉嫌虚开、走逃失联的情况下,势必大幅增加对下游企业真实交易的核实难度及征管成本,为虚开增值税专用发票罪案件的查办,带来一系列的挑战与难题。

在虚开增值税专用发票罪案件的查办过程中,若税务机关查处开票方(上游企业),通常会向下游企业所在的税务机关,发送上游企业《已证实虚开通知单》、上游企业涉税案件移送书。此时,下游企业所在税务机关不宜也不应该先入为主,依赖上游企业所在地税务机关出具的上游企业《已证实虚开通知单》、上游企业涉税案件移送书,据此认定下游企业也构成虚开增值税专用发票罪。下游企业所在税务机关仍应依法按

照虚开增值税专用发票罪的构成要件,参考而非完全凭借上游企业所在地税务机关提供的线索,作出独立判断。

由于虚开增值税专用发票犯罪行为态样不一,为统一执法标准,在总结过去司法实践的基础上,2024 年 3 月 18 日,最高人民法院联合最高人民检察院、公安部、国家税务总局共同举办新闻发布会,发布《关于办理危害税收征管刑事案件适用法律若干问题的解释》(法释〔2024〕4 号,以下简称《涉税犯罪司法解释》),该司法解释已自 2024 年 3 月 20 日起施行。为此,本文进一步结合《涉税犯罪司法解释》,进行相应的说明。

(二)下游企业可能构成虚开犯罪的情形及其认定标准

结合《涉税犯罪司法解释》第 10 条第 1 款可得知,虚开增值税专用发票之刑事违法行为态样的认定标准采用实质或形式择一标准。也就是说,缺乏与真实交易(实质标准)对应的开具发票行为;或虽有真实交易,但增值税专用发票上记载的上游企业(销售方)与下游企业(购买方)并非实际交易对象当事人(形式标准)。是故,若下游企业不想被认定或遭误会为虚开增值税专用发票之犯罪行为,既要有真实交易且发票形式(开票对象、发票内容)也要符合税法规定。问题是除了就虚开行为本身进行实质或形式标准的判断,是否还要考虑行为的结果及行为之主观目的呢?

根据《涉税犯罪司法解释》第 10 条第 2 款,基于虚增营业额、扩大销售收入,或者制造企业虚假繁荣而开具增值税专用发票的行为,不以虚开增值税专用发票罪论处。由此可见,虚开增值税专用发票之刑事违法行为并非单纯的行为犯。

是故,对于无实际业务而接受上游企业涉嫌虚开增值税专用发票的行为,只有当下游企业主观上以骗抵税款为目的,且客观上因抵扣造成增值税税款损失之结果,才构成虚开增值税专用发票罪。至于具有真实交易而接受上游企业开具与税法规定不符的增值税专用发票,亦应当作相同解释。

此外,关于造成增值税税款损失之结果的解释,究竟指的是实害结果或危险结果,并不明确。关于虚开增值税专用发票罪名的性质为何,实务界与理论界长期存在分歧观点，存在行为犯、目的犯、结果犯（又有实害犯和危险犯之争）等不同争论。[①] 若仅乍看《涉税犯罪司法解释》第10条第2款，有朝实害结果犯作目的性限缩解释的倾向。但若基于确保增值税税款征管之及时性与完整性考虑，毋宁采危险结果说更为妥当。

（三）下游企业可能构成逃税罪的情形及其认定标准

《涉税犯罪司法解释》第1条第1款第3项将“虚抵进项税额”作为逃税罪的“欺骗、隐瞒手段”之一的行为态样。另外，不同于虚开增值税专用发票罪的法定刑最高为无期徒刑，[②]逃税罪的法定刑最高为7年有期徒刑，[③]且逃税罪另有不予追究刑事责任的除外规定，[④]故两者有其区分上的法律实益。

关于虚开增值税专用发票罪与逃税罪的适用界限，实务部门的指导意见认为，“若在应纳税义务范围内，通过虚增进项进行抵扣以少缴纳税款者，即便采取了虚开抵扣的手段，但主观上还是为不缴、少缴税款，仍应以逃税罪论处。但若超过应纳税义务范围，则在应纳税义务范围内的部分成立逃税罪，超过部分成立虚开增值税专用发票罪，属于一行为同时触犯两罪名的竞合犯，按照从一重处原则处理。”[⑤]对此，本文持保留意见。无论是在纳税义务范围内的少缴或超出纳税义务范围外的多骗税，两种不同类型的税收犯罪行为，客观上都对税收财产利益的实时与完整性产生危险，并造成纳税人负担的不公平。如此差别对待的必要性与妥当性，在未来的案件处理过程中恐引发更多的解释争论，值得后续进一步观察。

因此，若按实务的指导意见做法，存在真实交易的下游企业取得虚开发票，若其主观目的在于不缴、少缴税款，在应纳税义务范围内的部分

---

① 参见张明楷：《论虚开增值税专用发票罪的构造》，载《清华法学》2024年第4期。

② 参见《刑法》第205条第1款。

③ 参见《刑法》第201条第1款。

④ 经税务机关依法下达追缴通知后，补缴应纳税款，缴纳滞纳金，已受行政处罚者，不予追究逃税罪之刑事责任。参见《刑法》第201条第1款。

⑤ 滕伟等：《“两高”〈关于办理危害税收征管刑事案件适用法律若干问题的解释〉的理解与适用》，载《法律适用》2024年第4期。

成立逃税罪,超过部分成立虚开增值税专用发票罪。另外,《刑法》第201条第4款规定,经税务机关依法下达追缴通知后,下游企业及时补缴应纳税款,缴纳滞纳金及罚款者,不予追究刑事责任。若税务机关没有依法下达追缴通知者,依照《涉税犯罪司法解释》第3条第2款,依法不予追究逃税罪之刑事责任。

(四)下游企业可能构成善意取得虚开增值税专用发票的情形及其认定标准

如前所述,上游企业与下游企业是否构成虚开是相互牵连但也各自独立判断。上游企业虚开犯罪,下游企业可能构成虚开增值税专用发票罪,也可能构成逃税罪,第三种情形是可能构成善意取得虚开增值税专用发票。根据《关于纳税人善意取得虚开的增值税专用发票处理问题的通知》(国税发〔2000〕187号通知,以下简称187号通知),存在真实交易的下游企业,取得专用发票注明的上游企业方名称、印章、货物数量、金额及税额等全部内容与实际相符,且没有证据表明下游企业知道销上游企业提供的专用发票是以非法手段获得者,不构成虚开增值税专用发票罪,也不构成逃税罪,而是构成善意取得虚开增值税专用发票。

善意取得虚开增值税专用发票行为的构成要件,不同于虚开增值税专用发票罪,其在税法上的评价也不相同,但有一点是相同的。取得虚开的增值税专用发票的下游企业,不得扣抵进项税额;已经扣抵者,由税务机关追缴。但善意取得虚开增值税专用发票本质上并不等于虚开增值税专用发票之犯罪行为,何以不得扣抵进项税额;已经扣抵者,由税务机关追缴税款的合法性、合理性为何?详见本文以下第三部分的说明。

三、下游企业遭补缴税款的税法分析

当下游企业是善意取得虚开增值税专用发票的情形,下游企业所在的税务机关通常会要求下游企业按进项税额转出处理,不准许抵扣。已经抵扣者,对其追缴税款。问题是下游企业是否有税法上的义务来为上游企业的违法行为买单呢?鉴于此类案件已成为增值税中的重灾区,引发不少民怨,审理相关案件的法院也是左右为难。[⑥] 有必要结合相关规定,从税法原理,理性认真对待此一乱象。篇幅所限,以下兹举三点加以说明。

(一)实务做法之合法性疑问及其分析

若上游企业有虚开的刑事违法情形,对善意取得自上游企业之增值税专用发票,下游企业所在的税务机关,往往要求其按进项税额转出处理,不准许抵扣。已经抵扣者,对其追缴税款。根据187号通知的规定,税务机关的处理决定有其下位法的依据。尽管现行实务做法确实有其下位法的执法依据。但由于进项税额抵扣涉及增值税应纳税额的认定,攸关纳税人宪法上财产权的保障,故还需要有上位法的依据。根据《增值税暂行条例》第9条规定,若下游企业取得的增值税扣税凭证不符合法律、行政法规或者国家税务总局有关规定者,其进项税额不得从销项税额中抵扣。

从文字表述的形式逻辑来看,《增值税暂行条例》第9条可作为其实务做法的上位法依据。但若进一步思考,法律、行政法规或者国家税务总局有关规定,这三者之间并非并列关系。按照《立法法》第11条第6款的规定,税种的设立、税率的确定和税收征收管理等税收基本制度,只能以制定法律形式为之。鉴于进项税额抵扣法律制度是增值税法律制度的核心,是否不准许抵扣应该保留由法律形式来规定,此即学理上所称的税收法定原则。因此,国家税务总局无权依据《增值税暂行条例》第9条规定,对进项税额抵扣增加《增值税暂行条例》所没有的限制规定,而只能是制定一些具体执行法律的细节性、技术性事项。

再者,具有真实交易且自交易当事人间取得的异常增值税扣税凭证,并不在《增值税暂行条例》第10条所列举的不得抵扣的情形。因此,税务机关根据前述国家税务总局的相关规定,对有真实交易且自交易当事人间取得的异常增值税扣税凭证,作出追缴税款的税务处理,恐难找到充分的上位法依据作为支撑。

---

⑥ 如科洛尼公司案、城置投资公司案,即为下游企业因上游虚开而被追缴税款,提请行政诉讼的典型代表性案件。参见上海铁路运输法院行政判决书,(2020)沪7101行初291号;上海市浦东新区人民法院行政判决书,(2024)沪0115行初151号。

(二)实务做法之合理性(妥当性)疑问及其分析

如前所述,税务机关根据 187 号通知善意取得虚开增值税专用发票的规定,命下游企业为进项税额转出并补缴增值税,恐难找到合适的上位法作为依据。退一万步而言,为避免因上游企业虚开并走逃所产生的国家增值税税款损失,若认为通过国家税务总局制定有关规定的方式,限制下游企业之进项税额抵扣有其必要性,但问题是这样的做法是否具有其合理性,或是如何做才是合理呢?

善意取得异常增值税扣税凭证,与没有真实交易而实施虚报进项税额,两者本质上为不同行为类型,故有作不同税务处理的需要与必要。若没有真实交易而买受发票,将构成虚开增值税专发票违法行为,不仅是补税,还将课以行政罚或刑事罚的责任。换言之,正是因为有真实交易,且取得来自实际交易对象所开具的增值税专用发票,所以不构成虚开增值税专用发票的违法行为,而适用善意取得虚开增值税专用发票的规定。但其在税务上的处理却是"一刀切",不准其抵扣进项税款或追缴其已抵扣的进项税款。尽管字面上是用"不准"的表述,但实际上是"一律不准",没有例外情形。

(三)实务做法之时效疑问及其分析

关于异常增值税抵扣凭证追缴税款是否有时效的限制,现行《增值税暂行条例》并未有明确的规定,也往往被人所忽略。若出现异常增值税抵扣凭证已经抵扣的情形,是否能据此得出,税务机关可随时对纳税人追缴税款的结论呢?恐怕不能如此误解甚至曲解法律的解释。

无论是根据或参照《税收征管法》第 52 条第 2 款规定,对异常增值税抵扣凭证追缴税款应受三年时间限制,例外为五年。如果连《刑法》都有追诉时效的限制,税务机关难道可以无时间上限制,对申报异常增值税凭证抵扣进项税额的下游企业追缴税款吗?依法行政、依法征税或补税固然重要,但也不能忽略法秩序安定性的价值,否则税事将永无宁日,严重不利于营商法治环境的长治久安。

(四)进一步说明:关于 39 号公告的解释与适用

需要补充说明的是,根据《关于纳税人对外开具增值税专用发票有关问题的公告》(国家税务总局公告 2014 年第 39 号,以下简称 39 号公告)第2条的规定,受票方纳税人取得的符合上述情形的增值税专用发票,可以作为增值税扣税凭证抵扣进项税额。问题是如何正确理解该规定,笔者认为,关键不在于适用主体是否必须限于开票方。本公告的背景在于避免扩大虚开增值税专用发票的适用,也就是虽然上游企业之纳税人以虚开增值税专用发票的方式来虚报进项税额,但并不当然就此推出其对下游企业也存在虚开增值税专用发票的结论。故在下游企业之受票方纳税人取得符合39号公告第1条规定的增值税专用发票,⑦亦可作为增值税扣税凭证抵扣进项税额。但若上游企业之开票方主管税务机关已依法认定其对下游企业所开具的发票为虚开的情况,39号公告之规定将无适用之余地。

四、下游企业能否主张税前扣除

根据国税发〔2000〕187号通知,该规定只对下游企业善意取得虚开增值税专用发票的情形,不准许其抵扣增值税,已经扣抵者,由税务机关追缴,但并未明确规定纳税人购进货物成本不能在企业所得税税前扣除。实践中,则有扩大解释的倾向,除追缴增值税税款外,亦不准许其主张税前扣除,进一步追缴相应的企业所得税税款。

增值税与企业所得税是现行的前两大税种,尽管在计税基础的事实认定上,两者具有一定的相牵连,但两者本为各自独立的税种,有其独立的计税基础。增值税进项税额抵扣的行使,除必须满足交易真实性的实质性要求外,根据《增值税暂行条例》第9条,形式上还应取得交易相对方合法有效抵扣凭证。然而按照《企业所得税法》第8条的规定,税前扣除并没有形式上的要求,发票的功能只是用来佐证支出的真实性。

此外,依照《发票管理办法》(2023年修订)第21条第2款的规定,

---

⑦ 纳税人通过虚增增值税进项税额偷逃税款,但对外开具增值税专用发票同时符合以下情形者,不属于对外虚开增值税专用发票:一、纳税人向受票方纳税人销售了货物,或者提供了增值税应税劳务、应税服务。二、纳税人向受票方纳税人收取了所销售货物、所提供应税劳务或者应税服务的款项,或者取得了索取销售款项的凭据。三、纳税人按规定向受票方纳税人开具的增值税专用发票相关内容,与所销售货物、所提供应税劳务或者应税服务相符,且该增值税专用发票是纳税人合法取得、并以自己名义开具者。

任何单位和个人不得有下列虚开发票行为:(一)为他人、为自己开具与实际经营业务情况不符的发票;(二)让他人为自己开具与实际经营业务情况不符的发票;(三)介绍他人开具与实际经营业务情况不符的发票。因此,虚开增值税专用发票所认定的事实,重点是与实际经营业务不符,而实际经营业务不符并不等于不存在真实的交易。是在查处取得虚开发票案件时,对当事人购进货物是否用于本企业产品生产没有充分举证。

综上所述,下游企业善意取得虚开增值税专用发票所认定的事实及其追缴税款的决定,不应过度延伸至企业所得税的计税基础,不应也不适合将两者进行不当的联结。原则上,若下游企业能证明交易真实,有与取得收入有关的真实、合理支出,都应准予在计算企业所得税应纳税所得额时扣除。如在耐奇科技公司案中,[8]耐奇科技公司使用涉案11份虚开的货物运输业增值税专用发票进行企业所得税税前扣除,税务机关认为其税前扣除支出的发票不具有真实性,故相应支出不得作为企业所得税税前扣除。另外,税务机关要求耐奇科技公司采取相应的补救措施来证明其支出的真实性。其后,由于耐奇科技公司未能提交符合《企业所得税税前扣除凭证管理办法》(国家税务总局公告2018年第28号)第14条规定的能够[9]证实支出真实性的相关数据,故依照《企业所得税税前扣除凭证管理办法》第16条的规定,[10]追缴其少缴的企业所得税,法

⑧　参见耐奇科技公司诉广州市税务局、广州市税务局第一稽查局案,广州铁路运输中级法院(2020)粤71行终1279号行政判决书。

⑨　《企业所得税税前扣除凭证管理办法》第14条规定:"企业在补开、换开发票、其他外部凭证过程中,因对方注销、撤销、依法被吊销营业执照、被税务机关认定为非正常户等特殊原因无法补开、换开发票、其他外部凭证的,可凭以下资料证实支出真实性后,其支出允许税前扣除:(一)无法补开、换开发票、其他外部凭证原因的证明资料(包括工商注销、机构撤销、列入非正常经营户、破产公告等证明资料);(二)相关业务活动的合同或者协议;(三)采用非现金方式支付的付款凭证;(四)货物运输的证明资料;(五)货物入库、出库内部凭证;(六)企业会计核算记录以及其他资料。前款第一项至第三项为必备资料。"

⑩　《企业所得税税前扣除凭证管理办法》第16条规定:"企业在规定的期限未能补开、换开符合规定的发票、其他外部凭证,并且未能按照本办法第十四条的规定提供相关资料证实其支出真实性的,相应支出不得在发生年度税前扣除。"

院支持税务机关上述的要求与决定。不同于“一刀切”不准许下游企业善意取得虚开增值税专用发票税前扣除的主张,耐奇科技公司案做法较具合理性,但根据“三流”(货物流、资金流、发票流)是否一致来判断交易是否真实,⑪容有可商榷之处。

五、代结语:合理分配增值税税款损失风险的未来展望

为正确计算纳税人当期的应纳税额,进项税额抵扣可以说是增值税法律制度的重中之重。基于增值税是法定间接税的性质,若下游企业已合法申报进项税额抵扣,因上游企业虚开犯罪,事后竟还要转出进项税额并补缴税款,这不但影响真实交易的下游企业纳税人之合法权益,更使其深陷税负不可承受之意外突袭。或许有论者认为,若无法有效控管进项税额扣抵的行使,不可避免将产生增值税税款损失的风险。以避免国库损失为理由而否认下游企业的进项税额抵扣权,这种忧虑固然可理解,做法或许也有其必要性,但有其合法性与合理性(妥当性)吗?

党的二十届三中全会通过的《中共中央关于进一步全面深化改革、推进中国式现代化的决定》,明确指出在健全税收制度上要全面落实税收法定原则。由于进项税额抵扣涉及增值税纳税义务、税收征管的基本事项,对下游企业善意取得增值税专用发票的管理,如不准许其申报进项税额抵扣,应用法律形式来规范,这才是真正的全面落实税收法定原则。以国家增值税税款可能损失为由,要求已缴纳税款的下游企业,代上游企业承担国家税款损失的风险。这不但把税款损失风险与责任承担混为一谈,更不符现代法治国家“自己责任原则”的要求。同时也违反《立法法》第 11 条第 6 款规定,缺乏充足的上位法依据。

---

⑪ 耐奇科技公司向税务机关提交的《承运契约》中承运方盖章为“三鑫运业物流有限公司业务专用章”,提交的《收款收据》中的收款单位为“三鑫物流有限公司财务专用章”,《承运契约》中的业务专用章与《收款收据》中的财务专用章指向的单位名称明显不一致。经耐奇科技公司盖章确认无误的中国银行支票复印件的收款人为“上饶市信江运输有限公司”、“江西伟兴物流有限公司”,亦与前述的《承运契约》中的业务专用章与《收款收据》中的财务专用章指向的单位名称明显不一致。故耐奇科技公司认为其货物运输业务真实的主张,未能获得税务机关及法院的支持。

善意取得增值税专用发票制度的初衷,可说是在证据不足以证明下游企业虚开情况下,为了分配增值税款未能实现之风险所创设的制度。特别在上游企业虚开后,恶性倒闭的情形下,若因凭证瑕疵而无法抵扣,也无法及时获得补正,但需要有主体来承担终局的国家税款损失。通过创设善意取得增值税专用发票制度的管控,无疑将增值税款未能及时实现之风险,转嫁给下游企业。考虑到税法具有大量行政特征,有其税收征管经济上的需要,故容许有一定的简化操作空间,但手段不得逾越目的。

换言之,只要下游企业能举证证明其与上游企业存在真实交易,且发票是实际交易对象所开具,则不因上游企业虚开并逃逸,从而将税款损失风险转嫁给下游企业,并进而影响下游企业的进项税额抵扣权利,这才是税款损失风险合理分配的正确做法。下游企业善意取得虚开增值税专用发票,对其追缴税款的“代人受过”之税务处理模式,恐怕真的行不通,更非长久之计。

全球热点财税问题

世界银行新营商环境评估税收指标体系的审视

范志勇* 陈梦瑶**

摘　要：世界银行新的营商环境评估体系“B-Ready”对税收指标进行了调整与优化，引入了数字化、环境可持续性和性别平等三大跨领域指标，从税收法规的质量、税务机关的公共服务水平以及税收制度的实际运作效率三个维度考察税收监管的质量，旨在简化税制、提高征管效率、降低合规成本，并促进私营企业发展与国家治理、公共产品与公共服务供给之间的平衡。我国应对标世界银行的评估指标强化智慧税务体系建设，加强税务数据的共享与安全保障，提升税收数据分析与应用能力，优化“智慧税务”系统功能，并以数字赋能完善税收征管机制，以期推动形成公平、透明且高效的税收环境。

关键词：世界银行；营商环境；B-Ready；税收；智慧税务

2021 年 9 月 16 日，世界银行（World Bank）决定中止《营商环境报告》（Doing Business，DB）及数据的发布，并宣布世界银行将制定新的方法来评估营商和投资环境。2022 年 2 月，世界银行公布营商环境体系（Business Enabling Environment，BEE）以广泛征求意见，在此基础上，世界银行于 2023 年 5 月公布营商环境成熟度（Business Ready，B-Ready）方法论手册，并于 2024 年 10 月更新。相比 DB 体系，B-Ready 体系形成的逻辑更为清晰，而且指标的涵盖面更广，更周延。DB 指标中评分不计

* 范志勇，北京交通大学法学院副教授，破产法研究中心主任。

** 陈梦瑶，北京交通大学法学院本科生，破产法研究中心研究人员。

入排名的雇佣劳工与政府采购,也为B-Ready指标吸收,雇佣劳工为一级指标,而政府采购是促进市场竞争指标中的二级指标。值得关注的是,B-Ready体系除了十大一级指标外,还增设了跨领域指标,即数字技术运用、环境的可持续性和性别平等,三大跨领域指标均融贯于各一级指标中,税收指标亦不例外。在B-Ready中,税收指标仍为十大一级指标之一,但具体内涵与考察内容多有变化。笔者将针对B-Ready中税收指标的设置主旨、主要框架、评估指标构成予以系统梳理、考察,以期对我国税制改革提供一定程度的借鉴。

一、B-Ready税收指标体系的评估目标与分数设置

(一)B-Ready税收评估指标的设置思路

B-Ready中的税收指标着眼于影响私营企业发展的税收制度的核心缺陷,即过于复杂的税收法律规范、低效率的税收征管制度、遵守税法成本高昂。世界银行将这些要素以及数字化、环境可持续与性别平等均纳入税收指标考量体系之中,以全面、系统评估其对经济发展的影响。就B-Ready税收评估指标的整体设置理念而言,首先,B-Ready评价体系着重突出税收征管的数字化、信息化建设的重要意义,尤其是在国家层面整合全国性的政务信息系统,打造全国统一的电子税务局,加强税务数据互联互通与政务协同,实现内外部涉税信息的全系统实时共享。B-Ready的数字化、信息化要求与我国2021年3月发布的《关于进一步深化税收征管改革的意见》所旨在建构的强大智慧税务系统,实现从"以票管税"向"以数治税"分类精准税务监管转变的改革方向是一致的。其次,B-Ready评价体系不仅着眼于通过优化税收征管流程、简化税制和提高税务服务水平,提升纳税人的体验感与税收遵从度,降低纳税人的税收合规成本,还强调推动实现企业实质性减轻税负的价值目标。最后,B-Ready评价体系强调将保护纳税人合法权益作为税收管理工作的出发点。

(二)B-Ready税收指标的评分规则

相较于DB的数据源,B-Ready优化了数据的采集方式,通过专家咨询和企业调查相结合的方式采集数据,同时使用相对不太严格的假

设、案例、情景以加强相关性。由此不仅提高了数据信息采集的准确性，更体现出 B-Ready 对市场主体感受的关注度，世界银行以此努力在不同经济体之间的数据可比性和某一经济体内部的数据代表性之间取得平衡。在数据可比性方面，专家咨询提供了同一类型企业在不同经济体之间的经验比较，企业调查则提供了实际企业的平均经验比较，其平均值由具有代表性的平均值、中位数或其他统计数据来体现。就数据代表性而言，企业调查通过采访有代表性的企业样本来捕捉差异，专家咨询则通过询问专家关于不同类别的企业的广泛参数来捕捉差异。

税收指标下不同维度评估数据与信息的来源不同。其中，维度Ⅰ与维度Ⅱ的数据是通过向企业的税务专家咨询获取的；维度Ⅲ的大部分数据是通过经过特别培训的数据采集机构向企业调查的方式收集的。企业调查针对不同规模（特大型、大型、中型、小型）、不同行业、不同地理区域（北部、东北、中部、东部、西南、西北）的企业展开。企业调查对企业的选择采取了分层随机的方式。有的企业的涉税工作可能通过委托外部机构来完成，当数据采集机构向该企业调查时，企业人员可能并不了解本机构相关的纳税信息，这时数据采集机构可以通过企业本身向其委托办理纳税事宜的外部机构调查了解相关纳税信息。

世界银行将从企业灵活性和社会效益两个层面来分配各子指标的分数占比，值得关注的是，有些指标内容可能并不会被赋予企业灵活性或社会效益方面的得分。如维度Ⅱ中的“税务管理透明度”指标仅涉及社会效益，因为该指标对企业的影响不明确，因此，该指标仅获得社会效益得分；又如，对维度Ⅲ的实践中的税收制度运行效率的评价仅涉及企业灵活性，是因为这些指标衡量的是企业遵从税收法规的结果。

二、B-Ready 税收评估指标的构成体系

B-Ready 税收指标面向私营企业，从三个不同的维度/支柱来考察税收监管的质量，每一项维度/支柱都被基于某些共同特征的区分而划分为不同的组别，每一组别又被细化为不同的子类别，每一子类由若干指标组成，每一指标对应特定的分数，然后汇总得出每一子类别、组别和支柱的分数。根据世界银行于 2024 年 10 月发布的 B-Ready 方法论手

册显示,“税收”共有36项子指标,其中,维度Ⅰ“税收法规的质量”(Quality of Tax Regulations)包含13项子指标,维度Ⅱ“税务机关的公共服务水平”(Public Services Provided by the Tax Administration)包含16项子指标,维度Ⅲ“税收制度在实践中的运行效率”(Operational Efficiency of Tax System in Practice)共有7项子指标。

(一)维度Ⅰ:税收法规的质量

1. 税收法规的清晰度和透明度

该项二级指标评估公众是否能得到关于最新的税收法规以及税收法规变化的信息情况,还考察所有新增重大税收法规在对公众公开征询意见过程中的透明度。税收法规的清晰度强调通过纳税信息化平台的建设,能够便于及时地阐明较为模糊的税收规范。税收法规变化的透明度强调增加纳税信息化平台的功能,向纳税人开放查询途径,同时及时收集纳税人的相关意见。本二级指标的主要考察项包括:向纳税人公开最新的一般税收指引、向税务人公开所有类型的内部税收指引、税务管理部门发布有约束力的私人裁决与公开裁决、①税务争端解决程序是否被纳入统一适用于所有核心税种的单一立法法案、税务检查程序是否被纳入统一适用于所有核心税种的单一立法法案。

为在本二级指标层面取得分数,公众要有获知最新税收法规规定以及法规变化的可能性以及途径。税收征管诊断评估工具(Tax Administration Diagnostic Assessment Tool, TADAT)发布的《实践指南》在“五、支持自愿遵从”部分列举了作为良好实践参考的一些具体方式。譬如,通过各种对用户友好的形式(如指南、小册子、概况介绍、表格、网页、常见问题、实践笔记、裁决和其他书面信息、媒体文章和口头信息的形式)和公共教育计划(如针对创业或经营企业的人和首次雇主的外联

① TADAT发布的《实践指南》“八、准确申报”部分,对两种税务裁决的效力进行了区分,其指出,公开税务裁决具有广泛、普遍的适用效力,私人裁决仅适用于提出申请的单个纳税人或特定的纳税人集体。See Tax Administration Diagnostic Assessment Tool (TADAT), *Subnational Supplement Field Guide*, TADAT Secretariat, 2019, p. 84. 通过发布税法适用于实践中的案例,让纳税人更好地理解其权利、义务,提高税法的确定性与预期性。

计划,以及针对学校学生的税务教学材料)向纳税人提供信息。[②] 这些是列举了实操性较强且现实具体的方式,展示了纳税人获得相关信息的具体途径。

2. 征管程序

税收征管程序的指标考察内容主要分为两个部分,一是简化税务备案保存和报告。新加坡税务局简化了小型企业的记录保存工作,为核实企业的经济活动之目的,其要求企业可保存原始商业记录,而非原始文件。然而,小型企业仍需保留所有其他的原始文件,如合同和信函等无法转化为列表或登记册的文件,其无法根据商业记录予以核实。[③] 二是一般税务登记、增值税登记和增值税退税。

提供一般税务登记信息是进行有效税务管理的基本要素,可减少纳税义务的不确定性,提高纳税申报和税收的合规性。此外,在线提供税收信息可提高税收征管的透明度和纳税人对税务征管流程的信任。关于税务登记费用和时限的详细规定,明确了纳税流程,简化了初创企业的纳税手续。要维护税收登记信息的准确性,最简单有效的方法之一是利用法律和/或法规,要求纳税人在登记信息发生变化时及时通知税务机关。

增值税登记的三级指标考察是否设置增值税登记门槛的规范情况,低于门槛额的企业可以自愿进行增值税登记,参与增值税退税。增值税登记门槛的设置,可使税务机关集中征管力量于较大规模的纳税人,从而节约预算支出。而对企业来说,高效的增值税退税机制可以减少因等待增值税退税而产生的机会成本。增值税申报对于增值税的缴纳与退税管理是必要的,也有助于风险评估。

3. 环境财政工具的设置

环境财政手段旨在减少"碳排放"、抑制燃料消耗、促进企业创新和采用环境友好型技术,并增加财政收入。首先,"环境财政工具的设置"

② See Tax Administration Diagnostic Assessment Tool (TADAT), *Subnational Supplement Field Guide*, TADAT Secretariat, 2019, p. 51.

③ See Inland Revenue Authority of Singapore (IRAS), *IRAS e-Tax Guide: Simplified Record Keeping Requirements for Small Businesses (Fourth Edition)*, IRAS, 2024, p. 1.

指标将评估一经济体的环境财政工具设置情况,包括碳税、能源税和碳排放交易系统在经济中的适用情况、就遵守环境税收法规提供专门指导的情况,以及旨在提高公众对环境税的认识和接受程度的宣传情况。其次,评估公众咨询的可用性,考察环境财政工具中的公众咨询机制是否涵盖广泛的私营部门利益相关者(包括企业组织、代表受税收负担影响的贸易和消费者组织,以及税务顾问或会计师),以及公众咨询的持续性和是否在线公布咨询结果。最后,本指标还将评估政策制定者是否在新的环境财政工具颁布与其实施日期之间留出一段过渡期,以减少环境财政工具的修改可能带来的不确定性与风险。此外,本指标未评估一经济体是否有明确的化石燃料补贴情况,因为化石燃料补贴的量化是一项复杂的任务,需要收集大量数据信息,包括化石燃料的消耗量、终端用户、市场价格等,超出了B-Ready的评估范围。

(二)维度Ⅱ:税务机关的公共服务水平

数字化的征管服务既有利于降低税收合规成本,又有利于提升税收制度的透明度,减少逃税行为。经济合作与发展组织(Organization for Economic Co-operation and Development, OECD)的《改善税务管理的技术:税务机构实用指南》(以下简称《实用指南》)指出,纳税人希望得到的是数字化服务,而不仅是信息,税务机关需要实施与现代纳税人的社会生活环境相协调的全面的税务管理数字化服务,使其成为纳税人的信息生态系统中的重要组成部分。④ 维度Ⅱ聚焦税务机关面向纳税人开展税收征管的数字化服务水平。

1.面向纳税人的数字化服务

“面向纳税人的数字化服务”指标主要从四个方面来考察。第一,“纳税人在线服务门户网站”指标,旨在推动门户网站成为纳税人与税务机关之间的一种简便、透明且现代化的互动媒介,其包括经济体是否提供在线服务网站供纳税人选择、网站的用户友好程度、门户网站是否涵盖了所有的实体税种、纳税人是否可在门户网站上更新账户信息和联

---

④ See OECD, *Technologies for Better Tax Administration, A Practical Guide for Revenue Bodies*, OECD Publishing, 2016, p. 91.

系方式、门户网站是否给纳税人提供纳税申报与资金支付服务,以及门户网站是否具有供纳税人与税务机关沟通功能。第二,“电子报税”指标,评估企业可在线申报企业所得税、增值税和其他消费税、就业税与社保缴款的情况。通过建立健全电子申报和缴税系统,可有效降低纳税人合规成本,减少税务征管环节的权力寻租行为和逃税行为,还能够激发企业内部的组织变革和信息技术的采用。第三,“预填纳税申报单”指标,考察是否允许私营企业预填企业所得税申报表、增值税或其他消费税申报表、就业税与社保缴款申报表的情况,由税务机关从银行、雇主、海关等可靠来源获得准确数据预先填入纳税人的申报表或在线账户。第四,“电子缴税”指标,以此为纳税人提供更效率、便捷的缴税方式,也有助于加强税收监管。需要注意的是,在后三个三级指标下,不征收以下税种之一的经济体——企业所得税、增值税、其他消费税或就业税和社会缴款,B-Ready 不对其进行评估,这些组成部分的分数将按比例重新分配给该指标中的其他组成部分。

2. 税务管理中的数据管理与系统集成

数据管理是指对税收相关的数据进行收集、存储、处理和分析的过程,系统集成则是指将税务相关的软件系统、硬件设备和服务集合起来,形成一个协调工作的整体。“税务管理中的数据管理与系统集成”指标主要评估点在于四个方面。

第一,税务登记,要求私营企业在工商登记时能够自动进行税务登记,从而降低企业开办的行政成本。一些国家的政府关注到税务信息的关联性价值,以此加强政府部门间数据的整合,深化政务系统与数据的协同,如在注册公司或登记子女出生的同时进行税务登记;使用相同的标识符号来为纳税人提供其他行政服务等。⑤

第二,纳税人数据库和税务识别号,要求建立一个统一的、信息化的、覆盖全国的纳税人数据库,并且私营企业必须有唯一的税务识别号,以此与税收管理相结合,优化纳税人识别机制,有助于拓宽税基并提高

⑤ See OECD, *Tax administration responses to COVID-19: Assisting wider government, Forum on Tax Administration*, OECD Publishing, 2020, p. 6.

税收的合规性。关于纳税人数据库和单一税务识别号,《实用指南》提出“单一纳税人档案”的概念,如此是为了让税务机关在单一档案中收集有关纳税人的所有信息,以形成一个全面的纳税人档案,能够避免数据的重复和差异,还能够更好地组织数据的输入、访问和共享,从而节省内存、计算和人力资源,并使税务工作人员和纳税人能够访问和使用一致的数据集。⑥

第三,税务注销,要求私营企业在工商注销的同时,能够自动实现税务注销,以畅通市场主体退出路径。在我国,税务机关作为市场主体注销环节的前置部门,担负着结清企业税务事项、畅通市场主体退出渠道的重要任务。企业在市场监管部门进行工商注销之前,须先行办理税务注销。在商事实践中,有些市场主体由于对办理企业注销手续不熟悉,在办理注销手续时往往先到市场监督管理部门被告知具体流程后,又来到税务部门办理税务注销,最后再回到市场监督管理部门注销,这种“多进一次门”的事情时有发生。为此,有必要进一步捋顺二者的关联,税务部门和市场监督管理部门加强联合,可以探索建立“税务+工商”联动预检机制,确定两部门间联络员或设置线上沟通机制,当市场监督管理部门受理注销业务时,由联络机制将纳税人信息即时传输到税务部门,税务部门再对符合条件纳税人出具清税证明,再传回市场监督部门,协助纳税人办理注销手续,进一步压缩办理时间,让纳税人在退出市场时有更简洁、更快速体验。

第四,数据交换和使用,包括按性别分列数据的可用性及其分析情况。加强对纳税人申报信息的交叉核对可以减少企业提供额外数据的压力,降低纳税人的税收合规成本。OECD 在 2022 年发布的《税收政策与性别平等:各国做法盘点》提出,大多数接受调查的国家没有收集按性别分列的税务合规数据。然而,通过数据收集了解男性和女性的纳税模式,能够对税务管理程序的性别影响进行反思,以期调整其中一些模式,也有助于根据性别平等的目标改进税收制度,并解决数据所显示的一些

---

⑥ See OECD, *Technologies for Better Tax Administration: A Practical Guide for Revenue Bodies*, OECD Publishing, 2016, p. 39.

性别偏见。⑦

3. 税务管理透明度

“税务管理透明度”指标主要指涉公共服务的透明度,与上述税收法规的透明度评价指标所考察的内容不同,前者强调的是税务管理的透明度,而后者评估对象是税收法规的起草、变更程序的透明度。本指标的考察内容主要涉及两个方面。

第一,“税务机关的年度绩效与性别多样性”指标,要求税务机关在线发布财务和运营绩效年度报告及审计报告,并且要保障公众在线获得相关信息的权利,以此增进纳税人对税务机关的信任,提高税收遵从度,并促进行政问责制的实施。在税务机关工作人员的性别构成考察方面,要求税务机关公开工作人员以及高级管理人员的性别构成情况,强调税务机关应当在推动性别平等方面发挥表率作用,提升面向女性的税务服务水平,更多女性担任高级管理职位的经济体也更有可能实施促进性别平等的政策。国际货币基金组织(International Monetary Fund, IMF)在2023年发布的《性别与税收管理原则与实践》中提出税务机关可以与教育机构发展合作,促进女性在税务、财务管理和会计、计算机和行为科学以及分析等领域接受充分的教育,建立一支性别平衡和包容性的税收管理队伍,并细化了考察税务机关员工队伍的性别平衡与包容性的指标,包括:(1)各职能或业务领域的女性比例;(2)各管理层级的女性人数;(3)女性占新招聘人员的比例;(4)女性的薪酬水平(包括女性与男性间的薪酬差距);(5)男性和女性的自然减员率;(6)晋升女性与符合晋升条件女性的比例。⑧

第二,“公共问责制”指标,要求税务机关积极征求纳税人对税务管理的评价,并在线公布调查结果,还要求明确税务机关工作人员的行为规范准则以及不当行为的法律后果,设立税务监察员或专门监察机构以

---

⑦ See OECD, *Tax Policy and Gender Equality: A Stocktake of Country Approaches*, OECD Publishing, 2022, p. 7.

⑧ See Katherine Baer, et al., *Gender and Revenue Administration Principles and Practices*, *IMF Technical Notes and Manuals* 2023/04, International Monetary Fund (IMF), 2023, p. 13.

及税务反腐败机构,以此督促税务机关工作人员严格遵守法律法规与行为准则,防止腐败和滥用权力,进而缓解税务机关与纳税人之间的紧张关系,增强公众的信任。IMF在《税收管理与企业绩效》中通过实证研究,提出从以下四个方面评估公共问责制:(1)对税务管理绩效的外部监督;(2)独立和公正地调查纳税人对不当税务管理行为、税务管理不善和腐败的投诉;(3)奉行道德行为标准和职员诚信政策;(4)确保遵守内部控制和治理框架的内部保障机制。⑨

4.税务审计及相关争议

在"税务审计及相关争议"指标下设置了两项细化指标。一是"国家年度税务审计计划"指标,要求税务机关在线上提供计划,并明确计划的涵盖范围,以此提高税务审计的确定性与税务管理的效率。二是"税务审计框架"指标,要求税务机关明确税务审计的类型,并提供在线的税务审计手册和指南,以此确定统一的税务审计方法和程序。

税务审计结果的争议三级指标包括两项四级指标,分别是两级审查机制。"第一级审查机制"由独立的税务争议审查机构负责,来审查所有类型的税收争议,以此节约纳税人的时间与经济成本,提高税收争议解决质效。倘若第一级审查程序用时过长,纳税人可以自愿选择适用"第二级审查机制",以平衡争议解决的效率与公平目标,并增加诉诸司法路径的机会。OECD在《2023年税收管理报告》中提出要强化税务审计工作的数字化应用,以此促进非现场的税务审计工作的开展,包括允许纳税人以电子方式提交审计相关文件。⑩ 这一举措也尤为符合我国近年来在优化营商环境工作中普遍开展的非现场检查改革,通过充分运用政务科技与大数据,以及采取"风险+信用管理"等多元化措施,来实现对被监管者/被检查者"无事不扰",而监管"无处不在"的效果目标。

(三)维度Ⅲ:税收制度在实践中的运行效率

为进一步提升税收征管的效率,一方面需要持续强化税务管理的信

---

⑨ See Era Dabla-Norris, et al., *Tax Administration and Firm Performance: New Data and Evidence for Emerging Market and Developing Economies*, IMF, 2017, p. 12.

⑩ See OECD, *Tax Administration 2023: Comparative Information on OECD and other Advanced and Emerging Economies*, OECD Publishing, 2023, p. 104.

息化建设;另一方面需要加强纳税人向税务机关反馈意见以及税收争议解决的信息平台与数字化机制建设,及时、高效地解决税收争议,全面提升税收营商环境。

1. 税收征管流程的时间与功能

高效的税收管理可提高纳税遵从度,扩大税基,增加税收;反之,复杂的法规和冗余、烦琐的程序会造成延误,增加企业的税收合规成本。“税收征管流程的时间与功能”指标从“报税和纳税时长”“使用电子系统报税和纳税情况”“一般税务审计的持续时长”“解决税务争议的时长”“增值税退税的适用情况”五项三级指标层面来详细考察税收征管效率。其中,电子报税和缴税系统要想取得预期成效,就应当在税收实践中充分运作和实施,因此,世界银行特别考察经济体关于电子报税和纳税系统的使用情况,主要涉及使用该系统报税和纳税的企业所占市场主体的比例。

在提升增值税退税效果方面,TADAT 发布的《实践指南》“十、高效的收入管理”指出了可以借鉴的增值税退税的一些良好做法,具体包括:(1)进行增值税登记,应用身份证明检查以防止虚假交易者进入增值税系统。(2)使用专门构建的自动化风险评估软件,根据风险标准审查所有增值税退税申请,以区分具有良好合规历史的退税申请人和那些具有不良或未知合规历史的申请人。高风险的退税申请人需要接受退税前审计或其他验证,而低风险申请人则可以享受退税后验证的待遇。[11] 这一举措契合我国近年来普遍开展的“风险+信用管理”的改革思路,在增值税退税等税务管理领域,税务机关可以强化纳税人大数据的分析与运用,尤其是纳税人各方面的市场信用数据,在掌握充分的纳税人大数据的基础上,通过建立科学、合理的信用风险评价模式,税务机关可建立纳税人的信用风险“画像”,据此可对不同风险的纳税人分类开展税务管理工作,精简低信用风险纳税人的税收审核环节与税务管理流程,进一步提升税务管理质效,也有助于推动国家的社会信用体系建设。

---

⑪ See Tax Administration Diagnostic Assessment Tool (TADAT), *Subnational Supplement Field Guide*, TADAT Secretariat, 2019, p. 107-108.

2. 企业的财务负担

有效税率是企业、政府和投资者用来评估公司税前收入中纳税部分的重要指标。它不同于法律规定的法定税率,因为它考虑了扣除、抵免和其他影响公司实际税负的税收规定。这使有效税率更准确地反映了公司的实际税负。掌握有效税率对于优化企业税务战略、确保税收合规性和优化财务管理机制至关重要。“企业的财务负担”指标下设“企业所得税的有效税率”以及“就业税与社保缴款的有效税率”两项三级指标,以此评估企业在税收营商环境下的财务负担。企业所得税的有效税率会影响企业的税后利润率、市场竞争力和整体财务健康状况,以及与投资、融资和其他商业活动相关的企业决策。企业所得税的有效税率指标通过有效税率估算公司缴纳利得税的财务成本。而就业税与社保缴款的有效税率会影响企业的用工成本、利润率和市场竞争力,以及与劳动者招聘、员工福利和总体办事效率相关的企业决策。

三、对标世界银行加强我国智慧税务体系建设

为了持续优化我国税收营商环境,不仅要动态跟进世界银行新评估体系,还要深刻剖析我国税收营商环境评估实践。对于税收营商环境评估,我国不应局限于“对标型改革”的技术层面应对,也不应只是为了迎合评估并提高排名,因此,探索税收营商环境建设与评估的“中国化道路”,进一步推动税制改革,进而完善现代税收制度,显得更加重要。在B-Ready“税收”指标的全面、系统的评估体系中,税收征管的数字化建设是一项贯通全程、全方位、可行的税制优化路径。近年来,在我国中央与地方各级税务机关全面深入推进“放管服”改革与全面优化营商环境的进程中,智慧税务体系的建设取得了重大进展。2021年3月24日,中共中央办公厅、国务院办公厅印发了《关于进一步深化税收征管改革的意见》(以下简称《意见》),其提出在2025年基本实现发票全领域、全环节、全要素电子化,基本建成功能强大的智慧税务,全方位提高税务执法、服务、监管能力。结合世界银行B-Ready税收评估指标体系中的信息化要求,可着重持续强化智慧税务体系建设。

(一)加强税务数据的共享与安全保障

强化税收数据的收集,为税收征管的数字化目标奠定数据基础。在

此环节，通过强化税收数据的汇集、管理，提升针对税收数据的分析能力，以辅助税务机关做好税收征管的决策，并为政府机关开展税务方面的宏观调控举措提供数据支撑。同时，着力解决税收"数据孤岛"问题，推动建立税收数据的共享机制，可以通过建设统一的"智慧税务"系统平台，[12]以推动税收大数据的形成，并与其他相关业务系统建立互联互通的接口，来实现协同社会治理的目标，譬如，相关信息平台中的纳税信用数据与金融征信数据、司法执行信用数据、交通运输部门信用数据、市场监管信用数据等的互联互通，以此也为构建社会信用管理体系提供数据支撑。在打破相关数据系统间的隔阂之前，须妥当确立数据安全保障机制，在系统之间设置数据安全的"防火墙"，一旦出现数据安全风险，能够及时启动数据安全风险阻断应急措施，阻止数据安全风险的蔓延。此外，在充分保证整体国家安全的前提下，完善跨境税务部分数据的共享机制，确立税收数据分类分级制度，解决国际税法中的跨境避税规制的问题。

加强数据共享与政务协同，可以有效提升企业登记与税务登记环节的效率。譬如，赤峰市宁城县加强部门间涉税信息共享，推出企业开办套餐，针对新注册企业，将工商登记、税务登记、发票申领、社保登记、公积金缴存登记等多个环节整合为一个"企业开办套餐"。企业在申请时只需一次性提交相关材料，各部门按照既定流程并联办理，可大幅缩短企业开办时间。相关经验值得推广，如企业通过线上平台选择"企业开办套餐"服务后，系统自动将信息分发给各相关部门，各部门同步办理业务，企业在规定时间内即可完成所有开办手续。同时，提高信息共享频率和准确性，建立定时的数据更新机制，确保各部门间信息的实时性和一致性。譬如，市场监管部门的企业登记信息变更后，税务部门能够在最短时间内获取到最新信息，避免因信息滞后导致的管理漏洞和企业办

---

[12] "智慧税务"是税务大数据与"互联网+税务"的融合应用，以促进稳固强大的信息体系建设作为突破口，充分利用互联网和大数据技术发展的最新成果进行顶层设计，构建可以完成各项管理与服务职能的电子化、智能化的现代化税收管理平台，以创新的税务管理模式，推动税收宜商环境的进一步优化。参见吴萍：《基于"智慧税务"的税收优良营商环境构建》，载《北方经贸》2021 年第 1 期。

事不便。同时,应当加强数据验证和审核,提高信息的准确性,减少因信息错误引发的后续问题。

(二)提升税收数据分析与应用能力

加强对于税收数据的应用,提升税务数字化的分析与应用能力。针对"智慧税务"系统平台中的税收大数据,借助云计算、区块链等技术,在充分保障税收数据安全的基础上,以税务技术与数据赋能,结合合法、合理的算法,推动实现税收治理体系与治理能力的现代化。通过税收大数据,有助于形成纳税人的"个体画像",不仅税务部门能够以此依据进行针对性的税务管理活动,也能够为纳税人提供精准的税务个性化服务。税务部门可以发票电子化改革为突破口、以税收数据为驱动力,通过建设高集成功能、高安全性能、高应用效能的"智慧税务"平台,实现由"以票管税"到"以数治税"的分类精准监管的转变。[13] 此外,现代化的征管应注重减少对纳税人的干扰,这需要税务机关积极思考税收征管流程的优化、融合,联合电子税务局、网上办税大厅等整合税收征管程序,这也是节约税收征管资源的有效方法。

(三)优化"智慧税务"系统功能

在税务部门以信息化、数字化方式推出"非接触式"税务征管服务的过程中,税务部门应对"智慧税务"系统平台中的税收数据处理活动定期开展风险评估,严格落实税收数据收集、管理、运用等各环节的岗位责任,如此才能在依法保障纳税人合法权益的基础上,全面提升纳税人的纳税体验,提高税收征管的效率与纳税遵从度,在一定程度上减少税收征管对于纳税人正常的生产经营活动的干预。当然,"智慧税务"系统平台之功能的发挥,有赖于系统保持较高的稳定性、便捷性、流畅性,不因短时间中突发的大访问量而速度受限甚至系统崩溃,否则,开发的系统功能再强,相当部分的纳税人也会继续选择线下办理税务事宜,一次的系统故障就会致使平台失去一部分忠实的用户。建议税务局在互联网自助办税平台上,配置系统运维人员,及时解答、解决纳税人在自助

---

[13] 参见许多奇:《纳税营商环境优化与税收法治化变革——世界银行纳税营商环境指标不适用性反思》,载《法学家》2022年第3期。

办税过程中遭遇的系统故障以及系统使用的问题。此外,需优化“智慧税务”系统平台的页面设计,使其易于导航,特别是针对老年人、民族地区用户等群体,要提高门户网站服务的可达性、友好性与包容性。而且,税务数字化、信息化的建设,并不排斥税务人工服务,况且系统难以面面俱到地完成所有的税收管理任务。税务部门的工作人员可以借助新技术提高交流效率,譬如在系统无法使纳税人的咨询问题得到解决之时,就需要在系统中接入人工服务,由工作人员通过线上打字、语音通话,甚至视频交流的方式,来一对一地解决纳税人的问题。

(四)数字赋能完善税收征管机制

通过“以数治税”的抓手来提升税务管理的规范化、便利化,促进税收征管制度的变革。通过税收管理的信息化、数字化建设,也能够极大减轻纳税人的负担。譬如,就缴纳个人所得税的个人纳税人而言,其税务知识有限,个人所得税的计算与筹划能力往往不足,通过个人所得税智能手机 App 等途径,不仅带来税收征缴方式的转变,更为个人纳税人创造了补充必备税务知识的平台,也为其减轻税务核算负担,避免错失享受税收优惠措施甚至多缴税等提供了系统条件。对于税务大数据平台的使用与分析,税务部门能够以此实现精准化监管,也将推动税收征管制度的变革。又如,我国实行纳税申报与税收核定并存的税收征管制度,借助“智慧税务”平台,可以使纳税申报制度在实践中获得更为普遍的适用,而作为例外制度的税收核定程序的启动,也将以税务大数据的监管与分析结论为依据,避免不当以税收核定的方式取代纳税申报制度的问题,在扩张适用纳税申报制度的同时,也提升了纳税人的纳税遵从度与纳税人的纳税参与意识,因为纳税申报制度本身就体现了民主纳税的理念,是纳税人宪法权利保障的基本要求。在“以数治税”的理念引导下,推动税务部门实现从管理纳税人到服务纳税人的职能转变,形成以纳税人为中心的良好税收营商环境。[14]

---

⑭ 参见岳树民、张萌:《优化我国税收营商环境的借鉴与路径选择》,载《税务研究》2021 年第 2 期。

四、结语

随着经济全球化进程的加快以及技术手段的不断进步,税收政策和征管方式也需与时俱进。中国作为全球第二大经济体,在推动税制改革、完善现代税收制度时,应积极吸收国际先进经验。B-Ready 的税收评估指标体系为我国税收征管实践提供了较好指引,税收征管的数字化建设是贯穿 B-Ready 税收评估三大指标的核心措施,因此,我国应推动建设并完善智慧税务体系,不仅要对标 B-Ready 税收评估指标,更要在实践中探索出一条符合我国国情的税制改革之路。随着税收征管数字化转型的深入,相信我国的智慧税务体系将更加完善,这不仅能够提升税务机关的征管水平与效率、降低企业的税务合规成本与负担,更能够为税收制度的制定提供更加精准的数据支持,进而激发市场活力,打造良好的营商环境,促进我国经济的持续、健康发展。同时,我国仍需持续关注环境保护、性别平等等国际议题,使税收制度能够有效支持国际社会的发展目标,在提升我国的国际竞争力的同时,也为构建普惠开放的国际社会贡献更多力量。

“一带一路”背景下国际税收争议解决机制之困境纾解

陈阵香*　胡家语**

摘　要:随着“一带一路”投资和贸易的不断发展,合作伙伴之间的税收争端也不断增加。目前解决跨境税收争端的主要手段分别为国内税收行政诉讼与行政复议和国际上的相互协商程序。但国内税收行政诉讼和行政复议与相互协商程序之间的衔接不明,国内税收确定性相对滞后,相互协商程序内生缺陷难以克制。本文通过分析现存税收争端解决措施的不足等问题,提出可以尝试构建国际税收争端的新路径,从事前预防和事后解决两个角度出发,包括构建税收事前裁定制度和多边协商的争议预防解决机制,畅通国内行政诉讼、行政复议与相互协商程序的衔接,降低纳税人的经济成本,引入类仲裁制度等,为“一带一路”合作伙伴提供合作典范,构建公平、透明、高效的国际税收环境。

关键词:“一带一路”;国际税收争议;解决机制;相互协商程序

一、问题的提出

为了推动世界经济的发展,我国在 2013 年提出的“丝绸之路经济带”与“21 世纪海上丝绸之路”的共建策略,在全球范围内引起了广泛而积极的响应,成为促进国际合作与发展的重要平台。随着时间的推移,

---

* 陈阵香,上海立信金融会计学院法学院讲师。

** 胡家语,上海政法学院法律学院硕士研究生。

"一带一路"倡议的合作伙伴范围已显著扩大,凡是与我国签订"一带一路"合作协议或备忘录的合作伙伴,均为该倡议的积极参与者。截至目前,我国在推动"一带一路"倡议方面取得了显著成就。已与一百五十多个国家以及三十多个国际组织正式签署了关于"一带一路"的合作文件。① 此外,为了促进贸易和投资活动的顺利进行,我国还与部分国家和国际组织签订了避免双重征税的协定,这些协定的签署为各方在税收领域的合作提供了明确的法律框架,进一步增强了"一带一路"倡议的吸引力和合作深度。

随着"一带一路"政策的不断发展,合作伙伴之间的经济合作更加密切和深入,各国之间的税收争端也增多。② 如在 2014 年 6 月 27 日,菲律宾税务机构要求南航在菲律宾马尼拉办事处进行补税,要求南航办事处对其运输收入进行税款、滞纳金和罚款的补缴,涉及金额约为 600 万元人民币。③ 又如,在 2015 年,我国杭州某公司在印度尼西亚境内的营收为 1.12 亿元,应缴税 37 万元,按照当地规定该公司先预缴 440 万元税款,在申请退税 400 万元时却被印尼税收当局拒绝,并要求多缴纳 500 万元人民币的所得税,尽管经过多次协商印度尼西亚税收当局最终返还约 243 万元人民币,仍有部分款项未能返还。④

以上两个案例均展现出跨境投资领域中税收争端的复杂性。大部分国家之间签有双边税收协定仍不能避免此类纠纷。究其根本,不仅源于对税收协定条款的理解偏差,也源于各国之间的税收制度和征管体系的差异。且"一带一路"合作伙伴之间历史文化背景多样性繁杂,经济

---

① 参见《第三届"一带一路"国际合作高峰论坛务实合作项目清单》,载中国政府网,https://www.gov.cn/yaowen/liebiao/202310/content_6910130.html。

② 参见杰弗里·欧文斯、凌冰尧、李娜:《在"一带一路"参与国营造无争端的税收环境》,载《国际税收》2019 年第 5 期。

③ 参见藏可为:《"一带一路"投资会遇到哪些税务问题?》,载国家税务总局官网 2017 年 5 月 16 日,http://www.chinatax.gov.cn/chinatax/n810219/n810780/c2614320/content.html;李刚:《为企业"走出去"保驾护航》,载人民网,http://paper.people.com.cn/rmrbhwb/html/2018-05/22/content_1856119.htm。

④ 参见许广安:《"一带一路"视域下印度尼西亚中资企业所得税返还案例解析》,载《中国总会计师》2018 年第 4 期。

发展差距较大，对税收确定性中的一致性要求形成抵制。“一带一路”背景下愈加复杂的跨境税收争端，给合作伙伴的税收执法都带来极大的挑战。

解决“一带一路”合作伙伴之间产生的跨国税收争端，一般是从国内法和国际法两个角度出发，国内一般采用行政复议和行政诉讼等方式，国际上一般是根据税收协定中签订的相互协商程序进行解决。目前，我国已同十多个国家的税收主管部门就近300个案例开展了相互协商，取得了巨大进展。然而，随着跨境税收争端的数量增加，以及相互协商程序本身的缺陷，[⑤]仅靠现存争议解决机制无法解决“一带一路”建设中全部的税收争端。我国作为“一带一路”的倡议者应当考虑进一步完善MAP，并引入更加有效的税收争端解决机制，更高效地推动“一带一路”建设。

二、现行国内法与国际法解决国际税收争端的困境

（一）国内税法与国际税收协定尚未实现有效对接

1. 国内税收争端解决机制与相互协商程序衔接不畅

目前国内法对国际税收争端的救济机制是国内提供的行政复议和行政诉讼，根据OECD2013年颁布的《应对税基侵蚀与利润转移的行动计划》（以下简称《BEPS行动计划》）的第8条最佳实践是，各国在其颁布的《税收协定》指导方针中说明《税收协定》与本国的行政和司法救济之间的联系，如本国法院的裁决对于税务机关审理MAP案是否具有约束力，税务机关是否会基于行政政策等因素作出不同于国内法院的裁决等。

我国在与“一带一路”合作伙伴缔结的双边税收协议中已明确指出，启动相互协商机制并不需要事先竭尽国内补救手段，但对于相互协商程序如何与国内税务行政诉讼及税务行政复议程序并行开展，以及二者是否可以平行推进，如何进行衔接等问题，目前尚未有明确的规定。

---

⑤ See De Lillo, Francesco, *Roy Rohatgi on International Taxation*: *Volume 1*: *Principles*, 3rd Edition, p. 465-466.

国家税务总局在 2013 年发布的《税收协定相互协商程序实施办法》(2018 年修订,以下简称《实施办法》)和 2017 年发布的公告第 6 号《特别纳税调查调整及相互协商程序管理办法》(以下简称《管理办法》)中均不涉及相互协商程序与行政诉讼和行政复议的衔接问题以及二者之间的关系,并且《实施办法》和《管理办法》中关于 MAP 的程序和步骤并不统一。这不仅会导致 MAP 程序与国内救济程序的衔接不畅,还会让纳税人对国内执行程序产生怀疑。缺乏明确的法律依据,会造成纳税人在对 MAP 程序的协商结果不满时缺乏维权渠道,影响企业"走出去"的信心,降低企业"走出去"的动力。税务主管当局在遇见相关案件时也缺乏处理依据,最终会影响我国跨境税收解决争端的公信力。

2. 国内税收确定性相对滞后

2023 年 12 月 12 日,"一带一路"税收征管合作机制举行了税收性研讨会,会上重点强调了应当考虑增强税收确定性,切实降低纳税人的风险和税收负担,并为"一带一路"国家提供参考经验。这展现出"一带一路"背景下对税收确定性的需求增高,我国作为"一带一路"的倡议者,更应当考虑采取相关制度增强税收确定性。

税收确定性通常是指征收税款应当具体明确,最早可以追溯到亚当・斯密在《国富论》提出的税收四原则之一。⑥ 税收确定性在税收争端预防和解决中发挥重要作用,也有学者认为税收确定性可以被认为是国际税收改革的"第三支柱"。⑦ 在"一带一路"背景下,我国对外投资规模迅速扩大,但国际税收规则不断变革、人工智能的发展冲击了商业模式转型,这些都给跨国投资增加了不确定性。国际上通常采取税收事前裁定制度增强税收确定性。该制度自 1911 年在瑞典第一次实行,后被推广至全球各国,得到诸多国家税务局的认可,逐渐成为增强税收确定

⑥ 参见应涛、计金标:《税收确定性、〈多边公约〉与我国双边税收协定》,载《国际税收》2020 年第 1 期。

⑦ 参见柳华平、杜林、张镱:《提高税收确定性的路径选择——基于 IMF 和 OECD〈税收确定性专题报告〉的启思》,载《税务研究》2023 年第 7 期。

性的最佳做法。⑧ 目前已经有五十多个国家或地区建立了税收事前裁定制度。但我国仍未在立法层面确立税收事先裁定制度。

我国曾于2015年《税收征收管理法修订草案(征求意见稿)》(以下简称《税收征管法(修订意见稿)》)中提出过"预约裁定制度",即税收事先裁定制度,但该意见稿尚未正式颁布。该制度在我国尚无立法支撑,目前我国已在多个地区采取试点制度,并且《十四届全国人大常委会立法规划》已将《税收征管法(修订意见稿)》列入第一类立法项目,税收事前裁定制度也有望被涵盖(见表1)。

表1 我国税收事前裁定制度立法归纳

地区	立法现状
广东省茂名市	2024年4月,广东省茂名市税务局发布《国家税务总局茂名市税务局关于推行大企业复杂涉税事项税收事先裁定工作机制的通告》,相关规定自2024年4月24日起实施
北京市	2024年4月,北京市税务局办公室印发《国家税务总局北京市税务局税收事先裁定工作办法(试行)》,相关规定自2024年4月18日起实施
上海市	2023年12月,上海市税务局办公室印发《上海市税务局税收事先裁定工作管理办法(试行)》,相关规定自2023年12月29日起实施
海南省东方市	2023年3月,海南省东方市税务局发布《国家税务总局东方市税务局关于提供复杂涉税事项税收事先裁定服务的通告》,相关规定自2023年3月15日起实施
海南省定安县	2022年8月,海南省定安县税务局发布《国家税务总局定安县税务局关于提供税收事先裁定服务事项的通告》,相关规定自2022年8月15日起实施

⑧ See ALARIE Beniamin. DATT Kalmen H. SAWYER Adrian l. et al, *Drawce Tax Rutings in Persectire*: *A Theoretco and Con - parative Analvsis*, Social Science Electronic Publishing, 2015. p. 20.

续表

地区	立法现状
江苏自贸区南京片区	2020年7月,南京市税务局发布《国家税务总局南京市税务局关于支持中国(江苏)自由贸易试验区南京片区发展试行税收包容审慎监管的意见》,相关规定自2020年7月28日起实施
广州市南沙区	2020年6月,广州市南沙区税务局印发《国家税务总局广州市南沙区税务局复杂涉税事项税收事先裁定暂行办法(试行)》,相关规定自2020年7月1日起实施

《上海市税务局税收事先裁定工作管理办法(试行)》是我国税务机关首次采用规范性文件的形式系统性规定了税收事前裁定制度。预示着我国在税收事先裁定制度上取得了实质性突破。但我国跟其他国家相比,该制度尚不成熟,仍处于滞后状态。需进一步探索完善我国税收事前裁定制度,从而增强税收确定性,预防和解决跨境税收争端,促进跨境贸易与投资(见表2)。

表2　税收事前裁定制度对比

相关规定	美国	法国	英国	新加坡	中国香港特别行政区	中国上海地区
申请人	所有纳税人	所有纳税人	所有纳税人	所有纳税人	所有纳税人	本市单位纳税人
适用范围	正反列举	正反列举	正反列举	正反列举	正反列举	设置负面清单
处理期限	不明确	不明确	28天	8周或者1个月	6周内	无
公开性	公开	公开	不公开	不公开	选择性公开	不公开

续表

相关规定	美国	法国	英国	新加坡	中国香港特别行政区	中国上海地区
约束力	对纳税人具有约束力	对税务机关有法律约束力	对税务机关有法律约束力	仅对税务机关具有单方约束力	对税务局和纳税人约束力有限	不明确
救济路径	可向税务局提出内部复议,也可向法院上诉	可申请行政复议	可申请重新裁定	不可上诉	不可上诉	不可复议和上诉

(二)相互协商程序的内在缺陷

在发生国际税收争端时,传统且广泛的解决方式是相互协商程序(以下简称 MAP)。通常而言,相互协商程序,是指在条约双方的税收主管当局针对税收协议的阐释或应用存在分歧,或一国的征税措施已致纳税人遭遇双重课税状况时,双方能通过协商来协同解决跨国税务争议的情景[⑨](见图 1)。

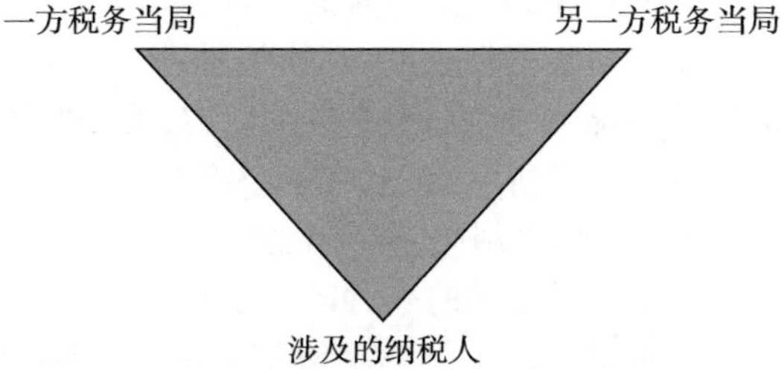

图 1 MAP 架构

我国与"一带一路"合作伙伴签订的双边税收协定中,均参考了经

⑨ See OECD, *Model Tax Convention on Income and on Capital*, OECD Publishing, 2017.

济合作与发展组织发布的《关于对所得和财产避免双重征税的协定范本》以及联合国发布的《关于发达国家与发展中国家避免双重征税协定范本》后纳入了MAP条款。但从各类国际协议体系中演变而来的MAP,其实质是一种旨在和平化解争议的政治性协商机制,自身存在不可避免的缺陷性。

1. MAP程序受理当局局限,受理过程缺乏透明度

纳税人申请提出MAP程序在一般情况下只能向其居民国的税务当局提出,如果涉及的税收争端是关于国民身份为条件的无差别待遇问题时,例外允许纳税人可以向其国籍国的税务当局提出申请。也就是说,无论何时纳税人都不能向投资东道国的税务当局申请MAP。但有时纳税人税收争端反而是纳税人居民国的税收当局的不当税收措施造成的,一边当运动员一边当裁判员会导致纳税人居民国的税收当局缺乏动力来启动MAP,甚至故意拖延,会导致纳税人缺少解决争端的途径,纳税人也无法通过强制手段来保障自身的税收利益。

且双边税收协定中并没有明确规定MAP程序的具体规则,只是在原则上规定税务当局可以进行相互交流,并没有对沟通流程等方面进行详细的规定。这会导致MAP程序缺乏有效的约束和监督,没有时间节点的限制会加剧MAP程序的随意和拖延。而且MAP的个案进展并不会被公开,纳税人无法知晓案件进度,其他纳税人也无法通过个案来知晓MAP程序的具体情况,会影响MAP的公信力,无法发挥MAP制度的引导和指引作用,也会形成所谓的"MAP鸿沟"。[10]

2. MAP程序缺乏法律强制性,解决手段单一且效率低下

MAP本质上是缔约国之间的一种政治协商手段,不具有法律上的强制性。这也导致MAP解决争议的手段相对单一,只能靠缔约国双方税务当局进行磋商谈判,缺乏其他的解决争议的手段。一旦协商后依旧存在矛盾,双方很容易陷入谈判僵局,从而导致该争端需要被搁置或长时间才能够被解决。由于现行的双边税收协定中的MAP并没有规定双方的磋商时间,实践中也会出现税务当局故意久拖不决的情况,影响解

[10] See Mooij H, *Arbitration Institutes*, 47 An Issue Overlooked 739 (2019).

决争端的效率。例如,在“一带一路”合作伙伴的基础设施建设项目中,中国化学工程集团第十一建设公司承担了某一国的电力站建设项目,并遇到了重复征税的问题。在此情况下,我国税务部门借助 MAP,历经长达五年的多次交涉,最终虽得以促成该项目获得 2069 万元人民币税款的减免,但耗时五年,由此可体现 MAP 的效率低下。[11] 经济合作组织财政委员会曾提出,MAP 程序的基本缺陷就是无法保证会达成解决问题的结果。[12]

尽管在 2008 年修订的《OECD 范本》中第 25 条增加了一个附属于 MAP 机制的仲裁机制,该条款规定当双方税务当局在两年内无法通过相互协商程序解决争端时,可以根据纳税人的申请且无须经过主管当局的同意就将该争端提交给第三方仲裁裁决。但目前仅有非常少数的双边税收协定中的 MAP 条款引入了该仲裁,我国与“一带一路”合作伙伴中的双边税收协定尚没有引入该条款。

3. 对纳税人的保护力度不足

在 MAP 程序中纳税人参与的程度极为受限。[13] 仅在程序启动阶段,纳税人被赋予提出相互协商程序申请的权限。[14] 此外纳税人不享有任何具体的权利。甚至不能旁听本人案件或查阅相关材料。纳税人最终仅能选择采纳或拒绝对根据相互协商程序所达成的结果,而无法依据个人诉求直接介入协商环节,这会导致纳税人的诉求得不到满足。[15] 并且大部分纳税人缺乏相关的专业知识,难以充分理解 MAP 程序的协商

---

⑪ 参见国家税务总局无锡市税务局课题组、吴志峰:《“一带一路”视角下跨境税收争端问题浅析——基于税收协定的订立和适用》,载《国际税收》2018 年第 7 期。

⑫ See OECD, *Model Tax Convention on Income and on Capital*, OECD Publishing, 2010.

⑬ See Perrou K, *Taxpayer Participation in Tax Treaty Dispute Resolution*, IBFD Doctoral Series, 2014, p. 227, 239-241.

⑭ See OECD, *Model Tax Convention on Income and on Capital*, OECD Publishing, 2008, 2010, 2014.

⑮ See Pistone P, Goede J. eds., *Introduction in Flexible Multi-Tier Dispute Resolution in International Tax Disputes Flexible Multi-Tier Dispute Resolution in International Tax Disputes*, Books, 2021, p. 1-2.

内容和后果,各国在执行MAP程序时也会存在差异,这都会导致纳税人的相关权益受损。

4. MAP程序期间不暂停征税,经济成本过高

根据《BEPS行动计划》中的第14项行为计划最终报告《使解决争议机制更有效》,其中第6项就是建议各辖区应当采取适当的措施并在MAP程序期间暂停征收税款,但该项只是最佳实践并非最低标准的部分,成员方有权选择是否采纳,并且不会影响对其执行最低标准的评价。

根据《实施办法》中的第25条和第26条的规定可以看出,我国对MAP程序期间是否暂停征税的态度,基本态度是"原则上不暂停,例外情况可以暂停"。针对具体什么情况可以进行暂停,税务机关有自由裁量权。在MAP程序中,大部分是不暂停征税,这会加重企业的经济负担,而且MAP程序一般时间都长达两三年,甚至要在五六年后才会进行税收返还,这非常影响企业资金的流动性。

由此可见,传统的相互协商程序虽然在一定程度上可以解决缔约国双方之间的税收争端,但时间无法保障,效率过低,程序的非公开和非透明性也影响了MAP程序的公信力,对纳税人权利的保障也不充足,还会给纳税人带来高昂的经济成本。为此各国和相关组织开始探索多元化的国际税收争端的解决方式。

三、域外解决国际税收争端的新路径分析

由于相互协商程序在解决税收争议方面的缺陷逐渐显露,其在效率、时间成本以及程序的公开性和透明度方面的不足受到质疑,因此美国、欧盟和OECD组织等都开始探索新的解决国际税收争端的新路径。

(一)美国的税收仲裁机制

美国的跨境税收争议解决机制,在1990年开始时采取可选择性仲裁方式,以各缔约国同意仲裁为前提。但自愿仲裁的约束力较弱,弊端不断凸显。到2006年,美国开始采用强制性仲裁并在其税收协定中广泛推行强制性仲裁。

1. 第一阶段:可选择性仲裁

1889年,美国与德国订立的税务协议(以下简称《1889年美德税收

协议》),是全球第一个引入税收仲裁机制的国家。此仲裁机制采纳了一种可选性的仲裁形式,条款约定:“对于在本协议的解读或实施过程中出现的任何难题或疑惑,若无法通过主管机构依据相互协商程序予以解决,且在取得主管机构与纳税人的共同认可,并确保纳税人以书面形式同意接受仲裁委员会决定的约束后,税务争议案件方有资格提请仲裁。此仲裁委员会的裁定将对缔约双方的税务主管机关具备法律约束力。该仲裁程序的确立需借由外交途径,通过两国间正式的照会交换来完成。”但该条款并未规定缔约双方必须采用仲裁方式;仲裁仅在所有相关方,即两国政府及纳税人一致同意的情况下,作为一种可选路径而启用。[16]

可选择性仲裁无论是仲裁委员会的设立抑或是仲裁程序的确定都与国际商事仲裁的一般要求类似。根据《1889 年美德税收协议》中的规定,仲裁委员会的构成最低标准为三位成员,其甄选流程要求由协议双方各自提名等量的仲裁员,确保总数为奇数,以便于决策,其中仲裁庭至少需选择一名独立成员,[17]这位独立仲裁员必须具备作为任一缔约国或经济合作与发展组织成员国公民的资格。

尽管美国创新性地引入了仲裁条款,然而,可选择性仲裁的应用领域相当有限,仅局限于未能通过相互协商程序达成共识的税收协议解释争议。此外,仲裁委员会的权限仅被限定于对条约作出正确解释,无权干涉或对违背税收协议的行为实施任何处罚措施。裁决也无法直接适用,只能经过国内法转化后才能对纳税人产生直接影响。可选择性仲裁的约束力和强制力较弱,因此美国在《2006 年美德议定书》中将可选择性仲裁变更为强制性税收仲裁条款。

2. 第二阶段:强制性税收仲裁

在强制仲裁下,一旦缔约双方在处理国际税务争议上无法通过协商达成一致,任一方有权直接将该争议提交仲裁,无须取得对方税务机关的事先同意。为确保强制仲裁机制能够顺畅运作,美、德两国还特别就强制仲裁的具体程序细节签署了谅解备忘录,旨在提供操作层面的保

---

⑯ 参见卢颖异:《国际税收争议解决机制的新发展及其应对》,载《法学》2023 年第 4 期。

⑰ See Groen G, *Arbitration in Bilateral Tax Treaties*, 30 Intertax 8 (2002).

障。随后,在 2016 年,美国在其《美国税收协定范本》中正式纳入了强制性税务仲裁的相关条款,进一步体现了对此机制的重视与推广。

强制性税务仲裁程序的启动需满足下列前提条件:首先,纳税人需完成相应年度的税收申报义务。其次,税务争议须已持续至少两个完整的自然年,或经争议双方协定的其他时间段,并确保纳税人已获知此信息。再次,申请人需向相关缔约国的税务主管机关提交书面仲裁请求。最后,涉事方需向争议双方的主管机关呈递书面协议,承诺在仲裁流程中保密除最终裁决外的所有细节。⑱ 仲裁委员会的构成,由每缔约国指派的一名代表及这两名代表共同选定的主席组成,以维护委员会的公正性与独立性。尤为重要的是,该委员会主席不得拥有缔约国的国籍或为永久居民,同时,其他委员亦不可为做出委派的缔约国税务管理或财政部门现职人员,且不得在此之前涉足与争议相关的具体事务。⑲

在之后的 2016 年《美国税收协定范本》中,美国进一步完善了强制性仲裁的相关规定,规定只有两种情况可以不将案件提交给仲裁,第一种是争议双方所在国法院针对案件作出判决。第二种是争议双方在纠纷发生前就已达成不采取仲裁的协议。

与《1889 年美德税收协议》中的可选择性仲裁相比,强制性仲裁的程序完整,运行机制完善,解决争议的效率更高。⑳ 不仅对仲裁委员会成员的选举和仲裁委员会裁决程序等事项进行了明确的规定,还重视了委员会成员独立性的要求,保障了仲裁委员会在运作期间的公正透明。并且,在强制性仲裁机制的驱动下,美国与多个缔约伙伴之间长期悬而未决的 MAP 案件得到了有效解决,这一成就彰显了强制性仲裁高效性的重要特质。

(二)欧盟的税收仲裁制度

1.《避免对关联企业调整利润双重征税的公约》中的强制性仲裁

欧共体理事会成员国代表在 1990 年签订了《避免对关联企业调整

---

⑱ See United States Model Income Tax Convention, Article 25, Para. 7. 2016.

⑲ See United States Model Income Tax Convention, Article 25, Para. 9.

⑳ 参见朱炎生:《国际税收仲裁:美、德两国的经验与借鉴》,载《税务研究》2013 年第 8 期。

利润双重征税的公约》(以下简称欧盟《仲裁公约》),该文件内阐述了一项称为咨询委员会的仲裁程序,此程序作为MAP程序的辅助环节而设立,主要目的为解决成员国间因转让定价问题引发的税收争议。

欧盟《仲裁公约》的创新在于其开创性地界定了五个不同阶段以应对双重征税争议:(1)单边救济机制,允许企业在公约第四条原则未获遵守情况下,向本国或其常设机构所在国的税务主管机关提出抗辩。(2)相互协商过程,旨在促使两国税务机关就企业异议达成共识,所达成的协议不受国内法时效约束。(3)咨询委员会机制,当两年内通过MAP无法达成一致,将组建咨询委员会,包含双方各一名代表及若干独立成员,采用简单多数规则决策,形成相对独立的仲裁环境。(4)税务主管机关决定,机关可基于咨询委员会意见自主决策或另寻共识,仅在成员国协商未果时,咨询委员会建议才成为强制执行的决定。(5)特指无后续国内申诉环节,即使裁决被认为违背欧盟《仲裁公约》基本原则,企业可通过第六条、第七条途径申诉,但排除了依据国内法寻求上诉救济的可能性。[21]

虽然欧盟《仲裁公约》在尊重成员国税收主权的前提下,创造性地引入了仲裁制度从而补充MAP程序。但仲裁条款依旧有不可避免的局限性,欧盟《仲裁公约》中限定了仲裁条款的适用范围,其他众多税收争端都无法通过仲裁条款进行解决。而且公约中没有明确规定税务当局若不接受仲裁应当在何时进行拒绝,并且也没有规定MAP时限的起止时间。[22]

2.《欧盟理事会关于双重征税争议解决机制的指令》中的类仲裁制度

由于欧盟《仲裁公约》中的仲裁制度未能解决双重征税问题,欧盟委员会于2016年发布了关于改善欧盟税收争议解决机制的建议,并在2017年10月通过了《欧盟理事会关于双重征税争议解决机制的指令》(以下简称《争议解决指令》),适用于2019年7月1日之后的欧盟内部

---

[21] 参见崔晓静:《欧盟税收〈仲裁公约〉及其借鉴》,载《涉外税务》2005年第9期。

[22] See Pit H. M, *The Changed Landscape of Tax Dispute Resolution Within the EU: Consideration of the Directive on Tax Dispute Resolution Mechanisms*, 47 Intertax 747 (2019).

的所有跨境税收争议。

《争议解决指令》确立了四个清晰的处理步骤:首先,在申诉发起阶段,纳税人有权向本国税务管理机构呈递相关资料,正式表达其争议诉求;其次,进入互惠协商程序阶段,在争议各方的税务主管机构同意受理前一阶段的纳税人申诉后,即可激活MAP流程以审议争议问题;再次,委员会处理阶段,该阶段不仅保留了源自欧盟《仲裁公约》的咨询委员会独立评估机制,还增设了一个常设的替代性争议解决委员会,旨在通过诸如最终报价仲裁等灵活手段与咨询委员会协同工作,增强裁决灵活性;最后,为税务主管机关裁决阶段,在接收到咨询委员会或替代性争议解决委员会的处理建议后,主管机关需在六个月内对争议做出最终裁断,此决定保留了偏离委员会建议的可能性。[23]

《争议解决指令》中的类仲裁制度更加灵活,主要体现在组建形式上,指令没有对替代性争议解决委员会的组成人数和形式进行全面的要求,而是允许主管当局在协商一致的前提下采取不同于咨询委员会的人员组成形式[24]。在裁决机制上也允许成员国相互协商后采用"任何适当"的争议解决方式和技术[25]。而且仲裁委员会转变成了常设性机构。同时也强化了对纳税人的保护,纳税人不仅有具体申诉的权利,同样可以在申诉被拒绝时向国内法院提起诉讼。

《争议解决指令》中的类仲裁制度不仅相比欧盟《仲裁公约》中的仲裁制度扩大了争端适用范围,并有着更加完善的程序和更加全面的对纳税人的保护,从而弥补了仲裁制度的局限性。

(三)OECD《关于应对经济数字化税收挑战双支柱方案的声明》中的争端前预防机制

《关于应对经济数字化税收挑战双支柱方案的声明》(以下简称《双

---

[23] 参见卢颖异:《国际税收争议解决机制的新发展及其应对》,载《法学》2023年第4期。

[24] See Council of The European Union, *Directive* (*EU*) 2017/1852 *on tax dispute resolution mechanisms in the European Union*, October 2017, Art. 10, Para. 2.

[25] See Council of The European Union, *Directive* (*EU*) 2017/1852 *on tax dispute resolution mechanisms in the European Union*, October 2017, Art. 10, Paras. 2 & 3.

支柱声明》)是 OECD 在 2021 年发布的声明,主要目的是因为数字经济的发展对国际税收制度产生了冲击,为了提高税收确定性,减少双重征税从而发布的声明。

第一支柱是关于重新分配权益的规则,旨在确保数字化经济中的跨国公司在其创造价值的国家获得公平的纳税权益。这一支柱将重新定义利润分配机制,以确保数字化经济中的企业按照其在不同市场上创造的经济价值支付合理的税款。而且支柱一中针对因征税权划分而产生的税收争端引入了新的多边争议解决机制。

从《双支柱声明》的内容可得,支柱一中争议预防与解决机制的覆盖范畴,专注于与金额 A 的确认及其分配直接关联的争议问题,同时也囊括了所有与金额 A 相关的争议类型,展现出广泛的适用边界。具体流程是指跨国企业先提交自我评估表和文档包交给牵头税务机关进行审查,牵头税务机关在初步审查后若认为不需要成立审查小组,则可以发布对各方均有约束力的结论。若牵头机关判定审查为必要之举,则需组建审查小组,该小组应由六至八个直接受影响的税务机关代表构成。在牵头机关的指导下,若审查小组能达成一致意见,则可形成最终结论。跨国公司接受结论就会形成对各方约束力的结论,若跨国公司不接受则可以在国内寻求救济。若审查小组无法达成共识,则需要将问题和材料交给决定小组,决定小组将通过“最终最佳报价”的方式做出选择,若审查小组已经就部分问题达成一致,则决定小组将不会处理该问题。㉖

支柱一争议预防与解决机制最大的创新之处就在于突破了双边协商进入了多边协商阶段,而且在《应对经济数字化的挑战—支柱一蓝图报告》(以下简称《蓝图报告》)中详细规定了各流程的时间限制,从而提高了支柱一争端预防与解决机制的效率。

四、我国“一带一路”背景下的国际税收争议解决路径优化

我国作为“一带一路”的倡议者和带头者,致力于建立公平的国际

㉖ 参见孙奕:《OECD 支柱一方案税收争议预防与解决机制研究》,载《国际税收》2022 年第 4 期。

经济新秩序,始终以"共商、共建、共享"的原则引领各国共同建设区域经济,推动合作共赢。我国可以考虑构建多元化的解决国际税收争端的路径,并从事前预防和事后救济的双重角度优化争端解决机制。

(一)创新事前预防机制

传统的解决国际税收争端的机制基本都是在争端发生后进行解决,侧重于解决问题,但无法避免问题的发生。并且随着"一带一路"合作伙伴合作加深,跨国贸易增多,税收争端也越来越频繁,单纯的解决事后争端已经不足以满足各国的需求,有效的预防争端才更有利于争端的解决。我国应构建税收争端的事前预防机制,提高税收确定性,有效预防跨境税收争端的发生。

1. 构建税收事前裁定制度

税收事前裁定制度对增强税收确定性,增强税收透明度,提高企业跨境投资意愿有着良好的作用。美国、法国、新加坡、英国等多个国家已有成熟完备的税收事前裁定制度,我国尚在试点推行阶段。但我国可以在借鉴他国成熟经验的基础上,暂时允许纳税人就特定的复杂跨境税收争端向税收当局申请税收事前裁定。我国税收当局根据纳税人的申请预先向他国税收当局进行磋商,以期减少税收纠纷。

2. 构建多边协商的争议预防解决机制

传统国际税收治理的主要方式是签订双边税收协定,基本为双边协商解决争议。随着"双支柱"方案的出台,国际税收协调呈现由双边协商到多边协商的趋势。我国可以基于"一带一路"税收合作征管论坛,构建多边协商争议预防解决机制,减少跨境税收争端。

(二)完善事后解决机制

1. 完善国内行政诉讼、行政复议与相互协商程序之间的衔接

由于我国对行政诉讼、行政复议与相互协商程序之间的衔接问题缺乏明确规定,不仅会让纳税人丧失在对MAP协商结果不满意的救济机制,同时会影响我国国内法与国际法之间的匹配问题。我国不仅要在立法上完善国内法与国际法之间的衔接,同时要履行对纳税人的告知义务,让纳税人充分意识到自己的选择权以及作出选择后的影响,让纳税人可以根据自身案件的实际情况选择最经济合适的解决方案。

2. 完善相互协商程序

目前MAP依旧是解决国际税收争端的主要机制，并且各国均对MAP产生认可，不可轻易废除。由于MAP的局限性影响到解决税收争端的效率，可以考虑完善相互协商程序。可以参考BEPS第14项行动计划中的最低标准，放开纳税人申请MAP程序的限制，允许其向缔约国任意一方申请MAP。并且应当明确MAP案件的期限要求，参考BEPS第14项行动计划的最低标准，尽量在24个月内解决相关案件。但由于“一带一路”的部分合作伙伴经济较弱，国内缺少达到最低标准的条件，中国可以与这些国家进行协商并提供一定帮助，推动该国家可以达到最低标准的要求，尽快与中国达成双标共识。

3. 降低纳税人的经济成本

由于我国原则性在MAP程序期间不停止征税，这会将税务当局不当征税的成本转嫁给纳税人，并且影响纳税人资金成本的运行。而且税务当局会涉及将已经征收的税款进行返还，税务当局很难基于充分的善意进行磋商协调。[27] 我国可以在与“一带一路”合作伙伴签订双边税收协定中明确在MAP程序期间停止征税，推动暂停征税制度被合作伙伴接受，并且在国内法中引入“在MAP程序期间暂停征税的制度”，从而更好地降低纳税人的经济成本。

4. 引入类仲裁制度

根据美国、欧盟和OECD组织的引入仲裁经验可知。虽然仲裁机制具有强制性，可以克服MAP程序的低效率，但税收争端的争议双方是纳税人与税务当局，仲裁是依靠中立第三方解决争端，这就需要相关税收当局承认第三方仲裁机构的裁决是有约束力的，这对仲裁人员的法律水平和缔约双方的合作基础都有着较高的要求。美国是全球第一大经济体，依托自己的主导地位和经济优势才有效地推动了仲裁制度的实行，但这对中国与“一带一路”合作伙伴之间的合作并不具有借鉴意义。而

---

[27] See OECD, *Making Dispute Resolution Mechanisms More Effective*, OECD Publishing, 2015, p. 31.

且仲裁机制始终具有类似司法裁判的双方对抗性,[28]强制性仲裁会影响相关国家的税收主权,"一带一路"合作伙伴短时间难以进行思想上的转变,接受自己让渡部分税收主权。

但中国可以参考欧盟的类仲裁机制,类仲裁机制的核心在于依托国家间合作平台搭建中立的第三方裁决机构。[29] 类仲裁机制的灵活性更强,而且也没有仲裁制度那么强的"侵略性"。目前,以中国为主导成立的"一带一路"税收合作征管合作机制(以下简称合作机制)中的理事会成员已有几十个,[30]我国可以依托该合作机制中的专家咨询委员会参考借鉴欧盟《争议解决指令》中的替代性争议解决委员会,建立属于中国与"一带一路"合作伙伴的第三方裁决机制,从而弥补 MAP 的不足,并且还不会对各国的税收主权造成冲击。

5. 在国内建立国际税收争端案例库

现存的国际税收争端解决程序并不公开和透明,纳税人既无法参与到解决争端的过程中,也不了解争端解决的过程和具体情况。我国应当考虑建立国际税收争端案例库,将相关成功解决争端的案例在隐去相关公司的隐私情况后进行入库公开,让纳税人充分了解已发生的案件情况,可以更好地发挥法律的指引作用,对纳税人的相关税收行为进行指导,避免纳税人在"走出去"的过程中违反他国的税收政策,从而从源头减少争端。

6. 培养解决国际税收争端的人才

我国和"一带一路"合作伙伴在国际税收争端解决方面的基础薄弱,缺乏相关的专业人才。有时候争端的发生正是因为各国税收当局对相关政策的理解存在偏差而导致的。中国可以借助合作机制的平台,助

---

[28] 参见廖益新、冯小川:《强制性仲裁并非解决国际税收争议问题的灵丹妙药》,载《税务研究》2020 年第 2 期。

[29] 参见卢颖异:《国际税收争议解决机制的新发展及其应对》,载《法学》2023 年第 4 期。

[30] 参见金雪竹:《"一带一路"税收征管合作机制成立三周年外国官员高度评价征管合作成果》,载国家税务总局网 2022 年 4 月 22 日,http://www.chinatax.gov.cn/chinatax/n810219/n810744/n1671176/n3465625/c5174745/content.html。

力沿线各国培养相关人才，从而更好地理解和执行双边税收协定中的相关规定。

五、结语

随着“一带一路”倡议的不断推进和全球经济的深入发展，跨境贸易和投资的不断增多也引发了跨境税收争端频发，现行解决跨境税收争端的机制大多为国内的税收行政复议和行政诉讼以及相互协商程序。但国内税法与国际税收协定在实际运作中未实现有效对接，国内税收确定性相对滞后，相互协商程序内在缺陷难以克制，这不仅影响我国企业“走出去”的信心，也影响“一带一路”下合作伙伴的跨境投资。作为“一带一路”倡议的提议者，中国有责任探索和优化解决跨境税收争端的新路径。

笔者从事前预防机制和事后救济机制两个角度出发，对现存的跨境税收争端解决机制的缺陷予以回应。基于我国税收行政诉讼与行政复议制度与相互协商程序之间衔接不畅，我国应考虑在立法中予以明确，畅通纳税人的救济渠道，充分保障纳税人的知情权和救济权。同时我国税收确定性相对滞后，为提高税收确定性，我国已开始试点税收事前裁定制度，在上海北京广州等诸多地区展开试点，以便成熟后全国推广，这彰显了我国提高税收确定性的决心。同时我国可以基于“一带一路”税收合作征管论坛，构建多边协商解决机制，预防跨境税收争端。

相互协商程序的内在缺陷难以避免，笔者建议可以在借鉴域外解决国际税收争端新路径的成熟经验的前提下，构建“一带一路”背景下的税收争端的解决机制。首先可以考虑构建新的解决路径，如引入类仲裁制度弥补相互协商程序的不足，给予纳税人多个救济渠道和自由选择权。其次可以参考 BEPS 第 14 项行动计划中的最低标准从而优化相互协商程序，克服其内在缺陷。最后基于“一带一路”合作伙伴之间的经济文化等差异巨大，部分跨境税收争端的发生是由于各国对税收协定和相关政策的执行理解存在差异，我国可以考虑建立国际税收争端案例库和培养专业人才，从而避免此类情况发生。

从欧盟法院滨松案初探转让定价调整与成交价格的联系协同

吴青伦*

摘　要：关联企业间转让定价，一旦牵涉进出口，就会面临海关估价问题，而为了消除关联关系产生的影响，必须分别应用独立交易原则和充分竞争原则来加以校正相关定价作为税基的公平性，实践中，跨国企业惯用的期末转让定价调整，更是需要协同转让定价与海关估价的常见场景，然而各国的实践不一而足，产生不少不确定性，似乎英美法系的做法更加弹性。本文通过欧盟法院滨松案，援引法国国际商会的调研报告，和扼要梳理美国、英国、法国和澳大利亚的相关实操，揭示现况和展望尚待深化的某些议题。

关键词：转让定价调整；成交价格；独立交易原则；充分竞争原则；海关审价

2017年12月，欧盟法院公布了滨松案判决，[①]该案涉及转让定价调整是否能追溯下调进口货物的完税价格，从而退还关税税款。发回重审后，德国联邦财税法院也在2022年5月再次认定滨松案的当事人，即作

* 吴青伦，普华永道沙特所前国际税务总监兼BEPS 2.0业务负责人。

① See Hamamatsu Photonics Deutschland GmbH v Hauptzollamt München, Court of Justice of the European Union C529/16.

为报关单位的滨松德国子公司不得申请退还关税②。即便根据判词，相关转让定价调整是依据跟德国税务当局签订的预约定价安排，在会计期间结束后作出的，而且开立对应的贷项凭单。

据统计，国际贸易的六成以上是在关联企业间进行的③。而在绝大多数情况下，报关单位都是通过应用经合组织认可的一种或多种转让定价方法来确定其与相关合作伙伴交换的货物的价值。然而，关税作为间接税的一种，在某种程度上，属于企业产品流转过程中，经过关境的一道税负，也就是说，作为关税计税基础的完税价格，是基于商品的定价。另外，转让定价是直接税里的所得税的概念，是基于企业一段时期交易汇总的营业收入作为起点，扣除完销货成本和各种允许税前列支的费用调整项后，得到利润总额（应纳税所得额）。事实上，转让定价所追求的配比非关联方的独立交易原则，抑或是海关审价中提及特殊关系未对成交价格产生影响所隐含的充分竞争原则，两套规则背后的法律目的内核有着高度的相似性，却存在体系间的藩篱，从而使从事国际贸易的税企双方都面临不确定性。

一、滨松案事实简述与判决结果

滨松集团是全球知名的光电设备、系统和配件等制造商，而涉案的滨松德国子公司，从其日本母公司购入进口货物，根据该集团与德国税务当局签订的预约定价安排（Vorabverständigung über Verrechnungspreise，即 Advance Pricing Agreement），值得留意的是，此协议海关当局并未参与，在进口时先按货物的集团内部定价向母公司收取货款，德国税局还将定期检查母公司向申请人收取的总额，并在必要时进行调整，以确保销售价格符合独立交易原则。

---

② See Hamamatsu Photonics Deutschland GmbH v Hauptzollamt München, Bundesfinanzhof Ⅶ R 2/19.

③ See Chambre de Commerce Internationale (ICC) en France, *Evaluation en douane: impact des ajustements de prix de transfert sur la valeur en douane*, https://www.lemoci.com/wp-content/uploads/2023/07/Valeur-en-Douane-et-Prix-de-Transfert-Rapport-1.pdf.

上述的税务检查是根据“剩余利润分割法”分阶段进行的，首先为参与各方分配产生最低回报。剩余的利润再根据具体因素按比例分配。如果实际产生的利润不在预先安排的利润区间内，则结果将调整至利润区间的上限或下限，并产生贷方或借方调整。

2009年10月7日至2010年9月30日，滨松德国从母公司进口一千多批货物，并完成清关手续，慕尼黑海关当局依据其申报价值相对应的完税价格，对商品征收0%至6.7%的关税。由于在此期间，滨松德国的营业利润率低于原先协议里规定营业利润率范围，因此需在期末进行转让定价补偿调整，由纳税人自行依据独立交易原则，开具借/贷凭单对实际价格加以增减，并入账的调整。

滨松德国随后在其2012年12月10日的信函中，向慕尼黑海关当局申请退还进口货物的关税约42,942.14欧元，但滨松德国并没有对其调整金额分配给个别进口货物的细节进行解释。不出意料的是，慕尼黑海关当局驳回了申请，理由是申请人采用的方法不符合德国《海关法》所要求的个别货物的成交价格，而是相关货物的综合成交价格，无法澄清和证明哪些具体进口商品需要调整以及调整金额。

滨松案所需遵循的法令是根据当时通行的《欧共体海关法典》转化成德国的《海关法》，都是基于《1994年关税与贸易总协定》第7条(海关估价)的框架而来，因此，完税价格必须主要根据“成交价格”确定，只有在货物进出口时实际支付或应付的价格无法确定是否合适，才考虑其他的替代方法。而所谓的成交价格必须反映进口货物的实际经济价值，并考虑到具有经济价值的商品的所有要素。

向欧盟法院提交上诉审的德国慕尼黑财税法院认为，年度总结金额所构成的最终转让定价，是根据企业所得税法的独立交易原则确定的。因此，在与税务机关签订的预约定价安排的背景下，不能反映关税法上的货物实际价值，即定价是先前为了通关而申报的价格，而不是后面被转让定价调整增减后的价格。因此，向海关当局申报的价格只是虚构的价格，而不是进口货物的应付总价款(成交价格)。

然而，根据涉案当时的《欧共体海关法典》和德国《海关法》，法院认定，相关法律允许随后调整成交价格的案件仅限于某些具体情况，如在货物放行自由流通后发现的货物的质量缺陷或工艺有缺陷的。因此,欧盟法院认为,当时通行版本的《海关法》并不允许考虑随后对成交价格的调整,只是德国联邦财税法院更进一步指出,滨松案的退税请求,不被支持的主要原因其实是申请人在证据形式的缺失,特别是以剩余利润分配法的形式选择的调整机制,无法证明货物必要的个别价值,而且申请人没有提供必要的数据支持其论据。

有论者指出,④自2016年欧盟出台《欧盟海关法典》(Union Customs Code)后,引入了世界海关组织海关估价技术委员会倡议的价格审议条款(在商业实践中,一些合同可能包括价格审议条款,其价格仅为临时固定价格,应付价格的最终确定取决于合同本身条款中规定的某些因素。这跟海关总署公告2021年第44号所称的公式定价,是指在所签订的合同中,买卖双方未以具体明确的数值约定货物价格,而是以约定的定价公式确定货物结算价格的定价方式,如出一辙),在《欧盟海关法典》下,即第73条和第166条,⑤法理上可为海关当局和报关单位提供充分的法律支撑,只要海关当局愿意建立一个法律程序,如事前通知、提供担保和后续补充申报期末调整等举措,那么就可能可以接受带有期终调整的转让价格作为成交价格法的基础,然而有关实操仍有待持续观察。

但从德国税法界对滨松案的反响来说,众说纷纭,有人觉得滨松案代表德国海关只认可成交价格上调而导致的补税(不可能退还关税),

---

④ See PwC Netherlands, *The impact of the Hamamatsu-case under the Union Customs Code*, PWC (Sep. 2, 2024), https://www.pwc.nl/en/insights-and-publications/services-and-industries/tax/the-impact-of-hamamatsu-under-the-union-customs-code.html.

⑤ Article 73(Simplification):"The customs authorities may, upon application, authorise that the following amounts be determined on the basis of specific criteria, where they are not quantifiable on the date on which the customs declaration is accepted:(a) amounts which are to be included in the customs value in accordance with Article 70(2); and(b) the amounts referred to in Articles 71 and 72." Article 166(Simplified declaration):"1. The customs authorities may accept that a person has goods placed under a customs procedure on the basis of a simplified declaration which may omit certain of the particulars referred to in Article 162 or the supporting documents referred to in Article 163. 2. The regular use of a simplified declaration referred to in paragraph 1 shall be subject to an authorisation from the customs authorities."

而其他的论者则是认为上调和下调应该一致处理,不能只认同补税,而一概否认退税的可能性,笔者也予以认同,国库财政主义固然是税收征管的职责所在,然而,纳税人权益保障更是财税法治的基石,需找到合理的平衡。此外,即便有价格审议机制存在,单从法律效力来看,似乎也很难与法条中正式明确期后调整可以重构成交价格画上等号(反面来说,也没有明确禁止使用转让定价方法的法定条款⑥),因此,执法与遵从的矛盾和不确定性依然存在。

二、国际商会对于关联进口货物海关估价与转让定价的协同倡议

根据世界海关组织的调研,众多成员国 90%至 95%的进口,是采用成交价格来确定海关完税价格。⑦ 另外,交易净利润法则是发达国家和发展中国家转让定价实践中最常用的方法之一⑧。面对二者的异中求同,国际商会,曾在 2015 年时,首先建议海关当局认可,根据独立交易原则在关联方企业之间确定的转让定价,可以证明双方的关系并未影响成交价格,同时也倡议在关税法律体系中纳入一种机制,来明确交易后追溯调整的海关征管,特别是海关当局如何认可交易后转让定价的调整(上调与下调),这一确认也应适用于自愿补偿调整(由关联双方商定)或税务检查导致的调整,和免除报关单位为每份初始报关单提交更正报关单的义务,改为提交一份涉及所有初始报关单的简要申报表。此外,也建议免除相关罚款,前提是更正后的申报单自愿及时提交给海关。因为转让价格的变化是有可能与逃税意图无关的外部因素造成的。

---

⑥ See Michiel Friedhoff & Martijn Schippers, *ECJ Judgment in Hamamatsu Case: An Abrupt End to Interaction Between Transfer Pricing and Customs Valuation*? 1 EC Tax Review 37 (2019).

⑦ See WCO, *WCO Guide to Customs Valuation and Transfer Pricing*, WCO (Sept. 2, 2024), https://www.wcoomd.org/-/media/wco/public/global/pdf/topics/key-issues/revenue-package/wco-guide-to-customs-valuation-and-transfer-pricing.pdf.

⑧ See WCO, *WCO Guide to Customs Valuation and Transfer Pricing*, WCO (Sept. 2, 2024), https://www.wcoomd.org/-/media/wco/public/global/pdf/topics/key-issues/revenue-package/wco-guide-to-customs-valuation-and-transfer-pricing.pdf.

三、法国国际商会的调研结果

鉴于海关估价实践中,追溯性转让定价调整(向上或向下)的问题仍然存在,企业在大多数情况下仍然处于弱势,面临不同国家/地区的不同做法,缺乏普遍且明确的准则。因此,法国国际商会在 2020 年 11 月成立了一个工作组,向 30 个活跃于国际贸易的成员发出调查问卷,收到 24 份完整回复,来自:土耳其、法国、英国、俄罗斯、哈萨克斯坦、摩洛哥、埃及、越南、日本、印度、澳大利亚、新西兰、中国、新加坡、韩国、马来西亚、泰国、印度尼西亚、菲律宾、墨西哥、巴西、美国、加拿大等,而收到部分回复则是来自:沙特阿拉伯、阿根廷、南非、德国、西班牙和波兰(见表 1)。

表 1 法国国际商会的调研结果汇总

国际商会倡议内容	回复意见		注释
1. 根据独立交易原则确定的转让定价,可以作为成交价格	正式接受	0	实践表明,海关当局仍会保持警惕,毫不犹豫地要求进口商提供证据,证明价格不受集团内部关系的影响。如有必要,尊重充分竞争原则有时对海关管理来说是不够的。即便价格是根据独立交易原则确定的,但在海关估价上,仍然会被拒绝
	根据个案情况非正式协商	18	
	不接受	6	
2. 交易后转让定价调整适用于补偿调整和税务检查后的特别调整,且法律体系中已纳入海关征管机制	正式接受	7	7 个表示正式接受的国家,认为其已为这些追溯调整提供了一个稳定的法律框架。发达国家和新兴国家在这方面存在差异。似乎经济较为发达国家存在更稳定的法律框架,但考虑调整的比例仍然非常不足。关于海关和税务当局在转让定价调整问题上的联系,只有极少数国家/地区建立起某种程度的联系
	根据个案情况非正式协商	11	
	不接受	6	

续表

<table>
<tr><th>国际商会倡议内容</th><th colspan="2">回复意见</th><th>注释</th></tr>
<tr><td colspan="4">3. 对于交易后转移定价调整,海关管理部门同意根据进口商选择(依据加权平均关税率或商品税则归类),修正受调整影响的货物价值</td></tr>
<tr><td rowspan="3">3.1.1 按照加权平均关税率或商品税则归类上调</td><td>正式接受</td><td>0</td><td rowspan="6">值得注意的是,调研分为上调(补税)和下调(退税)两项。显而易见的是,大多数接受调研的国家/地区并未正式提供这种选择,即便有一些国家/地区同意就此进行协商谈判,但其开放性似乎也取决于调整程度。在有权获得退税的向下调整(贷项凭单)的情况下,海关当局系统地倾向采用更为严格的做法,要求按对应税则和相关关税率进行调整</td></tr>
<tr><td>根据个案情况非正式协商接受</td><td>10</td></tr>
<tr><td>不接受</td><td>14</td></tr>
<tr><td rowspan="3">3.1.2 按照加权平均关税率或商品税则归类下调</td><td>正式接受</td><td>0</td></tr>
<tr><td>根据个案情况非正式协商接受</td><td>2</td></tr>
<tr><td>不接受</td><td>22</td></tr>
<tr><td rowspan="3">3.2.1 按照商品归类上调</td><td>正式接受</td><td>0</td><td rowspan="6">此处同样是分为上调(补税)和下调(退税)两项来调研。大多数接受调研的国家不正式提供这种便利,而是倾向按商品分配。也有些国家/地区同意就这一问题进行谈判,但其开放性取决于调整程度(下降或上升)。此外,任何特定的分配方法通常必须事先获得海关主管当局的批准</td></tr>
<tr><td>根据个案情况非正式协商接受</td><td>10</td></tr>
<tr><td>不接受</td><td>22[1]</td></tr>
<tr><td rowspan="3">3.2.2 按照商品归类下调</td><td>正式接受</td><td>0</td></tr>
<tr><td>根据个案情况非正式协商接受</td><td>4</td></tr>
<tr><td>不接受</td><td>20</td></tr>
</table>

续表

国际商会倡议内容	回复意见		注释
4.1 免除报关单位为每份初始报关单提交更正报关单的义务	正式接受	2	尽管行政负担沉重,但大多数国家/地区还是会要求提交有关产品的更正声明。也有些地区允许提交所有相关进口的总体修正声明
	根据个案情况非正式协商接受	14	
	不接受	9	
4.2 免除相关罚款	正式接受	6	关于罚款,为海关估价目的提供考虑转让价格调整的官方框架的国家在大多数情况下对预计或法定的罚款金额提供了相对安全的保障。对大多数国家来说,处罚的风险仍然过于取决于案件情况和财政问题
	根据个案情况非正式协商接受	15	
	不接受	3	

[1]调研报告此处列示为22,不知是否为误填,因为参与调研的国家/地区总计应该不超过30。

根据上述调研结果,可以得知追溯性转让价格调整对关税价值影响的法律处理在全球和欧洲都依然是一个不协调的问题,而且在许多国家,包括一些欧盟国家,没有相对应的正式监管框架,从税法确定性的角度来说,并不理想。此外,可惜的是,法国国际商会并未公开各应答成员的对应立场。

四、部分国家对于关联进口货物海关估价与转让定价的实践

(一)美国

根据《美国海关与边境保护局规章条例》第152.103条(a)款(1)项,在确定成交价格时,应考虑实际支付或应付的价格,而不考虑其他衍生方法。成交价格可能是折扣、加价或谈判的结果,也可能是通过应用

公式得出的。因此,在 HQ W548314 号裁定⑨里,美国海关和边境保护局明确,当价格可由进口前商定的客观公式确定时,在进口时不需要知道或确定固定价格。然而,在进口时有必要确定该客观的公式,以便在以后根据卖方和买方都无法控制的事件确定最终销售价格。

而面对不固定的转让定价政策,因为双方可以控制价格是否调整以及调整到何种程度,未必能被接受为客观公式或固定价格,因此,美国海关和边境保护局给出以下五项标准,若能全部满足,则可以认定为成交价格:(1)在进口之前,已制定了书面的"公司间转让定价界定政策",该政策的制定符合美国转让定价法规。(2)美国纳税人在提交所得税申报表时适用其转让定价政策,且纳税人在提交其所得税申报时报告因转让定价政策产生的任何调整。(3)企业的转让定价政策规定了如何确定转让定价政策所涵盖的所有产品的转让价格和任何调整,并对其价值进行调整。(4)企业留存并提供其账簿和财务报表中的会计细节,以支持在美国的调整申请。(5)不存在可能影响美国海关和边境保护局接受转让价格的其他条件。

此外,美国海关与边界保护局还鼓励预期进口后可能发生调整的进口商使用对账计划(Reconciliation program),允许进口商在合理谨慎的情况下,在进口时提交具有当时最佳现有信息的入境摘要,如申报价值。稍后,当确定具体细节后,进口商将提交一份对账条目,该条目提供最终和正确的信息。然后,按对账分录进行清算,视情况作出借贷调整。对账分录最迟可在该对账项下提交的第一份分录摘要之日起21个月内提交,根据进口商情况,还有可能继续延长。这种灵活性使对账成为一种理想的工具,可以在预约定价安排、转让定价研究或其他政策允许的时间范围内,申报所有直接(或间接)与商品价值相关的向上或向下的进口后调整。上述的美国允许对账的弹性做法,更贴近于经济实质和商业规律,具有一定的实践价值。

---

⑨ See U. S. Customs and Border Protection, *HQ W548314 Ruling*, CUSTOMS BULLETIN AND DECISIONS (Sept. 2, 2024), https://www.cbp.gov/bulletins/Vol_46_No_23_Title.pdf.

(二)英国

根据英国税务及海关总署发布的企业进出关指南[10],所谓的追溯性价格调整是指在商品进入自由流通环节后,企业向卖方支付的进口商品价格被修改或重新协商。发生这种情况时,企业必须考虑海关估价和关税影响。

如果在入境时,进口商企业与卖方有合同安排,可能会发生追溯性价格调整,那么这些货物的发票价格实际上是临时的。这意味着企业无法在入境时得出最终完税价格,需要进行担保安排。企业可以在入境时根据暂定价格缴纳关税,但必须承诺在价格调整时告知英国税务及海关总署。但追溯性价格调整不符合使用简化估值的标准。如果有追溯性涨价,英国税务及海关总署会将此作为企业向卖方支付的进口货物总付款的一部分。而如果有追溯性降价,企业可以向英国国家退税中心提交退税申请。申请必须附上适当的证据,包括合同安排的全部细节以及从卖方收到的折扣和卖方出具的贷方凭单。如果英国税务及海关总署认定货物进入自由流通环节时有效的合同安排导致价格下降,将退还相应的税款,并适用退款的通常规则,如英国税务及海关总署必须在相关进口入境之日起 3 年内收到退款申请。

然而,在 2022 年 11 月更新发布的指南里,英国税务及海关总署在考虑转让定价是否符合方法 1(成交价格)的要求时,除了重申跨国企业必须根据海关估价法证明其价值基础。也就是说,必须从世贸组织框架和相应的英国或欧盟海关估价方法开始,而不能仅依靠转让定价方法。更明确指出英国将不再接受基于利润的转移定价方法(交易净利润法和利润分割法)来确认成交价格。这是因为在出口到英国时,无法保证进口商品的实际经济价值(企业利润不能等同于商品价格),会导致后续调整的不确定性。一石激起千层浪,本来在世界海关组织的《海关估价及转让定价指南》还将英国列为二者协同的范例,但目前看来英国似乎不再愿意接受使用交易净利润法和利润分割法来确认成交价格,这也引

---

[10] See HM Revenue & Customs, *Guidance Valuing imported goods using Method* 1 (*transaction value*), Gov. UK (Sept. 2, 2024), https://www.gov.uk/guidance/valuing-imported-goods-using-method-1-transaction-value.

发了税务界的热烈讨论,有开倒车之嫌。

(三)法国

根据法国海关与间接税局发布的技术通知[11],法国认可转让定价是具有海关影响的重要概念,必须加以考虑,以使国际货物贸易参与者的流动更加可靠,也承认由于转让定价的特性,通常情况下,成交价格在进口时不一定已经是最终确定数额,有可能事后向上或向下进行调整,因此可能会改变申报的关税完税价格。同时如果双方之间的关系不影响所收取的价格,则法国海关当局在确定完税价格上是可以接受的,因为,海关估价方法和转让定价方法追求目标是类似的,即海关也试图确定价格不受买方和卖方之间关系的影响,而税务机关则试图确保价格的确定与双方不受约束一样,并在正常贸易条件下进行谈判。双方之间的关系对所收取的价格没有影响,这是从海关角度对于充分竞争税收原则的推论。

在通知里,法国海关当局也表明其原则上接受通过经合组织方法之一确定的已付或应付价格,除非海关当局掌握与特定进口更直接相关的价格信息,也援引了世界海关组织的注释承认转让定价研究可在个案基础上用于审查关联方之间为海关估价目的进行交易时的特殊销售环境情况,确认转让定价研究是海关可考虑的信息来源的原则,无论是为证明该关联关系对价格没有影响,而提供的文档是公司集团内部的文件,还是与一个或多个国家(欧盟或第三方)的税务机关达成协议(如预约定价安排,法语是 Accords Préalables en matière de Prix de transfert,缩写为 APP)的结果,都可以将其用作证明成交价格的要素。然而,这些文件的存在并不妨碍海关对价值的审核,也不能强制海关进行征管。

从程序面来说,如果转让价格包含与进口货物相关的价格修订条款(必须建立价格调整与进口货物之间的联系),在清关时已知(如转让定价协议中所述),但在货物自由流通放行前无法确定金额,则应在进口前申请。与暂定价值许可不同,调整许可允许在一个步骤中进行简单声

---

[11] See Direction générale des douanes et droits indirects, *Valeur en douane et prix de transfert*, Douane (Sept. 2, 2024), https://www.douane.gouv.fr/fiche/valeur-en-douane-et-prix-de-transfert.

明。应根据运营商提供的稳定的历史数据,预测进口时缺失的价格要素,并允许通过适用税率调整每次申报的价格,该许可由法国海关当局的关税和贸易政策办公室负责。而在没有践行适当程序的情况下,进口申报声明值将被视为最终值。然而,在关税价值中不考虑这些转让价格修订,有可能构成虚假的伪报或瞒报。在价格下调的情况下,申报人不得要求减免征收的关税和退税,如果价格上调,将进行补税调整。因此,在这种情况下(根据具有价格修订条款的转让价格确定的关税价值),法国海关有必要调整清关程序。从上述实践来看,与德国同处欧陆的法国,似乎也过于拘泥于通关时点的价格,而忽略价格后续波动调整的影响,有待进一步优化。

(四)澳大利亚

澳大利亚边境执法局的前身海关与边境保护局曾发布海关估价与转让定价政策的实践说明⑫,阐述其根据海关法规签发转让定价估价建议(Valuation Advice,相当于海关估价的预裁定,一般效力有5年)的政策、程序和必要文件。

实践说明,首先明确其不适用于消费税应税货物和受抵税安排约束的货物。且出于税务目的合并业务线的申请人需要证明相关转让定价调整与进口货物相关的比例,即申请人需识别与进口货物相关的具体比例。

而且,如果转让定价研究包括进口货物价值等信息,则该研究通常应构成估价建议申请的一部分。但特别值得注意的是,实践说明里规定在对海关估价进行任何调整之前,必须实际转移与流入或流出澳大利亚的交易相关的资金,也就是说,当相关方之间的转让定价安排仅为名义上的调整时,海关和边境保护局将不接受对海关估价的调整。如果货物未实际支付或收到任何金额,澳大利亚海关当局不会接受基于账面或日记账分录的海关估价调整。此外,一般如市场支持费、外汇变动补偿、风险补偿,可能都不会被认定为是为进口货物支付或应付的价款的一部分。

---

⑫ See Australian Border Force, *Practice Statement: Valuation-Transfer Pricing Policy*, ABF. GOV(Sept. 2, 2024), https://www.abf.gov.au/imports/files/fact-sheets/valuation-transfer-pricing-policy.pdf.

实践中明确在海关当局已发布估价建议的情况下,有转让定价调整导致海关估价增加,则必须针对进口货物支付相应比例的额外关税。而在转让定价调整导致海关估价降低的情况下,进口商必须修改适当的进口申报单,以便有权获得退税。退款申请必须在商品进入家庭消费之日起4年内提交。且若是初始申报以电子方式提交,进口商必须通过电子方式修改原始进口申报提交退款申请。即便属于无须缴纳关税的情况,进口商也应申请估价建议,并根据转让定价调整追溯修改其进口申报。

五、小结与展望

《海关估价协议》里将成交价格定义为商品出口至进口国时实际支付或应支付的价格,而且要应用成交价格,必须满足各种条件,特别是不允许关联方关系影响价格的关键要求。从海关审价的角度,是要求进口商根据“销售环境情况”证明价格未受到双方关系的影响。而且,假设价格没有受到影响,在海关实践中,也会要求成交价格接近在相同或几乎相同的时间点确定相同或类似货物的交易价值,然而这些替代性估价的信息一般不存在或难以取得,通常的做法便是以转让定价文档来证明价格没有受到双方关系的影响⑬。然而,在现阶段,人们已经认识到,考虑到税收和海关所依据的现有法律框架的细节,任何税法和海关法的调整或合并都不是一个现实的提议⑭。

通过本文前述的讨论,可以得知,国际贸易里六成是关联交易,而至少九成的进口,是以成交价格进行的,关联交易的转让定价又主要采取基于利润的方法(交易净利润法和利润分割法)。也就是说,需要抽丝剥茧从商品的成交价格与企业的利润之间寻找联系,把利润倒推回产品收入,之后再分配给进口的货物。事实上这一个过程,是经过不断地还

---

⑬ See WCO, *WCO Guide to Customs Valuation and Transfer Pricing*, WCO (Sept. 2, 2024), https://www.wcoomd.org/-/media/wco/public/global/pdf/topics/key-issues/revenue-package/wco-guide-to-customs-valuation-and-transfer-pricing.pdf.

⑭ See WCO, *WCO Guide to Customs Valuation and Transfer Pricing*, WCO (Sept. 2, 2024), https://www.wcoomd.org/-/media/wco/public/global/pdf/topics/key-issues/revenue-package/wco-guide-to-customs-valuation-and-transfer-pricing.pdf.

原,也就是把应税利润倒算回营业收入的过程,然而应税利润与营业收入之间其实有着许多调整项,而做了相关合理假设(如与进口物项相关的成本费用分摊比例),即便成功倒算,企业在企业所得税计税期间(假设是1年)如果是进口了多批次,那么即便不考虑不同时期双方供销和市场情况(如汇率)等变动,这该如何摊分到各个有关的进境清关的批次、商品归类,甚至是个别产品品项上?都是需要根据个案情况加以分析,通过各方协商,才能找到合适的方案的。

从各国的实践来看,目前尚未达成合意,即便已经整合多年的欧盟似乎也是还没能够对这个议题出台更为细化且一致的规定,甚至英国还有收紧口径的趋势。但在各国实践不一而足的情况下,似乎海关当局更倾向于采用非正式协商的方式,来保留执法过程的些许变通性。单从本文调研的几个国家立法例来看,作为英美法系的国家,似乎更愿意变通,在两种法系的藩篱间另辟蹊径,从交易全周期的角度来作出调整,笔者以为更加可取。

随着《深圳海关 国家税务总局深圳市税务局关于实施关联进口货物转让定价协同管理有关事项的通告》(深关税〔2022〕62号)的出台,标志着中国开始试点实施关联进口货物转让定价协同管理,使企业可以协同海关和税务当局,一起进行联合评估,并取得相关的海关价格预裁定和税务预约定价安排。然而能申请协同管理的企业,必须同时满足申请海关价格预裁定和税务预约定价安排的条件。换句话说,从落地性来说,首先企业必须满足申请门槛,并向海关和税务局同时书面提交申请,如果两个部门都接受申请,才有机会开始协同管理的程序。而出于降低纳税人遵从成本,提升遵从确定性和管理效能的考虑,这依然是中国跨税种协同管理划时代的一步,且让我们期待后续的深化和优化。

此外,根据实践经验,其实转让定价调整,不仅是通过调整商品的成本价格来实现,还可以通过费用、代垫或补贴等形式实现。而相关调整,更有波及其他法律关系,如外汇收支、公司治理、价格管制,甚至是员工利润分享都可能受到影响。因此,这个议题应该不只是找到转让定价与货物销售的成交价格的折中这么直观,本文希望起到抛砖引玉的作用,引起更多关注和后续研究。

财税法史

唐代两税法改革中的税收公平思想探析*

郝晨仪**

摘　要：税收与国家治理之间具有紧密联系，税收公平的实现对于国家发展具有重要意义。唐代两税法正是历经“安史之乱”后的唐朝统治者为挽救统治在财税制度上所作的努力。“安史之乱”以来的唐朝面临着旧有制度崩溃、财政危机严重的现实困境，在此背景下，经历了代宗时期的改革与铺垫，秉持着“以资产为宗”精神的两税法改革于唐德宗时期正式施行，唐前期所确立的租庸调制被其所取代。对两税法改革后所形成的制度进行规范化分析后可以发现，相较于旧制而言，两税法在制税原则、纳税主体范围、税收特别措施等方面呈现出进步性，体现了税收公平思想中的经济公平与社会公平理念。这一改革在维护残唐统治的同时，也在客观上推动了税收公平制度的构建与税收公平思想意涵的丰富，对于当代税收法治建设具有可借鉴的价值。

关键词：两税法；税制改革；税收公平；税权；课税要素

一、引言

党的十八届三中全会将“财政”定位为“国家治理的基础和重要支柱”“实现国家长治久安的制度保障”，彰显了现代税收对于国家治理的

---

* 本文系国家社会科学基金重点项目“财税金融协同促进绿色发展的法治保障研究”（项目编号：24AFX017）的阶段性成果。

** 郝晨仪，西南大学法学院硕士研究生。

重要性。税收公平作为现代税法重要的价值与原则之一，自然成为税收法律制定与制度构建过程中不可忽视的重要内容。党的二十大报告中还指出要发掘并运用好中华优秀传统法律文化对于时下的法治建设具有积极意义，在税收法治领域亦是如此。财税思想本身所具有的历史性、现实性、变异性和政治性等特征，决定了其对于后世税收制度建设具有可借鉴的意义。① 纵观我国税收法律制度的发展历史，中国古代封建税收法制经历了漫长复杂的变化，形成了丰富的财税法制构建经验与思想内涵，对于现代财税法治建设具有借鉴意义。两税法发生于唐朝中期，这一改革对于唐朝乃至后代的赋税制度都产生了一定影响，改革中确立的“以资产为宗”这一计税原则对于税收公平思想的丰富与发展具有重要意义，在这一原则指导下所开展的扩大纳税群体、改革央地税权分配等具体措施对于税收公平的实践也具有积极意义。因此本文将本次改革及其制度成果作为研究对象，探析这一改革在唐朝中期发生的原因与其进步性之所在，尝试挖掘改革所形成的制度之中蕴含的改革智慧，以期为新一轮财税制度改革提供新动力。

两税法发端于中唐时期，从“两税”的定义来看，学界目前尚未达成统一共识。主要存在以下几种认识，有学者认为“两税”是指田亩之税和居人之税，即土地税和财产税，②另有学者认为“两税”即杨炎所呈送奏中提出的夏、秋两税，还有学者认为“两税”被当作户税的专名。③ 从两税法制度的改革原因来看，多数学者认为两税法改革是经济、政治多重因素作用的结果，均田制崩溃、中央财政紧张、藩镇割据是最主要的原因。④ 另有学者认为两税法的推行实为党争之产物，认为这一由杨炎所主张和推行的税制改革具有“否认刘宴理财成就、抹杀代宗时期税制改

① 参见赵兴罗：《新时代中华优秀传统财税文化的传承和创新》，载《财政监督》2019年第20期。

② 参见闻竞、陈宗杰：《中唐以来国家农业税制的失效与改革（766—907）》，载《农业考古》2022年第1期。

③ 参见赵和平：《唐代“两税”一词探源》，载《敦煌学辑刊》1982年版，第51页。

④ 参见沈世培：《论唐代建中定税的因循性》，载《中国农史》2001年第2期。

革的意思”[⑤]。从税收法制的构建与具体内容来看,有学者从税收要素角度出发,对制度加以提炼与分析,提出由于“两税法”准备时间不足、唐中期以来中央权力因藩镇割据而被削弱等原因,产生了两税法下形成的税制虽有进步之处但是仍然存在税制要素欠缺的问题。[⑥] 另有学者从央地财税权力分配的角度出发,基本形成了两税法时期的地方相对唐前期而言拥有了一定的财税自主权这一共识。[⑦] 从改革中蕴含的财政思想来看,多数学者对于两税法体现出的“量出为入”原则达成了共识,[⑧]认为这一改革开创了“国家财政预算制度的先河”[⑨];还有学者从两税法本身的税收安排出发进行考察与讨论,认为两税法在税制安排层面较租庸调制而言具有进步性,提出两税法将改革重点放在具有相对公平意义的地税、户税之上体现了“均平”思想,[⑩]但是在政策实践方面仍然存在问题,大大削弱了两税法在实现税负公平方面的有效性。[⑪]

从实施效果来看,学者们主要围绕两税法推行以后对于国家财政税收、巩固国家政权等方面展开了论述。部分学者认为两税法的实施顺应了当时中唐时期社会发展的需要,对于当时民众减轻赋税负担、促进税收公平、稳固国家政权具有积极意义,[⑫]并指出从长远来看两税法的改革是中国古代的一次税制突破,为后来的国家治理提供了赋税制度的蓝本;也有学者从两税法的利弊两面进行分析,认为两税法有其固有局限

⑤ 郑学檬:《中国赋役制度史》,厦门大学出版社1994年版,第267页。

⑥ 参见陈明光:《唐朝“两税法”税制要素欠缺析论》,载《厦门大学学报(哲学社会科学版)》2022年第4期。

⑦ 参见邹新凯:《帝制时代央地税权配置:特征、原因及逻辑》,载《黑龙江省政法管理干部学院学报》2018年第1期。

⑧ 参见陈明光:《“量出制入”与两税法的制税原则》,载《历史研究》1986年第1期。

⑨ 徐柏泉:《两税法财政思想及其产生的争论》,载《内蒙古农业大学学报(社会科学版)》2006年第2期。

⑩ 参见陈明光:《“调均贫富”与“斟酌贫富”——从孔子的“患不均”到唐代的“均平”思想》,载《历史研究》1999年第2期。

⑪ 参见童光辉、王武林:《收入分配视角下唐宋之际两税法的制度变迁及启示》,载《财经论丛》2024年第2期。

⑫ 参见琚喜臣:《试论租庸调制到两税法的变革》,载《中南财经大学学报》1988年第5期。

性与弊端之所在,提出从长期来看这一制度并未减轻民众负担,反而产生了剥削底层民众的消极影响。[13] 对于两税法中的税收公平思想的研究成果也较多,但大多数学者均是在探究中国古代整体税收思想演变的过程中对其有所提及,专门对两税法中税收公平思想的研究仍然较少。在现有研究中,大多数学者认为两税法改革所体现的立法精神具有历史进步性,认为两税法中蕴含了税负公平的进步思想,其在制度安排上以财产数量作为课税标准更符合按能力负担原则,[14]与税收公平的思想内涵相对应。还有学者认为两税法以资产为宗的制税原则体现了税制设计的纵向公平原则。[15]

回顾学术前史,关于两税法的研究整体上虽然已经形成了较为丰富的学术成果,但仍然存在研究视角局限、对所蕴含的税收公平思想研究不够深入、挖掘不足等问题。税收作为国家直接从民众手中获取财物的行为,会对国家和地方、国家与个人、个人与个人之间的利益分配产生重要影响,同时民众对于"税痛"的感知也最为直观和强烈,可见税收公平的实现对于国家治理的实现和有序运转具有重要意义。因此本文将主要从税收公平视角出发,坚持"论从史出"的研究原则,对《新唐书》《旧唐书》《资治通鉴》以及敦煌吐鲁番出土文书等文献中对于两税法的相关记载加以剖析,对两税法下形成的税收法制进行规范化分析,并尝试总结出其中蕴含的税收公平思想,探析其对于当下税收法治建设的意义之所在。

二、两税法的改革动因探析

两税法改革的重要内容之一是将唐朝前期确立的租庸调制度废止,并建立起新的税收制度。这一变革的实现与新制度的确立并不只是由唐德宗时期的诏令所促成的,而是经历了较长时间的酝酿与铺垫,并在

---

⑬ 参见闻竞、陈宗杰:《中唐以来国家农业税制的失效与改革(766—907)》,载《农业考古》2022 年第 1 期。

⑭ 参见杨杨:《税收公平观的历史演进》,载《商业时代》2010 年第 27 期。

⑮ 参见李永刚:《刍议唐两税法的税制设计思想与原则》,载《税务与经济》2009 年第 2 期。

后世的沿袭中不断被完善。因此有必要回顾前史,结合历史文献厘清唐朝前期所建立起的赋税制度,在制度的梳理与比较中探析引发两税法改革的真正原因之所在。

(一)唐朝前期租庸调制的缺陷

唐朝前期主要继受隋以来的制度,同时吸取隋朝灭亡的教训,充分考虑经历战乱后民众的生存状况,以"轻徭薄赋"为税收立法的指导思想,并在这一思想指导下推进税收法制的构建。

唐初,唐高祖于武德二年(619 年)确定了租庸调之法,规定"每丁租二石、绢二匹、绵三两"⑯。武德七年(624 年)颁布均田令,规定了划分年龄阶段以及据其分授田地的具体规则⑰。此后唐朝逐渐形成了通过"簿籍授受、官田授受、户内通分、对共给授"⑱等方式加以实施的均田制。此后,均田制与租庸调制度互为协调配合的制度体系逐渐形成、运行。依据《唐律疏议 · 户婚卷》中关于赋役制度的规定:"诸部内输课税之物"条〔疏〕议曰:

> 输课税之物,课租、调及庸,地租,杂税之类。物有头数,输有期限,而违不充者,以十分论,一分笞四十。

由此可见,唐朝前期形成了以租庸调制度为主,以户税、地税为辅的税收制度。关于租庸调制度的具体内容也可以在《新唐书》中找到解释:

> 凡授田者,丁岁输粟二斛,稻三斛,谓之租。丁随乡所出,岁输绢二匹,绫、絁二丈,布加五之一,绵三两,麻三斤,非蚕乡

⑯ (宋)司马光:《资治通鉴 · 卷一百八十七 · 唐纪三》,中华书局 2013 年版,第 7748 页。

⑰ "凡民始生为黄,四岁为小,十六为中,二十一为丁,六十为老。授田之制,丁及男年十八以上者,人一顷,其八十亩为口分,二十亩为永业;老及笃疾、废疾者,人四十亩,寡妻妾三十亩,当户者增二十亩,皆以二十亩为永业,其余为口分。"参见(宋)欧阳修、宋祁:《新唐书 · 卷第五十七 · 志第四十一 · 食货一》,中华书局 2003 年版,第 849 页。

⑱ 武建国:《论均田制土地授受方式——兼论均田制实施范围》,载《历史研究》1987 年第 5 期。

则输银十四两，谓之调。用人之力，岁二十日，闰加二日，不役者日为绢三尺，谓之庸。⑲

总的来说，唐前期租庸调制的运转逻辑在于由国家向百姓发放土地，以所发放的土地为基准，同时政府以年龄为依据对人口进行划分，并对纳税主体“丁”进行确定，由受到国家所分授的田地且满足“丁岁”要件的家庭按照前述税率标准分别缴纳租、庸、调赋税，以人丁、家庭、土地作为征收赋税的依据，简言之就是“有田则有租，有家则有调，有身则有庸”，因此均田制和户籍制度对于租庸调地正常运转具有重要意义。从制度设计来看，这一制度充分体现了统治者“轻徭薄赋”的税收思想，从制度理想运转的角度来看，唐前期设置的税率在3%至6%，对于初经隋末唐初战乱的国家局面而言具有积极意义。大批荒地掌握在国家手中，为实现土地、户籍和税赋制度的有效运转提供了可实现的基础，统治者本着“均平中庸”思想充分汲取前朝经验将荒地向民众授发，与这一时期统治需要与民众现实生产状况相适应，对于实现唐朝统治初期的稳定与发展具有积极意义，促进了唐朝人口数量与经济的增长与发展。⑳

虽然租庸调制度在唐朝前期发挥了重要作用，但是其本身仍然存在着与税收公平理念相违背的制度理念和设计。从制税原则来看，这一制度以“人丁”作为基础制定统一的赋税标准，而“与他们（白身丁男）的收入、财富即支付能力无关”㉑，实际上忽视了区域、财产等具体差异，“人丁”这一计税标准指向的实质是以劳动能力作为衡量纳税能力的重要标准，然而赋税最终的征收形式除了徭役之外是田地所生产的谷物，二者之间并不具有绝对的关联性，因此也就难以保证税收能力与税收负担相匹配，从而无法真正实现税收公平。此外，这一制度的有效运转以“拥有

---

⑲ （宋）欧阳修、宋祁《新唐书·卷第五十七·志第四十一·食货一》，中华书局2003年版，第849页。

⑳ 据《旧唐书》记载，到开元十四年唐朝人口已经达到“今年管户七百六万九千五百六十五，管口四千一百四十一万九千七百一十二”的规模，较唐初而言人口大大增长。

㉑ 孙彩红：《试析唐前期租庸调制下纳税人的税收负担水平——对“轻徭薄赋”政策的补充论证》，载《西北师范大学学报（社会科学版）》2005年第2期。

土地数量作为税收公平判断的信息基础"[22],对于国家治理能力和基层税务行政能力要求较高,因此一旦国家治理能力下降、政务松弛,这一制度的有效性将会大打折扣。随着时间推移,当出现国家手中土地不足以满足分授田地要求的情况,制度也会受到动摇。

(二)"安史之乱"前后的制度动荡

"安史之乱"是唐王朝统治由盛转衰的重要历史节点,对唐王朝统治的各个方面都造成了重大冲击,对于税收制度尤其如此。然而税收制度的动荡绝非自"安史之乱"时才真正发生,其制度本身存在的缺陷在历史发展的过程中逐渐显现,最终旧的制度无以为继,多重因素决定了两税法这一改革推行的必要性和必然性。

1. 旧制崩坏,税负不均

如前所述,唐朝前期租庸调制度的正常运转建立在均田制这一土地制度之上,均田制与唐初人少地多、恢复国家生产、增强国力的需要相适应,然而天宝以降人口越多,[23]社会经济得以发展,国家手中掌有的土地已经不能继续满足继续向百姓分授的需要。在"安史之乱"之前均田制这一制度就已经受到冲击,如《新唐书·食货志二》中所记载的:"租庸调之法,以人丁为本。自开元以后,天下户籍久不更造,丁口转死,田亩卖易,贫富升降不实。……而租庸调法弊坏。"[24]至此,旧有赋税制度逐渐沦为"空头"法令。这一现象从《唐天宝三载(744)年敦煌郡敦煌县神沙乡弘远里籍》[25]也可以见得。

该文书的具体内容为:

户主张奴奴载陆拾叁岁,老男。

---

[22] 焦耘、林映强:《税收合法性的历史演化及其现实判断》,载《地方财政研究》2023年第2期。

[23] 据史料记载,至天宝年间,唐人口户数已经从武德年间的二百户增长至九百万户。

[24] (宋)欧阳修、宋祁:《新唐书·卷第五十八·志第四十二·食货二》,中华书局2003年版,第855页。

[25] 转引自[日]池田温:《中国古代籍帐研究》,龚泽铣译,中华书局2007年版,第190页。

母宋载捌拾叁岁,老寡。

妻解载陆拾岁,老男妻。

女妃尚载叁拾玖岁,中女。

合应受田捌拾贰亩。贰拾贰亩已受:廿亩永业,二亩居住园宅。六十亩未受。

文书中记录了张奴奴为户主的家庭情况,详细记载了户主与家庭中母亲、妻子和女儿的年龄、人口类别以及相应的受田情况。可以发现,根据均田制安排应当受到国家分配的田地八十二亩,但是实际上仅受到二十二亩田地。另有《唐天宝六载(747年)敦煌郡敦煌县龙勒乡都乡里籍》中所载的以阴承光为户主的家庭应当分得二顷六十二亩土地,最终却有"二顷一十三亩未受",也可以证明在天宝年间已经出现人口足而土地不足的情况,国家能够分授的田地数量日益减少,均田制被动摇。

同时土地兼并日益严重,[26]也加剧了制度的崩坏。富农与官僚大肆收敛土地,普通小农人口越多而土地越少,以人丁为征税标准的租庸调对于普通小农而言剥削日益增重,税负日益不均。作为租庸调主要征税对象的自耕农大量选择涌向大地主阶层,通过向大地主提供力役的方式来逃避国家税收,依据《文献通考》所记载的:"户有八百万,而浮客户乃八十万"[27],天宝年间无须承担税负的客户数量已经相当大。而面对自耕农以附庸方式逃避税收的行为,当时唐政府与官员并未采取有效措施,反而采取剥削未逃避税收民众的方式,[28]最终造成了逃脱税收的自耕农日益增多的局面。且户籍制度"久不更造",作为租庸调主要征税对象的成丁数量难以统计,税收大受影响。多重因素影响下最终均田制崩坏,租庸调制度也无以为继。此外,"安史之乱"期间为了调集财富以

---

[26] 据《旧唐书》记载:"初,永徽中禁买卖世业、口分田。其后豪富兼并,贫者失业,于是诏买者还地而罚之。"唐朝前期就已经存在兼并土地的情况;唐代宗时期曾发布《禁富户吞并敕》期待达到抑制富豪兼并土地的作用。

[27] (宋)马端临:《文献通考》,中华书局2011年版,第55页。

[28] "不以逃亡户口申报,而以逃户应出之租税,摊配于其亲邻,令之代输。亲邻不胜负累之苦。"参见(宋)王溥:《唐会要》,中华书局1955年版。

应对叛乱,唐肃宗兴征并无税目与税率规定的杂税,[29]这一税种在唐前期所构建的法制体系中并无规定,征收多少全凭政府自行酌定,在盘剥普通民众的同时对原本的制度也造成了破坏。因此,确立一种新的税收制度有其必要性所在。

2. 政局混乱,财政困难

在旧有土地制度和户籍制度崩坏的同时,唐王朝也面临财政收入锐减、官员俸禄与军费支出巨大等严重的财政危机,迫使其在税制上有所变革。

在官员俸禄支出方面,这一危机在"安史之乱"以前就已经显现端倪。据史料所记载:"及其弊也,兵冗官滥,为之大蠹。"[30]。唐前期官员数量就已经呈现递增的态势,到高宗时期已经从唐初640名官员增加至13,465人,玄宗时期增长至18,805人。此外宦官集团数量也剧烈增长,成为中央财力的巨大负担。[31] 可见"安史之乱"爆发之前,在玄宗时期就已经出现了"兵冗官滥"的情况,政府部门扩张,官吏数量增加,相应的财政开支大增。而后于天宝年间爆发的"安史之乱"对于唐王朝各方面都造成了巨大的冲击,在财政方面更是造成了"而大盗起,兵兴,财用益屈"[32]的影响。战乱对于社会生产力造成了巨大破坏,除了遭受掠夺外,死亡、逃荒的人口数量急剧提升,税收锐减,国家经济陷入近乎停滞的状态。[33] 而在"安史之乱"被平定后,唐德宗即位以来,北方藩镇割据出现并演变得越发严重,逐渐呈现出中央弱而地方强的局势。藩镇割据一方肆意加收赋税,并将民众所缴纳的税收截留在地方一级,中央税收的税源被大大削弱,无法满足国家运转的财政需要,故而税制改革势在必行。

---

[29] 参见陈明光:《唐代财政史新编》,中国财政经济出版社1991年版,第170页。

[30] (宋)欧阳修、宋祁:《新唐书·卷第五十七·志第四十一·食货一》,中华书局2003年版,第852页。

[31] 参见黄惠贤、陈锋:《中国俸禄制度史》,武汉大学出版社2012年版,第198~199页。

[32] (宋)欧阳修、宋祁:《新唐书·卷第五十八·志第四十二·食货二》,中华书局2003年版,第855页。

[33] "自两京陷没,民物耗弊,天下萧然。"参见(宋)欧阳修、宋祁:《新唐书·卷第五十八·志第四十二·食货一》,中华书局2003年版,第852页。

三、两税法制度的规范化分析

（一）两税法之确立

“自代宗时，始以亩定税”，自代宗时期就已经开启了税收制度的初步改革。据《旧唐书》记载，代宗时代重新核实划分户等，当时的理财专家刘宴根据时局之需推行盐税改革，并严格选拔基层税务工作人员，为德宗时期实施两税法奠定了充分的基础。[34]

两税法的正式确立据《新唐书》与《唐会要》中关对于两税法实施过程有所记录可以基本确认，两税法这一制度改革设计系由唐德宗时期时任丞相的杨炎提出，“其年八月，宰相杨炎上疏奏曰：国家初定令式，有租赋庸调之法……则租庸之法弊久矣”[35]，而杨炎向德宗呈交《请行两税法奏》详细说明了其主张，而后唐德宗所发布的施行两税法的正式诏令、建中元年正月五日赦文以及二月十一日起请条等重要内容[36]，则更进一步说明两税法从杨炎的个人主张正式上升为国家层面的财税政策与制度。

唐德宗发布的定两税诏是最直接了解两税法制度内容的历史资料，在此诏令中规定：

> 户无主客，以见居为簿；人无丁中，以贫富为差。行商者在郡县税三十之一，居人之税，秋夏两征之。各有不便者三之，馀征赋悉罢，而丁额不废。其田亩之税率，以大历十四年垦数为准。征夏税无过六月，秋税无过十一月。违者进退长吏。令黜陟使各量风土所宜，人户多少，均定其赋。尚书度支总统焉。[37]

---

[34] “大历四年正月十八日，敕有司：‘定天下百姓及王公已下每年税钱，分为九等：上上户四千文，上中户三千五百文，上下户三千文。中上户二千五百文，中中户二千文，中下户一千五百文。下上户一千文，下中户七百文，下下户五百文。其见官，一品准上上户，九品准下下户，余品并准依此户等税。’”参见刘昫：《旧唐书》，中华书局 1975 年版，第 1139 页。

[35] （宋）王溥：《唐会要》，中华书局 1955 年版，第 1536 页。

[36] 参见黄永年：《唐代两税法杂考》，载《历史研究》1981 年第 1 期。

[37] 《全唐文·卷 0050·定两税诏》。

这一诏令对课税对象、纳税时间、税率等都作出具体规定，二月十一日有关部门所作的起请条也可与之相印证：

> 至二月十一日起请条请。令黜陟观察使及州县长官。据旧征税数。及人户土客定等第钱数多少。为夏秋两税。其(鳏)寡惸独不支济者。准制放免。其丁租庸调。並(并)入两税。州县常存丁额。准式申报。其应科斛斗。请据大歷十四年见佃青苗地额均税。夏税六月内纳毕。秋税十一月内纳毕。其黜陟使每道定税讫。具当州府应税都数。及征纳期限。并支留合送等钱物斛斗。分析闻奏。并报度支。金部。仓部。比部。其月。大赦天下。遣黜陟使观风俗。仍与观察使刺史计人产等级为两税法。㊳

在颁布诏令后，德宗随即安排使节前往地方就主户、客户的情况加以统计："建中元年正月五日赦文。宜委黜陟使与观察使及刺史转运\所由。计百姓及客户。约丁产。定等第。均率作。年支两税。如当处土风不便。更立一限。其比来征科色目。一切停罢。"同时又依据史料中对于唐德宗的记载："己巳，上朝太清宫。庚午，谒太庙。辛未，有事于郊丘。是日还宫，御丹凤门，大赦天下。自艰难以来，征赋名目颇多。今后除两税外，辄率一钱，以枉法论。"㊴可以基本证明建中元年以来唐德宗已经接受杨炎的建议，派遣黜陟使前往各地考察各地的具体情况，两税法于此正式被推行，并在其后的实施期间被进一步充实完善。

(二)两税法的制度分析

税收制度可以反映制度构建的立法精神与指导思想，因此要探析两税法改革中所蕴含的税收公平思想，须运用法学方法对其最终形成的制度加以梳理与规范化分析，透过制度表象分析其所蕴含的思想之所在。

1. 中央与地方税权设置

唐前期确立的是中央高度集中的财税权力体系，中央政府对于地方

㊳ (宋)王溥：《唐会要》，中华书局1955年版，第1535页。

㊴ 刘昫：《旧唐书》，中华书局1975年版，第164页。

财政收支管控极其严格,地方政府在财政上并不享有自主权,这也是唐王朝维护封建统治的重要手段之一。然而中唐以来藩镇割据日益严重,唐中央政府实际上已经无力统筹全国各地税收,天宝以来财政权力被逐渐下放至地方,[40]"安史之乱"更是对原本的央地财权分配体制造成了冲击,央地之间财政权力的分配也陷入混乱之中。两税法改革以来,唐德宗政府意在重新建立体制将财税权力逐渐自地方向中央回收,最终形成了"两税三分"的央地财税权分配格局,也就是史料中所记载的:"自国家置两税以来,天下之财,限为三品,一曰上供,二曰留使,三曰留州,皆量入为出,定额以给资。"[41]所谓"两税三分"即文献中所记载的内容,是指所收取的赋税一分为三份。"上供"是指归中央所有的份额;"留使"是指归属以节度使为代表的一级政权的部分,主要用于军费开支[42];"留州"是指归属州一级主要用于官员俸禄以及各项管理支出的部分。

2. 课税要素分析

从税收法制构建层面来看,课税要素主要包含纳税主体、课税对象、税率、纳税环节、税收特别措施、纳税地点、计税期间和纳税期限等税收实体要素。唐代前期所形成和适用的租庸调制度已经具有相对完整的课税要素体系,两税法时期的具体课税要素可以从杨炎呈交的《请两税法奏》以及唐德宗发布的具体诏令中加以提炼、分析。

关于征税时间,从当时中央部门在杨炎上奏的基础上作出修改补充拟定的《起请条》中可以发现,当时的法令仅就纳税期限作出了规定:"令黜陟观察使及州县长官,……为夏秋两税。……夏税六月内纳毕,秋税十一月内纳毕"[43],《文献通考》中也对两税法的征税时间进行了记录:"夏输无过六月,秋输无过十一月"[44]。具体来讲就是以农作物收获时节为依据,每年征收夏、秋两次税,但是对于具体的纳税时间并未作出规定。

---

[40] 参见郑学檬:《中国赋役制度史》,厦门大学出版社 1994 年版,第 249 页。

[41] "请商量付度支,据诸州府应征两税,供上都及留州留使旧额。"参见刘昫:《旧唐书》,中华书局 1975 年版,第 1150 页。

[42] 参见陈明光:《唐朝两税三分制的财政内涵试析》,载《中国社会经济史研究》1988 年第 4 期。

[43] (宋)王溥:《唐会要》,中华书局 1955 年版,第 1535 页。

[44] (宋)马端临:《文献通考》,中华书局 2011 年版,第 57 页。

关于纳税主体的规定,依据德宗在建中元年二月所颁布的诏令中所规定的:"户无主客,以见居为簿。……行商者,在郡县税三十之一。……"[45]可以发现,此次改革将主户和客户均纳入了纳税主体的范围,这与唐中期以来存在的农户通过逃脱原有居所、依附大户以达到逃税目的的行为有关。在旧有租庸调制度的背景下,官僚贵族无须承担赋税,[46]官僚、富豪大肆兼并土地,自耕农选择成为地主附庸以逃避税收,并且由于税负不公以此方式逃避税收的农民数量日益增多,被称为"客户"、"浮户"或者"寄庄户",课税对象由主户转向主户、客户均征税,扩大了纳税主体的范围,对于改变旧制下普通民众税负的情形具有积极意义。此外也将商人也纳入了纳税主体范围之内,在两税法改革之前,并无明文规定商人需要承担赋税,而两税法改革中将商人纳入了征收赋税的范围,意在增加税收来源与收入。

关于课税对象的规定,确立了"以资产为宗"的计税原则和土地、财产两个主要的课税对象。据《旧唐书》记载:"人无丁中,以贫富为差"[47]。两税法改革将唐代前期租庸调制度背景下所适用的人丁这一计税标准实际废止,确立了"贫富为差"的新标准,即以所享有的资产多少作为税收征纳的标准。税收对象主要是说明向什么征税的问题,两税法所确定的税收对象主要有两个,其一,居人之税即根据人的资产多少所征收的财产税。其二,田亩之税即起请条中所列出的"据大历十四年见佃青苗地额均税"[48],通过史料中对于税收结果的记载[49],也可得知其征税对象是财产与土地。关于税率问题,两税法法令中明示了对商人征收"三十

---

[45] 刘昫:《旧唐书》,中华书局1975年版,第1140页。

[46] "若老及男废疾、笃疾、寡妻妾、部曲、客女、奴婢及视九品以上官,不课。"参见[日]仁井田陆:《唐令拾遗》,栗劲、霍存福、王占通、郭延德编译,长春出版社1989年版,第132页。"按开元二十五年〈户令〉云:诸视流内九品以上官……皆为不课户。"参见(宋)欧阳修、宋祁:《新唐书·卷第五十七·志第四十一 食货一》,中华书局2003年版,第849页。

[47] 刘昫:《旧唐书》,中华书局1975年版,第1139页。

[48] 丁柏传、陈作梁:《唐代两税法征收内容辨析》,载《河南师大学报(社会科学版)》1984年第1期。

[49] "岁敛钱二千五十余万缗、米四百万斛以供外"。参见(宋)马端临:《文献通考》,中华书局2011年版,第58页。

税一”的工商税之规定，对于普通农户征税的税率规定为“以大历十垦田之数未定”[50]，即以大历十四年的税额作为参考标准，并未作进一步规定，但是值得注意的是相较于租庸调制下统一税额的规定而言，两税法并未在全国范围内统一税额。

关于税收特别措施，两税法延续了唐代前期的立法精神，对于弱势群体作出了规定。唐朝一直以来就有对于特殊人群减免税的规定，主要包括身份性和灾害性的免税规定[51]。除特权阶级的身份性免税以外，主要就是对于弱势群体的免税规定；而灾害性的规定则可以从《唐令·赋役令》中发现，其中主要对遭受“水旱虫霜”等自然灾害的灾民予以免税。两税法改革中延续了这一传统，在法令中直接对弱势群体的课税予以免除。在《起请条》中记载：“二十一日起请条请令黜陟、观察使及州县长官，据旧征税数及人户土客多少，为夏、秋两税。其鳏寡惸独不支济者，准制放免。”[52]《新唐书》中记载“遣黜陟使按比诸道丁产等级，免鳏寡惸独不济者”[53]，对于独自一人生活、无法供养自己的人直接规定免除其税收。

四、两税法制度的进步性探析

中国古代的税收公平思想由来已久，并在历史发展中不断被丰富和完善。春秋时期孔子提出“不患寡而患不均”，强调均平财富对于社会稳定的重要性，而税收作为调节社会财富分配的重要工具，国家应当充分发挥其作用，保证税负的公平性从而避免出现贫富差异过大的情况；[54]管子提出“相地而衰征”的主张，并据此确定了根据土地的贫瘠程度、土地产量多少确定不同税额的税收制度，这一制度丰富了税收公平思想的内涵，也为后世公平税制的构建提供了思想源泉和制度示范。[55]到魏晋时期，傅玄在其赋税思想中提出“至平”的理念，正式将税负公平

---

[50] （宋）马端临：《文献通考》，中华书局2011年版，第58页。

[51] 参见郑学檬：《中国赋役制度史》，厦门大学出版社1994年版，第260页。

[52] （宋）王溥：《唐会要》，中华书局1955年版，第1535页。

[53] （宋）欧阳修、宋祁：《新唐书·卷第五十八·志第四十二·食货二》，中华书局2003年版，第855页。

[54] 参见周道生：《论孔子的赋税思想》，载《湘潭师范学院学报》1995年第4期。

[55] 参见吴霖：《我国古代公平税负思想综观》，载《经济问题探索》1987年第9期。

作为一项经济原则确定下来,其主要关注"上"与"下"、国家与公民之间的税收利益问题,[56]认为国家摊派税赋要根据实际需要并考虑民众的承受能力,主要探究了税收公平中的纵向公平的问题。

结合前述古代赋税思想中就税收公平所提出的思想理念,可以进一步对公平在税收领域的内涵加以提炼。税收公平主要包括社会公平与经济公平两大维度,社会公平是指从社会发展角度出发,国家运用税收手段对收入分配加以调节,实现社会范围内的整体公平,从而达到维护社会整体稳定的目的;经济公平则进一步包括两个层面的内涵——横向公平和纵向公平。经济公平层面关涉的是不同纳税人之间的税收利益关系,指向的意涵是纳税能力相同的人交纳相同的税、纳税能力不同的人交纳不同的税收。而国家与个人之间就课税形成的利益关系对于税收公平的实现也具有重要意义,这是由于国家运用强制力征课于民,不可毫无节制地征课掠夺税收,具有税负能力的人才方可税。[57] 由此可见,无论是哪一维度的税收公平,均需分析纳税主体的纳税能力与其所需承担的税负是否适当,这也就成为衡量税收制度是否公平的重要因素。

(一)两税法中的经济公平

1. 制税原则的合理化

通过前述制度的规范化分析可以得知,两税法基本确认了"以资产为宗"的制税原则。在这样的制税原则下计税标准从人丁转向资产,这一转变可以在唐朝前期与后期记录户口状况的籍帐的对比之中得到印证。之所以从户籍的相关记录中寻找相印证的证据,是因为唐代的赋役制度与户籍制度紧密相连,记录户籍的文书上不仅有本户人口的相关信息,还规定了赋税的相关信息。如《唐天宝六载(747年)敦煌郡敦煌县龙勒乡都乡里籍》中所记载的:

> 户主阴承光载贰拾玖岁,白丁。课户,见输。

---

[56] 参见陈勇、张媛媛、靳皓媛:《从傅玄、亚当·斯密赋税原则看中西古典经济思想的契合》,载《青海社会科学》2015年第4期。

[57] 参见侯卓:《重申量能课税的制度价值》,载《法学》2022年第4期。

婆袁载柒拾叁岁,老寡。

母齐载肆拾陆岁,寡。

妻侯载贰拾肆岁,丁妻。

弟承俊载贰拾伍岁,白丁。

妹惠日载贰拾岁,中女。

合应受田贰顷陆拾贰亩。肆拾玖亩已受:卌亩永业,七亩口分,二亩居住园宅。二顷一十三亩未受。[58]

又如,《唐大历四年(769年)沙州敦煌县悬泉乡宜禾里手实》中所记载的:

户主安大忠年贰拾陆岁,白丁。下下户。课户,见输。

母屈年肆拾柒岁,寡。永泰二年帐后勘责逃走,限满除。

弟金苟年壹拾陆岁,小男。上元二年帐后死。

妹桃花年贰拾叁岁,中女。上元二年帐后死。

妹胡胡年贰拾岁,中女。永泰二年帐后勘责逃走,限满除。

……

合应受田壹顷壹亩。叁拾叁亩已受:廿亩永业,一十二亩口分,一亩居住园宅。六十八亩未受。[59]

从前述两个不同时期的文书中可以发现施行两税法之前,唐前期在户籍制度方面的记录文书基本已经形成了范本,记录名字、丁口、受田情况,两个文书中均存在"白丁、小男、中女"等对于人口年龄划分的形容词,这与租庸调制以人丁为征税基础的制税原则有关。而到唐代后期籍帐文书《唐大中六年(852年)十一月唐君盈户口田地状》中记载:

---

[58] 转引自刘进宝:《敦煌学对中古史地研究的新贡献》,载《中国社会科学》2021年第8期。

[59] 转引自刘进宝:《敦煌学对中古史地研究的新贡献》,载《中国社会科学》2021年第8期。

百姓唐君盈
户唐君盈年卅七,妻阿索年(缺)
弟僧君亦年卅五岁。(缺)弟(缺)不受
父磨牙年六十三。妻啊氾年(缺)
受田四十七亩。[60]

比较实施两税法前后的两个文书可以发现,二者间最明显的变化之一是不再有关于"丁中"的标记,这从侧面反映了两税法以来计税原则的转变,对于纳税人纳税能力的评估标准由单一的"人丁"转向了所拥有资产的多少。其转变的合理与进步性在于,唐前期租庸调制下征收定额税只看人丁不看具体财富,课税率与应课税土地的数量成反比[61],且租庸调制度随着土地兼并的日渐严重,普通民众拥有土地日益减少,但所承担的赋税仍然随着成丁数量的增多而增多。至此,旧有的制税原则下所确立的以纳税人的体力强弱为基础的纳税能力评估原则[62],已经呈现出严重的累退性,不符合税收公平的要求。

而两税法所确立的"以资产为宗"这一制税原则,通过对纳税人财产多少的评估来确定纳税能力,资产越多纳税越多,从经济公平视角来看其呈现出的累进性这一特征,符合了税收公平思想的要求,对于改变唐前期租庸调制度下税负不均的局面具有积极意义,在此原则的指导下税制要素的确定相较于旧制而言也在税收公平层面体现出进步性。

2. 纳税主体的普遍化

在税收公平思想下,纳税主体的确认也与纳税能力相关,纳税群体的普遍化是实现税收公平的重要路径。两税法改革中采取的一个重要措施就是将纳税主体的范围扩大,将"客户"、行商等重要群体纳入了纳税主体范围内,是两税法中税收公平思想的一个重要体现。

---

[60] 转引自[日]池田温:《中国古代籍帐研究后图》,龚泽铣译,中华书局 2007 年版,第 426 页。

[61] 参见孙彩红:《试析唐前期租庸调制下纳税人的税收负担水平——对"轻徭薄赋"政策的补充论证》,载《西北师大学报(社会科学版)》2005 年第 2 期。

[62] 参见何平:《论中国历史上的税收负担思想》,载《税务研究》2004 年第 1 期。

“客户”是在唐王朝不抑制土地兼并这样的大背景下产生的群体，其依附于官僚、大地主。由于唐前期租庸调制度下以户口和人丁作为征税依据，“客户”这一群体因其已经逃脱原户籍地、未被记载于所依附地的户簿中而实际上逃脱了征税，其数量在唐王朝统治期间日益增多，虽然唐朝统治者早已意识到此类逃户使国家社会治理存在隐患，然而对此类逃户采取的仍然是较为柔和的政策。如武则天统治时期，从《长安三年三月括逃使牒并敦煌县牒》中可以看出当时所施行之政策，该文书记载：

> 甘、凉、瓜、肃所居停沙洲逃户
> 牒奉处分：上件等州，以田水稍宽，百姓对
> 悉居城，庄野少人执作。沙洲力田为务，
> 小大咸解农功，逃迸投诸他州，例被招
> 携安置，常遣守庄农作，抚恤若类家
> 僮。好即薄酬其庸，恶乃横生构架。为
> 客脚危，岂能论当。……
> 今奉明敕，逃人括还，无问户等高下，给
> 复二年。又今年逃户所有田业，官贷
> 种子，付户助营。逃人若归，苗稼见在，课
> 役俱免，复得田苗。或恐已东逃人，还被主人
> 詃诱，虚招在此有苗，即称本乡无业，
> （后略）[63]

其中所提到的“给复”意为给予免除徭役的待遇，这一文书的大意是指：依据敕令要求逃户应当还乡，然而即使对逃户采取保持其户籍地田地并免除一定期限内的徭役的优待，逃户仍然会通过和所在地主户串通欺骗的方式不愿还乡。可见武周时期虽然通过减免赋税徭役的方式劝归逃户，然而逃户回归的意愿并不高，政策收效甚微，强行招回对地方

[63] 转引自孟宪实：《出土文献与中古史研究》，中华书局 2017 年版，第 272 页。

治理也并无益处。实际上临近唐朝中期时对于户籍的治理就已经日益松弛,到唐玄宗统治时期虽然宇文融的括户政策对当时八十万逃户不纳税的问题有所缓解,然而在宇文融受到政治处分后逃户问题再度严重[64],经历"安史之乱"后更是出现了"百姓逃散,至于户口,十不半存"[65]的逃亡局面。

在租庸调制下,此类数量庞大的群体不纳税,其在户籍地应当缴纳的赋税却由当地百姓被迫承担,这样的税收安排在进一步加剧了逃户情况出现的同时,对于普通民众并不公平。而两税法将该群体纳入纳税人范围内是在前述纳税能力评估标准改变后的应对方法。依据诏令所述的"以见居为簿"这一不按人丁而按照资产根据居住地原则重新登记的措施,大大避免了随意摊派税收这一不公行为的发生,充分体现了税收公平精神,居住地原则的适用也适应了当时的社会状况,对于社会治理具有积极意义。

此外,两税法改革也将行商这一原本不纳税的群体纳入了纳税主体范围内。唐朝前期由于行商居无定所而被排除在纳税人范围之外,然而从商人的收入与财力来看,其资产远高于普通农户,因而将其纳入纳税人范围内是实现税收公平的应有之义,同时对行商纳入课税范围也缓解了行商与坐商之间征税畸重畸轻的问题[66],有益于实现不同群体之间税收利益的平衡。

由此可见,两税法在纳税主体的确定上充分践行了资产为宗的原则,进一步实现了纳税群体的普遍化,这对于整体社会税收利益的分配与实现以及不同群体之间税收公平的实现具有积极意义。

(二)两税法中的社会公平

"两税法"改革在进一步实现经济公平的同时,在实现税收公平中的社会公平层面也具有积极意义。与社会公平理念相一致的最主要的

---

[64] "黎甿失业,户口凋零,忍弃枌榆,转徙他乡,佣假取给,浮窳求生"。可见逃户问题仍然严重。参见(宋)宋敏求:《唐大诏令集》,学林出版社1992年版,第529页。

[65] (宋)王溥:《唐会要》,中华书局1955年版,第1565页。

[66] 参见吴霖:《我国古代税收思想初探》,载《财经论丛(浙江财经学院学报)》1992年第4期。

体现是关于税收特别措施的制度安排。

在特别课税措施的规定上，两税法改革延续了唐一直以来对于特殊群体的税收关照。依据“以资产为宗”的原则来看，弱势群体拥有资产就应当纳税，然而两税法的相关诏令中明确规定“鳏寡惸独不支济者，准制放免”[67]，对这几类弱势群体直接作出了予以免税的特别规定。这一规定在充分体现了“民本”思想的同时，其实质内容与精神指向的是税收公平中社会公平这一维度。通过国家强制规定将弱势群体以免税的方式实质排除在了纳税群体之外，为其提供社会福利，进而实现社会整体公平。

此外，对于官僚贵族课税的相关规定也体现了其在实现社会公平方面的进步性。在唐前期的税收制度下，除了对弱势群体和遭受自然灾害的人群实施赋税免除政策之外，还存在专门面向官僚贵族群体的身份性免税规定，如《新唐书》中所载：

> 太皇太后、皇太后、皇后缌麻以上亲，内命妇一品以上亲，郡王及五品以上祖父兄弟，职事、勋官三品以上有封者若县男父子，国子、太学、四门学生、俊士，孝子、顺孙、义夫、节妇同籍者，皆免课役。凡主户内有课口者为课户。若老及男废疾、笃疾、寡妻妾、部曲、客女、奴婢及视九品以上官，不课。[68]

可以发现，唐前期除了面向弱势群体的免税政策外，还有面向“孝子、顺孙、义夫、节妇”等的免税政策，这或许与当时文化中重孝、节的思想有关。然而值得关注的是，凡是九品以上的官员均不课税，意味着官僚这一群体在分得田地的同时却享有免税的特权，这样的规定长期以来造成了对纳税群体的不公，“赋税完全负担在仅占总户数的三分之一、占总人口数的七分之一的农民身上”[69]。在两税法改革中，采取了实际措

---

[67] （宋）王溥：《唐会要》，中华书局1955年版，第1535页。

[68] （宋）欧阳修、宋祁：《新唐书・卷第五十七・志第四十一・食货一》，中华书局2003年版，第848页。

[69] 朱红伟：《唐代两税法的规范主义分析》，载《中州大学学报》2011年第4期。

施将部分特权群体纳入了纳税人范围,体现了税收公平的倾向。如《禁公主家邑司擅行文牒敕》中所记载的:"应公主家有庄宅邸店,宜依百姓例差役征课。"[70]该敕文内容是指公主名下的庄田、宅邸等也应当和寻常百姓一般接受税收征课;又如,宣宗曾想因亲戚关系免除其舅舅田庄的赋税,为相关职能部门所反对,认为"据地出税,天下皆同。随户杂徭,久已成例……免郑光庄田,则似稍乖前意。"[71]强调即使是皇帝的舅舅也应当根据其所享有的地产量来缴纳税金,故而最终未能免除。由此可见两税法改革实际上免去了对于官僚特别是特权阶级的课税免除。这种对身份性免税的剥除更进一步体现了两税法制度中所具有的实现社会公平之意涵。

当然,在税权设置上央地财权"两税三分"的安排使地方享有了一定的财政自主权,在征纳环节上简易化的设计省去了旧制下的烦琐征纳流程,虽然其并未直接指向税收公平的实现路径,但与其他课税要素一同构建起了两税法完整的税收制度,对实现税收公平具有实际意义。

五、结语

两税法所形成的制度较旧制而言在税收公平上已经具有一定的历史进步性,其确立的以资产确定税负的制税原则颠覆了旧制中以"人丁"为依据这一不合理的理念。在"资产为宗"原则下所采取的纳税群体普遍化、央地财权调整、税收特别措施范围的收束等税收制度改革,与税收公平思想所追求的经济公平和社会公平相一致,也为丰富税收公平理念提供了新的实践内涵。然而两税法在实践过程中仍因其自身所具有的时代局限性存在缺憾,如虽然确定了用财产衡量纳税能力的原则却未作出具体规定,这给实际执法中留下许多可操作的"灰色地带";到了晚唐时期,虽然税制得以沿袭,基层税务执法却存在许多问题,都对两税法制度的有效性产生了消极影响。但不可否认的是,本次改革对于中国税收法律制度的发展产生了极为深远的影响,其开创了以资产为依据征

[70] 《全唐文·卷八十一·禁公主家邑司擅行文牒敕》。

[71] (宋)王溥:《唐会要》,中华书局1955年版,第1545页。

税的先河,为后世所采取的税制改革奠定了基础,其“在一定程度上弥补了过往税制体系长期的缺陷,促进税制体系得以向前发展,特别是成为宋朝两税法施行的基础”[72]。无论是后来的“一条鞭法”还是“摊丁入亩”直至“人头税”的彻底废除,都能从其中探寻到“两税法”改革所体现的税收公平精神之所在。因此必须承认,两税法制度不仅对于当时的唐王朝而言具有积极意义,长远来看对于中国古代税制发展也产生了积极影响。

在当今时代,税收已经成为大多数国家的主要收入,税收国家的性质使税收公平在社会公众利益分配、国家治理和国家发展等方面均具有重要意义。在此现实需求之下,我国已经开展了多次财税体制改革,不论是分税制财政体制改革、“营改增”、个人专项附加扣除等措施,还是不断被调整的个人所得税免征额,每一次改革都是朝着构建更为公平的税收制度方向所作出的努力。而在改革过程中我们也应当认识到回归中华优秀传统法律文化的重要性之所在。由此可以从“两税法”中探查新一轮财税体制改革的新思路,遵循税收公平理念的要求,坚持税收法定原则,同时注重税务行政执法能力的提升,逐步有序地推进税收法治现代化的最终实现。

[72] 敖涛、付志宇:《两税法改革的历史借鉴》,载《税务研究》2020年第4期。

英国税法学一代宗师约翰·泰利教授（1941—2013年）*

[英]尚塔尔·斯特宾斯** 陈国文*** 译

摘　要：斯特宾斯教授撰写的这篇已故英国学士院院士、税法学教授泰利的学术传略，除了简要叙述泰利的生平外，主要从税法学学科建设、教学与研究、国内外学术交流和税法史等方面介绍了泰利教授对英国税法学的开拓之功。泰利积极推动在剑桥大学和其他大学开设税法课程，使税法学在现代法学学科体系中占有一席之地；他撰写的经典教科书《泰利论税法》，整合零散杂乱的税收立法和判例素材，使税法这门学问得以进行体系化的掌握；通过设立税法论坛，组织跨学科的、联系理论与实务的各种学术活动，推动税法学研究和实践的繁荣发展；他深知税法的发展史极为丰富、深刻和强劲，因此将税法置于历史的观照之下，有力地推动了税法史的研究。

关键词：约翰·泰利；税法学科；税法教学；税法研究；学术领导；税法史

---

* 尚塔尔·斯特宾斯教授是译者2013年在该校访学时的指导老师，本文已经与作者联系，并取得版权人英国科学院的出版事务部负责人詹姆斯·里文顿许可授权。本传略最初发表于《英国科学院院士传略系列》，参见英国科学院网2017年5月4日，https://www.thebritishacademy.ac.uk/publishing/memoirs/16/tiley-john-1941-2013/。

** [英]尚塔尔·斯特宾斯，英国埃克塞特大学荣休教授。

*** 陈国文，兰州大学法学院教授。

一、约翰·泰利教授生平

1941年2月25日,约翰·泰利出生于沃里克郡的利明顿温泉镇,乃威廉·泰利和奥黛丽·泰利之子。他接触税收甚早,因为他的父亲是考文垂一区的国家税务稽查员。① 约翰·泰利曾就读于温切斯特学院,在那里他不仅学业不凡,而且校园生活丰富多彩:足球、板球、音乐、天文、军训,样样涉猎,无不显露出他过人的精力和广泛的兴趣;在他以后的生活和工作中,这种精力和兴趣亦未曾稍减。体育和音乐充实了他的生活。②

1959年约翰·泰利离开温切斯特,进入牛津大学林肯学院深造;在牛津的第二年,他通过奖学金考试,获得了温特·威廉姆斯法律奖学金。他能力突出,但并未选择事务律师或出庭律师作为职业方向,而是选定以学术为志业。毕业之后,他先是留在林肯学院任教,后去伯明翰大学担任讲师。1964年,他与吉琳达·德雷珀结婚。当时吉琳达刚刚获得出庭律师资格,后来她成了一名学者,为剑桥大学露西·卡文迪许学院的法律研究员。当年下半年,约翰·泰利被内殿律师公会接纳,被授予出庭律师资格,在唐纳德·尼考拉斯门下担任实习律师期间,他的学术生涯曾暂告中止。他为内殿律师公会勤谨奉献,后来担任该会的主管。

1967年,约翰·泰利在剑桥大学女王学院任研究员,并担任该校的助理讲师。③ 直至他去世的这46年间,剑桥和女王学院一直是他温馨的家园。他担任过学院的各种高级职务,包括高级司库、副院长等职。那些受邀参加学院各种盛大晚餐会并在他亲自带领下参观学院的访问学者们,都曾深深体会到他对学院的热爱及自豪感。

---

① 约翰在2003年被授予高级帝国勋爵士(CBE)称号时,他口袋里揣着他父亲的帝国勋章(OBE),因为他父亲未能亲自接受勋章,参见[英]约翰·泰利:《税法》(第6版)2008年版,第4页。

② 参见[英]D. 哈特尼特:《前言》,载[英]J. 埃弗里·琼斯、P. 哈里斯、D. 奥利弗编:《比较视角下的税法——约翰·泰利纪念论文集》,剑桥大学出版社2008年版,第14页。

③ 参见[英]D. 哈特尼特:《前言》,载[英]J. 埃弗里·琼斯、P. 哈里斯、D. 奥利弗编:《比较视角下的税法——约翰·泰利纪念论文集》,剑桥大学出版社2008年版,第12页。

1984 年他被任命为东南巡回区的助理法官,1989 年升任为法官,专门审理家事法案件,在接下来的 10 年间,他一直担任这一职务。

约翰·泰利是剑桥大学法学院的中心人物。1990 年他被任命为剑桥大学税法教授,这是法学院首次设立的教职。1992 年他受命担任学院院长,在 3 年的任期内,他对学院的贡献绝不限于学术方面。担任院长时,他主持兴建了新的法学大楼,以增强剑桥法律学人的凝聚力;将斯奎尔法律图书馆与教学办公设施连为一体,为学院未来的进一步发展奠定了基础。约翰富有远见、精力充沛、勇于任事,对新大楼的设计和施工一丝不苟。在他的努力下,由诺曼·福斯特合伙事务所设计、位于剑桥西路西季威克工地的法学新大楼,于 1996 年由女王和爱丁堡公爵亲临开放仪式,并投入使用。新大楼设计新颖、功能适当,成为真正的法学之家。新大楼在剑桥法学教学和学术活动中起到了核心作用,成为教师、学生和国内外访问学者从事理论研究工作和生活的中心。

作为原公共法学教师学会、现法律学人学会的主席,约翰·泰利在 1995 年至 1996 年筹划了第二个剑桥法学项目(即组建税法研究中心),这是一个税法学的教学和研究机构。2000 年,在特许税务研究会、国际财政联合会促进信托和毕马威会计事务所的大力支持下,剑桥税法中心宣告成立。该中心位于法学大楼内,旨在从理论和实务两方面促进税法学的研究。

约翰·泰利对税法学科的杰出贡献为法学界内外所公认。1995 年剑桥大学授予他"荣誉法学博士"。2003 年,他因在税法和税收政策方面作出的贡献,被授予"高级英帝国勋爵士"称号,这是对他税法学领域耕耘多年的正式认可。2008 年约翰·泰利被接纳为英国科学院院士,这是他对税法学科作出杰出贡献而获的最高荣誉。就在这一年,他退休了。也是在 2008 年,他因"发展税法"的项目,而被授予"利华休姆信托荣休研究员"称号。

约翰·泰利的工作及其荣誉并未因他退休而止步。就在他退休后的第二年,一部对他表示敬意的纪念文集出版了。④ 文集撰稿人的声望也从侧面反映出约翰在学术界的杰出地位。正如罗杰·克里奇教授所言:"纵览文集,我们既敬畏又伤感。说敬畏,是因为他的一生如此精彩;说伤感,是因为他的学术生涯行将结束。"⑤

作为女王学院的终身研究员,他对学院奉献良多;作为剑桥大学的荣休教授,他于2009年被任命为荣誉王室法律顾问。2011年温切斯特学院接纳他为*Ad Portas*,这是对温切斯特杰出校友作出认可的古老惯例,也是该学院所能授予的最高荣誉。退休之后,他教书不辍、笔耕不止,继续组织研究班和学术会议,税法学界从中受益良多。他的两个儿子尼考拉斯、克里斯托弗,一个女儿玛丽,都成家立业。约翰和吉琳达经常出游,其中部分是受到接连不断的邀请,或因私谊或为学术交流,去世界各地探访同道和他教过的学生。

二、作为一门学科的税法

约翰·泰利最重要的专业成就是确立了税法作为一门学术科目的地位,不仅使之在英国大学课程体系中获得了适当的地位,而且使之在法学学术中成为能够进行严密分析研究的专业。约翰·泰利的这一业绩只有在下述背景下才能获得充分的认识:直到20世纪很晚的时候,传统上对税法的认知仍然是:税法就是分散在法律体系中的法律条文而已。

税收在现代世界无处不在。没有哪个概念像税收那样,对个人和共同体的生活和工作能产生如此重大的影响,其效力所及无人能够幸免。1689年的《权利法案》即已规定,未经纳税人同意,不得征税;所征各税须在议会通过的法律中明确规定,以确保征税是经过议会同意的。税收制定法规定了征税的内容和范围,以及豁免和减免,并规定了税法如何实施。因为宪法规定征税只能以制定法为依据,所以税收之法律属性无可争议;而且税收之年代久远、税收之性质和重要性,都使之完全应被视

④ 参见[英]J.埃弗里·琼斯、P.哈里斯、D.奥利弗编:《比较视角下的税法——约翰·泰利纪念论文集》,剑桥大学出版社2008年版。

⑤ [英]R.克里奇:《书评——论J.埃弗里·琼斯、P.哈里斯、D.奥利弗所编〈比较视角下的税法——约翰·泰利纪念论文集〉》,载《英国税法评论》2009年第6期。

为传统法律和程序之典范;足可堂堂正正地跻身于法律体系之列,一并置于法律的价值、准则和保护之下。但是,实际情况并非如此。税法见诸于传统范式之外,从各方面来看,从法律结构的关键要素来看,税法都站在法律制度诸种规范的门外。

首先,税法最显著的宪法基础在于议会同意和人民自由,这使税法区别于其他法律部门。这一地位使税法具有公共事务和基本权利的属性,而且税法之强烈的政治性和宪法性也是其他法律部门所不具备的,甚至在议会程序中设立了只适用于税收立法的特别程序。那些从事法律实务的大多数人对此种具有公共性质的法律往往是陌生的。法律实务家的日常业务通常只关涉财产、合同、遗嘱、信托和个人家事之间关系的私法领域。其次,同意原则要求对征税之事,应尽其可能明确无误地予以规定,以确保对纳税人只应按立法中明确清晰的文句规定而征税。正是税法的这些特质,以及税收事项日益增强的技术性,使税收立法特别冗长,高度复杂;也使税收司法须采用极为严格的解释方法。但是,与其他法律部门不同的是,税法中鲜有法官所造之法,这就构成了税法区别于其他法律部门的第三个特征。由于政策原因,直到19世纪后期,与直接税有关的案件一直不允许向普通法院提起诉讼。相应地,此类案件被排除在专业法官的审理之外,争议的解决交由未经训练的业余裁判者主导。这不仅意味着法官只在特别情况下才有机会解释税收制定法,而且使长期以来行政部门在一审案件的税法解释中发挥了支配性的作用。税法的第四个独有特征是官僚机构介入税法。税法的复杂性导致税收管理需要一支高度专业化的官僚队伍,官僚队伍只从其业务角度理解税法,加之要对紧迫的政治和经济需要作出回应,因而成了税法的支配性力量。尤有进者,税法由兼具行政和司法功能的行政裁判庭予以实施,税务行政部门的官员借此获得了强大的影响力,导致人们把税法当作行政规则而不是法律,进而把提交到税收行政裁判庭处理的争议,仅仅当作涉及财务和会计的事实问题,而非法律问题。税法及其实施与行政部门单方权力的紧密联系,模糊了行政和法律之间的边界,这种情况是其他部门法中所没有的。

税法的这四个特征,将其与其他部门法区别开来,使人们在普遍接受的“法律”一词的意义上不再将税法视为“法律”。自19世纪以来,对税法部分是行政、部分是会计、部分是法律的认知,牢牢地嵌入英国的法律文化之中。这种在传统法律体系中暧昧不明的地位使税法疏离于法律之外,而司法界和法律实务界对税法的消极态度,不愿介入税法业务的心态,使这种疏离日益加剧。之所以出现这种局面,除了上面提到的这些因素外,还有一个原因,那就是税法需要掌握某些专门的会计知识,而传统法律人对此并未做好准备。法律人远离税法,这就为会计人士提供了支配这一领域的机会,而他们也确实抓住了这一机会。于是税法在法律体系内被进一步边缘化,对纳税人、法律专业人员和法科学生而言,税法成了可望而不可即的东西。

税法,游荡在法律制度的规范体系之外,往好处说,它只是不同于其他部门法;而说得更直白一点,它根本就不是“法律”。在英国的法律学术研究中没有税法的容身之地。约翰·泰利充分认识到人们对税法存有的这种根深蒂固的认知,于是在1960年代投身于税法学事业。他投入毕生精力所追寻的志业,就是把税法带进法学的主流学科之中。为此,他写到:

> 为了学科的成长,避免疏离感极为重要。与那些在其研究活动中发现税法素材十分有趣的人士进行对话特别有益,如法理学、法律推理理论研究中就涉及税法。税法应当在我们的政治哲学家的意识中处于前沿位置,这是一个他们可以对其理论进行检验的领域。然而,我们这一学科素以高度专业性为人所知,他们中间很少有人了解这一学科。⑥

约翰·泰利将阿什·惠特克罗夫特教授的视野加以扩展,创立并巩固了税法作为一门学科的地位。⑦ 他是通过以下三条途径来完成这一

⑥ [英]J.泰利:《50年:税收、法律和学术界》,载《英国税法评论》2006年版,第238页。

⑦ 关于惠特克罗夫特,参见[英]J.F.琼斯:《阿什克罗夫特,乔治·绍洛克·阿什克姆(1905—1987)》,载《牛津国家传记词典》,Oxforddnb,http://www.oxforddnb.com/view/article/20102。

任务的:通过他的学术研究、教学活动和学术领导。

三、税法研究

约翰·泰利身先士卒在税法领域推动学术研究。他撰写了在税法领域已成经典的教科书《税法》(*Revenue Law*),在任何一家图书馆,这部教科书都以其部头之大和封面色彩之鲜艳而引人注目;封面的颜色先是由他的孩子、后来是由他的孙子选定的。这部厚重的教科书初版于1976年,[⑧]当时约翰·泰利还是剑桥大学的一名年轻讲师;在他去世之际已经到第7版。自2000年起,这部教科书开始由理查德·哈特公司出版。该书的第5版和第6版由约翰·泰利和他的学生格伦·卢岑希瑟(Glen Loutzenhiser)合写;在第7版中,卢岑希瑟继续作为合著者参与其中。由于卢岑希瑟的加入,约翰的教科书得以延续,2016年,卢岑希瑟修订出版了第8版。[⑨] 以《泰利论税法》作为书名,标志着该书已跻身于通常以作者姓名而冠名的英国法律经典教科书之列。

《税法》之前的教科书通常都是一成不变地沿袭传统模式:讲解适用于税法案件的法律规则,对讲解过的制定法的条文略加评论,对细节巨细靡遗,对相关司法判决搜罗殆尽,在适当的地方展示如何计算。很少有教科书将所写内容置于知识体系的背景之下,举凡征税目的、法律框架的历史沿革、经济学和政治学对税收的广泛影响、英国税法与其他国家税法比较之下所具有独特性质,等等,鲜有论及。这种著述风格反映出税法的地位:它是专属于税法执业者的一个实务领域。换句话说,它准确地映射了税法在法律学术中的边缘地位。

因此,《税法》一书面世之后,税法学的景观为之一变。约翰·泰利的方法严格地保留了教义法学的核心,它遍涉主要税种,即所得税、资本利得税、公司税和继承税。从第1版开始,它就论及国际税法问题,并逐渐论及欧盟法的影响。特别是《税法》一书首次将税收法律置于广阔的法律原则背景之下,历史、经济学、政治理论以及税收实践,都成了教义

---

⑧　参见[英]J. 泰利:《税法》,1976年版。

⑨　参见[英]G. 卢岑希瑟:《泰利论税法》(第8版),牛津大学出版社2016年版。

学研究的背景,借此可以充分理解税法背后的各种政策考量。尤有进者,当约翰·泰利认为比较视野能为研究带来启迪之功时,他从不忽略。他对比较方法之价值的重视,可从他就职演讲的标题,[10]以及他荣休纪念文集一书的标题,得到确证。[11] 他对期刊上的此类学术论述也极为关注,频频引证此类法律文献。《税法》一书与时俱进、修订不辍;就税法的技术性和易变性而言,这种修订任务绝不轻松。但在修订之际,该书被证明对作者和读者均有助益的基本结构一如其旧,他力求让基础性的、大体不变的税法原则作为统率全书的核心。

不过,为本学科的学生写一本学术性的税法教科书的智识理念,仍需奋斗,方能确立。在20世纪80年代早期,在本书第4版行将出版之际,约翰·泰利采取了他后来认为是一种倒退的步骤,即将《税法》改写成实务性著作。于是,第3版教科书中更具实务性和技术性的论题被抽取出来,加以扩充,成为《巴特沃斯英国税法指南》。从1998年开始,又冠以《泰利和克里森英国税法指南》之书名,这是约翰和戴维·克里森长达11年合作的开端。[12] 这部书很快就跻身于年度出版物之列,该书主要论述和展示法律的最新发展,以供实务人士之用,现已出至第34版。[13] 与此同时,构成原版教科书鲜明特色的背景性材料,则一度被改写为单独一本书《政策补编》,以供与《指南》一书互为补充。但是,这一做法的问题也显而易见:为学生学习税法而写的教科书,其功效和价值正在于这些重要资料,但这些资料却被作了边缘化的处理。[14]

就其结构和内容而论,《税法》一书在其第4版时已臻于典范之作。这一版是在距前一版19年之后,由理查德·哈特公司在2000年出版。

---

⑩ 参见[英]J. 泰利:《欧洲环境下的税法》,载《剑桥法律杂志》1992年第51期。

⑪ 参见[英]J. 埃弗里·琼斯、P. 哈里斯、D. 奥利弗编:《比较视角下的税法——约翰·泰利纪念论文集》,剑桥大学出版社2008年版。

⑫ 参见[英]D. 克里森:《约翰·泰利教授:生平述略》,载《泰晤士报》2013年7月10日,第47版。

⑬ 参见[英]X. M. 曼萨诺、K. 戈登编:《泰利和克里森英国税法指南2016-17》,伦敦,2016年版。

⑭ 参见[英]R. 克里奇:《书评:论约翰·泰利的〈税法〉》,载《英国税法评论》2001年版,第283~287页。

这一版重返旧制,将教义学的主体内容、背景性材料和必要时的实务介绍融为一炉,堪称佳构。约翰·泰利对该书第 1 版出版机构巴特沃斯公司的慷慨大度表示了谢忱,因为该公司允许他无偿使用前一版中的各种材料。这一版的书评作者,罗杰·克里奇教授盛赞此书,称其为"真正的杰作、标志性的教科书,那些有志于税法并将其作为学术科目的学生应额手称庆。"⑮

撰写税法教科书是一项令人望而生畏的任务。没有哪个法律部门像税法这样,制定法每年都在被整合,被解释;其法律效果须预测,须阐明;法律中的大量规定有时突然间毫无预兆地被废止,这种威胁无时不在;税收立法中的提议,如 1997 年的《税法重述项目》⑯主要受政治因素驱动;税法盈于几阁,典者不能遍睹,卷帙浩繁、极度复杂的税法从不停下其增长的步伐。为了尽可能简明、清晰、准确地阐释税法,撰写者须纵览全貌,洞察细微。

在税法的不断变迁中,总是存在从一部法典到另一部法典的过渡期,此种情况为所有税法学子和执业人士提出了具体而微的问题,急需有人对此作出简明的解释、分析和指导。由于《税法重述项目》对所得税立法作出了重大改写,此后版本的教科书须结合整体立法背景,论述这些立法变动;第 5 版和第 6 版《税法》就对新的《2001 年资本扣除法》、《2003 年所得税(劳动所得和养老金)法》和《2005 年所得税(经营和其他所得)法》提供了全面的指导。间隔 4 年之后出的第 7 版,在结构方面作了重大调整。税法材料如此浩繁,而其性质又如此复杂,因此需要改弦更张,在《税法》中集中讲述英国的主要税种,而大量其他主题另辟专书,加以论述。公司税法、国际和欧盟税法及储蓄征税等专门问题,相应移出教材,成为《税法前沿论题》一书的基础。⑰

尽管《税法》及其同源出版物是约翰·泰利著述的核心,也是他在包括学生、学者、实务人士在内的税法共同体中享有声望的基础,但约

⑮ [英]R. 克里奇:《书评:论约翰·泰利的〈税法〉》,载《英国税法评论》2001 年版,第 283~287 页。

⑯ 约翰是指导委员会的成员。

⑰ 2016 年出版的第 8 版又将所有材料整合在一本书中。

翰·泰利继续精炼他的思想,以单篇论文的形式发表了大量的学术成果。这些成果,按约翰·泰利的话来说,是“副产品”。[18] 这些论文主要发表在《英国税法评论》《剑桥法律杂志》以及各种论文集中,体现出他特有的学术旨趣。他的论文主要集中在避税这一论题上,[19]其真知灼见对英国政府修订完善一般反避税条款作出了实质性的贡献。[20] 他作出贡献的方式一是学术写作,二是作为专为此设立的咨询机构的成员。避税问题之所以成为约翰学术论文的关切重点,部分是由于这一论题是进行比较分析的理想选项,因为与众多普通法系国家不同,英国一直没有制定法上的反避税条款,而是通过司法判例学说来解决避税问题。他还深入探讨了家庭征税、[21]遗产税、继承税、资本利得税以及劳动法中的税法问题;在欧盟和国际税法方面,他也发表过大量论述。他的诸多论文都以精湛的案例评析为支撑,并对税法的发展作出深刻的分析,30 多年来主要发表于《英国税法评论》和《剑桥法律杂志》上。约翰·泰利还定期为《全英法律报告年度评论》撰稿,从 1985 年到 2012 年,年年如此,从未间断。他写作技法娴熟,非常出色地胜任这一撰稿任务;他堪称文体大师,对法院的年度税法判决作出令人拍案叫绝的分析:思想敏锐、见解深刻、洞察入微、学识渊博且又简明易懂。他所写的此类文章往往夹杂着谐谑、机智和逸闻趣事,才气焕发,读起来令人轻松惬意。

约翰·泰利发表的著述涵盖了税法的各个领域——教义学、历史、

---

[18] [英]J. 泰利:《50 年:税收、法律和学术界》,载《英国法律评论》2006 年版,第 246 页。

[19] 参见[英]J. 泰利:《学术视角下的拉姆塞/道森原则》,载戴森主编:《税法最新问题》1985 年版,第 19 页;[英]J. 泰利:《司法性反避税原则:美国式替代方案》,载《英国税法评论》1987 年版,第 180~97 页,第 220~44 页;[英]J. 泰利:《司法性反避税原则:若干方面的问题》,载《英国税法评论》1988 年版,第 63~103 页;[英]J. 泰利:《司法性反避税原则:第 3 部分—法人与结论》,载《英国税法评论》1988 年版,第 108~45 页;[英]J. 泰利:《作为规范法的避税法理学》,载《英国税法评论》2004 年版,第 304~31 页。

[20] 参见[英]J. 弗里德曼:《社论:约翰·泰利教授 CBE QC(Hon)FBA 1941–2013:颂赞》,载《英国税法评论》2015 年版,第 2 页。

[21] 参见[英]J. 泰利:《税法、婚姻与家庭》,载《剑桥法律杂志》(第 65 卷)2006 年版,第 289~300 页。

政策和实务。而且在税法之外他也广泛涉猎,他在侵权法、家庭法和财产法领域都发表过论文,早在1968年,他就写过《衡平法与继承案例书》。[22] 凡此种种,足见约翰法律学问之广博。

四、税法教学

约翰·泰利确保税法成为一门学术科目的第二种途径,就是通过他的教学活动。他对应当采用何种教学方式有着明确的见解,这一见解浓缩了他对税法持有的一贯方法。他说,税法教学应当“范围宽广、要求严格”:[23]

> 首先,必须具备牢固掌握税法材料的技术能力,这一能力可以通过多种方法加以检验,如基本的计算、对交易方式的筹划等。但是税法学生的学识必须更加广博,要超越仅仅掌握现有资料的技术能力。我们的学科飞速发展,如果不知税法之所以然、将来之应然,那么我们的学生就只是受过培训,而不能说是受过教育;他只是一个见样学样的猴子,而不是能独立思考的苏格拉底……[24]

他坚信,不仅要给研究生开设税法,给本科生也要开设税法,近30年来,[25]他一直为这两类学生讲授税法。在剑桥法学院,最优秀的年轻学子选修他的课程。他珍视这一学科的教学,正如福尔克纳勋爵所言,他对法律的教育价值深信不疑。[26] 作为教师和导师,他富有献身精神,深受学生欢迎;他关爱学生,能想学生之所想。他的教学启迪了数代学

---

[22] 参见[英]J. 泰利:《衡平法与继承法案例书》1968年版。

[23] [英]J. 泰利:《序言》,载《税法》(第4版),这部分重印于泰利《税法》(第6版),2008年版,第6~7页。

[24] [英]J. 泰利:《序言》,载《税法》(第4版),这部分重印于泰利《税法》(第6版),2008年版,第6~7页。

[25] 起初,他在剑桥讲授家庭法。

[26] 参见[英]福尔克纳勋爵:《致辞:约翰·泰利教授,研究员(1967—2013)》,载《女王学院议事录》,http:issuu. com/jw463/docs/queens_college_record_2014,2016年11月5日访问。

子，对他们产生了巨大影响。正如他的一位杰出学生所说："如果不是约翰在女王学院的教室给我们传授税法，我真不能确定这个国家（或许还有其他地方）的税法职业将会进展到何种程度。""我们都对他怀有无限的感激之情。"㉗

尽管深信税法教学已获得"学术上充分的认可"，㉘约翰·泰利还是不敢稍有懈怠。㉙ 对于税法在大学课程中的地位，人们普遍予以关切，约翰对此作出了回应。在《税法》第4版面世之际，他写道："我们看到，税法正竭力使自己在法律课程中获得显著的存在，但是其中的缺憾也不可忽略。"在一篇纪念《英国税法评论》创刊五十周年的文章中，他写道："我们做得不错，也取得了成功，但我们应做得更好；我们须戒骄戒躁，也不可听天由命。"㉚有些评论家觉得在20世纪的最后10年中，税法教学有衰落之势，这是因为20世纪50年代，在伦敦政治经济学院的阿什·惠特克罗夫特的大力推动下，税法学一度蓬勃发展；而到了20世纪80年代，发展的动力逐渐衰竭。约翰《税法》教科书的影响力如此之大，以至于该书在第3版和第4版之间近20年的未加修订更新，被人们认为是制约英国税法学科发展的主要原因。㉛ 的确，"这既是衰落的症状，同时也是衰落的原因。"㉜两版之间的间隔如此之久，其原因被认为在于对税法的认知受到如下观点的侵蚀，即税法乃实务之领地，而非法律之学科。

税法教学对于税法之为独立学科如此重要，以至于约翰·泰利绝不满足于教学活动本身，也不满足于其已获得的、为惠特克罗夫特所孜孜以求的学术认可，他还要竭力巩固这一地位。约翰·泰利以惯有的充沛精力和奉献精神，谋求在英国大学中增加税法课程和税法师资。他四处奔走，从毕马威会计事务所成功地获得资助，以支持在剑桥大学设立税

㉗ ［英］P. 贝克：《追念》，载《英国税法评论》2015年版，第4~5页。

㉘ ［英］J. 泰利：《50年：税收、法律和学术界》，载《英国税法评论》2006年版，第230页。

㉙ ［英］J. 泰利：《50年：税收、法律和学术界》，载《英国税法评论》2006年版，第230页。

㉚ ［英］J. 泰利：《50年：税收、法律和学术界》，载《英国税法评论》2006年版，第230页。

㉛ ［英］R. 克里奇：《书评：论约翰·泰利的〈税法〉》，载《英国税法评论》2001年版，第283页。

㉜ ［英］R. 克里奇：《书评：论约翰·泰利的〈税法〉》，载《英国税法评论》2001年版，第284页。

法讲师职位;在牛津大学设立新的教授职位和研究生奖学金项目。这至少能够确保在这些大学加强税法教学,并提升税法学科的地位,以推动英国其他大学中税法学在课程体系也有一席之地。

五、学术领导

大多数法律人,如果能够取得公认的学术成就,并且教学活动能够获得广博、深刻、优秀的评价,那他的职业生涯就算是极其成功了。而约翰·泰利取得的成就远比这些更多。正是他在税法学术共同体中不凡的领导能力,使税法学成为法学教育中独立的学术科目——这是他为这一学科作出贡献的第三条途径。

约翰·泰利通过他的教学活动和学术写作,把全世界的税法实务界和学术法律人联系起来,其中不少人享有杰出声望。在澳大利亚、加拿大、美国、新西兰和法国,约翰·泰利以访问教授的身份,建立起了税法学人的联系网络,这一网络超越了普通法世界。通过欧洲税法教授联合会(约翰是其创始会员),他的声音——自然也就是英国税法界的声音,可在欧洲的论坛上被人们听到。他密切保持这种联系,借此使税法共同体保持活力。2000年他组建了剑桥大学税法中心,每月举办一次讲习班,并通过论坛、小组讨论、研讨会,以及通过剑桥大学出版社出版"剑桥税法书系"等形式,促进税法学术发展。这是他促进学术交流的最佳体现。在女王学院举办的每月一次的研讨班——也许是受到惠特克罗夫特20世纪60年代在伦敦政治经济学院举办月度讲习班的启发,将英国及其他国家的税法学人聚到一起,英国财政部和国家税务局的官员和同道也欣然与会。研讨班聚焦国内外税法与税收政策中的热门话题,将法学理论与税收实务融为一炉;研讨班气氛活跃、学识深厚、联系实际,往往能给人以深刻的启迪;与约翰·泰利举办的其他学术会议一样,与会者坦诚交流,密切合作,会场上下气氛热烈友好,不时发出会心的爽朗大笑。正是由于约翰·泰利在国际税法学界享有的崇高地位,研讨班才能吸引到众多杰出人士参会交流,发表高见。参会者无不认为,约翰·泰利的教诲,或多或少总是令他们受益匪浅。

约翰·泰利认为通过讨论和辩论,通过税法职业不同领域从业者的精诚团结,不但可以克服税法学界以前深有感触的那种疏离感,而且能够将这一学科整合起来,这一信念是剑桥税法中心的指导原则。中心目前已成为由青年研究员、研究生、本科生为主体的、专门促进税法学研究的机构,为此每年举办税法和税收政策学术会议。中心的另一宗旨是鼓励与其他法律学人、大学教师就税法论题展开讨论,为此组成了研讨小组以及不定期举办的研讨班。

约翰·泰利对学术的鼓励不限于组织各种学术团体和活动,他对同事们个人的学术生涯也给予不遗余力的支持;对本校同事和其他学校的同道不分轩轾。他对待来剑桥访学的学者,无论是短短几天、数周,甚至几年,都尽可能地提供便利;对长期职位的同事竭力相助,更是不在话下。对学术基金项目的申请、对待出版著作的评议,他都不吝慷慨地积极推荐;对提交出版或展示的著作和论文,他都写出敏锐而富于建设性的匿名评论。那些在学术成长中受惠于约翰·泰利的人,对他的提携和帮助永志不忘。

六、税法史

约翰·泰利对税法所持的整体观照态度以及使他成为本学科开拓者的方法,就在于他认识到:为了使税法在学术科目中获得完全的、它本该具有的地位,就必须与20世纪前半叶税法写作的正统方法诀别,将其置于全景式的背景中作为新兴的法律学科加以发展。他并非跨学科的学者,而是教义法学的法律人,他精通他的专业领域。但是,他深刻地认识到,智识上的孤立使税法失去了发展成为一门学术科目的机会;他还认识到,只有将其置于立法的、实务的、国际的背景下,才能对税法作出全面的理解。因此在约翰·泰利的工作中,他取法于不同的学科及其材料以解释税法的性质和地位,这一方法,朱迪丝·弗里德曼教授称为"混合方法"之典型。[33]

税法的一个重要背景——历史,就成了约翰·泰利著述活动的另一

[33] 参见[英]J. 弗里德曼:《在英国大学中为税法奠基》,载琼斯、哈里斯、奥利弗编:《比较视角下的税法——约翰·泰利纪念论文集》,剑桥大学出版社2008年版,第290页。

精彩篇章;在历史联系中进行研究,克服税法的孤绝偏狭,这是约翰使税法成为一门自主学术科目的又一重大贡献。约翰·泰利对税法史的贡献,人们鲜有论及,但这可能是他各项工作中最具开创性的一面。税法史,直至最近时期,一直是被人遗忘的领域,其研究者屈指可数。由于其具有高度的技术性,税法史局限于纯粹的历史研究之下(在某种程度上,也是纯粹的法律研究);出于同样的原因,法律人也回避税法史,于是,税法史被放逐于正统法律科目之外。若不是20世纪后25年间《英国税法评论》那些独具慧眼的编辑们,尤其是约翰·埃弗里·琼斯、戴维·奥利弗、埃丽卡·斯塔里及后来的朱迪丝·弗里德曼,税法史的学术成果恐怕仍是由极少数人孤芳自赏。

约翰·泰利的税法学方法视野广阔,他在授课时鼓励学生们不要画地自限,而要根据兴趣广泛涉猎。因此,他在确立税法的学术地位时,深知法律史的重要价值。约翰在牛津时曾受教并受业于A. W. 布莱恩·辛普森——他那一代人中最伟大的法史学家之一,[34]而且约翰在伯明翰大学开始其学术生涯时,讲授的就是法律史。约翰认为税法史法论域甚至超出了宪法中税收的功能,“它的范围之广……不限于国王被处以极刑或者17世纪的其他政治斗争。”[35]他写道:“政府从历史中应当得到的教训之一是,它可以免除我们重新发明车轮之累;另一个同样重要的教训是,知道什么时候不去改变车轮。”[36]税法的发展史极为丰富、深刻和强劲,它需要研究、需要记述。《税法重述项目》使得税法史的研究尤为迫切。只有通过历史,我们才能恰如其分地理解税法的目的、性质和重要原理。税法中的基本概念和制度——从所得的定义(或所得定义的缺乏)到税收行政裁判庭的管辖范围,只有从历史演变中才能解释清楚;也只有通过历史,我们才能看清税法变迁和发展的模式。此类研究与税务律师的日常业务有关,如税收法案的起草、制定法的解释、税收行政管理以及税法实施过程中的诸多细节。而且此类研究必然要求对相关问题

---

[34] 关于辛普森,参见[英]C. 麦克莱登:《阿尔弗雷德·威廉·布莱恩·辛普森(1931—2011)》,载《英国科学院院士传记回忆录》(第11卷)2012年版,第547~581页。

[35] [英]J. 泰利:《序言》,载《税法史研究》(第1卷)2004年版,第7页。

[36] [英]J. 泰利:《社论,税法史论坛》,载《英国税法评论》2007年版,第210页。

的社会、政治和广阔的法律背景进行深入探索。约翰·泰利也看到,税法史与其他领域的研究是相辅相成的,此类研究不仅使税法法律人更能掌握其学科的本质,也使税法向广阔的学术领域开放。据此我们就能明白,税法也能对历史、社会政策、政治和政府等其他研究论题,提供启示,富有教益。

约翰·泰利抓住机会,迎接挑战,在 2000 年设立"剑桥税法史论坛",促进税法史的研究。该论坛受到其于两年前成立的"剑桥税法中心"的资助。论坛成了对税法史感兴趣的税法学人和实务人士两年一次的固定活动,吸引各国税法学人与会,也有历史学家、会计人士和经济学家,无论是研究生、青年研究员,还是成果斐然的学者或退休的同事,也欣然参会;当然也有国家税务局的同事们。参会者无不承认,这个论坛无论在税法方面,还是在法史方面,都是最具成效的论坛之一,它开放包容、气氛友好、令人愉悦、兼收并蓄、催人奋进。经吉琳达·泰利居中筹划,论坛会址设在露西·卡文迪许学院。他精心安排,确保参会人数不超过该学院大会议厅所能容纳的范围,即 40 人,以便使论坛尽可能不必拘执,气氛活跃。约翰·泰利长达 10 年的好友兼同事彼得·哈里森教授延续了这一做法;在约翰去世之后的艰难时期,在税法史共同体的帮助下,多米尼克·德·科根博士毅然承担起举办论坛的重任。

约翰·泰利对论坛宗旨的定位雄辩有力,文辞雅洁:

> 2002 年 9 月,在两天美好的时光中,我们有志于税法史的 40 余人,首次欢聚一堂,举办税法史论坛……露西·卡文迪许学院环境优美,晚夏的剑桥爱德华花园花香四溢。我们静坐其间,聆听高论,彼此交流;讨论题目虽然充满技术细节,但与这环境同样优美,与这花香同其清馨![37]

论坛确立的基本原则是,所提交的论文不必限于特定主题;[38]这一

---

[37] [英]J. 泰利:《税法史研究》(第 1 卷)2004 年版,第 7 页。

[38] 但在出版的每一卷中,论文都是围绕某一主题而写。

做法坚持至今。因此,会议上报告的论文不拘一格,不同历史时期、各种论题及资料、各个学科领域,兼容并包,尽在其中。论文主要论及税法的实体原则(这是论坛的主旨),也论及更加广泛的税收史(学术谱系更为久远)。论文集第一卷确定的基调是:从16世纪到20世纪;从都铎时期的地产规划到维多利亚时期的税收裁判庭;经由以色列从不列颠到澳大利亚。约翰·泰利本人也为第一次论坛撰稿,展示的主题是对土地归入所得的征税问题。在接下来的10年中,论坛从各种视角对广泛的税收问题展开了研讨——印花税、所得税、资本利得税、遗产税、超额利润税、消费税、人头税、丹麦金和土地税,还有归属不甚确定的什一税。所采用的视角同样是多元的:通常是教义学性质的,如对总所得概念、对国外所得的抵免基数或者是对慈善机构的征税的检讨;但也有哲学性质的,如启蒙时期的征税方式、孟德斯鸠的影响等;还有社会方面的,如税收职业的发展、窗户税对公众健康的影响等;还有传记的视角,如对埃德温·塞里格曼的研究,表明对正在成长的学科应确定什么原则等。

论坛的指导思想不仅是跨学科的,也是国际性的,比如,税收协定就提供了丰富的研讨主题;同时,各个国家的国内税法也日益受到关注。美国、加拿大、荷兰、法国、德国、阿尔及利亚、马耳他、新西兰和中国,都列入国别研究的议程中。写论文的资料非常丰富,种类繁多。但约翰·泰利首先关注的是,就像我们把税法确立为一项学术科目的过程中所做的那样,在税法史方面,我们还要做什么。比如,尽管论坛尚未将口述史当做一个讨论侧面,约翰还是意识到了口述史在记述税收发展中的重要意义。[39] 正如他所说的:"对社会史而言可靠的方法,对我们这一学科的制度史和技术史同样有效。"[40]

从一开始,会议论文集就以完整的学术论文形式结集出版,每次会议后出版一册,由约翰·泰利负责编辑。《税法史研究论集》已在本学科中确立了独特的地位,从出版之初就得到理查德·哈特公司的支持。约翰·泰利在第六辑付梓之际不幸去世。出版社感念约翰的学术努力,写道:"约翰为这一书系深感骄傲,这一书系将成为一座丰碑,纪念他在

[39] [英]J.泰利:《序言》,载《税法史研究》(第1卷)2004年版,第7页。
[40] [英]J.泰利:《序言》,载《税法史研究》(第1卷)2004年版,第210页。

税法研究中的巨大能量、开阔视野和无限热忱，还有他在更广领域的学术探索。”㊶约翰·埃弗里·琼斯代表全体撰稿人，饱含深情地写下这句话：“他组织系列论坛，将研讨成果汇编成册，激发和鼓励人们致力于税法史的研究，我们将永远铭记他的这一业绩。”㊷

七、结语

2013年6月30日，约翰·泰利在他72岁之际，不幸早逝，熟知他的人无不惋惜。他翩然仙逝，亲友遭到重大打击，悲痛不已；国内外税法学人深感他的去世是税法学界的一大损失。那些有幸与他结识的人，都觉得他温和、友善、睿智、诚挚，是难得的同事。他具有不同寻常的禀赋，使我们都觉得我们是他的好友，他不仅激发出人们对他的尊敬，更能赢得人们的忠诚和爱戴。他的影响将会超越我们这一代人。正如福尔克纳勋爵所言：“他是法学巨匠，是税法学研究的先驱和改革者。”㊸他巨大的学术成就是他强大的智慧、过人的能量、无限的热情与真诚的充分体现，他不仅是一代税法学人的引领者之一，也是税法学界的推动力和凝聚力。真诚奉献、循循善诱的教师，非凡的传道者，杰出的学者，目光远大的学术领导人，他集这种种角色于一身，对国内国际学术界产生了巨大的影响——对个人在实务和学术方面的职业道路、对个人研究税法的方法，尤其是他创立并巩固了税法作为一门学术科目的地位。正如约瑟夫·熊彼特已论证的，税收是一面棱镜，通过它，任何一个社会的基本价值观清晰可辨，无所遁形；同样，约翰·泰利也论证了，只有真正触及将税收转化为其最终法律表达的那些规律，以及税法与其他学科的互动，我们才能认识税收的真实性质。但是，孤立与自主绝不可相提并论。尽管约翰·泰利重视语境论的方法，但他绝不容许经济学、会计学、历史学、社会学或政治理论，来主宰或危及税法的独立和完整。正是对税收持有这种独有的整体主义方法论，才使约翰·泰利教授成为税法这一独立学科的创始人。

㊶　[英]J.泰利主编：《税法史研究》（第6卷）2013年版，第6页。

㊷　[英]J.埃弗里·琼斯文，载J.泰利主编：《税法史研究》（第6卷）2013年版，第7页。

㊸　[英]梭罗顿的福尔克纳勋爵：《致辞：约翰·泰利教授，研究员（1967—2013）》，载《女王学院议事录》（2014），ISSUV，http：issuu.com/jw463/docs/queens_college_record_2014。

硕士学位论文选登

国际法视域下欧盟碳边境调节机制的应对研究

孟令军*

摘　要:欧盟一直是绿色转型的积极倡导者和先行者,为了达成减排目标、实现碳中和,欧盟委员会提出“碳边境调节机制”(Carbon Border Adjustment Mechanism,CBAM)的法案细则。碳边境调节机制的核心政策工具是引入“碳关税”或称“进口碳税”,然而,碳边境调节机制的法律地位仍不甚明朗,主要是与 WTO 规则体系的兼容性问题在理论和实践中都存在较多争议。首先,本文试图从国际法原则的宏观视野探讨碳边境调节机制的法律地位现状,通过国际环境法、国家主权原则、国家责任原则三个向度重新构建碳边境调节机制的可行性与合法性。其次,从经济实质角度提炼出减排成本、实质课税、国际博弈逻辑层次递进的三重作用,锚定欧美国家实施碳边境调节机制经济动因的“聚射点”。最后,中国应对碳边境调节机制需要结合“一带一路”基础设施建设和“人类命运共同体”理念价值殷鉴。

关键词:碳边境调节机制;国际环境法;预防原则;GATT 例外条款

气候变化给人类生存和文明繁衍带来新的威胁和挑战,面对日益严峻的气候问题,人类试图拯救的是自己而非地球。在如何解决人口与资源的矛盾时,加勒特·哈丁(Garrett Hardin)教授于 1968 年提出了著名的“公地悲剧”理论。① 大气作为人类赖以生存的公共资源正经历前所

---

* 孟令军,厦门大学法学院博士研究生。

① Garrett Hardin, *The Tragedy of the Commons*, 162 Science 1243 (1968).

未有的挑战,欧盟的碳边境调节机制为避免大气成为“公地悲剧”提供了新的解决方案。然而,碳边境调节机制与 WTO 规则体系的兼容性存在争议[②],具体包括:第一,碳边境调节机制能否作为边境调节税进而落入《关贸总协定》(General Agreement on Tariffs and Trade,GATT)第 2 条所规定的范围在文本解释上存在困难,因为碳含量并非最终产品或中间产品。第二,对不同国别的产品征收价格不一的碳关税可能会违反 WTO 的最惠国待遇原则和国民待遇原则。第三,碳边境调节机制能否援引 GATT 第 20 条的一般例外条款,即为了保护自然资源和生命健康所采取的必要合理措施,在解释上也存在困难和不确定性。除此之外,碳边境调节机制对碳密集型产品出口带来的冲击和示范效应不可小觑,碳边境调节机制的实质究竟是努力减缓气候变化并真正促进贸易竞争公平有序,还是借由分配减排义务进而削弱新兴市场国家出口产品的竞争优势并表现出一定程度的贸易保护主义倾向?我国的碳边境规则体系建构将如何兼顾欧美发达国家和“一带一路”发展中国家的各方利益且不违反现行国际法规则和 WTO 规则设定的既有法律框架?

一、碳边境调节机制的基础理论

碳边境调节机制是解决欧盟碳排放交易体系(Emissions Trading System,ETS)中碳泄漏风险措施的替代方案,旨在避免欧盟的气候减排努力被欧盟以外的碳排放增加所抵消,确保进口产品的碳成本在监管体系的约束下相当于欧盟 ETS 应承担的碳成本。碳泄漏(Carbon Leakage)是由面临不同碳排放成本的企业竞争造成的,因此通常与成本竞争力问题密切相关。例如,当采取严格气候政策国家的减排量被其他国家的增排量部分或全部抵消时,就会出现碳泄漏。[③] 碳泄漏的实质是“与气候政策相关的生产成本”。如果欧盟的 GHG 排放标准高于其他国家,那么欧盟产品由于遵守这些标准而处于成本竞争劣势,这将会使

② Astoria Ross, *Design of an International Trade Law Compliant Carbon Border Tax Adjustment*, 6 Arizona Journal of Environmental Law and Policy 491 (2015).

③ See Global assessment of the carbon leakage implications of carbon taxes on agricultural emissions, *Paris: OECD Food*, Agriculture and Fisheries Paper, p. 1 (2021).

欧盟产品在与其他国家产品的价格竞争中失去欧盟市场或其他市场份额。

(一)碳边境调解机制的内涵外延

欧盟并未对碳边境调节机制作出明确定义,但是对碳边境调节机制提出四种不同的选择方法:(1)进口税(或称为"碳边境税"),通过关税制度征收。(2)进口商被纳入现有的排放交易体系。(3)基于现有 ETS 机制,但是涉及针对进口商的单独系统。(4)基于确定产品的平均碳含量,在欧盟内部和对进口商征收的一种消费税(或称为"碳消费税")。[4]"公平竞争环境"也是碳边境调节机制设计的初衷及核心目标。国内和外国生产商之间的公平竞争环境是"基于真正的竞争优势",并通过"促进第三国的适当标准"来确保该原则的落实。[5] 由于欧盟产品承担的碳价格与其通过欧盟 ETS 的排放量成比例,进口商需要承担可比的碳价格,以确保与欧盟产品的"公平竞争"。

碳边境调节机制具体有五个方面的内容:(1)实施方法:对从第三国(非欧盟和非欧洲自由贸易区)进口的特定产品(多为高含碳产品)征收碳税,碳税与欧盟 ETS 的碳价格挂钩。(2)实施范围:水泥、钢铁、铝、化肥、有机化学品、塑料、电力、氢气和氨水被提议纳入碳边境调节机制的范围。(3)过渡期间:欧盟进口商必须在过渡期间提交季度碳边境调节机制报告,说明其进口产品中"嵌入"的碳排放。(4)正式实施:过渡期拟于 2027 年 1 月结束,之后必须支付碳边境调节机制规定的碳税。欧盟进口商必须购买涵盖其进口产品中"嵌入"排放的碳边境调节机制证书,并提交年度碳边境调节机制申报。(5)授权程序:进口产品、购买证书和提交申报,需要碳边境调节机制主管当局向欧盟进口商或代表签发特别授权。

---

④ See Europa, available at https://ec. europa. eu/info/law/better - regulation/have - your-say/initiatives/12228-Carbon-Border-Adjustment-Mechanism/public-consultation.

⑤ See European Commission: Directorate General for Trade, *Trade Defense: Ensuring a Level Playing Field*, Europa, https://trade. ec. europa. eu/doclib/docs/2010/july/tradoc _ 146391. pdf.

(二)碳边境调节机制的法理基础

1. 气候正义原则

气候正义和全球不平等问题不可避免地交织在一起,实现气候正义需要解决四个方面的问题:碳排放责任的不平等;气候变化对社会影响的不平等;应对措施的成本和收益的分配不公平;治理程序不公正。⑥气候正义包括代际正义、经济正义、社会正义,⑦其核心要求是所有公民公平公正地分担气候变化及其解决方案的负担以及平等地享受环境及其改善的惠益。一个公平的气候政策必须能够改善当前人类的生活水平,同时让未来的人类也同样富裕。在考虑气候变化对子孙后代的责任时,应积极采取预防措施而不论经济成本是否超过风险。⑧ 代际公平原则要求人类的不同世代之间理应公平地享有地球权利并承担地球义务,其核心理论则源于地球资源信托原则。⑨ 平等分享气候缓解的利益和负担,确保关于气候变化的决策是公众参与、透明和可问责的,进而真正实现在个体间的气候正义。在气候正义的背景下,如果要真正理解不同利益攸关方的核心关切以及制定政策时权衡各方的利益诉求,那么一定形式的公众参与是必不可少的。⑩

2. 分配正义原则

气候正义的实质在于气候利益和气候负担的公平分配,因此,实现气候正义需要解决全球分配正义问题。气候行动的异质性是不可避免的,对各国国内气候行动的独立评估表明,大多数努力与实现巴黎协定

---

⑥ See Tahseen Jafry, *Routledge Handbook of Climate Justice*, Routledge Press, p. 116 (2019).

⑦ See Cinnamon P. Carlarne, *Climate Courage: Remaking Environmental Law*, 41 Stanford Environmental Law Journal 125 (2022).

⑧ See Nicolas de Sadeleer, *Environmental Principles: From Political Slogans to Legal Rules (Second Edition)*, Oxford University Press, 2020, p. 168-172.

⑨ 参见曹明德:《论生态法的基本原则》,载《法学评论》2002 年第 6 期。

⑩ See Shauna MacKinnon, *Social Work Intellectuals in the Twenty-First Century: Critical Social Theory, Critical Social Work and Public Engagement*, 28 Social Work Education 512 (2009).

下商定的脱碳目标不一致。[11] 在各国的气候行动围绕所需政策目标水平的共同定义达成一致之前,任何加强国内气候政策的计划都需要包括碳泄漏问题的解决方案。气候变化领域的利益分配需要考量三个维度:第一,国际平等[12],即国家之间利益的平等分配。第二,国家内部平等[13],即国家内部个人之间利益的平等分配。第三,世界平等[14],即世界范围内个人之间利益的平等分配。有学者认为,发达国家应该承担较重的减排负担,因为它们对气候变化负有更多的责任,并从历史工业革命的温室气体(Greenhouse Gas,GHG)排放中受益更多。在全球共同减排的实施背景下,一旦框定 GHG 排放量的上限额度,那么碳排放会变成一种稀缺的商品资源并且会成为一国的发展权和基本人权。从补偿正义的视角看,考虑历史的排放量差异,碳边境调节机制提出过渡期安排以及免费配额方案,进而补偿发展中国家理应获得的可持续发展权。

3. 污染付费原则

污染者付费作为一项规范性原则是构成现代环境法的基础,近年来,在国际层面指导环境政策制定变得越来越重要。[15] 污染付费原则是指为鼓励合理利用稀缺的环境资源并且避免国际贸易和投资中的扭曲现象,分配污染预防和控制措施费用。[16] 污染者在享受社会经济发展所带来的制度红利时,其对环境和社会造成的损害也就越大,如果不严格

---

[11] See Andrei Marcu, Michael Mehling, Aaron Cosbey, *Border Carbon Adjustments in the EU: Issues and Options*, *ERCST*, Roundtable on Climate Change and Sustainable Transition, p. 62 (2020).

[12] See Ngwadla Xolisa, *An Operational Framework for Equity in the* 2015 *Agreement*, Climate Policy, p. 14 (2014).

[13] See Morgan Jennifer, *David Waskow*, *A New Look at Climate Equity in the UNFCCC*, Climate Policy, p. 17 (2014).

[14] See Adler Matthew, *Nicolas Treich*, *Prioritarianism and Climate Change*, 62 Environmental and Resource Economics 279 (2015).

[15] See Nash Jonathan Remy, *Too Much Market*: *Conflict between Tradable Pollution Allowances and the Polluter Pays Principle*, 24 Harvard Environmental Law Review 465 (2000).

[16] See *The Polluter Pays Principle*: *Definition*, *Analysis*, *Implementation*, OECD, 2008, annex para. 1, p. 12.

执行"污染付费原则",那么环境与社会所遭受的损害将远远大于污染者获得的红利。⑰ 虽然GHG并不属于典型的环境污染物,但是过度排放会加剧全球变暖,对地球累积性的影响会威胁人类的生存环境,因而GHG的过度排放被视为一种大气污染源,通过执行污染付费原则来降低其排放量。全球变暖所造成的环境损害具有累积性、长期性、公共性的特点,而制定并实施碳边境调节机制正是将这些不可逆转的损害降至合理可接受的区间。

二、碳边境调节机制与国际法原则

国际环境法中的无害原则、预防原则、共同但有区别责任原则为提出碳边境调节机制方案提供国际法上的原则指引,自然资源国家主权原则和自然权利原则为制定碳边境调节机制提供价值殷鉴,国家责任原则为实施碳边境调节机制提供正当依据。

(一)碳边境调节机制与国际环境法原则

1.无害原则

国际法中的无害原则(No-harm Principle)是指任何国家都无权使用或允许使用其领土的方式对另一国领土或领土上的财产或人员造成损害,如果这种情况后果严重,而且有明确和令人信服的证据证明造成了损害。⑱ 概言之,每个国家都有义务不允许明知其领土被用于违反国际法的行为。具体到气候变化领域,首先,在无害原则的规制下,欧盟推出碳边境调节机制主要是解决一些国家未对高碳产品实行严格气候政策从而造成碳泄漏问题,因为这些国家未能尽到最大努力承担减排的国际义务。其次,GHG对气候的影响具有累积性和长期性,出口国的高碳产品虽然短期内可能无法达到重大损害程度,但该行为却违反了注意义务。最后,制定并实施碳边境调节机制从长期尺度看有其国际法上的合法性及合理性,但是要评估进口产品所累积的碳含量是否受到了重大损

---

⑰ 参见杨喆、石磊、马中:《污染者付费原则的再审视及对我国环境税费政策的启示》,载《中央财经大学学报》2015年第11期。

⑱ See Trail Smelter Arbitration(United States v. Canada), RIAA, Vol. Ⅲ, p. 1965. also see Corfu Channel case(United Kingdom v. Albania), ICJ Reports 1949, p. 22.

害的潜在威胁。

2. 预防原则

预防原则(Precautionary Principle)认为,在环境保护领域,由于对环境的损害往往是不可逆转的,而且这种损害的赔偿机制本身也有局限性,因此需要保持警惕和进行预防。该原则被视为国际环境法的基础,虽然在多个环境宣言中不具有法律约束力,但是联合国国际法院在判例中多次承认其具有习惯法地位。⑲《联合国气候变化框架公约》第 3 条第 3 款规定:"各缔约方应当采取预防措施,预测、防止或尽量减轻引起气候变化的原因并缓解其不利影响。当存在造成严重或不可逆转的损害威胁时,不应当以科学上没有完全的确定性为理由推迟采取这类措施。"⑳虽然在国际经贸交往中,环境保护被视为对自由贸易和投资的限制,但是这并不妨碍在具有现实紧迫性的气候变化领域采纳预防原则。美国和欧盟对该原则的理解存在重大分歧,美国认为预防是一种方法,不能称之为原则,只有在科学数据的基础上,这种方法下的预期行动才是合理的。而欧盟认为预防是一项原则,在可能对环境造成损害的情况下,即使科学证据没有定论,也应依赖这项原则。㉑ 全球变暖及其损害后果日趋严峻,尽管在科学确定性的共识上存在分歧,却不并妨碍通过实施碳边境调节机制的设计方案来倒逼各国采取切实的预防行动以及严格的减排措施,预防原则为气候公约缔约国积极落实共同减排提供强有力的国际法理论支撑。

3. 共同但有区别责任原则

共同但有区别责任原则(Common but Differentiated Responsibility, CBDR)是从一般国际法中公平原则的应用发展而来的,它承认在制定、

---

⑲ See Gabčíkovo-Nagymaros Project(Hungary v. Slovakia), ICJ Reports 1997, p. 7; also see Construction of a road in Costa Rica along the river San Juan(Nicaragua v. Costa Rica), ICJ Judgement 2015, para. 104.

⑳ Rio Declaration on Environment and Development: Application and Implementation, UN Doc. E/CN. 17/1997/8.

㉑ See Recuerda, Miguel A, *Dangerous Interpretations of the Precautionary Principle and the Foundational Values of European Union Food Law: Risk versus Risk*, 4 Journal of Food Law & Policy 1 (2008).

应用和解释国际环境法规则时必须考虑到发展中国家规模、能力和自然资源禀赋的实质性差异。CBDR 原则包含两个核心要素:其一,所有国家都有责任"本着诚意和伙伴关系的精神开展合作"以应对气候变化影响。其二,根据各国对当前气候变化的历史责任和解决问题的能力加以区分责任,要求发达国家带头应对气候变化及其不利影响。[22] CBDR 原则在气候治理领域体现得更为明确,发达国家承认对环境退化负有主要责任,并应当提高处理环境损害的能力,而发展中国家尤其是最不发达国家和脆弱的小岛屿国家,在履行有关报告、透明度和合规性的承诺方面可以有各种变通。[23] 然而,单纯将环境"特别脆弱"(如岛屿国、沿海国)作为区别责任的考量因素并不能保证公平的结果,事实上还应当包括经济上易受应对气候变化措施不利影响的发展中国家,如高度依赖于化石燃料生产、加工、出口或消费的国家。[24] 综上,欧盟碳边境调节机制的实施方案也必须考量将 CBDR 适用其中,照应不同国家在气候减排中的历史责任、现实能力以及未来潜力。非歧视原则是现有国际贸易规则体系的基石,要求一国平等对待所有贸易国,而 CBDR 原则将对非歧视原则构成挑战,虽然二者分属于不同的国际法领域,但是碳边境调节机制必须兼顾环境法和贸易法在国际实践的具体要求。

(二)碳边境调节机制与国家主权原则

自然资源国家主权原则认为,各国拥有根据本国环境和发展政策开发本国资源的主权权利,并有责任确保在其管辖或控制范围内的活动不对其他国家或地区的环境造成损害。[25] 该原则反映了国家对自然资源的永久主权是一项国际的合法权利,并被接受作为一项习惯国际法规

[22] See Ivan Ozai, *Designing an Equitable Border Carbon Adjustment Mechanism*, 70 Canadian Tax Journal 1 (2022).

[23] See Rajamani L, *Ambition and Differentiation in the* 2015 *Paris Agreement*: *Interpretative Possibilities and Underlying Politics*, International and Comparative Law Quarterly, p. 493 (2016).

[24] See Lavanya Rajamani, Jacqueline Peel, *The Oxford Handbook of International Environment Law* (*Second Edition*), Oxford university press, 2021, p. 328.

[25] See Louis B. Sohn, *The Stockholm Declaration on the Human Environment*, 14 Harvard International Law Journal 423 (1973).

则。随着工业活动的开展导致跨界环境污染事件频发,各国有必要维持生态资源、合作保护环境,因而该原则在适用过程中需要被限制。在环境问题日益严峻的当下,具有严格环境标准的国家可能会寻求将其标准的适用范围扩大到在其领土以外地区进行的活动,特别是当它们认为这种活动对共有资源(如大气资源等)会造成重大环境损害或影响经济利益。

《世界自然宪章》强调:"人类是自然的一部分,生命有赖于自然系统的功能维持不坠,以保证能量和养分的供应。"㉖人类文明起源于自然,应尊重自然并不得损害其基本过程。创建以地球为中心的世界观并尊重自然的社会,进而确保所有人都能享受经济、社会和技术进步与自然和谐发展。㉗ 所有生物共有的普遍权利包括生存权、居住权和参与地球社会发展权。㉘ 为了今世后代的经济、社会和环境需要,有必要以整体和综合的方式促进人与自然的和谐,实现可持续发展,并努力恢复地球生态系统。气候系统在提供稳定的全球大气循环过程的同时构成了一种共享的自然资源,但是它承受 GHG 浓度增加的能力有限。这就要求各国制定符合自然权利的经济制度,采取有效措施防止人类活动破坏气候,恢复气候稳定,并增强个人和机构捍卫自然权利的能力。

(三)碳边境调节机制与国家责任原则

全球致力于共同解决诸如气候变化等跨界国际环境问题时,不应低估国家责任原则的持续相关性。㉙《国家对国际不法行为责任》草案第 1 条明确规定:一国的每一项国际不法行为都会引起该国的国际责任。所有国家都必须遵守基于习惯的尽职义务,以便在其管辖范围内开展的活动不会对其他国家的环境造成损害,其中包括建立和适用有效的环境法

㉖ See World Charter for Nature, UN. A/RES/37/7 (28 October 1982), Preamble and Principle 1.

㉗ See Transforming our World: The 2030 Agenda for Sustainable Development (21 October 2015), UN Doc A/ RES/70/1, p. 3.

㉘ See Thomas Berry, *Evening Thoughts: Reflecting on Earth as a Sacred Community*, University of California Press, 2006, p. 107-112.

㉙ See Ian Brownlie, *Principles of Public International Law*, Oxford University Press, 2003, p. 190.

规体系以及遵守协商和通知原则。[30] 在全球气候治理体系的语境中，各国自愿承诺并严格执行减排份额就是尽职义务的具体实践。GHG 的排放在很大程度上是由个人和私营企业的活动造成的，然而，即使私人行为者从事的活动造成环境损害，国家仍然对这个问题负有控制责任。[31] 碳边境调节机制方案旨在督促欧盟以外的出口国采取积极的预防措施避免因碳密集型产业的过度排放而加剧气候变暖导致跨界重大损害。

考虑气候变化科学的技术本质及其系统的内在不确定性，许多国家过度排放 GHG 的行为以渐进和累积的方式对环境造成损害，其影响甚至波及全球。为了一般国际法的目的，制定更具体的气候尽职义务标准是援引国家责任原则最有价值的结果。[32] 气候变化中的国家责任需要发达国家的领导以及发展中国家的重大努力，根据《巴黎协定》缔约方对 GHG 增加量的比例来规定若干责任最能反映缔约方对气候变化影响的"真实"贡献。[33] 事实上，我们生活在一个极有可能遭受灾难性气候损害的世界，各国都应当积极担负起国家责任从而避免气候灾难的真正降临。

三、碳边境调节机制的经济实质

负外部性理论和环境税双重红利理论为碳边境调节机制提供经济学理论支撑。实施碳边境调节机制中的碳税方案能够增加政府财政收入、促进产业结构调整、实现低碳经济增长。碳边境调节机制的国际协调涉及跨国公司的成本分摊以及国际税收的公平分配，因此，需要合理分摊跨国公司的税负成本并且遵从国际税收中性原则。

---

[30] See *Responsibility and Liability of States in Relation to Transfrontier Pollution*, OECD Environment Committee Report, 1984, p. 4.

[31] See Voigt Christina, *State Responsibility for Climate Change Damages*, 77 Nordic Journal of International Law 1 (2008).

[32] See Daniel Bodansky, *The Role of the International Court of Justice in Addressing Climate Change: Some Preliminary Reflections*, 49 Arizona State Law Journal 689 (2017).

[33] See Burger Michael, Wentz Jessica, Horton Radley, *The Law and Science of Climate Change Attribution*, 45 Columbia Journal of Environmental Law 57 (2020).

(一)碳边境调节机制与减排成本转嫁

负外部性理论,是指在经济活动中对不参与交易行为的第三方产生了负面影响且该影响没有得到合理补偿。[34] 换言之,个人占有经济活动中获得的利益,成本却由全社会分摊。例如,气候变化存在广泛影响的外部性问题,高碳产品在生产和制造过程中的过度排放会损害大气资源、加剧全球变暖,但是企业经营成本和气候损害后果将由全社会乃至全人类共同分担。因此,成本内部化是环境政策完全转向市场机制的基本思路,即获益个人(企业)承担环境成本或者将成本转移到相关产品需求的消费者身上。碳边境调节机制就是基于前述成本内部化的思路向高碳产品进口商征收碳税,将过度排放的碳成本转嫁给高碳产品的消费者。

环境税的"双重红利"是指征收环境税不仅可以改善环境质量(环境红利),而且可以减少扭曲性税负,从而减少税收的超额负担(弱式双重红利),还可以提高社会福利水平(强式双重红利),甚至可以促进就业(就业双重红利)。[35] 碳边境调节机制通过降低扭曲性税收从而实现效率收益,该制度设计使排放者所在市场和税收扭曲市场的效率同时获得提升。碳税的征收能够实现经济与环境的"双赢",既保护生态环境又促进社会经济发展的"双重红利"。[36] 碳边境调节机制的进口调节意味着没有国内碳定价的供应商也面临碳成本的增加,国家间碳价格的差异不会刺激生产向碳价格较低的国家转移,碳边境调节机制就可以在碳

---

[34] See Coase R. H, *The Problem of Social Cost*, 56 Journal of Law & Economics 837 (2013).

[35] 参见潘欣欣、周志波:《环境税"双重红利"假说 CGE 实证研究评述》,载《税务研究》2021 年第 4 期;曹静韬:《从庇古税的有效性看我国环境保护的费改税》,载《税务研究》2016 年第 4 期;刘红梅等:《环境税"双重红利"研究综述》,载《税务研究》2007 年第 7 期,等等。

[36] See Akio Yamazaki, *Jobs and climate policy: Evidence from British Columbia's revenue-neutral carbon tax*, 83 Journal of Environmental Economics and Management 197 (2017).

价格不同的国家之间保持竞争中立。[37]

（二）碳边境调节机制与财政收入增长

税收是财政收入的主要形式，是国家获取财政收入的主要手段。当代各国主要是通过征税来筹集财政资金，提供公共物品，满足公共需求。[38] 如果将碳税作为一项主要政策工具，用于履行缔约国在《巴黎协定》中所做的承诺或在21世纪中叶实现净零碳排放，它就会成为政府收入的一个重要来源。欧盟碳边境调节机制实施内容中的碳税既是一种价格管制，也是碳定价的表现形式之一，具有筹集国家必要财政资源的功能。碳边境调节机制可以增加国家收入，因为其基本原则是对进口商品的碳排放收费，预计生效实施后每年将增加50亿~140亿欧元的财政收入。这些收入可以用来支付出口退税、投资气候缓解和恢复技术，或者以红利的形式发放给公民。[39] 此外，碳边境调节机制还能够激励企业进行技术创新和产业升级，在未来低碳经济模式的发展中投入更多的研发支出。综合来看，高附加值低碳产品的商业化量产将会创造新的经济增长点，同时提升政府的财政收入。碳边境调节机制通过课征碳税，提高碳密集型产业的生产排放成本，高碳产品价格提高才能合理真实反映使用化石能源的生产成本，如此才有足够的经济诱因让高碳商品生产商使用其他清洁能源或提高能源利用效率，而切实达到节约能源和改善环境的目的，倒逼生产技术升级以及促进低碳产业发展。[40]

（三）碳边境调节机制与国际税收博弈

商品税的税收管辖权有生产地原则和消费地原则，如果欧盟在实施碳边境调节机制的碳税或边境调节税方案时不考虑税收的国际协调，会产生税收管辖权冲突和国际重复征税问题，跨国公司将同时负担进口国

---

[37] See Christoph Böhringer, et al., *Potential Impacts and Challenges of Border Carbon Adjustments*, 12 Nature Climate Change 22 (2022).

[38] 参见张守文：《税法原理》（第10版），北京大学出版社2021年版，第11页。

[39] See Erin Campbell, Anne McDarris, *Billy Pizer*, *Border Carbon Adjustments* 101, Resources for the Future, 2021, p. 3.

[40] See William Boyd, *Public Utility and the Low-Carbon Future*, 61 UCLA Law Review 1614 (2014).

和出口国的商品税,不利于国际贸易往来自由化和便利化。污染天堂假说(Pollution Haven Hypothesis)认为,环境规制较宽松的国家,在环境污染产品生产上具有比较优势,自由贸易将推动环境污染型产业在环境规制较松的国家发展,从而使这些国家成为"污染天堂"。因此,高碳产品的跨国公司极有可能将其生产成本分摊到那些环境监管宽松的国家。

税收中性是指税收收入通过减税或转移支付直接返还给个人。在碳税实施背景下,如果政府规模(定义为税收占国内生产总值的份额)与未实施碳税时的政府规模相同,则实现碳税的税收中性。[41] 国际税收中性原则是指税收体制不应影响企业的公平竞争条件和投资经营决策,不应对资本、劳务及货物等在国际的自由流动产生不利影响,以便于资源在全球的合理利用。[42] 欧盟碳边境调节机制设定的核心目标之一便是为国内外企业营造共同的公平竞争环境,对进出口商品的碳排放一视同仁、公平对待,用以解决碳泄漏和不公平的竞争优势。因此,碳边境调节机制的碳税方案符合国际税收中性原则,公平合理分配外国产品制造商理应承担的气候减排义务。碳边境调节机制的进口调节具有很强的负担转移效应,根据最优关税理论,受碳边境调节机制约束的出口国将遭受出口收入损失,而进口国则受益于其贸易条件的改善。

四、碳边境调节机制与WTO规则体系

国际贸易是一个具有巨大负面环境影响的领域,然而,没有国际贸易,我们的全球经济和社会发展就无法前进,并且贸易对于经济增长和减少贫困至关重要,尤其是在不平等和经济不安全日益加剧的当下。缓解气候变化和国际贸易应该携手并进以产生积极的变化,并避免两种制度之间可能的法律冲突,进而建立一个更具包容性、更环保、更有弹性的

---

[41] See Joel Wood, *Is Revenue Neutrality in Carbon Taxation Possible in Practice? Lessons from the Canadian Experience*, 70 Canandian Tax Journal 563 (2022).

[42] 参见刘剑文主编:《国际税法学》(第4版),北京大学出版社2020年版,第34页。

贸易体系。[43] 碳边境调节机制与国民待遇原则、最惠国待遇原则、边境调节税之间的兼容性冲突在现有 WTO 规则框架下难以解决,但是从 GATT 一般例外条款的视角论证实施碳边境调节机制的合理性具有可取之处。

(一)碳边境调节机制与最惠国待遇原则

一个国家的碳排放状况来自其政治经济和地理环境。例如,法国已经依赖低碳核能,巴西拥有丰富的水电资源,因此,气候缓解措施所涉及的"成本"对于不同的国家应该是不同的。碳边境调节机制会受到已经采取碳定价方案国家的挑战,因为它们的出口产品最终会受到两次碳约束:一次是遵守原产国气候政策;另一次是进入欧盟境内时。[44] 因此,没有实施严格减排政策国家的出口商将拥有比严格执行气候政策的出口商更大的竞争优势。GATT 第 1 条第 1 款规定了最惠国待遇原则,然而已经采取严格气候政策措施的国家实际上会得到更优惠的待遇,因为它们的工业技术和生产者在很大程度上已经过渡到清洁绿色生产。反观发展中国家和新兴市场国家,由于技术革新较困难和能源结构不合理等因素,在碳边境调节机制实施背景下,这些国家的产品进入欧盟境内将支付更高的碳价格,这显然构成了歧视,无法满足最惠国待遇原则规定的平等对待要求。此外,根据 GATT 第 2 条第 1 款(b)项规定,对进口产品征收的或与进口产品有关的任何关税或其他税费均不得超过约束关税,即一成员国约束关税的水平。如果碳边境调节机制被视为关税或类似关税费用,即"进口费用",并导致进口产品的约束关税或费用被超过,将违反该条款。碳边境调节机制 针对产品生产过程中的碳排放征税被视为普通关税还是其他关税在实践中存在较大争议。因此,碳边境调节机制若选择关税方案则需要欧盟重新谈判关税表以符合最惠国原

---

[43] See Rafael Leal-Arcas, et al., *Green Bills for Green Earth: How the International Trade and Climate Regimes Work Together to Save the Planet*, 31 European Energy and Environmental Law Review 19 (2022).

[44] See Meredith B. Lilly, Emily M. Walter, Dev Balkissoon, *Trade Policy Pain for Marginal Climate Gain? The Complex Case for Border Carbon Adjustments in Canada*, 70 Canadian Tax Journal 57 (2022).

则,但是在实践中几乎不可能完成此项艰巨任务。

(二)碳边境调节机制与国民待遇原则

根据WTO的非歧视原则,一个国家不能对没有强加给本国企业的成本进行调整,所以调整的范围必须与国内适用的范围相一致。碳边境调节机制可以调整覆盖部门的直接排放,然而针对间接排放,如解决全球供应链中包含的碳(生产中使用其他中间产品中包含的碳,如生产铝制品中使用原铝产生的排放)将变得更具挑战性。技术特性使追踪碳排放变得复杂,进口产品实际碳含量的验证过程成本高昂,尤其是国际价值链较长的下游产品(如精密机床或制药)。[45] 碳边境调节机制在实施过程中为了符合国民待遇原则需要重点关注以下三点:第一,实施范围仅限于选定的产品,而无论其原产地,并且不应该根据各国的气候目标对其进行区分。第二,计算进口产品的碳含量应包括生产过程的直接排放和能源消耗的间接排放,确保欧盟生产商和进口商面临相同的竞争条件。第三,欧盟内外生产商的单位排放价格应该相同,进口产品生产过程中的碳排放应该按照欧盟内部生产商支付的碳价格收取。

GATT禁止缔约国之间的贸易歧视适用于类似产品,但是不类似的产品可能会被区别对待而不违反非歧视原则,问题在于如何确立"类似产品"的测试标准。就碳边境调节机制的具体方案而言,有必要确定碳排放量高的进口产品与碳排放量低的欧盟产品是否构成类似产品,然而产品是否可以根据其生产方式(如含碳产品生产过程中排放的温室气体量)而被视为不同在国际贸易实践中存在困难。"类似"的评价标准大致包括以下四个方面:(1)产品的属性、本质和质量(物理特征)。(2)产品在特定市场中的最终用途(产品能够实现相同或类似功能或最终用途的程度)。(3)消费者的口味和习惯(消费者在多大程度上将产品视为实现特定功能的替代手段,以满足特定需求)。(4)用于关税目的的产品国际分类。

(三)碳边境调节机制与边境调节税

边境税调节(Border Tax Adjustment,BTA)作为WTO认可的一种财

[45] See Holzer Kateryna, *The Pending EU CBAM: Quo Vadis Switzerland*?, 11 & 12 Global Trade and Customs Journal 633 (2021).

政措施,其定义如下:“全部或部分实施目的地原则的任何财政措施(使出口产品能够免除出口国对销售给国内市场消费者的类似国内产品征收的部分或全部税收,并使销售给消费者的进口产品能够征收进口国对类似国内产品征收的部分或全部税收)”。碳边境调节机制的实质可以理解为通过购买和放弃与进口产品内含碳排放相对应的碳边境调节机制证书,对进口产品施加财政负担。[46] 根据 GATT 第 2 条第 2 款(a)项第 1 句的规定,边境税调节措施也适用于进口产品。问题在于,一旦产品被制造出来,碳排放会在生产过程中消耗掉而不会最终留在产品中,所以是否真的可以将其视为对产品的征税或者对产品的生产方式(过程)的征税存在不同意见。有学者认为,GATT 第 3 条第 2 款中的“间接”一词可以被解释为允许对特定产品生产过程中使用的投入物品征收的税款进行边境税调整,即间接适用于产品。[47] 考虑到碳税的最终目的是将碳成本内部化到最终价格中,以激励消费者和生产者向绿色低碳过渡,因而碳税至少是对产品的间接征税。

(四)碳边境调节机制与 GATT 例外条款

GATT 第 20 条是一项平衡条款,允许平衡不同的利益,并鼓励 WTO 成员能够优先保护或促进某些社会价值观和共同利益。[48] 考虑到气候变化是全球面临的共同挑战,WTO 的贸易规则应根据《巴黎协定》设定的目标进行合理解释,如果可以清楚地表明碳边境调节机制对减排目标作出了贡献,就应该简化评估碳边境调节机制对 GATT 第 20 条的遵从性和兼容性。第 20 条(g)款规定了“与保护可耗尽自然资源相关的”措施的例外。不仅稳定的气候可能被认为是一种可耗尽自然资源,而且全球变暖会导致其他可耗尽自然资源的破坏和枯竭,如森林、渔业

---

[46] See Sato Sakuya, *EU's Carbon Border Adjustment Mechanism: Will It Achieve Its Objective?*, 56 Journal of World Trade 383 (2022).

[47] See Biermann Frank & Rainer Brohm, *Implementing the Kyoto Protocol without the USA: the strategic role of energy tax adjustments at the border*, 4 Climate Policy 289 (2004).

[48] See Van den Bossche Peter & Zdouc Werner, *The Law and Policy of the World Trade Organization: Text, Cases, and Materials (Fifth Edition)*, Cambridge University Press, 2021, p. 545-546.

和可靠的淡水供应。碳排放背景下的气候缓解措施对于当代国际社会关切具有重要意义,因为它涉及的是在日益加剧和不受约束的全球化中自然资源的消耗。GHG过度排放"耗尽"的空气即清洁空气以及气候变化导致的生物多样性丧失均可以被视为一种可耗尽的自然资源。[49] 气候系统对于维持人类生存的基本作用被视为最重要的全人类共同利益,事实上,为减少碳密集型产品生产过程中的碳排放而采取的任何措施都必须考虑降低对人类、动植物生命健康的风险。[50] 碳边境调节机制必须能够在整体上被视为旨在减少碳排放的"综合环境保护框架的一部分",并且该措施的目的旨在保护生物健康。

五、碳边境调节机制的中国应对

《巴黎协定》强化了中国作为超级大国和最大排放国的地位,科学的气候变化共识将成为中国政府采取措施应对气候变化和履行国际承诺的基础,中国致力于实施巴黎协定,从而推动将气候变化纳入中国的生态倡议,以及向低碳经济和气候弹性的社会经济转型。[51] 中国站在对人类文明负责的高度,积极应对气候变化,构建人与自然生命共同体,推动形成人与自然和谐共生新格局。

(一)环境税制绿色改革

党的十八届三中全会通过的《中共中央关于全面深化改革若干重大问题的决定》明确提出"把高耗能、高污染产品及部分高档消费品纳入征收范围……加快资源税改革,推动环境保护费改税"的税制绿色改革要求。党的二十大报告明确指出"推动绿色发展,促进人与自然和谐共生","完善支持绿色发展的财税、金融、投资、价格政策和标准体系"。新时期的环境税制绿色改革需要协同推进减污低碳降排,加快推动绿色

[49] See Jochem Wiers, *French Ideas on Climate and Trade Policies*, 2 Carbon & Climate Law Review 18 (2008).

[50] See Felicity Deane, *The WTO, the National Security Exception and Climate Change*, 6 Carbon & Climate Law Review 149 (2012).

[51] See Gao Yun, *China's Response to Climate Change Issues After Paris Climate Change Conference*, 7 Advances in Climate Change Research 235 (2016).

低碳发展，完善以碳减排为重点的绿色税收政策。[52] 绿色税制促进“双碳”目标实现的作用机理是对碳排放和开发使用森林资源等行为征收税收，通过税收优惠政策激励低碳发展。利用碳税的双向调控作用，减少碳排放，增加碳汇。[53] 环境税制的改革创新需要积极贯彻公共利益的理念与原则，兼顾企业利益和公共权益，充分发挥环境保护税对气候治理的促进作用。[54] 环境税的设计应尽可能确保经济行为者为其影响环境的行为支付全部边际社会成本。能源税或碳税对企业产生的传导机制类似于环境规制，征税对经济和就业的影响是“温和的”和“渐进的”。征收碳税的同时减少所得税（保持税收中性），至少会实现两个相关的政策目标，即更好的环境质量以及更多的就业机会。绿色税制的深化改革能够在改善生态环境质量、推动节能提效降耗、降低二氧化碳排放等方面发挥积极作用。

（二）中欧减排合作对话

欧盟实施碳边境调节机制的目的是追求更高的环境保护水平，通过杠杆作用推动全球更严格的环境立法，这与中国的宏观经济政策是一致的。虽然欧盟碳边境调节机制方案在实质上是提升其气候领导力的一个政策工具，但是在减缓气候变化的同时也对国际贸易、低碳经济甚至公共财政产生积极影响。[55] 中欧之间有着共同的气候利益交汇点，支持和推进碳边境调节机制将树立中国应对气候变化负责任的大国形象，弥补并完善现有碳排放交易制度的不足，有助于实现中国既定的“双碳”目标。碳关税问题应运全球协同气候治理的碳泄漏问题而生，需要在多边主义原则下协商解决，中国应该更多地参与谈判碳边境调节机制设计，促进中欧两大碳排放交易市场在基本理念、核算方法、制度设计、监

---

[52] 参见许文：《我国绿色税制的改革进展、趋势与方向》，载《财政科学》2023 年第 1 期。

[53] 参见张莉、马蔡琛：《碳达峰、碳中和目标下的绿色税制优化研究》，载《税务研究》2021 年第 8 期。

[54] 参见丁国峰：《公共利益视域下环境保护税制度的完善》，载《税务研究》2021 年第 11 期。

[55] See Pirlot Alice, *Carbon Border Adjustment Measures: A Straightforward Multi-Purpose Climate Change Instrument?*, 34 Journal of Environmental Law 25 (2022).

管手段等方面逐步实现相互协调,尽管实施碳边境调节机制可能会对中国出口产业造成负面影响,但是可以将其带来的挑战视为激励低碳技术发展和推进国内产业结构升级的机遇或是"外部"动力。[56] 以碳边境调节机制谈判为契机,中国要争取全球气候治理方案设计主导权,积极倡议构建多边气候共治机制,深化"人类命运共同体"理念的全球推广。中欧可以谈判建立一个基于碳边境调节机制收入的"公平脱碳转型基金"(EDF)以帮助发展中国家向低碳经济转型。通过该机制将碳边境调节机制,征收的来自发展中国家的碳税收入用于促进这些国家绿色经济的发展,从而抵消大部分(甚至不只是抵消)碳边境调节机制负面的溢出效应。

(三)我国碳边境调节规则

欧美在气候治理方面的长期博弈和单边措施表明,碳税的边境调节不单是缓解气候变化,而是上升为国际气候治理体系话语权的政治博弈,中国以及"一带一路"合作伙伴均无法在此背景下独善其身。[57] 因此,可以在我国自贸区、自贸港先行先试,降低低碳产品关税,增加低碳中间投入品的进口量进而降低最终产成品的碳含量。税收因其较强实操性与国家强制性具有显著优势,因而征收碳税是抵扣碳边境调节机制凭证价格的重要方式,降低对我国碳密集型企业的负面影响。[58] 碳税设计需要以我国减排责任和目标设定为基础,坚持税收中性原则,注重分配公平,不增加整体税收负担。碳税收入为企业的绿色低碳转型提供资金支持和金融助力,实现国家税收与低碳经济的良性循环。我国开征碳税既能满足全球气候治理体系下碳减排大国担当的责任需求,又能通过征收间接税的方式维护本国相关产业安全,还能巩固本国消费税税基并且保护国家财政收入安全。

---

[56] See Zhang Yiwen, *Climate Change*, *WTO Law and China*, 7 UC Irvine Journal of International, Transnational, and Comparative Law 169 (2022).

[57] 参见林星阳:《"碳中和"目标下中国开征碳关税研究》,载《国际贸易》2022年第5期。

[58] 参见徐昕、吴金昌:《欧盟碳边境调节机制的实质、影响及中国因应——基于全球气候治理与国际贸易双重视角》,载《国际贸易》2023年第4期。